DICTIONNAIRE YORÙBÁ-FRANÇAIS

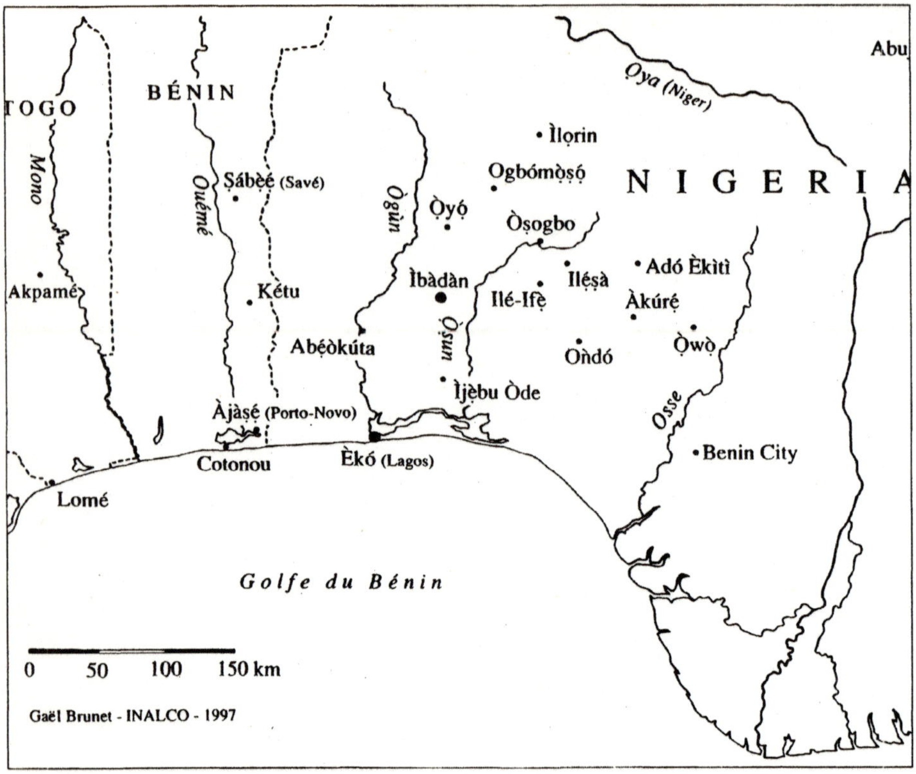

ISBN : 978-2-8111-0253-1

Michka Sachnine
avec la collaboration de **Akin Akinyemi**

Dictionnaire yorùbá-français

suivi d'un

INDEX FRANÇAIS-YORÙBÁ

Éditions KARTHALA
22-24, boulevard Arago
75013 Paris

IFRA-IBADAN
P.O. Box 21540
IBADAN

L'IFRA Ibadan

L'Institut français de recherche en Afrique (IFRA), créé en 1980 à Nairobi (Kenya), est un organisme de recherche et de coopération en sciences humaines et sociales dépendant du ministère des Affaires étrangères. Sa mission est d'encourager, de soutenir et de promouvoir les travaux universitaires et scientifiques en Afrique de l'Est et en Afrique de l'Ouest anglophone (Nigeria, Ghana).

Implanté à l'origine dans la capitale kényane, l'institut, à vocation régionale, a progressivement étendu son réseau : en Afrique australe, où l'Institut français d'Afrique du Sud (IFAS), créé en 1995, a désormais pris le relais de l'antenne de l'IFRA à Harare (Zimbabwe), ouverte en 1986 et fermée en 1997, et en Afrique occidentale avec l'antenne d'Ibadan (Nigeria), créée en 1950.

L'IFRA Ibadan, seul ou en partenariat avec des institutions françaises, africaines ou internationales, dirige des programmes de recherche en sciences sociales et humaines et accorde, sur ces programmes, des allocations et des subventions de recherche. L'institut gère également un centre de documentation, favorise les échanges scientifiques entre chercheurs français et africains, organise des colloques et publie des documents de travail et des ouvrages.

IFRA Ibadan
Institute of African Studies, University of Ibadan
U.I.P.O. Box 21540, Ibadan, Oyo State, Nigeria
Tel / Fax (234) 2 810 40 77

Remerciements

Le projet de ce dictionnaire est né grâce au directeur de l'IFRA (Institut français de recherches en Afrique), Georges Hérault, basé à Ibadan, qui m'encouragea vivement à entreprendre ce travail et m'apporta un soutien constant. Je tiens à lui exprimer ici ma reconnaissance et mon amitié.

Sans la collaboration d'Akin Akínyẹmí, avec qui je travaille depuis longtemps et qui enseigne au Département de langues et littératures Africaines de l'université d'Ifẹ̀, ce travail n'aurait jamais pu voir le jour. J'ai trouvé, en lui, un collaborateur extrêmement sérieux, compétent, motivé et infatigable. Le travail accompli ensemble, malgré ses difficultés, fut toujours stimulant. Si sa patience a parfois pu être mise à rude épreuve (nous n'avions malheureusement pas le français comme langue commune), il ne l'a jamais montré. Qu'il trouve ici l'expression de ma profonde gratitude et de toute mon amitié.

Báyọ̀ Ògúndíjọ, que je connais depuis treize ans, a toujours été un assistant fidèle dans les diverses recherches que je mène. Sa connaissance profonde de la culture et de la langue yorùbá et sa bonne humeur constante en font un collaborateur précieux que je retrouve toujours avec bonheur. Il accepta de relire une grande partie du manuscrit dans un temps très court. Ses corrections furent judicieuses. Je tiens à lui exprimer ici mon plus grand respect et mon amitié.

Je tiens également à remercier Rẹ̀mí Ṣónáiyà, une amie de longue date, qui enseigne le français au Département de langues étrangères de l'université d'Ifẹ̀ et avec qui j'ai pu vérifier la traduction d'une partie des entrées et des exemples.

J'aimerais aussi mentionner le nom de Lọlá Dúrójaiyé qui, avant de devenir une amie, fut un premier guide sur le chemin difficile du yorùbá.

L'intérêt, jamais démenti, qu'elle a montré pour mon travail fut un encouragement permanent.

Je voudrais aussi remercier ici les étudiants de yorùbá à qui ce dictionnaire s'adresse en premier lieu et qui, peut-être sans le savoir, me poussèrent à mener ce travail à son terme. J'ajouterai, selon la formule de Bernard Quémada, « qu'il n'y a pas de dictionnaire à tout faire ».

Enfin, je tiens à remercier Henry Tourneux pour le soin et la compétence apportés à la correction du manuscrit.

L'IFRA et les éditions Karthala, en finançant à parts égales ce projet, en ont permis la réalisation.

INTRODUCTION

I. Les Yorùbá

1. Le pays yorùbá

Le pays yorùbá couvre la région sud-ouest du Nigeria, depuis la mer jusqu'à la savane arborée, en traversant des zones de forêt dense. En République du Bénin, les Yorùbá sont essentiellement regroupés autour des anciens royaumes de Kétu et de Ṣábẹ̀ẹ́, et, au Togo, autour d'Atakpamé. On trouve également, notamment en Côte-d'Ivoire, au Niger, au Ghana et au Burkina Faso, des communautés yorùbá immigrées de longue date.

L'influence yorùbá, notamment celle de la religion, est très forte au Brésil, à Cuba, dans les Caraïbes ; elle se développe de plus en plus dans d'autres pays de l'Amérique latine et en Amérique du Nord. Cela entraîne un renouveau des études yorùbá dans tous ces pays.

2. Le peuple

Le terme yorùbá désigne à la fois l'ensemble du territoire, les peuples qui l'occupent ainsi que la langue ; il n'est apparu que vers le milieu du XIXe siècle et faisait alors référence uniquement aux Yorùbá d'Ọ̀yọ́.

Le pays yorùbá était constitué de royaumes indépendants ou semi-indépendants et de cités-États. Cela signifie qu'il n'existait pas, avant une période relativement récente, une conscience réelle d'appartenance à un même peuple. En effet, une personne était identifiée par un ethnonyme correspondant à la fois au nom de la langue qu'elle parlait et à celui du royaume dans lequel elle était intégrée. Ainsi, le terme « Ifẹ̀ » fait référence aussi bien au royaume qu'aux gens ou à la langue qu'ils parlent.

Mais, un grand nombre de traits culturels et linguistiques permettent d'affirmer qu'il existe bien une identité ou plutôt une aire culturo-linguistique yorùbá. On peut citer les mythes fondateurs qui font d'Ilé-Ifẹ̀ le lieu de la création du monde ; Odùduwà en serait le créateur et ses enfants, à la suite d'une migration à partir de ce centre, seraient à l'origine de la fondation des différents royaumes yorùbá, les rois de ces différentes dynasties se réclamant de cette origine commune afin de légitimer leur pouvoir. Le système de croyances, la religion, les divinités principales du panthéon yorùbá, l'organisation socio-politique (avec des variantes) sont également partagés par l'ensemble de ces groupes ou sous-groupes.

Aujourd'hui encore, on peut dire que, même si un Yorùbá se reconnaît comme tel vis-à-vis des autres ethnies, c'est l'identité particulière (celle du sous-groupe auquel il appartient) qui prévaut face à un autre Yorùbá.

Le royaume d'Ọ̀yọ́, qui se tailla un empire dont l'apogée se situe au XVIIIe siècle, est l'un de ceux dont l'histoire, les institutions, l'organisation sociale, la littérature sont les mieux connues. En raison, à la fois, de son prestige, de son influence et des études qu'il a suscitées, Ọ̀yọ́ a souvent servi de référence pour la connaissance du monde yorùbá. Cette hégémonie, parfois mal ressentie par les autres sous-groupes yorùbá, a eu le mérite de faire fleurir un certain nombre d'études régionales portant aussi bien sur l'histoire et l'organisation sociale que sur les genres littéraires.

3. La langue

Il n'existe pas « une » langue yorùbá[1], mais un continuum dialectal très différencié, le degré d'intercompréhension variant fortement d'un parler à l'autre.

Les premières études sur la langue furent menées, vers le milieu du XIXe siècle, par des missionnaires installés tout d'abord en pays ẹ̀gbá. Aussi est-ce ce parler qui servit de base à leurs études. Plus tard, compte tenu de son importance historique, le parler d'Ọ̀yọ́ fut étudié. C'est à partir de ces premières études que s'est développé un yorùbá standard – sorte de *lingua franca* comprise théoriquement à travers tout le pays – qui est enseigné, parlé à la radio et à la télévision et employé dans la littérature écrite.

En effet, depuis les premiers romans écrits en yorùbá par Daniel O. Fágúnwà dans les années 1920 et qui puisaient leur inspiration dans l'imaginaire des contes et de la tradition orale, un nombre considérable d'ouvrages est paru : romans picaresques à valeur didactique, romans moraux, romans policiers, poésie et surtout pièces de théâtre inspirées par la mythologie ou l'histoire. Les théâtres ambulants, développés à partir des fêtes rituelles liées aux ancêtres, sont une tradition ancienne ; cela explique peut-être que cette forme d'expression littéraire soit privilégiée par les écrivains yorùbá. Il existe aussi deux ou trois journaux en yorùbá. Leur parution, théoriquement hebdomadaire, est néanmoins irrégulière ; la mauvaise qualité d'impression (absence de tons, voire de signes diacritiques) en rend la lecture souvent difficile.

---

[1] On peut actuellement estimer à environ 25 millions le nombre de locuteurs yorùbá .

II. Le dictionnaire

1. Dictionnaires existants

Le premier vocabulaire yorùbá connu est celui de Samuel Crowther, locuteur natif, qui eut la chance d'échapper à l'esclavage. Il travailla sur sa langue avec des missionnaires américains et rédigea une *Grammar and Vocabulary of the Yoruba Language* qui fut publiée à Londres par la Church Missionary Society, (C.M.S.), en 1852.

Un peu plus tard, Baudin, qui fut missionnaire au Bénin, rédigea un dictionnaire yoruba-français ; mais le manuscrit, qui date de 1885, n'a jamais été publié.

En 1913, la C.M.S. publia un petit dictionnaire yoruba-anglais, anglais-yoruba. Celui-ci fut réédité par Oxford University Press en 1950. Les tons y sont notés, mais ils sont très peu fiables.

Il existe également un lexique monolingue d'Isaac Délànọ̀, publié également par Oxford University Press en 1958 dans lequel les tons ne sont pas marqués.

Le premier vrai dictionnaire, intitulé *Dictionary of Modern Yoruba*, et dont la première édition date de 1946, fut rédigé par R. C. Abraham. C'est un travail absolument remarquable et très complet, mais dans lequel il est un peu difficile de se repérer. La graphie est ancienne (les conventions graphiques n'étaient pas encore fixées), les renvois trop nombreux sont souvent injustifiés et la typographie est d'assez mauvaise qualité. On peut aussi regretter l'absence d'un index anglais-yorùbá.

Lydia Cabrera a publié, en 1970 un *Vocabularioe lucumi* sur le yorùbá de Cuba et il existe un lexique yoruba-portugais sur celui du Brésil.

Aussi, un dictionnaire yorùbá-français s'imposait-il peut-être d'autant plus que le yorùbá est enseigné à Paris depuis 1985.

2. Les destinataires du dictionnaire yorùbá-français

Même si ce dictionnaire peut être utile aux Yorùbá apprenant le français ou aux enseignants de français en pays yorùbá, il s'adresse d'abord aux étudiants francophones qui apprennent le yorùbá. Je l'ai conçu en fonction de ce qui me semble être leurs besoins, compte tenu du type de difficultés que présente la langue. En effet, mon expérience, acquise par la pratique (apprentissage aussi bien qu'enseignement) de cette langue, me permet d'évaluer au mieux les aspects les plus difficiles du yorùbá.

La présentation des entrées a donc été déterminée, notamment, par ces considérations. Les exemples se veulent aussi pédagogiques que possible. Ainsi, le terme d'entrée sera, si nécessaire, employé dans une phrase, qu'il s'agisse d'illustrer l'emploi transitif ou intransitif des verbes en série, d'indiquer le verbe employé avec le nom, et vice versa, ou encore qu'il s'agisse d'éclairer un sens. On trouvera aussi, parmi les exemples, un certain nombre de proverbes. Leur utilisation, chez les Yorùbá, est tellement quotidienne qu'il m'a paru impossible que ce dictionnaire n'en donne pas quelques exemples. Mais, dans la mesure où leur sens et leur structure sont souvent énigmatiques, je les ai choisis aussi simples que possible, du moins du point de vue de leur structure syntaxique, et, si le sens est par trop elliptique (la traduction littérale parle assez rarement d'elle-même), une explication est donnée entre crochets.

3. Variété de langue retenue

Ce dictionnaire est en yorùbá standard et suit les conventions orthographiques recommandées par le comité des linguistes yorùbá[2], bien qu'un certain nombre d'inconséquences, peu importantes néanmoins, demeurent dans ces conventions.

Les questions de graphie se posent notamment pour certains verbes en série qui devraient être séparés graphiquement, puisqu'ils constituent des

[2] Cf. Bamgbọṣe, A. *Yoruba Orthography*, Ibadan University Press, 1976.

unités indépendantes (mais que l'on écrit comme s'ils constituaient un seul lexème), ou pour les composés (qui sont tantôt écrits avec un trait d'union, tantôt sans), ou encore pour la notation des tons (notamment lorsque l'élision d'un ton bas qui suit un ton haut entraîne la réalisation d'un ton montant sur la syllabe suivante).

Par ailleurs, si les linguistes yorùbá ont bien préconisé un certain nombre de règles sur l'orthographe à adopter, beaucoup de Yorùbá, écrivains ou non, continuent d'utiliser l'orthographe qui leur est habituelle ; il faudra sûrement du temps avant que la graphie standard ne s'impose. Aussi, ai-je parfois dû opter pour l'orthographe traditionnellement adoptée dans les textes imprimés, même si elle contredit la logique affirmée. Lorsque l'usage est variable d'un texte à l'autre, j'ai choisi l'orthographe qui me semblait la plus cohérente.

4. Méthodologie

Ce dictionnaire, comme son nom l'indique, n'est certes pas un dictionnaire de toute la langue yorùbá. J'ai donc dû décider d'un certain nombre de critères pour le choix des entrées (exception faite, bien entendu, de tous les morphèmes ou mots grammaticaux) et j'ai dû tenir compte à la fois de l'écrit et de l'oral, le vocabulaire employé pouvant être très différent selon le mode d'expression utilisé.

Code écrit : cent mots, pris au hasard, dans des phrases elles-mêmes prises au hasard dans quatre-vingts textes différents, m'ont permis de faire le compte des fréquences de chacun des huit mille termes relevés. A partir de cette statistique lexicale, j'ai pu décider si tel terme devait ou non figurer dans le dictionnaire. Toutefois, j'ai pondéré ces résultats en fonction, à la fois, d'une cohérence interne (par exemple, le nom des parties du corps est donné indépendamment des fréquences) et des besoins des étudiants qui souvent entreprennent des recherches sur divers domaines de la culture. C'est ainsi que j'ai décidé, quelque peu arbitrairement, de faire figurer des termes qu'ils auront toutes les chances de rencontrer au cours de leurs investigations ou dans des textes (comme les noms et fonctions des divinités constituant le panthéon yorùbá, ou celui des royaumes yorùbá les plus importants). Dans quelques rares cas, j'ai été obligée d'introduire un terme peu courant, simplement parce qu'il apparaissait dans un proverbe qui lui, en revanche, est extrêmement employé.

Code oral : un grand nombre de termes sont très couramment utilisés dans l'expression orale, alors qu'on ne les rencontre qu'exceptionnellement à l'écrit (c'est le cas, par exemple, des emprunts à l'anglais). J'ai donc tenu compte de ce facteur dans l'établissement de mon corpus. Après avoir déterminé quelques thèmes (cuisine, maison, marché, ferme, famille, maladie, etc.), j'ai interrogé des Yorùbá sur ces thèmes, en notant les mots qui leur venaient à l'esprit ; cela m'a donné accès au « vocabulaire disponible ». Ma propre connaissance de la langue, ce que je pouvais entendre au quotidien, et surtout l'avis d'Akin Akínyẹmí, m'ont également aidée dans le choix de ces entrées.

5. Conventions graphiques et ordre de classement

Les entrées figurent dans l'ordre alphabétique latin, les phonèmes spécifiques du yorùbá s'insérant à la place la plus logique : ainsi le phonème **/gb/** se place après le phonème **/g/**[3], le **/ṣ/** se place après le **/s/**.

a	**i**	**r**
b	**j**	**s**
d	**k**	**ṣ**
e	**l**	**t**
ẹ	**m**	**u**
f	**n**	**w**
g	**o**	**y**
gb	**ọ**	
h	**p**	

[3] On se reportera à l'introduction grammaticale pour la présentation des phonèmes yorùbá.

a, **b**, **d**, **f**, **i**, **k**, **l**, **m**, **n**, **t**, **w** se prononcent comme en français ;

e [e] se prononce comme "**é**tudiant" ;

ẹ [ɛ] comme "for**ê**t" ;

g [g] comme "**g**are" ;

g et **b** de **gb** [gb] se prononcent simultanément ;

h [h] est légèrement aspiré ;

j [dʒ] comme "**dj**inn" ;

o [o] comme "**eau**" ;

ọ [ɔ] comme "h**o**tte" ;

k et **p** de **kp** [kp] se prononcent simultanément ;

r comme celui de l'anglais "**r**un" (courir) ;

s [s] comme "**s**oleil" ;

ṣ [ʃ] comme "**ch**ampagne" ;

u [u] comme "**ou**" ;

y [j] comme "**y**o-**y**o".

Graphiquement, les voyelles nasales sont transcrites par un **n** qui suit la voyelle ; mais, si la consonne précédant la voyelle est la consonne nasale **n**, la voyelle est obligatoirement nasale et le **n** indiquant le trait nasal n'est alors pas écrit.

Ex. : **dín** [dĩ́] faire frire
dún [dũ̀] résonner
nà [nã̀] battre qqn

Après la consonne nasale **m**, le trait nasal n'est jamais marqué graphiquement par **n**, la voyelle qui suit étant automatiquement nasalisée.

Ex. : **mọ̀** [mɔ̃̀] savoir, connaître
mu [mũ] boire

Dans la traduction française des exemples yorùbá, les termes et les noms propres yorùbá sont laissés dans la langue d'origine.

Les homophones ne différant que par les tons sont classés, dans le dictionnaire, selon l'ordre suivant : haut, moyen, bas.

Ex. :	**sún**	approcher
	sun 1	prendre sa source
	sun 2	griller
	sùn	dormir

6. Présentation des entrées du dictionnaire

Chaque entrée (accompagnée éventuellement d'une variante) est suivie, s'il s'agit d'une forme contractée, d'informations sur sa composition[4] et, s'il s'agit d'un emprunt, de son origine ; suit la catégorie grammaticale à laquelle le terme appartient et, si nécessaire, des renvois sont indiqués.

A. Les renvois

On peut trouver deux types de renvois.

– **cf.** : invite à se reporter soit au verbe directement lié au nom figurant comme entrée, soit au nom formé à partir du verbe donné en entrée, soit à un verbe composé lié également à celui figurant dans l'entrée.

Ex. : **àánú** < songh., n. (cf. **ṣàánú**).
• pitié, compassion…
bùn, vb. (cf. **ẹ̀bùn**).
• offrir un cadeau.
bẹ̀rù, < bà.ẹ̀rù, vb. comp. (cf. **dẹ́rùbà**).
• avoir peur.

– **v.** : invite à se reporter à l'entrée indiquée.

Ex. : **àjòjì**, v. **àjèjì**.
ìtajà, v. **ilé** —[5].

---

[4] Chacun des termes figurant dans la composition peut être aisément retrouvé dans le dictionnaire.

[5] Le tiret renvoie au terme d'entrée.

B. Les verbes

Les décisions concernant la présentation des verbes, compte tenu de leur comportement syntaxique, sont celles qui ont présenté le plus de difficultés.

On peut se trouver devant cinq cas différents :

1. Il s'agit d'une forme toujours contractée du verbe et de son objet : dans ce cas, les différents constituants de l'entrée sont indiqués ; dans quelques cas rares, cela n'est pas possible, même s'il est clair que la séquence est bien une forme composée vb. + obj. On mettra alors un point d'interrogation « ? ».

Ex. : **bínú** < bí.inú, vb. comp.
• être en colère, se fâcher…
balẹ̀ < bà.ilẹ̀, vb. comp.
• toucher le sol…
pàdé, < ?, vb. comp.
• rencontrer.

La forme restituée, indiquée par le signe **<** placée avant, fait apparaître tous les constituants de l'entrée ; c'est le ton lexical du verbe et non le ton tel qu'il est réalisé dans la forme contractée qui est donné. Cela permet donc de retrouver facilement dans le dictionnaire[6] le verbe ainsi que tous les constituants de l'entrée.

On indiquera dans la rubrique « catégorie » qu'il s'agit d'un verbe composé (**vb. comp.**).

2. La forme contractée du verbe et de son objet est donnée en entrée, car c'est la forme la plus communément rencontrée. Cependant, l'objet peut parfois être séparé du verbe sans que le sens en soit affecté. Dans ce cas, les deux possibilités seront indiquées.

---

[6] On se reportera, dans l'introduction grammaticale, au paragraphe qui traite du comportement tonal des verbes à ton lexical bas.

Ex. : **bímọ / bí ọmọ**, vb.+ obj.

• accoucher.

• avoir des enfants.

hùwà / hu ìwà, vb. + obj. (cf. **hù**).

• se conduire, se comporter...

Dans le dernier exemple, dans la mesure où le ton lexical du verbe est bas (mais que celui-ci est réalisé moyen quand il est suivi d'un objet nominal), un renvoi (**cf.**) permet de le retrouver dans le dictionnaire.

On indiquera dans la rubrique « catégorie » qu'il s'agit d'un verbe suivi de son objet (**vb.+ obj.**).

3. On a affaire à une série verbale obligatoirement transitive, l'objet s'insérant entre les deux verbes. Ceux-ci sont alors séparés par trois points.

Ex. : **bẹ̀...wò,** vb.

• rendre visite.

On indiquera, dans la rubrique « catégorie », qu'il s'agit de verbes (**vb.**).

Il est à noter que dans les cas de focalisation ou de relativisation de l'objet, qui impliquent un déplacement de celui-ci en tête du syntagme, les deux verbes peuvent se retrouver côte à côte. Il en est de même si cette série est employée comme deuxième constituant verbal de la phrase. Dans les cas les plus courants, on trouvera la séquence en entrée avec un renvoi (**v.**).

Ex. : **bẹ̀wò**, v. **bẹ̀...wò.**

yẹ̀wò, v. **yẹ̀...wò.**

En ce qui concerne la graphie de deux verbes qui peuvent constituer une série, l'usage peut différer de la règle qui prescrit d'écrire séparément chaque monème. Ainsi, **sálọ**, qui devrait logiquement être écrit **sá lọ**, est le plus souvent écrit comme s'il s'agissait d'un monème unique. Chaque fois que cela ne contredisait pas trop fortement l'usage en vigueur, j'ai opté pour le maximum de cohérence en séparant les monèmes.

4. On a affaire à une série verbale qui peut être soit transitive, soit intransitive. Les deux possibilités seront indiquées, la forme intransitive étant donnée en premier.

Ex. : **bàjẹ́ / bà...jẹ́**, vb.

• être abîmé, abîmer...

On indiquera dans la rubrique « catégorie » qu'il s'agit d'un verbe (**vb.**).

5. On a affaire à deux verbes qui ne peuvent être séparés ; on en donne alors la composition.

Ex. : **tẹ̀lé** < tẹ̀.lé, vb.

• suivre...

On trouvera, également, dans la catégorie des verbes composés (**vb. comp.**), tous les verbes à trois actants ; ceux-ci sont du type "donner à qqn. qqch." ; le bénéficiaire est toujours le premier objet, le second étant toujours précédé de la préposition **ní**.

Ex. : **yà...lẹ́nu** < yà...ní.ẹnu[7], vb. comp.

• être étonné (séparer qqn à la bouche).

Sont aussi considérées comme verbes composés, toutes les formes verbales dont la structure est la suivante :

vb. + n. + vb.

Ex. : **gbéra ga** < gbé.ara ga, vb. comp.

• être arrogant.

vb. + n. + prép. + n.

Ex. : **faraálẹ̀** < fi.ara.sí.ilẹ̀, vb. comp.

• se laisser abattre par la maladie...

---

[7] On trouvera dans l'introduction grammaticale la règle phonologique qui conditionne la réalisation [n] ou [l] de l'archiphonème /N/.

vb....vb. + n.

Ex. : **gbé...kaná** < gbé...kà.iná, vb. comp.

• mettre qqch. sur le feu...

vb. + n. vb. + n.

Ex. : **fẹnu mọ́nu** < fi.ẹnu mọ́.ẹnu, vb. comp.

• garder le silence...

vb. + prép. + n.

Ex. : **bú sẹ́kún** < bú sí ẹkún, vb. comp.

• éclater en sanglots.

Seront considérées comme locutions verbales (**loc. vb.**) les combinaisons qui n'apparaissent qu'une fois, ou celles pour lesquelles il n'y a pas de commutations régulières possibles.

Ex. : **ṣiyè méjì** < ṣe.iyè méjì, loc. vb.

• hésiter...

Certains verbes ne peuvent apparaître, pour un sens donné, que comme premier ou deuxième verbe dans une série verbale. On trouvera alors l'indication (**1er** ou **2e** vb.) entre parenthèses.

Ex. : **bá** 2, vb.

• aider qqn à, faire qqch avec qqn (1er vb.).

kúrò, vb.

• quitter.

• enlever (2e vb.).

7. Les catégories

A. Les prépositions

Il existe deux prépositions locatives en yorùbá : **ní** "à, dans", qui marque une absence de mouvement et **sí** "à, vers", qui indique un mouvement. Comme dans nombre de langues africaines, différentes parties du corps précédées d'une de ces deux prépositions permettent de préciser la localisation.

Dans la mesure où la préposition et la partie de corps concernée sont toujours contractées, la catégorie indiquée pour la forme contractée est préposition (**prép.**).

Ex. : **lórí** < ní.orí, prép.
• sur.

nínú < ní.inú, prép.
• dans, dedans.

B. Les déterminants

Tous les déterminants se placent après le déterminé. Les déterminants à valeur démonstrative ont tous deux formes : une forme indépendante qui assume toutes les fonctions du nom, et une forme dépendante (celle d'un déterminant) qui entraîne la chute de la voyelle initiale.

Pour la forme indépendante, la catégorie indiquée est celle du pronom démonstratif ; pour la forme dépendante, j'indique uniquement qu'il s'agit d'un déterminant.

Ex. : **èyí**, pron. démonst. (cf. **yìí**).
• celui-ci.
Èyí ni mo fẹ́. Je veux celui-ci.

yìí, déter. (cf. **èyí**).
• ce, cette.
Ilé yìí tóbi. Cette maison est grande.

C. Les circonstants

Les circonstants spatiaux ou temporels du type « hier, aujourd'hui, demain » (qui sont des noms), sont toujours précédés de la préposition **ní**, et leur forme est quasiment toujours contractée. Aussi, cette forme sera-t-elle donnée comme entrée, mais, sans aucune indication de catégorie.

Ex. : **lọ́la** < ní.ọ̀la.
• demain.
Yóò wá lọ́la. Il viendra demain.

lónìí < ní.òní.

• aujourd'hui.

Yóò dé lónìí. Il arrivera aujourd'hui.

D. Les pré-verbes

Sont appelés « pré-verbes » les termes à valeur adverbiale toujours placés entre le sujet et le verbe.

Ex. : **tètè**, pré-vb.

• vite, tôt.

*Ó **tètè** jí lónìí.* Il s'est levé tôt aujourd'hui.

ṣẹ̀ṣẹ̀, pré-vb.

• juste.

Ó **ṣẹ̀ṣẹ̀** dé. Il vient juste d'arriver.

E. Les noms composés

Il semble qu'il n'y ait pas de règles strictes concernant la graphie des noms composés. Lorsque cela n'allait pas trop contre un usage fixé, j'ai choisi de mettre un trait d'union et d'indiquer qu'il s'agit d'un nom composé (même si un composé ne constitue pas une catégorie en soi).

Ex. : **ọlọ́gbọ́n-ẹ̀wẹ́**, n. comp.

• personne rusée.

Les composés apparaissent selon l'ordre alphabétique du premier des constituants. Le deuxième terme apparaît également en entrée avec un renvoi, le tiret reprenant, bien sûr, l'entrée.

Ex. : **ilé-ìwòsàn**, n. comp.

• hôpital.

Ex.: **ìwòsàn**, v. **ilé** — .

III. Éléments de phonologie et de grammaire[8]

A - Phonologie

1. Les phonèmes vocaliques

Le yorùbá possède deux séries de voyelles, une série de sept voyelles orales et une série de trois voyelles nasales, la voyelle nasale [ẹn] étant un hapax en standard et ne se trouvant que dans le démonstratif ìyẹn / yẹn « celui-là ».

Tableau des voyelles[9]

Voyelles orales		Voyelles nasales	
i	u	in	un
e	o		
ẹ	ọ	(ẹn)	ọn ~ an
a			

Il n'y a pas d'opposition phonologique entre les deux voyelles nasales d'arrière les plus ouvertes [ọn] et [an]. La réalisation plus ou moins arrondie est conditionnée par la nature arrondie ou non de la consonne précédente. Pourtant, dans la graphie du yorùbá standard, cette distinction phonétique est marquée, aussi l'ai-je, bien sûr, respectée.

Ex. : **dán** briller mais **ìbọn** fusil.

---

[8] Cette introduction vise essentiellement à fournir des indications utiles pour une meilleure compréhension du dictionnaire.

[9] Les phonèmes sont notés orthographiquement et non pas phonétiquement.

On ne rencontre jamais de voyelles nasales à l'initiale vocalique.

2. Les phonèmes consonantiques

Tableau des consonnes

	labiales	alvéolaires	dentales	palatales	vélaires	labio.vél.
sourdes	f	t	s	ṣ	k	p
sonores	b	d	j		g	gb
nasales	m	n				
continues	w	l		y	h	
vibrante		r				

L'opposition phonologique entre **s** et **ṣ**, si elle existe bien dans le parler ẹgbá, n'est, en revanche, pas marquée dans le parler ọ̀yọ́ ; elle n'est donc pas bien établie en yorùbá standard et un certain nombre de termes sont réalisés parfois avec un **s** parfois avec **ṣ**. Dans ce cas, la variante est indiquée.

Ex. : **èèṣì ~ èèsì**, n.
• faute, erreur.

èèṣì, v. **èèsì**.

[**l**] et [**n**] sont en distribution complémentaire et ne constituent donc pas deux phonèmes. Leur réalisation est conditionnée par la nature de la voyelle qui suit. L'archiphonème est réalisé [**n**] devant une voyelle nasale et [**l**] devant une voyelle orale.

3. Forme canonique des lexèmes

La syllabe yorùbá est toujours ouverte et les suites consonantiques sont exclues. La structure canonique des lexèmes est de type CV pour les verbes et de type V.CV pour les noms. Cette structure explique le fait que, lorsqu'un verbe est transitif, verbe et objet nominal sont le plus souvent contractés.

Cela dit, il n'y a pas de règles claires qui rendent compte de l'élision vocalique, tantôt c'est la voyelle du verbe qui est élidée, tantôt c'est celle du nom.

Ex. : **fọ̀** laver — Ó fọ aṣọ > **ó fọṣọ**. Elle a lavé le linge.

rà acheter — Ó ra ẹran > **ó rẹran**. Elle a acheté de la viande.

4. Élision vocalique et contraction

Dans la mesure où les contractions sont quasiment inévitables (notamment dans les cas d'un verbe ou d'une préposition suivis d'un nom), compte tenu de la structure des verbes et des nominaux respectivement en CV et V.CV, il est nécessaire de bien avoir à l'esprit la modification de la réalisation de la consonne.

Ex. : Ó ní owó > **ó lówó**. Il a de l'argent.

Ó wà ní ọjà > **ó wà lọ́jà**. Il est au marché.

Ó wà ní ilé > **ó wà nílé**. Il est à la maison.

Dans les deux premiers exemples (contraction du verbe et de son objet et celle de la préposition et du nom qui suit), la voyelle nasale **/in/** est élidée, la consonne est donc réalisée [l] puisqu'elle est suivie d'une voyelle orale.

Dans le dernier exemple, il faut considérer que c'est la voyelle initiale (orale) du nom qui est élidée puisque la consonne nasale **/n/** se maintient lors de la contraction.

Le deuxième objet d'un grand nombre de verbes composés fonctionnant avec trois actants est précédé de la préposition **ní** ; la contraction avec le nom qui suit cette préposition est obligatoire, si bien que les formes attestées, dans les verbes de ce type, seront ... **lójú, ... lára, ... lẹ́kún**, etc. : dans la mesure où la voyelle nasale de la préposition est élidée, la consonne est réalisée [l] devant la voyelle orale.

Ex. : **kán…lójú** < kán…ní.ojú, vb. comp.
• être pressé.
Ó kán mi lójú. Je suis pressé.

tù…lára < tù…ní.ara, vb. comp.
• calmer une douleur (physique).
Oògùn yìí tù mí lára. Ce médicament m'a calmé.

pa…lẹ́kún < pa…ní.ẹkún, vb. comp.
• faire pleurer qqn.
Ó pa mí lẹ́kún. Il m'a fait pleurer[10].

5. Les tons

Le yorùbá est une langue à trois tons, un ton haut marqué sur la voyelle par un accent aigu /**á**/, un ton moyen marqué par une absence de signe /**a**/, et un ton bas marqué par un accent grave /**à**/. Ceux-ci se combinent librement, mais il est à noter qu'une voyelle initiale (exception faite des emprunts) n'est jamais réalisée avec un ton haut.

La consonne nasale /**n**/ peut être syllabique ; elle se comporte alors comme une voyelle et porte les tons haut /**ń**/, moyen /**n̄**/ ou bas /**ǹ**/.

Sachant qu'un ton peut se maintenir indépendamment de la voyelle, les règles tonales, lors d'une élision vocalique, sont simples : un ton haut se maintient face à un ton moyen ou bas et un ton bas se maintient face à un ton moyen.

Ex. :	Ó ní owó > **ó lówó**.	Il a de l'argent.
	Ó ní ìlù > **ó nílù**.	Il a un tambour.
	Ó pa èkúté > **ó pèkúté**.	Il a tué le rat.

Si un ton bas est élidé devant un ton haut, le ton suivant est réalisé montant ; si un ton moyen est élidé devant un ton haut, le ton suivant est réalisé moyen-abaissé.

---

[10] La décomposition de ces formes permet de retrouver facilement dans le dictionnaire les différents éléments qui les composent.

Ex. : Ó ní ìwé > ó níwèé. Il a un livre.

Ó wà ní ìta > ó wà níta. Il est dehors.

(le ton moyen abaissé sur le /a/ de *níta* n'est pas marqué graphiquement).

L'opposition des verbes à ton lexical bas ou moyen est neutralisée lorsqu'ils sont suivis d'un objet nominal. En effet, le ton bas des verbes à ton lexical bas est toujours réalisé moyen lorsque ceux-ci sont suivis d'un objet nominal.

Ex. : **lù** battre **Ó lù ú.** Il l'a battu.

mais **Ó lu** ọmọ náà. Il a battu l'enfant.

B - Grammaire

1. Le syntagme verbal

A. Les pronoms personnels

Tableaux des pronoms personnels

Pronoms personnels sujets

Affirmatifs sg.	Affirmatifs pl.	Négatifs sg.	Négatifs pl.
mo	a	mi	a
o	ẹ	o	ẹ
ó	wọ́n	ø	wọn

Ex. : Mo lọ. Je suis parti(e).

Mi ò lọ. Je ne suis pas parti(e).

Notons qu'en yorùbá, le genre n'est grammaticalement marqué à aucune personne.

Le morphème négatif est **kò**. A la forme négative, le pronom de la 3e personne du singulier est effacé ; seul le morphème de négation apparaît :

Ex. : **Ó** lọ. Il/elle est parti(e).

Bísí kò lọ. Bísí n'est pas parti(e).

Kò lọ. Il/elle n'est pas parti(e).

Le morphème négatif **kò** peut aussi être réalisé **ò**, notamment après les pronoms personnels.

Mi ò lọ. Je ne suis pas parti(e).

Wọn ò lọ. Ils/elles ne sont pas parti(e)s.

Pronoms personnels objets

sg.	pl.
mi	wa
ọ / ẹ	yín
	wọn

Les pronoms personnels objets, excepté le pronom de la 2e personne pluriel toujours à ton haut, n'ont pas de ton propre ; leur réalisation tonale est liée au ton du verbe ; ils sont réalisés :

– Avec un ton moyen lorsque le verbe est à ton haut.

Ex. : **Ó kí mi**. Il/elle m'a salué(e).

Ó rí ọ. Il/elle t'a vu(e).

– Avec un ton haut lorsque les verbes sont à ton moyen ou bas.

Ex. : **Ó pa wọ́n**. Il/elle les a tués.

Ó lù wá. Il/elle nous a frappés.

Notons aussi que le pronom objet de la 3e personne du singulier n'a pas de forme propre, mais qu'il est marqué par un allongement de la voyelle du verbe. La règle tonale suit celle qui régit le ton des autres pronoms objets.

Ex. : **Ó kí i.** Il l'a salué.
Ó pa á. Il l'a tué.
Ó lù ú. Il l'a frappé.

Lorsque la voyelle du verbe est nasale, le pronom objet est bien sûr marqué par une voyelle nasale, graphiquement marquée par un **n**.

Ex. : **Ó nà án.** Il l'a battu.
Ó dín in. Elle l'a fait frire.

Pronoms emphatiques

sg.	pl.
èmi	àwa
ìwọ	ẹ̀yin
òun	àwọn

Ex. : **Èmi** ò ní í lọ. Moi, je n'irai pas.
Àwọn á lọ. Eux, iront.

Ces pronoms peuvent assumer toutes les fonctions du nom ; ils sont emphatiques en fonction sujet ou objet, non emphatiques dans les autres fonctions où ils sont les seuls à pouvoir apparaître.

Le pronom de la 3e personne du pluriel, **àwọn**, peut être employé pour marquer la pluralité.

Ex. : Mo rí **àwọn** ìjòyè. J'ai vu les chefs.

B. Le verbe

Le verbe est invariable, sans forme infinitive, et les marques verbales aspecto-modales se placent avant le verbe. L'aspect plus que le temps est important dans la conjugaison puisque, à part la marque aspectotemporelle d'antériorité **ti** et celle de futur **yóò**, toutes les autres marques sont aspectuelles.

En fait, le yorùbá utilise quatre marques de base qui peuvent se combiner entre elles.

Tableau des marques verbales

Affirmatif	négatif	valeur
Ø	kò Ø	accompli
ti	kò tíì	antériorité
ń	—	inaccompli
yóò / á	kò ní í	futur
máa	—	ingressif/continuatif
máa ń	kì í	habituel
ti máa ń	—	habituel du passé
ti ń	—	duratif
yóò ti	kò ní í tíì	futur antérieur
yóò máa	kò ní í máa	habituel futur
yóò ti máa	kò ní í tíì máa	futur antérieur duratif

Ex. : **Ó Ø** jẹun. Il a mangé.
Ó ń jẹun. Il mange.
Ó ti jẹun. Il a déjà mangé.
Yóò jẹun. Il mangera. Etc.

L'absence de modalité verbale précédant le verbe renvoie à un aspect accompli ; il faut donc considérer qu'on a une marque zéro (Ø).

C. Les séries verbales

L'existence de séries verbales est une des caractéristiques du yorùbá, comme de l'ensemble des langues kwa. Cela signifie, notamment, qu'un énoncé peut être composé de plusieurs verbes pour lesquels le sujet, ainsi que les marques verbales, seront mis en facteur commun.

Ex. : **Ó sáré** bu omi **wá**. Il a couru chercher de l'eau.

Dans la mesure où les relations logiques liant ces différents verbes sont sous-jacentes, mais non marquées, l'interprétation sémantique des énoncés est parfois difficile, voire ambiguë.

Ex. : **Ó pa** ejò **jẹ**.	Il a tué un serpent pour le manger.
	Il a tué un serpent et l'a mangé.
Ó sáré lọ.	Il est parti en courant.
	Il s'est dépêché de partir.
Ó mu ọtí **jókòó**.	Il a bu un verre et s'est assis.
Ó jókòó mu ọtí.	Il s'est assis pour boire un verre.
Ó jẹun sùn.	Il a mangé avant de dormir.

2. Le syntagme nominal

A. Les déterminants

La langue ne possède ni genre grammatical ni déterminants obligatoires.

Dans le syntagme de détermination, le déterminant peut être :

– un nom :	**ajá Adé**	le chien d'Adé ;
– un pronom :	**ajá(à)**[11] **mi**	mon chien ;
– un démonstratif :	**ajá yìí**	ce chien ;
– un anaphorique :	**ajá náà**	le chien (en question) ;
– un adjectif :	**ajá mi kékeré**	mon petit chien ;
– un numéral :	**ajá mi méjì**	mes deux chiens ;
– une relative :	**ajá tí mo rí**...	le chien que j'ai vu...

L'ordre est donc toujours déterminé/déterminant, quel que soit le type de déterminant. Lorsqu'il y a plusieurs déterminants, le démonstratif est toujours placé en dernier.

Ex.: **ajá mi kékeré yìí**

ajá tí mo rí yìí...

---

[11] **(à)** représente le connectif indiquant la relation de détermination : « chien de moi ». Il n'est cependant jamais noté graphiquement.

Pronoms possessifs

sg.	pl.
mi	wa
rẹ / ẹ	yín
rẹ̀ / ẹ̀	wọn

Les pronoms possessifs sont toujours à ton moyen, excepté celui de la 2e personne du pluriel qui est à ton haut.

B. Les circonstants

Tous les circonstants, qu'ils soient de lieu ou de temps, sont précédés d'une préposition. En général, l'élision est faite suivant les règles énoncées ci-dessus.

Ex. : Ó lọ sí Èkó > **ó lọ sékòó.** Elle est allée à Lagos.

Ó wà ní ilé > **ó wà nílé.** Elle est à la maison.

Yóò wá ní aago méje > **yóò wá láago méje** Il viendra à sept heures.

Yóò wá ní ọ̀la > **yóò wá lọ́la.** Il viendra demain.

Ó dé ní alẹ́ àná > **ó dé lálẹ́ àná.** Elle est arrivée hier soir.

3. La phrase

La structure de la phrase yorùbá est de type S.V.O.

Ex. : **Ó jẹ ẹran.** Il a mangé de la viande.

Une phrase non verbale est suivie du prédicat non verbal **ni** qui est aussi la marque de focus.

Ex. : **Ajá ni.** C'est un chien.

La focalisation est un procédé de mise en emphase extrêmement employé qui implique un déplacement de l'élément focalisé en tête du syntagme. Tout terme (verbe inclus), déterminant (quand il s'agit d'un nom), syntagme, proposition ou phrase, peuvent être focalisés. Le marqueur **ni** suit le ou les termes focalisés.

Ex. :	**Ó** lọ sí Èkó.	Il est parti à Lagos.
	Òun ni ó lọ > òun ló lọ.	C'est lui qui est parti.
	Mo rí **wọn** ní Èkó.	Je les ai vus à Lagos.
	Àwọn ni mo rí ní Èkó.	Ce sont eux que j'ai vus à Lagos.
	Mo lọ sí **Èkó**.	Je suis allé à Lagos.
	Èkó ni mo lọ.	C'est à Lagos que je suis allé.
	Mo **rí** wọn ní Èkó.	Je les ai vus à Lagos.
	Rírí ni mo rí wọn ní Èkó.	Je les ai bien vus à Lagos.
	Ajá **Adé** sá lọ.	Le chien d'Adé s'est enfui.
	Adé ni ajá rẹ̀ sá lọ.	C'est bien Adé dont le chien s'est enfui.
	Ajá Adé sá lọ.	Le chien d'Adé s'est enfui.
	Ajá Adé sá lọ ni.	C'est bien le chien d'Adé qui s'est enfui.

4. Lexicologie

A. Dérivation

La dérivation et la composition sont des procédés très productifs en yorùbá. Avec les préfixes dérivatifs **a-**, **à-**, **ì-**, **àì-**, **Cí-**, pratiquement tous les verbes peuvent être nominalisés.

Ex. :	**kọrin** : chanter	**akọrin** : chanteur
	rọ : verser	**àrọ** : entonnoir
	mọ̀ : savoir, connaître	**ìmọ̀** : connaissance
	lọ : partir	**àìlọ** : fait de ne pas partir
		lílọ : fait de partir

rà : acheter	**rírà** : fait d'acheter

L'infixe **kí** placé au centre de la forme redupliquée d'un nominal permet de donner une valeur le plus souvent péjorative à celui-ci.

Ex. :	**ohun**	chose
	ohunkóhun	n'importe quoi
	ibi	place, endroit
	ibikíbi	n'importe où
	ìyàwó	femme
	ìyàwókíyàwó	n'importe quelle femme

Le préfixe nominal **oní-** permet de marquer l'appartenance.

Ex. :	ilé	maison
	oní.ilé > **onílé**	le propriétaire de la maison
	owó	argent
	oní.owó > **olówó**	celui qui a de l'argent

B. Composition

Le système de numération, parce qu'il fait largement usage de la composition, est expliqué dans ce paragraghe.

Le yorùbá possède trois séries de nombres.

1. Une série de dix nombres de base, uniquement utilisée pour compter ou dans l'énumération :

1	**ení**	6	**ẹ̀fà**
2	**èjì**	7	**èje**
3	**ẹ̀ta**	8	**ẹ̀jọ**
4	**ẹ̀rin**	9	**ẹ̀sán**
5	**àrún**	10	**ẹ̀wá**

2. Pour les nombres cardinaux, le yorùbá utilise les huit nombres de base (de 2 à 9) pour les unités (le 1 étant différent) précédés du préfixe **m´** (+ ton haut). Il utilise trois nombres de base pour les dizaines (10, 20, 30) et deux pour les centaines (200, 400). Il va utiliser les trois opérations

(addition, soustraction, multiplication) pour l'ensemble de la numération. Ces nombres assument à la fois la fonction indépendante, celle d'un nom, et la fonction de déterminant (excepté le 1 dont la voyelle initiale est élidée en fonction de déterminant).

1	**ọ̀kan / kan**	6	**mẹ́fà**
2	**méjì**	7	**méje**
3	**mẹ́ta**	8	**mẹ́jọ**
4	**mẹ́rin**	9	**mẹ́sàn-án**
5	**márùn-ún**	10	**mẹ́wàá**
20	**ogún**	30	**ọgbọ̀n**
200	**igba**	400	**irínwó**

Pour obtenir un nombre à deux chiffres (dizaine plus quatre unités au-dessus de la dizaine), on ajoutera à la dizaine le nombre d'unités de 1 à 4 :
22 = méjì (2) *ajoutés à* ogún (20) = méjì.lé.ní.ogún > **méjìlélógún** ;
24 = mẹ́rin (4) *ajoutés à* ogún (20) = mẹ́rin.lé.ní.ogún > **mẹ́rìnlélógún**.

Pour les six autres unités au-dessus de la dizaine, on soustraira le nombre d'unités nécessaires (de 5 à 1) de la dizaine supérieure :
16 = mẹ́rin (4) *ôtés de* ogún (20) = mẹ́rin.dín.ní.ogún > **mẹ́rìndínlógún** ;
18 = méjì (2) *ôtés de* ogún (20) = méjì.dín.ní.ogún > **méjìdínlógún**.

Les nombres de 11 à 15 sont des formes très compactes, même s'il est possible de retrouver leurs différents constituants :
11 = **mọ́kànlá** < m´ọ̀kan.lé.ẹ̀wá ;
12 = **méjìlá** < méjì.lé.ẹ̀wá ;
14 : **mẹ́rìnlá** < mẹ́rin.lé.ẹ̀wá ;
15 : **mẹ́ẹ̀ẹ́dógún** < márùn-ún.dín.ogún.

Pour les dizaines paires, la base de comptage sera 20, **ogún**. Ainsi, 40 sera 20 x 2, 60 = 20 x 3, etc. jusqu'à 180 = 20 x 9 :

40 = ogún (20) x èjì (2) = ogún.èjì > **ogójì** ;

60 = ogún (20) x ẹ̀ta (3) = ogún.ẹ̀ta > **ọgọ́ta**.

Pour les dizaines impaires, on soustraira 10, **ẹ̀wá**, de la dizaine paire supérieure, symbolisée par le chiffre de l'unité, de 50 jusqu'à 170 :

50 = ẹ̀wá (10) *ôté de* ẹ̀ta (3) (c-à-d 60 = 20 x 3)
= ẹ̀wá.dín.ẹ̀ta > **àádọ́ta** ;

70 = ẹ̀wá (10) *ôté de* ẹ̀rin (4) (c-à-d 80 = 20 x 4)
= ẹ̀wá.dín.ẹ̀rin > **àádọ́rin**.

Le terme de base pour 200 est **igba**. On utilisera, pour les centaines, le même procédé que pour les dizaines :

600 = igba (200) x ẹ̀ta (3) = igba.ẹ̀ta > **ẹgbẹ̀ta** ;

500 = ẹ̀wá (10) ôté de ẹgbẹ̀ta (600) = ẹ̀wá.dín.ẹgbẹ̀ta > **ẹ̀ẹ́dẹ́gbẹ̀ta**.

Il faut souligner que ce système de numération est suffisamment compliqué pour que les Yorùbá eux-mêmes ne l'emploient que pour les chiffres les plus simples.

Le numéral, fonctionnant comme déterminant, est placé après le nom.

Ex. : Mo ra iṣu **méjì**. J'ai acheté deux ignames.

3. Les nombres ordinaux sont formés à partir des nombres de base précédés de : **èk-** pour la forme indépendante, la voyelle initiale étant élidée pour la forme dépendante.

Ex. : **èkìíní** le premier ọmọ **kìíní** le premier enfant ;
èkejì le second ọmọ **kejì** le second enfant. Etc.

*

Abréviations

acc. : accompli
adj. : adjectif
adv. : adverbe
anaph. : anaphorique
angl. : anglais
ani. : animé
ar. : arabe
aux. : auxiliaire
cf. : confer
comp. : composé
conj. : conjonction
démons. : démonstratif
déter. : déterminant
dial. : dialectal
dur. : duratif
emph. : emphatique
empl. : emploi, employé
empr. : emprunt
euph. : euphémisme
ex. : exemple
excl. : exclamation
exclu. : exclusif
fact. : factitif
fig. : sens figuré
foc. : focalisation
fr. : français
fut. : futur
génér. : généralement
haus. : hausa
idiom. : expression idiomatique
impér. : impératif
impers. : impersonnel
inac. : inaccompli
incl. : inclusif
infx. : infixe
intens. : intensificateur
inter. : interrogatif
interj. : interjection
litt. : littéralement
loc. : locution
loc. adv. : locution adverbiale
loc. conj. : locution conjonctive
loc. n. : locution nominale
loc. prép. : locution prépositive
loc. vb. : locution verbale
marq. : marque
marq. vb. : marque verbale
mil. : militaire
mod. : modal, modalité
mod. énonc. : modalité d'énoncé
morph. : morphème
mvt. : mouvement
n. : nom.
n. comp. : nom composé
n. f. : nom féminin
n. pr. : nom propre
num. : numéral
par ext. : par extension

part. : particule

péj. : péjoratif

pers. : personne

pl. : pluriel

ponct. : ponctuel

port. : portugais

préd. : prédicat

pré-vb. : pré-verbe

prfx. : préfixe

probl. : probablement

pron. emph. : pronom emphatique

pron. inter. : pronom interrogatif

pron. pers. : pronom personnel

pron. poss. : pronom possessif

prop. : proposition

prov. : proverbe

qqch. : quelque chose

qqn : quelqu'un

quant. : quantificateur

réfl. : réfléchi

sg. : singulier

songh. : songhaï

sp. : species

surt. : surtout

svt : souvent

temp. : temporel

tjs : toujours

uniq. : uniquement

us. : usité

v. : voir

vb. : verbe

vulg. : vulgaire

vx. : vieux

< : vient de

> : devient

~ : variante

[ ] : explication ou clarification

( ) : ajout par rapport à l'équivalent français.

Les numéros 1, 2, 3, etc. distinguent des homophones.

DICTIONNAIRE YORÙBÁ-FRANÇAIS

A

á, marq. vb.
• futur.
Èmi àti ìwọ á jọ lọ sí Èkó lọ́la. Toi et moi irons ensemble à Lagos demain.

a-, prfx. vb.
• permet de former un nom d'agent à partir d'un vb. composé (vb. + n.).
a.kọ.orin > akọrin : chanteur. *a.kọ.ìwé > akọ̀wé* : employé de bureau. *a.pa.ènìyàn > apànìyàn* : assassin, meurtrier.

a, pron. pers.
• nous.
A lọ sọ́jà lọ ra iṣu. Nous sommes allés au marché pour acheter des ignames.
• on (incl.).
A kì í pòwe níwájú àwọn àgbàlagbà. On ne dit pas de proverbes devant les anciens.

à 1, pron. pers. emph.
• nous (empl. avec l'inac.).
À ń lọ o ! Nous partons !

à- 2, prfx. vb.
• permet de former un nom verbal dont le sens est soit actif, soit passif.
à.bọ̀ > àbọ̀ : arrivée, venue. *à.jí.kẹ́ > Àjíkẹ́* : celle qui est câlinée au réveil (n. f. de louange). *à.lọ > Àlọ á dára !* Le fait de partir (le voyage) se passera bien ! *à.ṣà.yàn > àṣàyàn* : choix, sélection.

a máa, v. **máa ń**.

áà, excl.
• marque la surprise, l'étonnement.

ààbò, n. (cf. **dáàbò bò**).
• protection.
Ó dá ààbò bò ó lọ́wọ́ ọ̀tá rẹ̀. Il l'a protégé(e) contre ses ennemis.

ààbọ̀, n.
• demi.
Aago méjìlá ààbọ̀ ló lù. Il est midi et demi. *Mo dúró dè é fún wákàtí kan ààbọ̀.* Je l'ai attendu(e) pendant une heure et demie.

àádọ́rin, < ẹ̀wá.dín.ẹ̀rin, num.
• soixante-dix.

àádọ́run, < ẹ̀wá.dín.àrún, num.
• quatre-vingt-dix.

àádọ́ta, < ẹ̀wá.dín.ẹ̀ta, num.
• cinquante.
Ó fún mi ní àádọ́ta náírà. Il m'a donné cinquante nairas.

ààfin, n.
• palais royal.

Aáfíríkà ~ **Áfíríkà**, n. pr.
• Afrique.

aago ~ **agogo**, < haus., n.
• cloche.
Àwọn babaláwo máa ń lu aago tí wọ́n bá ń sun ìyẹ̀rẹ̀. Les devins sonnent la cloche s'ils chantent la poésie d'Ifá.
• objet qui donne l'heure.

• heure.
Aago mélòó ló lù ? ~ Kí láago wí ? Quelle heure est-il ?

aago-ara-ògiri, n. comp.
• pendule murale.

aago-orí-tábìlì, n. comp.
• réveil.

aago-ọwọ́, n. comp.
• montre-bracelet.
Aago-ọwọ́ rẹ fi ìṣẹ́jú mẹ́wàá yára. Ta montre avance de dix minutes.

ààgò, n.
• cage en vannerie dans laquelle on rentre les poulets pour la nuit ; peut aussi être utilisée pour leur transport.

aájò, < empr., n. (cf. **ṣaájò**).
• soin, sollicitude, sympathie (exprimés par des actes).
Ọ̀rẹ́ mi ṣe aájò mi gan-an nígbà tí mo ṣàìsàn. Mon ami a montré beaucoup de sollicitude pendant ma maladie.

aaka ~ akika, n.
• pangolin.

ààké, n.
• hache.

ààlà, n. (cf. **pààlà**).
• frontière, limite.
Àwọn àgbẹ̀ méjèèjì pa ààlà sáàrin oko wọn. Les deux fermiers ont délimité la frontière entre leurs champs. *Ó ti kọjá ààlà oko.* Il a dépassé les limites de la ferme. *Ohun tó ṣe ti kọjá ààlà !* Ce qu'il a fait dépasse les bornes !

àánú, < songh., n. (cf. **ṣàánú**).
• compassion, pitié.
Ó fi àánú hàn sí wa ~ Ó ṣe wá ní àánú. Il nous a montré de la compassion.

aápọn, n.
• problème, difficulté, ennui.
Ẹni tí ó gbé òkú àparò gbé aápọn. (Prov.). Celui qui ramasse une perdrix morte ramasse des ennuis. [Celui qui a commis une mauvaise action, un vol, par ex., tôt ou tard en subira les conséquences].
• diligence, enthousiasme.
Ó ní aápọn nípa ríran ènìyàn lọ́wọ́. Elle est toujours enthousiaste pour aider les gens.

ààrá, v. **àrá**.

àárẹ̀, n. (cf. **rẹ̀**).
• fatigue.
Àárẹ̀ mú mi lónìí. Je suis fatigué aujourd'hui.

ààrẹ, n.
• président (d'une société, d'un pays).

Ààrẹ-ọ̀nà-kakaǹfò, n. comp.
• titre donné au général en chef des armées d'Ọ̀yọ́.

ààrin, n.
• centre, milieu.
Igi kan wà láàrin ọgbà. Il y a un arbre au milieu de la cour.
• (fait d'être) entre.
Adé jókòó láàrin èmi àti Olú. Adé est assis entre Olú et moi.
• (fait d'être) parmi.

Àlejò pàtàkì kan wà láàrin wa lónìí. Nous avons un hôte de marque parmi nous aujourd'hui.

àáró, n. (cf. **dá** 5).
• aide collective apportée pour un travail par tous ceux qui se sont mis d'accord préalablement. Chacun des participants recevra alors l'aide des autres pour la même durée.
Àwọn àgbẹ̀ mẹ́rẹ̀ẹ̀rin dá àáró láti ṣiṣẹ́ nínú oko. Les quatre fermiers se sont mis d'accord pour travailler dans chacune de leurs fermes.

àárò, n. (cf. **ṣàárò**).
• manque, privation de qqn.
Àárò rẹ̀ ń sọ mí. Il me manque.

ààrò ~ àdìrò, n.
• foyer, constitué de trois pierres, sur lequel on fait cuire la nourriture.

àárọ̀, n.
• matin.
Ó kúrò ní Èkó ní àárọ̀ àná. Il a quitté Lagos hier matin. Ẹ kú àárọ̀ > *ẹ káàárọ̀ !* Bonjour ! (se dit jusque vers midi).
◇ **àárọ̀ kùtùkùtù** : petit matin ; très tôt le matin.
◇ **àràárọ̀** < àárọ̀.àárọ̀ : chaque matin, tous les matins.
Ó ń lọ sọ́jà láràárọ̀. Elle va tous les matins au marché.

ààrọ̀, n. (cf. **pààrọ̀**).
• échange, troc.

aásìkí ~ aáṣìkí, < ar., n.
• chance (liée à l'idée de richesse, de succès, de renommée).
Aásìkí rẹ̀ pọ̀ ~ Ó ní aásìkí púpọ̀. Il/elle a beaucoup de chance.

aáṣìkí, v. **aásìkí**.

ààtàn ~ àkìtàn, n.
• tas d'ordures.

ààwẹ̀, < songh., n.
(cf. **gbààwẹ̀**).
• jeûne.
Bọ́lá wà nínú ààwẹ̀. Bọ́lá jeûne.

aáyán, n.
• blatte ; cafard.
Aáyán fẹ́ jó, adìẹ kò ní jẹ́. (Prov.). Le cafard veut danser, mais le poulet ne le permettra pas. [Empl. lorsque qqn ou qq-ch. vous empêche de mener à bien un projet.]

aáyan, n.
• effort, persévérance.
Mo ṣe aáyan púpọ̀ kó tó lè bọ́ sí i. J'ai fait beaucoup d'efforts avant que cela ne réussisse.

ààyè, n. (cf. **láàyè, yè**).
• fait d'être vivant, en vie.
Bàbá arúgbó yẹn ṣì wà láàyè. Ce vieillard est encore en vie.

ààyò, n.
• favorite.
Bọ́lá ni ààyò nínú ìyàwó mẹ́tẹ̀ẹ̀ta tí ọkọ rẹ̀ ní. Bọ́lá est la favorite parmi les trois femmes de son mari.

ááyọ̀nù, < angl., n.
• fer à repasser.

abà, n.
• petite maison en pisé.
• village.
Abà Lábọ̀dé ni mo ti wá. Je suis originaire du village de Lábọ̀dé.

àbá, n. (cf. **dábàá**).
• proposition, suggestion.
Ó dá àbá kan tí kò tẹ́ wa lọ́rùn. Il a fait une suggestion qui ne nous a pas plu.

àba, n.
• fait de couver.
Adìẹ wà lórí àba. La poule est en train de couver ses œufs. *Adìẹ àba ni.* C'est une poule couveuse.

abájọ, excl.
• pas étonnant !
Abájọ tí kò fi tètè jí lọ́jọ́ kejì ! Pas étonnant qu'il ne se soit pas réveillé tôt le lendemain !

abahun, < abi.ahun, n.
• épithète donnée à Tortue dans les contes.

abàmì, n.
• se dit de qqch., qqn qui est étrange, bizarre.
Abàmì ẹ̀dá ni. C'est un être bizarre.

àbámọ̀, < à.bá.mọ̀, n.
(cf. **kábàámọ̀**).
• regret.
Àbámọ̀ ní í gbẹ̀hìn ọ̀rọ̀. (Prov.). Les regrets sont inutiles.

àbàrá, n.
• tape.
Ó fún un ní àbàrá nídìí. Il lui a donné une fessée. *Ó gbá mi ní àbàrá lẹ́hìn.* Il m'a donné une tape dans le dos.

àbàrí, n.
• sorte de gâteau salé fait de farine de maïs additionnée de piment, d'oignons, et cuit à l'étouffée.

àbàtà 1, n.
• marécage.

àbàtà 2, v. **obì** —.

àbàwọ́n, n.
• tache.
Àbàwọ́n wà lára aṣọ rẹ. Il y a une tache sur ton vêtement. *Ó fi àbàwọ́n bá ara ẹbí wa.* Il a marqué notre famille d'une tache indélébile.
• défaut.
Àga yìí ní àbàwọ́n, mi ò lè rà á. Cette chaise a un défaut, je ne peux l'acheter.

abẹ́, n.
• le dessous.
Abẹ́ igi ni wọ́n jókòó sí láti gbìmọ̀ pọ̀. C'est sous un arbre qu'ils se sont assis pour tenir conseil ensemble.
• parties génitales (euph.).

abẹ, n. (cf. **iṣẹ́** —).
• lame (pour de petits instruments).
• très petit couteau.

abẹ-fẹ́lẹ́, n. comp.
• lame de rasoir.
A ń fi abẹ-fẹ́lẹ́ fá irun. On rase le crâne avec une lame de rasoir.

abẹ̀bẹ̀, n.
• éventail.

àbẹ́là, < port., n.
• bougie.
A tan àbẹ́là kí a lè ríran. On a allumé la bougie pour y voir clair.

Abẹ́òkúta, n. pr.
• capitale du pays Ẹ̀gbá.

abẹ́rẹ́, n.
• aiguille.
Jọ̀ọ́, bá mi bọ abẹ́rẹ́ yìí. S'il te plaît, enfile-moi cette aiguille.
• piqûre (injection).
Àwọn ọmọdé kì í fẹ́ gba abẹ́rẹ́. Les enfants n'aiment pas qu'on leur fasse des piqûres.

abẹ́rẹ́-àjẹsára, n. comp.
• vaccin.

àbẹ̀tẹ́lẹ̀, (cf. **owó —**).
• cadeau en argent ou en nature ayant pour but d'acheter qqn.

abi-, prfx. n.
• qui possède (préfixe obsolète et non productif ; on le rencontre souvent dans les insultes).
Ìwọ abiara dúdú ! Toi avec ta peau toute noire ! *Bísí abẹnu ńlá !* Bísí avec sa grande bouche !

àbí ~ tàbí, conj.
• ou bien.
Ṣé ká jáde àbí ká dúró nílé ? Sort-on ou bien reste-t-on à la maison ? *Èwo lo fẹ́ jẹ, iyán tàbí ẹ̀bà ?* Que veux-tu manger, de l'igname pilée ou de la pâte de manioc ?

àbíkẹ́hìn, < à.bí.kẹ́hìn, n.
• dernier-né.
Olú ni àbíkẹ́hìn àwọn òbí mi. Olú est le dernier-né de mes parents. *Àbíkẹ́hìn ní í jèrè ìyá !* (Idiom.) C'est le dernier-né qui profite de la mère !

àbíkú, < à.bí.kú, n.
• nom donné aux enfants qui meurent en bas âge. Ils rejoignent, dit-on, leur communauté considérée comme malfaisante. Des noms spécifiques, *Málọmọ́* “Ne-pars-plus”, *Dúrójayé* “Reste-pour-profiter-de-la-vie” leur sont donnés afin de les retenir sur terre.
Àbíkú sọ olóògùn di èké. (Prov.). Un enfant “né pour mourir” fait mentir même un guérisseur. [Montre l'impuissance d'un guérisseur face à un *àbíkú* qui est le plus fort.]

abiléko, < abi.ilé.ọkọ, n.
• femme mariée.
Bọ́lá kì í ṣe ọmọgé mọ́, ó ti di abilékọ báyìí ! Bọ́lá n'est plus une jeune fille, c'est maintenant une femme mariée !

abínibí, < a.bí.ẹni.bí, n.
• fait d'être congénital ou héréditaire.
Àrùn abínibí ni. C'est une maladie congénitale.

abíyá, n.
• aisselle.

abiyamọ, < abi.ìyá.ọmọ, n.
• femme qui a enfanté, mère.
Abiyamọ ọ̀tá àgàn, ẹni tó ń ṣìṣẹ́ ọ̀tá ọ̀lẹ. (Prov.). La mère est l'ennemie de la femme stérile,

celui qui travaille est l'ennemi du paresseux.

abo, n.
• femelle.
Ajá mi abo kú lánàá. Ma chienne est morte hier. *Abo ológbò ni.* C'est une chatte.

àbòsí, n. (cf. **alábòsí**).
• sournoiserie.

aboyún, < abi.oyún, n.
• femme enceinte.

abọ́, n.
• assiette, plat, bol (en métal).
• mesure (pour grains, riz, haricots, sel, etc.).

abọ́-ìdáná, n. comp. (cf. **dáná**).
• casseroles et marmites en aluminium dans lesquelles on fait cuire les aliments.

àbọ̀, n. (cf. **bọ̀**).
• arrivée.
Ẹ kú àbọ̀ > *ẹ káàbọ̀ !* Bienvenue à vous ! *Ó di lábọ̀.* A tout à l'heure.
• retour.
Àlọ á dára, àbọ̀ á sunwọ̀n ! Que l'aller et le retour soient bons ! [Souhaits adressés à qqn partant en voyage.]

abọrẹ̀, n.
• prêtre d'une divinité.

àbùjá, n.
• raccourci.
Mo gba àbùjá lọ sọ́jà. J'ai pris un raccourci pour aller au marché.

abuké, n. (cf. **iké**).
• bossu.
Ó jẹ́ abuké. Il est bossu. *Abuké ni Adé.* Adé est bossu.

àbùkù, < ar., n.
• défaut.
Àbùkù wà lára ìwé yìí. Ce livre a un défaut. *Àbùkù rẹ̀ ni pé ẹsẹ̀ rẹ̀ kan kò tólẹ̀.* Son défaut est d'avoir une jambe plus courte (que l'autre).
• qui apporte la honte, le déshonneur, la disgrâce ; qui est insultant, dégradant.
Àbùkù ni ọ̀rọ̀ yìí mú bá ìdílé wa. Cette affaire est une disgrâce pour notre famille. *Àbùkù ni kí àgbàlagbà gbálẹ̀.* C'est dégradant pour des personnes âgées de balayer.

àbùlà, v. **bù...là**.

abúlé, n.
• village (désignait à l'origine une habitation isolée).

abùradà, < angl., n.
• parapluie.

àbúrò, n.
• cadet.
Àbúrò mi ni. C'est mon/ma cadet(te).
◇ **àbúrò obìnrin** : sœur cadette.
◇ **àbúrò ọkùnrin** : frère cadet.
Àbúrò mi ọkùnrin ni. C'est mon petit frère.

àdá, n.
• coupe-coupe, coutelas, machette.
Àdá ni wọ́n fi gégi náà. C'est avec une machette qu'ils ont coupé l'arbre.

àdàbà, n.
• tourterelle.

adágún, v. **omi —**.

adáhunṣe, < a.dá.ohun.ṣe, n. (cf. **dá** 6).
• herboriste, guérisseur.

adájọ́, < a.dá.ẹjọ́, n. (cf. **dá** 4, **dájọ́**).
• juge.
Adájọ́ ti dájọ́ fún ẹni tí wọ́n fi ẹ̀sùn olè kàn pé ó jẹ̀bi. Le juge a jugé coupable celui qui avait été accusé de vol.

àdán, n.
• chauve-souris.
Àdán doríkodò, ó ń wòṣe ẹyẹ. (Prov.). La chauve-souris a la tête à l'envers ; elle regarde ce que font les oiseaux. [Ne rien dire, mais n'en penser pas moins ; ne pas être dupe.]

adánilóró, < a.dá.ẹni.ní.oró, n. (cf. **dá** 6).
• tortionnaire.
• tyran.
Adánilóró gbàgbé ọ̀la. Le tyran ne pense pas au lendemain.

adánrí, < a.dán.orí, n. (cf. **apárí**).
• personne complètement chauve ou qui a le crâne rasé.

àdàpè, < à.dà.pè, n.
• nom d'évitement.
• euphémisme.

àdàpọ̀, n. (cf. **dàpọ̀**).
• mélange.

adarí, < a.dà.orí, n. (cf. **dà** 1, **darí**).
• coordinateur, leader, responsable.
Túndé ni adarí ẹgbẹ́ akọrin ní ṣọ́ọ̀ṣì. C'est Túndé qui dirige le chœur à l'église.

àdáyébá, < à.dé.ayé.bá, n.
• terme désignant toute plante connue pour avoir existé, en pays yorùbá, dès l'origine de la création.

adé, n. (cf. **dé** 2).
• couronne.
Baṣọ̀run ló máa ń fi adé dé Aláàfin Ọ̀yọ́ lórí. C'est le premier conseiller qui couronne le roi d'Ọ̀yọ́.

àdéhùn, < à.dé.ohùn, n.
• accord, promesse (entre deux ou plusieurs personnes).
Èmi àti Bọ́lá ní àdéhùn pé kí a pàdé ní aago mẹ́sàn-án. Bọ́lá et moi nous sommes mis d'accord pour nous retrouver à 9 heures.
Wọ́n ṣe àdéhùn pé wọn ò ní í jà mọ́. Ils ont promis de ne plus se quereller.

adẹ́mu, < a.dá.ẹmu, n. (cf. **dá** 3).
• tireur de vin de palme ; "malafoutier".

adẹ́tẹ̀, < a.dá.ẹ̀tẹ̀, n. (cf. **dá** 1).
• lépreux.

àdí ~ àdín, n.
• huile extraite de l'amande de la noix de palme ; on l'utilise pour préparer des crèmes ou pour des offrandes rituelles.

àdí-àgbọn, n. comp.
• crème à base de noix de coco

utilisée pour les soins du corps.

àdín, v. **àdí**.

àdìrẹ, < à.dì.rẹ, n.
• tissu indigo.
• tissu batik.

àdírẹ́sì, < angl., n.
• adresse.

àdìrò, v. **ààrò**.

adití, < a.di.etí, n. (cf. **di** 2).
• sourd.

àdó, n.
• petite fiole en calebasse utilisée pour y mettre des poudres, des médicaments ou des gris-gris.

àdògán, n.
• brasero en métal.
Ìyá oníṣu sun iṣu lórí àdògán. La vendeuse d'ignames fait griller des ignames sur un brasero.

àdúgbò, n. (cf. **aládùúgbò**).
• quartier.
Ọmọ àdúgbò kan ni àwọn méjèèjì. Ces deux enfants sont du même quartier. *Àdúgbò wa dára*. Notre quartier est joli.

adúláwọ̀, < a.dúdú.ní.àwọ̀, n.
• Africain.
• personne de couleur noire.

adùn, n. (cf. **dùn** 1).
• désigne tout ce qui est sucré.
Adùn ni ìgbẹ̀hìn ewúro. Le goût sucré vient après le goût amer des feuilles *ewúro*. [Empl. comme encouragement dans des luttes ou des difficultés pour indiquer qu'après l'effort vient la récompense.]

àdúrà, < ar., n. (cf. **gbàdúrà**).
• prière.

afárá, n.
• pont.

afárá-oyin, n. comp.
• rayon de miel.

àfara, < à.fà.ara, n. (cf. **ṣàfara**).
• fait de traîner pour faire qqch., indolence, mollesse.
Wọ́n ń ṣe àfara lẹ́nu iṣẹ́ wọn, ni iṣẹ́ náà kò fi tètè parí. Ils traînent dans leur travail, si bien que celui-ci n'avance pas vite.

afẹ́fẹ́, n. (cf. **fẹ́**).
• air.
A ń mí afẹ́fẹ́ sínú. On respire l'air.
• brise, vent léger.
Afẹ́fẹ́ ń fẹ́, ewéko ń dàgbà. Le vent souffle, les plantes poussent.
• atmosphère (fig.).
Afẹ́fẹ́ inú ilé yìí kò bá mi lára mu. L'atmosphère de cette maison ne me convient pas.
◇ **gba afẹ́fẹ́** : prendre l'air ; faire un tour.
À ń gba afẹ́fẹ́ níta, nígbà tí ooru bá mú. Quand il fait chaud, on prend l'air dehors. *Mo fẹ́ gba afẹ́fẹ́ lọ*. J'ai envie d'aller faire un tour.

àfẹ̀mọ́jú, n.
• aube.

Ní àfẹ̀mọ́jú ọ̀la ni màá lọ sí Èkó. Demain à l'aube, je partirai pour Lagos.

afẹ́rẹ́, n.
• brise.
• salutation utilisée en référence à la fois à une température agréable et à une situation sociale de détente.
Ẹ kú afẹ́rẹ́ yìí ! Quel bon moment !

àfẹ́sọ́nà, v. **ìyàwó, ọkọ.**

àfi, conj.
• excepté, sauf, à moins que.
Mi ò ní í lọ sí Ìbàdàn àfi tí o bá lè gbé mi lọ. Je n'irai pas à Ìbàdàn, sauf si tu peux m'emmener. *Àfi tí o bá fi ọkọ̀ rẹ gbé mi ni màá fi lọ sí Ìbàdàn.* Ce n'est que si tu m'emmènes en voiture que j'irai à Ìbàdàn.

àfìgbà, < à.fi.ìgbà, conj.
• jusqu'à ce que.
Kò fẹ́ lọ àfìgbà tí mo bá a sọ̀rọ̀. Il n'a pas voulu partir jusqu'à ce que je lui parle.

àfín, n.
• albinos.

afínjú, n.
• personne très propre.
Afínjú ni ọmọ yìí. Cet enfant est très propre.

Áfíríkà, v. **Aáfíríkà.**

àfojúdi, < à.fi.ojú.di, n.
• impertinence, insolence.
Ọmọ yìí lè ṣe àfojúdi púpọ̀. Cet enfant est très insolent.

àfòmọ́, < à.fò.mọ́, n.
• plante parasite ressemblant au gui.

afọ́jú, < a.fọ́.ojú, n.
• aveugle.
Afọ́jú ni ọkùnrin yìí. Cet homme est aveugle.

àga, n.
• chaise.

àga-aláfẹ̀hìntì, < àga-oní.ì.-fẹ̀hìntì, n. comp.
• chaise longue, fauteuil.

àga-onítìmùtìmù, < àga-oní. tìmùtìmù, n. comp.
• canapé, fauteuil rembourré.

àgàbàgebè, n.
(cf. **alágàbàgebè**).
• hypocrisie.
Mo kóríìra àgàbàgebè. Je déteste l'hypocrisie.

àgádágodo, n.
• cadenas.

àgàn, n. (cf. **yà** 1).
• femme stérile.
Ìyàwó ẹ̀gbọ́n mi ya àgàn. La femme de mon frère aîné est stérile.

agara, n. (cf. **dá...lágara**).
• impatience.
Má jẹ́ kí agara ó dá ọ. Ne sois pas impatient.
• fatigue.
Mo ti ń ṣiṣẹ́ láti àárọ̀, agara sì ti dá mi báyìí. Je travaille depuis ce matin et maintenant je suis fatigué.

agẹmọ, n.
• caméléon.
Agẹmọ ti bí ọmọ rẹ̀ tán, àìmọ̀ jó

kù sí ọwọ́ ọmọ. (Prov.). Le caméléon a accouché, si son enfant ne sait pas danser, celui-ci doit s'en prendre à lui-même. [Empl. pour indiquer que les enfants, passé un certain âge, doivent se prendre en charge.]
• divinité importante chez les Ìjẹ̀bú, jouant, chez eux, le même rôle qu'Ọbàtálá, le dieu de la Création.
• fête du même nom.

agídí, n. (cf. **alágídí**).
• entêtement.
Ọmọ yìí kì í gbọ́ràn, ó ní agídí. Cet enfant n'écoute rien, il est entêté.
• obstination, ténacité.

àgò, n.
• appel lorsqu'on arrive chez qqn (vx).
Àgò onílé o ! Holà ! Est-ce qu'il y a quelqu'un ? *Àgò yà o !* Oui, entrez !

agogo, v. **aago**.

agolo, n. (cf. **alágolo**).
• boîte de conserve.

agọ̀, n.
• vêtements dont on revêt les morts.
Òkú ò mọ iye à ń ragọ̀ (ra agọ̀) ! Le mort ne sait pas combien coûte son vêtement ! [Se dit à qqn de peu soigneux.]
• costume porté par ceux qui représentent les ancêtres lors des cérémonies qui leur sont dédiées.

àgọ́, n. (cf. **pàgọ́**).
• hutte construite pour un emploi temporaire.
• tente.

àgọ́-ọlọ́pàá, n. comp.
• poste de police.

àgúnmu, < à.gún.mu, n.
• plantes ou racines médicinales séchées et pilées.

àgùntàn, v. **àgùtàn**.

àgùtàn ~ àgùntàn, n.
• mouton.

àgbá, n.
• tonneau, baril.

àgbà, n. (cf. **dàgbà**).
• adulte.
• personne la plus âgée. Après un nom : aîné, supérieur.
Ta ni àgbà nínú yín ? Quel est le plus âgé parmi vous ? *Ọ̀gá àgbà ló pè yín.* C'est le directeur qui vous appelle.

agbádá, n.
• vêtement masculin : longue et large tunique en forme de trapèze, arrivant sous le genou, ouverte sur les côtés. Traditionnellement, elle était faite de bandes étroites de tissu tissé main et cousues ensemble.

agbada, n.
• grande marmite constituée de la moitié d'une jarre coupée dans le sens de la hauteur.
Wọ́n fi agbada se ọbẹ̀ ìnáwó òkú. Pour les funérailles, elles ont

préparé la nourriture dans une très grande marmite.

àgbàdo, n. (cf. **erín —**).
• maïs.
Kí àgbàdo tó dáyé, ohun kan ni adìẹ ń jẹ. (Prov.). Avant que le maïs n'existe, le poulet mangeait bien quelque chose. [Un problème trouve toujours sa solution.]

àgbàlá, n.
• espace situé sur les deux côtés et l'arrière d'une maison.
• cour arrière d'une maison.

àgbàlagbà, n.
• personne âgée, un ancien.
Àgbàlagbà ni àwọn ìjòyè wọ̀nyẹn. Ces chefs sont âgés. *Ó yẹ kí a fetí sí ọ̀rọ̀ àwọn àgbàlagbà.* On doit prêter attention aux paroles des anciens.

agbára, n.
• force.
Ó ní agbára láti ṣe iṣẹ́ náà. Il a la force de faire le travail.

àgbàrá, n.
• torrent.
Àgbàrá òjò ba oko bàbá mi jẹ́. Les torrents de pluie ont abîmé la ferme de mon père.

agbárí, n.
• crâne.

àgbáyé, < à.gbá.ayé, n.
• le monde entier.
Ìròhìn náà ti tàn káàkiri àgbáyé. La nouvelle s'est répandue dans le monde entier.

agbe 1, n. (cf. **alágbe**, **ṣagbe**).
• mendicité.

agbe 2, n.
• touraco bleu.
Agbe ló ni aró. L'indigo appartient au touraco bleu. (A cause de la couleur de cet oiseau.)

agbè, n.
• gourde en calebasse.

àgbébọ̀, n.
• poule pondeuse.

agbégi, < a.gbé.igi, n.
• grumier.
• conducteur de grumier.

agbègbè, n.
• quartier, alentours.
Agbègbè kan náà là ń gbé. Nous habitons dans le même quartier. *Àwọn ọlọ́pàá wá olè ní agbègbè ilé mi.* Les policiers ont cherché le voleur aux alentours de ma maison.

àgbèrè, n. (cf. **alágbèrè**).
• adultère, infidélité.
Ó ń ṣe àgbèrè. Elle est infidèle.
• fait de courir après les femmes.

àgbẹ̀, n.
• cultivateur, fermier.
Àgbẹ̀ ni bàbá Túndé. Le père de Túndé est fermier.

àgbẹ̀dẹ, n. (cf. **alágbẹ̀dẹ**).
• forge.
Àgbẹ̀dẹ ni wọ́n ti rọ ìbọn Adé. C'est à la forge qu'ils ont forgé le fusil d'Adé.
• forgeron.

Àgbẹ̀dẹ ló bá Adé rọ ìbọn rẹ̀. C'est le forgeron qui a aidé Adé à forger son fusil.

agbẹjọ́rò, < a.gbà.ẹjọ́.rò, n.
• avocat.

agbo 1, n. (cf. **pagbo**).
• espace ouvert (aire de jeu, de danse, de lutte) délimité par les spectateurs.
Gbogbo ará abúlé pa agbo yí àwọn oníjó ká. Tous les gens du village ont formé un cercle autour des danseurs.

agbo 2, n. (cf. **agboolé**).
• nuée.
Agbo ẹyẹ. Une nuée d'oiseaux.
• troupeau.
Agbo ẹranko. Un troupeau d'animaux.
• groupe de.
Agbo ilé. Un groupe de maisons.

àgbo, n.
• décoction médicinale.
Mo mu àgbo nígbà tí àìsàn ibà ṣe mí. J'ai bu une infusion quand j'ai eu de la fièvre.

àgbò, n.
• bélier.
Àgbò tó fẹ̀hìn rìn, agbára ló lọ mú wá. (Prov.). Le bélier qui recule, c'est pour aller chercher des forces. [Ne pas prendre la prudence pour de la faiblesse.]

agbolé, v. **agboolé**.

agboolé ~ **agbolé**, < agbo.ilé, n. (cf. **agbo** 1).
• concession familiale, groupe de maisons.

agbòòrùn, < a.gbà.òòrùn, n.
• parapluie.

agbọ́n, n.
• guêpe maçonne.

agbọ̀n, n.
• panier.

àgbọ̀n, n.
• menton.

àgbọn, n. (cf. **àdí** —).
• noix de coco.
Kò sí ẹni tó mọ bí omi ṣe dé inú àgbọn. Personne ne sait comment le lait est arrivé dans la noix de coco.

àgbọ̀nrín, n.
• antilope *sp.*

ahán, n.
• langue (organe).

ahéré, n.
• hutte, abri fait de murs en pisé, construit près d'un champ.
• remise.

ahoro, n.
• ruine.
Ilé yìí ti di ahoro. Cette maison est devenue une ruine.

ahun, n. (cf. **alábahun**).
• avarice.
Ahun kò dára rárá. L'avarice est vilaine.
• avare.
Ahun ni Adé. Adé est un avare.
• tortue.

àì-, prfx. vb.
• permet de former un nom verbal négatif.

Àì.lọ > àìlọ. Fait de ne pas partir. *Àì.ní.owó > àìlówó*. Fait de ne pas avoir d'argent.

àìbalẹ̀-ọkàn, < àì.bà.ilẹ̀-ọkàn, n. comp. (cf. **balẹ̀**).
• anxiété.
Àìlówó lọ́wọ́ ti mú àìbalẹ̀-ọkàn bá a. Le fait d'être sans argent l'a rendu anxieux.

àìmọye, < àì.mọ̀.iye, n.
• ce qui n'est pas comptable, fait d'être innombrable.
Àìmọye ènìyàn ló wá wòran níbẹ̀. Une foule innombrable est venue voir le spectacle là-bas.

àìsàn, < àì.sàn, n.
• fait d'être malade, maladie.
Ènìyàn ní láti jẹun dáadáa nígbà àìsàn. On doit bien manger quand on est malade.

àìsí, < àì.sí, n. (cf. **sí** 2).
• fait qu'il n'y a pas, manque.
Àìsí owó ló fa wàhálà rẹ̀. C'est le manque d'argent qui est la cause de ses ennuis.

àìsùn, < àì.sùn, n.
• fait de ne pas dormir.
• nuit blanche (s'utilise lorsqu'une fête va durer au moins jusqu'au lendemain matin).
A ṣe àìsùn ìgbéyàwó ọ̀rẹ́ mi. On a passé une nuit blanche au mariage de mon ami (on a fait la fête jusqu'au matin).

ajá, n.
• chien.
Ajá tí yóò sọnù, kì í gbọ́ fèrè ọdẹ. (Prov.). Le chien qui veut se perdre n'entend pas le sifflet du chasseur. [Il n'y a pire sourd que celui qui ne veut pas entendre.]

ajá-dìgbòlugi, < ajá-dìgbò.lù. igi, n. comp.
• chien enragé.

àjà, n. (cf. **wàjà**).
• charpente ; par ext. : plafond.
Àjà ló lẹrù, irọ́ ni pẹpẹ ń pa. (Prov.). C'est la charpente qui porte tout le poids (de la maison), l'étagère ment (en prétendant porter un fardeau aussi lourd). [Une vantardise finit toujours par être découverte.] *Ó ń ka igi àjà !* Il compte les poutres de la charpente ! [Empl. surt. pour un élève ou un étudiant qui, à court d'idées, regarde en l'air.]

àjàkálẹ̀-àrùn, n. comp.
• épidémie.
A gbọdọ̀ ṣọ́ra kí kọ́lẹ́rà má di àjàkálẹ̀-àrùn. On doit faire attention à ce que le choléra ne se transforme pas en épidémie.

àjálù, n.
• événement inattendu.
Àjálù kan tó ṣẹlẹ̀ ni kò jẹ́ kí n wá mọ́. C'est une affaire inattendue qui m'a empêché de venir.

Àjànàkú, n. pr. (cf. **oríkì**).
• nom de louange de l'éléphant.

ajé, n.
• chance dans le commerce. (Le terme est surtout employé dans les salutations.)
Ó ní ajé lọ́wọ́. Elle porte chance

(aux vendeurs). *Ajé yín o !* Vous me porterez chance ! (Idiom.). [Dit par une vendeuse à sa cliente.]
• argent, profit.
Ajé á wọgbá ! L'argent entrera dans la calebasse. [Dit par une cliente à une vendeuse.]

àjèjì ~ àjòjì, n.
• étranger, inconnu.
Ọkùnrin yìí ṣe àjèjì sí mi. Cet homme m'est inconnu.

ajẹ̀, n.
• étoupe faite de fibre de palmier ; elle est utilisée pour bourrer les fusils.

àjẹ́, n. (cf. **gbẹyẹ**).
• sorcière.
Àjẹ́ ké lánàá, ọmọ kú lónìí, ta ni kò mọ̀ pé àjẹ́ tó ké lánàá ló pa ọmọ jẹ. (Prov.). Une sorcière a crié hier, un enfant est mort aujourd'hui, qui ignore que la sorcière qui a crié l'a tué pour le manger ? [Empl. lorsqu'on a de fortes présomptions sur la culpabilité de qqn.]

àjẹsára, v. **abẹ́rẹ́** —.

ajílẹ̀, < a.jí.ilẹ̀, n.
• engrais.

àjíǹde, < à.jí.dìde, n.
(cf. **ọdún** —).
• résurrection.

àjò, n.
• voyage.
Ó ṣẹ̀ṣẹ̀ ti àjò dé. Il vient juste de revenir de voyage.

ajogun, n.
• forces maléfiques qui aident les devins qui doivent répondre à la demande d'un client désirant se venger de qqn.

àjòjì, v. **àjèjì**.

ajọ̀, n. (cf. **jọ̀**).
• tamis.
Ó ń fi ajọ̀ jọ èlùbọ́. Elle tamise la farine d'igname avec un tamis.

àjọ, n.
• assemblée, organisation.
Àjọ àwọn Orílẹ̀-èdè Àgbáyé. L'Organisation des nations unies.
• tontine.
À*wa mẹ́wàá ni a jọ ń dá àjọ pọ̀.* C'est nous dix qui contribuons ensemble à une tontine. *Adé ni yóò kó àjọ ní oṣù tó ń bọ̀.* C'est Adé qui bénéficiera du montant de la tontine le mois prochain.

àjọṣe, n.
• coopération.

àkàbà, n. (cf. **gùn** 2).
• échelle.
Ó ń gun àkàbà. Il monte à l'échelle. *Ó ń sọ̀ lórí àkàbà.* Il descend de l'échelle.

akadá, < angl., n.
• universitaire.

àkàlà, n.
• calao.

àkámọ́, n. (cf. **ká...mọ́**).
• encerclement.
Ọtá ti ń fi ìlú wa sí àkámọ́. Les ennemis ont encerclé notre ville.
• parenthèse.

akàn ~ alákàn, n.
• crabe.
Ṣé ẹja ni tàbí akàn ? (Idiom.). Est-ce négatif ou positif ? [Le résultat d'une démarche par ex.]
Ẹni tí ń retí àtisùn akàn, á pẹ́ létí odò. (Prov.). Celui qui attend de voir dormir le crabe attendra longtemps au bord de la rivière. [Ne pas vouloir l'impossible.]

àkàrà, n.
• beignet de haricot.

àkàsọ̀, n. (cf. **àkàbà**).
• échelle.

akátá, n.
• civette.

Aké, n. pr. (cf. **Aláké**).
• un des trois quartiers autonomes d'Abẹ́òkúta.

àkeekèé ~ àkekèé, n.
• scorpion.
Àkeekèé ta mí lóko. J'ai été piqué par un scorpion à la ferme.

àkekèé, v. **àkeekèé**.

àkèré, n.
• grenouille comestible.

akèrègbè ~ kèrègbè ~ kèrèǹgbè, n.
• gourde en calebasse.
Akèrègbè ẹmu mẹ́ta ni mo gbé wá fún bàbá ìyàwó mi. Ce sont trois gourdes de vin de palme que j'ai apportées à mon beau-père.

akérò, v. **ọkọ̀ —**.

akéròjọ, < a.kó.èrò.jọ, n.
• personne très ouverte, sociable, ayant le don de réunir les gens autour d'elle.
Akéròjọ ni ọkùnrin yẹn jẹ́. C'est un homme très sociable.

akéwì, < a.ké.ewì, n.
(cf. **kéwì**).
• poète.

akẹ́kọ̀ọ́, < a.kọ́.ẹ̀kọ́, n.
• élève.

àkẹtẹ̀, n.
• chapeau peul tressé, à très larges bords ; le sommet et la bordure sont recouverts de cuir.

akika, v. **aaka**

akin, n.
• brave, courageux, valeureux (s'applique surtout à un homme).
Adé hùwà akin lójú ìjà. Adé s'est comporté en brave au milieu du combat.

akínkanjú, n.
• brave, courageux, valeureux.

àkísà, n.
• guenille, haillon.
Bí ọmọdé bá ní aṣọ bí àgbà, kò lè ní àkísà bí àgbà. (Prov.). Si un enfant a autant de vêtements qu'un ancien, il ne peut avoir autant de guenilles que lui. [Un jeune ne peut avoir l'expérience des vieux.]

àkìtàn, v. **ààtàn**.

akitiyan, n.
• ténacité.
Ẹ jẹ́ kó ṣe é nítorí pé ó ní akitiyan tó pọ̀. Laissez-la faire car elle est très tenace.

àkíyèsí, n. (cf. **ṣàkíyèsí**).
• attention.
Ṣe àkíyèsí iṣẹ́ tí o ń ṣe. Prête attention à ton travail.
• sens de l'observation.
Ó ní àkíyèsí púpọ̀. Il a un grand sens de l'observation.

àkójọ, v. **àkójọpọ̀**.

àkójọpọ̀ ~ **àkójọ**, < à.kó.jọ.pọ̀, n.
• collection.
Mo ṣe àkójọpọ̀ ìwé èdè Yorùbá. J'ai une collection de livres en yorùbá.

àkókò, n.
• temps, moment, période.
Àkókò kò dúró de ẹnìkan. Le temps n'attend personne. *Àkókò ìsinmi ni wọ́n wà báyìí.* Ils sont maintenant en vacances.

akólòlò, n.
• bègue.

àkóso, n.
• organisation, coordination.
Ẹ jẹ́ kí a ṣe àkóso ara wa láti tún ìlú wa ṣe. Organisons-nous pour remettre de l'ordre dans notre ville.
• fait de diriger, d'être à la tête.
Àwọn ológun ló ń ṣe àkóso Nàìjíríà báyìí. Ce sont les militaires qui sont à la tête du Nigeria maintenant.

akọ, n.
• mâle.
Akọ ajá ni. C'est un chien.

àkọ̀, n.
• fourreau.
Àgbẹ̀ náà fi àdá sínú àkọ̀ tó gbé kọ́ èjìká rẹ̀. Le fermier a mis son coutelas dans le fourreau qu'il a accroché à son épaule.

àkọ́bí, < à.kọ́kọ́.bí, n.
• premier-né.

akọni, < akọ.ẹni, n.
• brave, courageux, valeureux.

akọọṣu, < akọ.iṣu, n.
(cf. **iṣukọ**).
• igname *sp.* ; "igname mâle" ; elle est surtout utilisée pour être pilée.

akọrin, < a.kọ.orin, n.
(cf. **kọ** 2).
• chanteur.

àkọ́sọ, v. **ọ̀rọ̀** —.

akọ̀wé, < a.kọ.ìwé, n.
• employé de bureau, secrétaire.

àkúfọ́, v. **ẹ̀kúfọ́**.

àkùkọ, n. (cf. **kọ** 2).
• coq.
Àkùkọ ń kọ. Le coq chante.

akúṣẹ̀ẹ́, n. (cf. **ìṣẹ́**).
• indigent.

akúwárápá, n.
• épileptique.

àlá, n. (cf. **lálàá**).
• rêve.
Àlá burúkú ni mo lá lálẹ́ àná. J'ai fait un mauvais rêve hier soir.

àlà, v. **aṣọ**.

aláàbọ̀-ara, < oní.ààbọ̀-ara, n. comp.
• infirmité physique (cécité, mutité, etc.).

àlàáfíà, < haus., n. (cf. **ọwọ́**).
• bien-être, santé. Surtout utilisé dans les salutations. Ce terme s'emploie à la place de *òsì*, considéré comme péjoratif, pour désigner le côté gauche ou la main gauche.
Ṣé àlàáfíà ni wọ́n wà ? Est-ce qu'ils vont bien ?

Aláàfin, < oní.ààfin, n. pr.
• titre donné au roi d'Ọ̀yọ́.

alaalẹ́, v. **alẹ́**.

Alábahun, < oní.abi.ahun, n. (cf. **ìjàpá**).
• Tortue (dans les contes).

alábòsí, < oní.àbòsí, n.
• désigne une personne sournoise.

aládùúgbò, < oní.àdúgbò, n.
• voisin.

aláfẹ̀hìntì, < oní.ì.fẹ̀hìntì, n. (cf. **àga** —).
• soutien, support (fig.).
Ọlọ́run ni aláfẹ̀hìntì mi. Dieu est mon soutien.

alága, < oní.àga, n.
• personne qui préside une cérémonie.

alágàbàgebè, n. (cf. **àgàbàgebè**).
• hypocrite.
Alágàbàgebè ènìyàn kò ṣeé gbẹ́kẹ̀lé. On ne peut se fier à un hypocrite.

alágẹmọ, n.
• caméléon.
• mante religieuse.

alágídí, < oní.agídí, n.
• personne obstinée.

alágolo, < oní.agolo, n.
• qui est en boîte, en conserve.
Kò rí mílíkì alágolo rà. Il n'a pas trouvé de lait en boîte.

alágbára, < oní.agbára, n.
• désigne une personne qui a de la force.
Alágbára ọkùnrin ni. C'est un homme fort.

alágbàṣe, < oní.à.gbà.ṣe, n.
• personne qu'on paie pour faire un travail.

alágbe, < oní.agbe, n.
• mendiant.

alágbèrè, < oní.àgbèrè, n.
• personne infidèle ; coureur de jupons.

alágbẹ̀dẹ, < oní.àgbẹ̀dẹ, n.
• forgeron.

aláìgbọ́ràn, < oní.àì.gbọ́ràn, n.
• fait d'être désobéissant.
Aláìgbọ́ràn ni ọmọ yìí ! C'est un enfant désobéissant !

aláìní, < oní.àì.ní, n.
• personne pauvre, qui manque de tout.

àlàjẹ́, n.
• surnom.

alájọ, < oní.àjọ, n.
• responsable d'une tontine (pour la collecte et la redistribution de l'argent).
Ọjọọjọ́ jímọ̀ ni alájọ ń wá gba owó. C'est tous les vendredis

que le responsable de la tontine collecte l'argent.

alákàn, n., (cf. **akàn**).
• crabe.

Aláké, < oní.Aké, n. pr.
• titre donné au roi de l'un des trois quartiers autonomes d'Abẹ́òkúta.

alákọ̀ọ́bẹ̀rẹ̀, < oní.à.kọ́.bẹ̀rẹ̀, n. (cf. **ilé-ìwé**).
• débutant.

alákọrí, < oní.akọ.orí, n.
• bon à rien.

alákọ̀wé, < oní.akọ̀wé, n.
• personne ayant été à l'école et parlant anglais.

àlàmísì, v. **ọjọ́**.

aláǹgbá, n.
• lézard.

aláǹtakùn, n.
• araignée.
Òwú aláǹtakùn, kò sẹ́ni tó lè fi ránṣọ. Il n'y a personne qui puisse utiliser le fil de l'araignée pour coudre.

alápatà, < oní.à.pa.tà, n.
• boucher.

alára, < oní.ara, pr. réfl.
• -même (forme emph.).
Bàbá kò lè gbàgbọ́ pé ọmọ rẹ̀ alára ló ṣe iṣẹ́ yẹn. Le père ne pouvait croire que son enfant eût fait ce travail lui-même. *Èmi alára yóò lọ pẹ̀lú yín*. J'irai moi-même avec vous.

aláràbarà, < oní.àràbarà, n.
• qui est multicolore, qui a des motifs différents.
Aṣọ aláràbarà ni Àlíyù máa ń tẹ́ sẹ́hìn ẹṣin rẹ̀. Aliyu mettait sur la croupe de son cheval un tissu multicolore fait de motifs différents.

aláràn-án, v. **ẹja** —.

alárédè, < oní.arédè, n.
• désigne un couple qui a choisi la monagamie en se mariant.
Alárédè ni wọ́n. Ils ont choisi la monogamie.

alárinà, < oní.ì.rí.ọ̀nà, n.
• intermédiaire (dans les demandes en mariage).
• conciliateur, médiateur.
Òun ni alárinà láàrin Túndé àti ẹ̀gbọ́n mi ọkùnrin. C'est lui qui a servi de conciliateur entre Túndé et mon frère aîné.

alárọ̀ká, < oní.àròká, n. (cf. **ròká**).
• commère.
Ọ̀rọ̀ alárọ̀ká kò ṣeé gbọ́kàn lé. Les paroles d'une commère ne sont pas fiables.

alárọ̀yé, < oní.àròyé, n.
• bavard.
Alárọ̀yé ni Bísí, ẹjọ́ rẹ̀ pọ̀. Bísí est une bavarde, elle parle trop.

aláṣẹ, < oní.àṣẹ, n.
• celui qui a le pouvoir, l'autorité.

alátakò, < oní.àtakò, n.
• contradicteur, opposant.
Ó rò pé bóyá ó lè rí alátakò. Il pensait que peut-être il pourrait trouver un contradicteur.

alátẹ, < oní.àtẹ, n.
• vendeur ou vendeuse présentant ses marchandises sur un plateau.

alátìlẹ̀hìn, < oní.à.tì.ní.ẹ̀hìn, n. (cf. **tì** 2).
• soutien, support (fig.).
Ìyá mi ni alátìlẹ̀hìn mi. Ma mère est mon soutien.

àlàyé, < à.là.yé, n. (cf. **ṣàlàyé**).
• explication.
Àlàyé rẹ̀ jẹ́ kí ọ̀rọ̀ náà ó yé mi. Ses explications m'ont fait comprendre cette affaire.

aláyọnusọ, < oní.yọ.ẹnu.sọ, n. (cf. **àyọnusọ**).
• fouineur.
Aláyọnusọ ni ọ́ ! Tu n'es qu'un fouineur !

àlè, n. (cf. **ọmọ —**).
• amant(e), concubin(e).

àléébù, < ar., n.
• défaut de caractère.
Àléébù rẹ̀ ni pé ó máa ń bínú púpọ̀. Il a pour défaut d'être très coléreux.

àlejò, n.
• visiteur, invité.
Bọ́lá ní àlejò láàárọ̀ yìí. Bọ́lá a eu un visiteur ce matin. *Wọ́n ṣe mí lálejò dáadáa.* Ils m'ont très bien reçu.
• étranger.
Àlejò ni mí nílẹ̀ yìí. Je suis un étranger dans ce pays.

alẹ́, n.
• soir.
Jẹ́ ká lọ kí i ní alẹ́ òní. Allons le saluer ce soir. *Ẹ kú alẹ́ > ẹ káalẹ́ !* Bonsoir ! [Se dit à partir de dix-neuf heures environ.]
◊ **alaalẹ́** < alẹ́.alẹ́ : tous les soirs, chaque soir.
Ó ń ṣiṣẹ́ lálaalẹ́. Il travaille tous les soirs.

Alhájì, < ar., n.
• titre donné à un musulman ayant fait le pèlerinage à La Mecque.

àlòkù, < à.lò.kù, n.
• d'occasion, de seconde main.
Àlòkù mọ́tò ló rà. C'est une voiture d'occasion qu'il a achetée. *Àlòkù aṣọ ni.* Ce sont des vêtements d'occasion.

àlọ́, n. (cf. **pàlọ́**).
• conte.
• devinette.

àlọ́-àpagbè, n. comp.
• conte.

àlọ́-àpamọ̀, n. comp.
• devinette.
Tí òṣùpá bá ràn, ni a máa ń pa àlọ́. En période de pleine lune, on pose des devinettes.

àlùbọ́sà, < haus., n.
• oignon.

àlùfáà, < ar., n.
• pasteur, prêtre.
• imam.

àlùmọ́nì, < haus., n.
• ressources, richesses d'un pays.
◊ **ohun àlùmọ́nì ilẹ̀** : ressources minières.

alùpùpù, n. (cf. **gùn** 2).
• moto.

àlùwàlá, < ar., n.
• ablutions.
Àwọn mùsùlùmí ń ṣe àlùwàlá kí wọ́n tó lọ kírun. Les musulmans font leurs ablutions avant d'aller prier.

àmàlà, n. (cf. **èlùbọ́**).
• pâte préparée avec de la farine d'igname.
Àmàlà ni oúnjẹ tí mo fẹ́ràn jù. La pâte d'igname est mon plat préféré.

Amẹ́ríkà, < angl., n. pr.
• Amérique.

amí, n.
• espion.
Ọba rán amí kan sí ìlú. Le roi a envoyé un espion dans la ville.

àmí, < angl., n.
• amen. (Se dit lors de prières, de bénédictions ou en réponse à des souhaits.)

àmì, n. (cf. **sàmì**, **ṣàmì**).
• marque, signe distinctif.
Wọ́n fi àmì sára ìwé wọn. Ils ont fait une marque sur leurs livres.

àmọ́, conj. (cf. **ṣùgbọ́n**).
• mais (dial.).

amọ̀, n.
• argile.

àmù, n.
• jarre à eau (plus petite que *ìkòkò*).
Ṣé omi ti tán nínú àmù ? Y a-t-il encore de l'eau dans la jarre ?

amúkùn-ún, n.
• personne qui a les genoux cagneux.
Amúkùn-ún, wọ́n ní ẹ̀rù rẹ wọ́, ó ní òkè lẹ̀ ń wò, ẹ ò wo ìsàlẹ̀. (Prov.). Cagneux, ils disent que ton chargement est posé de travers (sur ta tête) ; il répond : "C'est en haut que vous regardez et non en bas !" (parce que le sol est, par ex., inégal). [Il ne faut pas se focaliser sur un seul aspect d'une situation, mais réfléchir pour en trouver les causes.]

àmútọ̀runwá, < à.mú.ti.ọ̀run.wá, n. (cf **ẹ̀bùn** —, **ti** 3).
• inné, "qui est amené du ciel".

àná, n.
• hier.
Ọlọ́run ló ni àná, òní àti ọ̀la. Hier, aujourd'hui et demain appartiennent à Dieu.

àna, n.
• parenté par alliance.
Ẹkùn ni àna, a kì í rí i fín. (Prov.). Les parents par alliance sont comme des léopards, on ne peut être insolent avec eux. [On doit, quelles que soient les circonstances, montrer du respect envers ses parents par alliance ; tout manquement pourrait avoir de graves conséquences.] *A kì í rí kékeré àna.* Il n'est aucun parent par alliance qui ne soit important.

ànàmọ́, n.
• patate douce (peu consommée par les Yorùbá, car elle est considérée comme trop sucrée).

ànawọ́sí, < à.nà.ọwọ́.sí, n.
• aide matérielle, assistance.
Ẹ kú ànawọ́sí wa o ! Merci de votre aide !

àní, conj.
• le fait est que, en fait, en vérité. (Se place en tête de prop.).
Àní mi ò lè jẹun mọ́ báyìí, mo ti yó. En fait, je ne peux plus manger, je suis rassasié.

àníyàn, < ar., n.
• désir, intention.
Àníyàn mi ni láti lọ sí Èkó, ṣùgbọ́n òjò kò jẹ́. C'était mon intention que d'aller à Lagos, mais la pluie m'en a empêché.
• diligence, enthousiasme.
Àníyàn rẹ̀ pọ̀ lórí ọ̀rọ̀ náà ju kí ó má bọ́ sí i. Il a un tel enthousiasme pour cette affaire qu'elle ne peut que réussir.

àǹfàní, < ar., n.
• avantage.
Yóò ṣe àǹfàní fún un láti lọ sí orílẹ̀-èdè Faransé. Ce sera un avantage pour lui d'aller en France.
• opportunité.

áńgẹ́lì, < empr., n.
• ange.

àǹjọ̀nnú, < ar., n.
• esprits surnaturels qui aident, pour le bien ou pour le mal, les guérisseurs.

àǹkárá, < empr., n.
• pagne d'origine ghanéenne, de fabrication industrielle.

áńkásíìfù, < angl., n.
• mouchoir.

àǹkóò, < angl., n.
• fait d'être pareil, similaire.
Àǹkóò ni èmi àti Bísí fi kẹ̀kẹ́ wa ṣe. Bísí et moi avons la même bicyclette.
• vêtements faits d'un même tissu.
Èmi àti ìyàwó mi wọ aṣọ àǹkóò lọ sóde lánàá. Ma femme et moi avons porté des vêtements faits d'un même tissu pour sortir hier.

àǹtí ~ **àùntí**, < angl., n.
• terme d'adresse qui peut être suivi du nom ; on l'emploie soit pour une aînée de la même génération, soit pour une femme qui n'a pas encore d'enfant.

apá, n.
• bras.
• côté, direction.
Tí ẹ bá dé oríta, ẹ yà sí apá ọ̀tún. Quand vous arriverez au carrefour, tournez à droite. *Apá ibo ni ọ̀nà Ìbàdàn wà ní ìkóríta yìí ?* De quel côté se trouve Ìbàdàn (en arrivant) au carrefour ?

apá-aṣọ, n. comp.
• manche (vêtement).

àpá, n.
• cicatrice.

àpà, n.
• personne dépensière, peu soigneuse.

Ọmọ yìí ya àpà. Cet enfant est peu soigneux.

àpááàdì, n. (cf. **ọ̀run —**).
• tesson de poterie.

àpagbè, v. **àlọ́ —**.

àpamọ̀, v. **àlọ́ —**.

àpamọ́wọ́, < à.pa.mọ́.ọwọ́, n.
• porte-monnaie.

àpapọ̀, v. **ìjọba —**.

àpárá, n. (cf. **dápàárá**).
• plaisanterie (celle-ci peut être parfois proche de l'insulte, voire vexante) ; aussi, son emploi est-il réservé à des personnes de la même classe d'âge.
Ọ̀rọ̀ àpárá ló ń sọ kì í ṣe òtítọ́ ! Il ne fait que plaisanter, ce n'est pas vrai !

apárí, < a.pá.orí, n.
(cf. **adánrí**).
• chauve.
Apárí ni ọkùnrin yìí. Cet homme est chauve.

àparò, n.
• perdrix.

àpáta, n.
• roc, rocher.

àpáta-Ògún , n. comp.
• enclume.

àpéjọ, < à.pé.jọ, n. (cf. **péjọ**).
• rassemblement, réunion.

àpèjúwe, n.
(cf. **júwe, ṣàpèjúwe**).
• description. Parfois utilisé pour *àpẹrẹ* “exemple”.
Àpèjúwe tó ṣe ni kò jẹ́ kí n ṣìnà. Grâce à sa description, je ne me suis pas perdu.

àpérò, < à.pé.rò, n.
• conseil, concertation.
Wọ́n ń ṣe àpérò ní ààfin ọba láti yan ọba titun. Ils tiennent un conseil au palais royal pour choisir le nouveau roi. *Wọ́n ṣe àpérò láti yanjú ọ̀rọ̀ náà.* Ils se sont concertés pour régler cette affaire.
• conférence (mod.).

apẹ, n.
• marmite en terre cuite utilisée pour la préparation des plats.

apẹja, < a.pa.ẹja, n. (cf. **pẹja**).
• pêcheur.

apẹ̀rẹ̀, n.
• panier.

àpẹrẹ, n.
• exemple.
Ǹjẹ́ o lè fún mi ní àpẹrẹ kan ? Peux-tu me donner un exemple ?

apó, n.
• carquois.

àpò, n.
• sac, besace.
• poche.
◇ **àpò-ọdẹ** : gibecière.

àpò-ìwé, n. comp.
• enveloppe (pour une lettre).

aporó, < a.pa.oró, n.
• antidote.

àpótí, n.
• désigne tout contenant tel que

boîte, caisse, coffre, malle, valise.
• petit tabouret.

àpòwé, < àpò.ìwé, n.
• enveloppe (pour une lettre).
Ó fi lẹ́tà tí ó kọ sínú àpòwé láìjẹ́ kí n kà á. Il a mis la lettre qu'il avait écrite dans une enveloppe sans me la laisser lire.

àpọ́n, n.
• célibataire (empl. uniq. pour les hommes).

àpọ́nlé, < à.pọ́n.lé, n.
(cf. **pọ́n...lé**).
• courtoisie.
Ó ṣe àpọ́nlé wa nígbà tí a lọ kí i. Il s'est montré très courtois lorsque nous sommes allés le saluer.

ará, n.
• habitant, citoyen.
Ará ìlú wa ni Olú. Olu est un habitant de notre ville.
• terme d'adresse collectif.
Ẹyin ará mi, mo ń kí yín. Je vous salue tous.
◇ **ará ilé** : membre d'une même famille ; par ext., désigne toute personne vivant sous le même toit.

àrá ~ **àárá**, n.
• tonnerre.
Àrá ń sán. Le tonnerre gronde.

ara, n.
• corps.
Ṣé ara le ? Êtes-vous en forme ? *Ara mi fẹ́ fà díẹ̀.* Je ne me sens pas très bien. *Ara mi ti balẹ̀ báyìí.* Je me sens mieux maintenant. *Ara obìnrin yìí balẹ̀ púpọ̀.* Cette femme est d'un tempérament calme. *Ó lára < ní.ara.* Il est bien en chair.

àrà, n. (cf. **dá** 1).
• nouveauté, originalité ; chose inhabituelle.
Ó dá àrà sí irun rẹ̀. Elle a fait un nouveau dessin dans sa coiffure. *Nǹkan àrà ni èyí.* Ceci est quelque chose de nouveau. *Ó dá àrà sí ijó rẹ̀.* Il a introduit un élément inhabituel dans sa façon de danser.

àràárọ̀, v. **ààrọ̀**.

àràbà, n.
• kapokier, *Ceiba pentandra.*

àràbarà, n. (cf. **aláràbarà**).
• fait d'être multicolore, d'avoir des motifs variés.

arábìnrin, < ará.obìnrin, n.
• femme (terme respectueux).
• terme d'adresse pour une femme dont on ignore le nom.

arákùnrin, < ará.ọkùnrin, n.
• homme (terme respectueux).
• terme d'adresse pour un homme dont on ignore le nom.

àrán, v. **aṣọ**.

aràn, n.
• ver intestinal.

aràrá, n.
• nain.

àre, n. (cf. **dá...láre**, **jàre**).
• fait d'être innocent.

arédè, n. (cf. **alárédè**).
• mariage monogamique. Cela implique de se faire enregistrer à la mairie ; le plus souvent la cérémonie est suivie d'un service religieux.

àrékérekè, n.
• ruse.
Gbogbo àrékérekè rẹ̀ ni mo mọ̀, ṣùgbọ́n mi ò sọ̀rọ̀. Je connais toutes ses ruses, mais je ne dis rien.

Àrẹ̀mọ, n. pr.
• prince : titre donné au fils aîné de l'Aláàfin.

arẹwà, n. (cf. **ẹwà**).
• beauté, fait d'être belle.
Arẹwà obìnrin ni Lọlá. Lọlá est une belle femme. *Arẹwà ni obìnrin yìí.* Cette femme est une beauté.

àrífín, < à.rí.fín, n.
(cf. **rí...fín**).
• impolitesse.
Àrífin ni kí ọmọdé bọ àgbà lọ́wọ́. C'est une impolitesse de la part d'un jeune de serrer la main d'un ancien.
• insolence.
Àrífín ọmọ yìí pọ̀. Cet enfant est très insolent.

àríwá, < haus., n.
• nord.
Ìhà àríwá ni ọyẹ́ ti ń fẹ́. C'est du Nord que souffle l'harmattan.

ariwo, n. (cf. **pariwo**).
• bruit.
Ariwo àwọn ọmọ wọ̀nyen ti pọ̀ jù. Ces enfants font trop de bruit. *Ariwo ta nígbà tí a gbá bọ́ọ̀lù wọlé !* La clameur a éclaté quand on a marqué un but !

àríyá, n.
• fête, cérémonie (mariages, naissances, funérailles), réception.
Àríyá kò lópin, ọjọ́ ikú ni ọjọ́ ìsinmi. (Idiom). La fête n'a pas de fin, c'est le jour de la mort qui est jour de repos. [Il faut éviter de prendre les choses trop au sérieux et ne retenir que le meilleur de la vie.]

àríyànjiyàn, < à.rí.iyàn.jà.iyàn n.
• débat.
Wọ́n ṣe àríyànjiyàn nípa ìjọba tuntun. Ils ont eu un débat sur le nouveau gouvernement.
• désaccord.
Àríyànjiyàn wà láàrin wọn nípa ọ̀rọ̀ ilé tí wọ́n ń kọ́. Il y a un désaccord entre eux au sujet de la maison qu'ils construisent.

aró, n. (cf. **dáró**).
• indigo.

arò, n. (cf. **dárò**).
• chant de lamentation.

àròká, n. (cf. **ròká**).
• commérage.
Ó ń ṣe àròká rẹ̀ fún gbogbo ènìyàn. Elle fait des commérages sur son compte avec tout le monde.

àròpin, < à.rò.pin, n.
• cas désespéré, sans espoir.
Ẹdá kò láròpin (ní àròpin). (Idiom). Personne n'est un cas

désespéré.

àròyé, n. (cf. **aláròyé**).
• fait d'être bavard.
Ó ń ṣe àròyé púpọ̀ jù. Elle est beaucoup trop bavarde.
• bavardage.

arọ̀, n.
• forge.

arọ, n.
• infirme, estropié.
Arọ ni ọkùnrin yìí, kò lè rìn. Cet homme est infirme, il ne peut marcher.

àrọ, n. (cf. **rọ**).
• entonnoir.

àrọwà, n. (cf. **pàrọwà**).
• tentative pour raisonner ou convaincre qqn.
Ó fún aláìsàn ní àrọwà kí ó jẹun. Il a essayé de raisonner le malade pour qu'il mange.

àrọ́wọ́tó, < à.rí.ọwọ́.tó, n.
• fait d'être à proximité.
Adé kò ṣòro fún mi láti rí, àrọ́wọ́tó mi ló wà. Il ne m'est pas difficile de voir Adé, il se trouve à proximité de moi.
• fait d'être à la portée de (pr. et fig.).
Ìwé yìí wà lárọ̀ọ́wọ́tó mi. Ce livre est à ma portée (je peux l'atteindre / l'acheter). *Iṣẹ́ yìí kò sí lárọ̀ọ́wọ́tó mi.* Ce travail n'est pas à ma portée (je ne suis pas capable de le faire).

arúfin, < a.rúfin, n.
• contrevenant à la loi.

arúgbó, n. (cf. **gbó** 2).
• vieille personne, vieillard.

àrún, num. (cf. **márùn-ún**).
• cinq (empl. uniq. pour compter).

àrùn, n.
• maladie héréditaire ou infectieuse.

àrùn kò-gbóògùn, < àrùn kò.gbọ́.oògùn, n. comp.
• maladie incurable.
• sida.

àrùn onígbá-méjì, < àrùn oní.igbá.méjì, n. comp.
• choléra.

àrùn pọ́njú-pọ́ntọ̀, < àrùn pọ́n.ojú-pọ́n.ìtọ̀, n. comp.
• jaunisse, hépatite, ictère.

asálẹ̀, n.
• terre aride, non fertile.
• désert.

asán, n. (cf. **lásán**).
• fait d'être vain.
Ìpàdé wa kò ní í jẹ́ asán. Ce ne sera pas en vain qu'on va se réunir.

àsansílẹ̀, v. **owó** —.

àsáró, n.
• potée d'igname faite d'ignames bouillies préparées avec de l'huile de palme, des oignons et du piment.

àsè, < à.sè, n.
• festin, repas de fête.
Wọ́n ń ṣe àsè ìgbéyàwó. Elles préparent un repas de fête pour le mariage.

asẹ́, n. (cf. **sẹ́** 2).
• passoire.
Asẹ́ la fi ń sẹ́ ògì. C'est avec une passoire qu'on passe le maïs moulu.

àsìkò, n.
• temps, période, moment.
Kò lo àsìkò rẹ̀ tán tó fi parí ìdánwò rẹ̀. Il n'a pas utilisé tout le temps auquel il avait droit pour finir son examen. *Ó tó àsìkò láti lọ.* Il est temps de partir.
• saison.
Àsìkò òjò la wà yìí. C'est la saison des pluies maintenant.
• de maintenant.
Ó ń wọ aṣọ àsìkò. Elle porte des vêtements à la mode (de maintenant).

àsọdùn, < à.sọ.dùn, n.
• exagération (en paroles).

àṣá, n.
• épervier.

àṣà, n.
• coutume.
Dídọ̀bálẹ̀ láti kí ènìyàn jẹ́ àṣà Yorùbá. Se prosterner pour saluer est une coutume yorùbá.
• mode.
Àṣà òde-òní ni fún àwọn ọmọbìnrin láti máa kun ètè. Aujourd'hui, c'est la mode pour les jeunes filles de se mettre du rouge aux lèvres.

àṣàyàn, < à.ṣà.yàn, n.
• choix, sélection.
Àwọn àṣàyàn orin tí wọ́n ṣe dára. Ils ont fait un bon choix de chansons.

àṣé, marq. emph.
• ainsi, mais, en fait, c'est donc, vraiment (se place en tête de prop.).
Ọrẹ́ ni mo pè ọ́, àṣé ọ̀tá lò ń bá mi ṣe. Je te considérais comme un ami, et en fait, c'est en ennemi que tu te comportes. *Mo kàn ń lọ ní tèmi ni, àṣé ó ń tẹ̀lé mi, tí n ò mọ̀.* Quant à moi, j'allais mon chemin, mais il me suivait sans que je le sache. *Àṣé ẹni mímọ̀ ni ìyàwó tí ọmọ mi fẹ́ fẹ́ !* C'est donc quelqu'un de connu que mon fils veut épouser !

àṣejù, n. (cf. **ṣàṣejù**).
• excès, exagération (en acte).

àṣekágbá, n.
• final, tout dernier.
A ó ṣe àṣekágbá ayẹyẹ ìsìnkú ọba lónìí. On fera aujourd'hui les cérémonies finales pour l'enterrement du roi. *Àṣekágbá ìdánwò ni wọ́n ń ṣe báyìí.* Ils passent leur tout dernier examen maintenant.

aṣeni, < a.ṣe.ẹni, n.
• personne malfaisante.

àṣeyege, < à.ṣe.yege, n.
• réussite, succès.
Ọmọ náà ṣe àṣeyege nínú ìdánwò rẹ̀. L'enfant a passé ses examens avec succès.

àṣeyọrí, < à.ṣe.yọ.orí, n. (cf. **yọrí**).
• achèvement, accomplissement, fait d'arriver à la fin de qqch.
Ọmọ náà ṣe àṣeyọrí nínú ìdánwò ilé-ìwé alákọ̀ọ́bẹ̀rẹ̀ rẹ̀. L'enfant a terminé ses examens de fin

d'études primaires.

àṣẹ, n. (cf. **pàṣẹ**).
• pouvoir divin donné à tout ce qui existe (hommes, animaux, plantes, etc.).
• autorité.
Ọba ló làṣẹ. C'est au roi qu'appartient l'autorité.
• autorisation.
Ó fún mi láṣẹ (ní àṣẹ) láti lọ. Il m'a autorisé à partir.
• qu'il en soit ainsi ! (s'emploie pour ponctuer des prières ou des souhaits).
Ọlọ́run má jẹ́ kí a rí èyí mọ́ ! Que Dieu ne permette plus qu'une telle chose se produise à nouveau !
– *Àṣẹ !* – Qu'il en soit ainsi !

aṣẹ́wó, < a.ṣẹ́.owó, n.
(cf. **ṣẹ́** 1).
• prostituée.

àṣírí, < ar., n.
• secret.
Àṣírí tú. Le secret a été dévoilé.

àṣìṣe, < à.ṣì.ṣe, n. (cf. **ṣèèṣì**).
• erreur.
Ó ṣe àṣìṣe. Il a fait une erreur.

aṣiwèrè, n.
• fou.

aṣòfin, (cf. **ìbò** —).
• parlementaire.

aṣojú, < a.ṣe.ojú, n.
• représentant.
Ta ni yóò jẹ́ aṣojú wa ní ìpàdé tó ń bọ̀ ? Qui sera notre représentant à la prochaine réunion ?

aṣojú-orílẹ̀-èdè, n. comp.
• ambassadeur.

aṣọ, n.
• tissu, vêtement.
◇ **aṣọ àlà** : tissu blanc (associé à la pureté). *A kì í wọ aṣọ àlà ká jókòó ní ìsọ̀ epo*. (Prov.). On ne met pas un tissu blanc pour s'asseoir là où il y a de l'huile de palme. [On ne se conduit pas d'une façon qui pourrait être dégradante.]
◇ **aṣọ àrán** : tissu de velours.
◇ **aṣọ òfì** : tissu tissé main.
◇ **aṣọ òkè** : bandes étroites de tissu tissées main, utilisées pour la confection des vêtements traditionnels yorùbá.

aṣọ-ẹbí, n. comp.
• habits cousus dans un tissu identique, que portent les membres d'une même famille lors d'une cérémonie.

aṣọ-ẹgbẹ́jọdá, < aṣọ-ẹgbẹ́.jọ.dá, n. comp.
• habits cousus dans un tissu identique, que portent les membres d'une même association.

aṣọ-ìbora, n. comp. (cf. **bora**).
• pagne ou tissu utilisé pour se couvrir lorsqu'on veut s'allonger ou dormir.

aṣọ́bodè , < a.ṣọ́.ibodè, n.
• douanier.

ata, n.
• piment, poivre.

Ẹmí tí kò jata ẹmí yẹpẹrẹ ni ! (Idiom.). Celui qui ne mange pas de piment est quelqu'un qui n'a pas de poids ! [On pense que le piment est bon pour la santé.]
• poivre.

ataare, n.
• maniguette ou graine de paradis, *Aframomum melegueta*, (s'utilise surtout dans les offrandes rituelles, cérémonie du nom ou mariage, pour lesquelles elle symbolise la fertilité).

àtakò, n. (cf. **takò**, **alátakò**).
• opposition.
Ó kàn ń ṣe àtakò mi láìnídìí. Il s'est opposé à moi sans raison.

àtàǹpàkò, n.
• pouce (main, pied).

àtàrí, n.
• haut, sommet de la tête.
Àtàrí àjànàkú kì í ṣe ẹrù ọmọdé. (Prov.). Le crâne de l'éléphant n'est pas un fardeau pour un enfant. [Il faut savoir évaluer ses limites.]

atarodo, n.
• petit piment rond.

àtàtà, adj.
• sincère, véritable, vrai.
Ọ̀ré àtàtà mi ni Lọlá. Lọlá est une véritable amie. *Ènìyàn àtàtà ni ọkùnrin yìí.* Cet homme est quelqu'un de bien.
• de grande qualité, de haut niveau.
Onílù àtàtà ni Àyándélé. Àyándélé est un tambourinaire de haut niveau.

àtẹ́, v. **ọbẹ̀** —.

àtẹ, n.
• plateau, le plus souvent en vannerie, sur lequel les vendeurs présentent leurs produits pour les colporter.
• marchandises déposées sur le plateau.
Bọ́lá ń ta àtẹ níwájú ilé rẹ̀. Bọ́lá vend des marchandises devant sa maison.

atẹ́gùn, n.
• vent fort.
Atẹ́gùn líle fẹ́, ó sì ṣí òrùlé ilé mẹ́fà. Un vent très fort a soufflé et a emporté le toit de six maisons.

àtẹ̀gùn, n.
• escalier.

àtẹ̀hìnwá, < àti.ẹ̀hìn.wá, n.
• auparavant, d'avant, précédemment, la fois dernière.
Ó lọ ṣọdẹ bíi ti àtẹ̀hìnwá, ó mú ajá rẹ̀ lọ́wọ́. Il est parti chasser, comme auparavant, en prenant son chien avec lui.

àtẹ́lẹsẹ̀, < à.tẹ́.ní.ẹsẹ̀, n.
• plante des pieds.

àtẹ́lẹwọ́ ~ **àtẹ́wọ́**, < à.tẹ́.ní.ọwọ́, n. (cf. **pàtẹ́wọ́**).
• paume de la main.
Àtẹ́lẹwọ́ la bá ilà, a ò mọ ẹni tó kọ ọ́. (Prov.). C'est sur la paume qu'on a trouvé les lignes de la main, on ne connaît pas celui qui les a tracées. [On ne peut pas tout expliquer.] *Àtẹ́lẹwọ́ ẹni, kì í tanni jẹ.* (Prov.). La paume des

mains ne trompe pas. [Mieux vaut compter sur soi-même.]

àtẹ́wọ́, v. **àtẹ́lẹwọ́**.

àti 1, conj. (cf. **sì**).
• et (coordonne des noms ou des énoncés nominaux).
Mo ra iṣu, ata àti ẹran. J'ai acheté des ignames, du piment et de la viande. *Ó ṣe mí lálejò bó ti yẹ àti bó ti tọ́.* Il m'a reçu(e) comme il fallait et comme il convenait.

àti- 2, prfx. vb.
• permet de former un nom verbal.
Àtikúnlẹ̀ kò ṣòro fún mi. M'agenouiller n'est pas difficile. *Àtilọ dára.* Partir est bien.
• connectif verbal.
Yóò gbìyànjú àtiṣiṣẹ́ náà tán lọ́la. Il essaiera de finir le travail demain.

àtíbàbà, n. (cf. **ta** 2).
• abri fait de pieux sur lesquels repose un toit de frondes de palmier.
• auvent, dais.
A ta àtíbàbà síwájú ilé wa fún ìgbéyàwó. On a élevé un auvent devant notre maison pour le mariage.

àtìgbàdégbà, < àti.ìgbà.dé. ìgbà, n.
• qui est périodique, régulier.
Ìwé-ìròhìn àtìgbàdégbà ni, kì í ṣe ti ojoojúmọ́. C'est un journal périodique et non pas quotidien.

àtijọ́, < àti.ọjọ́, n. (cf. **ayé**).
• ancien temps.
Ọrẹ́ mi àtijọ́ ni Lọlá. Lọlá est une vieille amie/une amie de longue date. *Ẹ kú àtijọ́ !* Ça fait bien longtemps ! [Dit à un proche ou un ami qu'on n'a pas vu depuis très longtemps.]

àtíkè, n., (cf. **kùn** 2).
• poudre de riz.

àtìrandíran, < àti.ìran.dé.ìran, n.
• qui est héréditaire, qui passe de génération en génération.
Àtìrandíran ni àrùn àtọ̀gbẹ tó ń yọ ìdílé yìí lẹ́nu. Le diabète est une maladie héréditaire dans cette famille.

àtọdúnmọ́dún, < àti.ọdún.mọ́. ọdún, n.
• de temps très anciens, immémoriaux.
Àṣà àtọdúnmọ́dún ni àṣà ìgbéyàwó. Le mariage est une coutume très ancienne.

àtọ̀gbẹ, n.
• diabète.

atọ́kùn, n.
• guide pour les masques qui représentent les *egúngún* (il leur indique les obstacles, les gens importants qui les regardent, ceux auxquels il faut s'adresser ou qu'il faut réprimander, etc.).
• maître de cérémonie.
• président de séance, de jury ; personne qui dirige des débats.

àtọmọdọ́mọ, < àti.ọmọ.dé. ọmọ, n.
• descendants, progéniture.

Bàbá náà dàgbà, ó sì rí àtọmọ-dọ́mọ rẹ̀. Ce monsieur est vieux et il peut contempler tous ses descendants.

atọ́nà, < a.tọ́.ọ̀nà, n.
• guide.

àtọ̀sí, n.
• maladie vénérienne.

àtọwọ́dọ́wọ́, < àti.ọwọ́.dé.ọwọ́, n.
• qui passe de main en main, ancien.
Àtọwọ́dọ́wọ́ ni ẹ̀wù yìí nítorí pé bàbá bàbá mi ló ni ín. Cette chemise est très ancienne, car elle a appartenu au père de mon père.

àtùpà, n. (cf. **tàn** 1).
• lanterne.
Epo tó wà nínú àtùpà kò tó, kò ṣeé tàn. Il n'y a pas assez de pétrole dans la lanterne, on ne peut l'allumer.

àùntí, v. **àǹtí**.

àwa, pron. emph.
• nous.
Àwa, a ń lọ, ẹ̀yin, ẹ ń dúró. Nous, nous partons, vous, vous restez. *Àwa ló kó àpò kòkó lọ.* C'est nous qui avons emporté les sacs de cacao.

àwàdà, n.
• blague, plaisanterie (faire ou dire) ; jeux de mots .
Ó ń bá ọ̀rẹ́ rẹ̀ ṣe àwàdà. Il blague avec son amie. *Àwàdà líle ló bá mi ṣe.* Il m'a fait une mauvaise blague.

awakọ̀, < a.wà.ọkọ̀, n.
(cf. **wà** 2).
• chauffeur, conducteur de véhicule.
Awakọ̀ yìí ti ń sáré jù. Ce chauffeur roule trop vite.

àwárí, < à.wá.rí, n.
(cf. **ṣàwárí**).
• recherche fructueuse (peu us.).
Àwárí ni obìnrin ń wá nǹkan ọbẹ̀. (Prov.). Une femme doit trouver les ingrédients pour la sauce par tous les moyens. [Quand on veut on peut.]

àwáwí, < à.wá.wí, n.
• excuse, prétexte.
Àwáwí lásán ló ń ṣe. Ce sont de pures excuses.

awélọ́rùn, < a.wé.ní.ọrùn, n.
• qui a des bourrelets de chair autour du cou. (Considéré comme un trait de beauté pour une femme).
Awélọ́rùn ni ọmọbìnrin náà. Cette jeune fille a des bourrelets de chair autour du cou.

awẹ́, n.
• quartier d'un fruit.
• cotylédon.
Obì-àbàtà gbọdọ̀ ní tó awẹ́ mẹ́rin. La noix de cola *abata* doit avoir quatre cotylédons
◇ **awẹ́-ìdí** (peu us.) : fesse.

àwìn, n.
• crédit.
Àwìn ni aṣọ yìí, mi ò tíì sanwó rẹ̀. Ce tissu a été acheté à crédit, je ne l'ai pas encore payé. *Àwìn*

kò sí lónìí, wá lọ̀la ! La maison ne fait pas crédit, venez demain !

awó, n.
• pintade.

awo, n. (cf. **babaláwo**).
• secret, mystère.
Ọ̀rọ̀ awo la ń sọ, ẹnìkankan kò gbọdọ̀ gbọ́ o ! On se dit des secrets, personne ne doit entendre !
• initié.
Àwọn awo nìkan ló mọ nípa ìtàn náà. Seuls les initiés connaissent ces mythes.
• terme d'adresse ou de référence pour un devin.

awò, n.
• lunettes.
Ó fi awò sójú. Il porte des lunettes.

àwo, n.
• assiette, plat (en matière cassable).

àwòdì, n.
• oiseau *sp.* (faucon ?).

àwòrán, n. (cf. **yà** 2).
• image, dessin, peinture.
Adé ya àwòrán Bọ́lá sínú ìwé. Adé a dessiné Bọ́lá sur une feuille de papier.

awọ, n.
• cuir, peau.

àwọ̀, n.
• couleur.

àwọ̀n, n.
• filet.
Àwọn pẹja-pẹja a máa fi àwọ̀n kó ẹja púpọ̀. Les pêcheurs attrapent beaucoup de poissons avec des filets.

àwọn, pron. emph. (cf. **wọ́n**).
• elles ; eux.
Mo mọ̀ pé àwọn ló ṣe é. Je sais que ce sont eux/elles qui l'ont fait. *Èmi dúró, àwọn lọ.* Eux sont partis, moi, je suis resté.
• marqueur de pluriel.
Àwọn ọmọdé ń ṣiré nínú ọgbà. Les jeunes jouent dans le jardin.

àwùjẹ̀, n.
• fontanelle.
A máa ń fi òróró sí àwùjẹ̀ ọmọ tí a ṣẹ̀ṣẹ̀ bí. On met de l'huile sur la fontanelle d'un nouveau-né.

àwùjọ, n.
• communauté, société, groupe de personnes réunies par une même activité (société de chasseurs par ex.).
Wọ́n fi Adé joyè ní àwùjọ àwọn ọdẹ. Ils ont conféré un titre à Adé dans la société des chasseurs.
◇ **àwùjọ ènìyàn** : la société humaine.

awùsá, n.
• noix, *Tetracarpidium conophorum.*
Ẹ má ṣe ara yín ní ọmọ awùsá. (Idiom). Ne vous comportez pas comme les noix *awùsá*. [Restez unis.]

Awúsá, n. pr.
• Hausa.

aya, n.
• épouse, femme.

àyà, n. (cf. **láyà, já...láyà**).
• poitrine.
Àyà mí já. J'ai sursauté de peur.

ayaba, < aya.ọba, n.
• épouse royale.

Àyàn, n.
• dieu des tambourinaires.
• nom du lignage des tambourinaires.
• tambourinaire.

àyànmọ́, < à.yàn.mọ́, n.
• destin, destinée.

ayé, n. (cf. **ìgbésí** —).
• monde, terre.
Ayé ti doríkodò nísisìnyí ! Le monde ne tourne pas rond en ce moment ! *Kò mọ̀ bí ayé ló wà ni bí ọ̀run ni.* Il ne savait pas s'il était sur terre ou au ciel.
◊ **ayé àtijọ́** : autrefois, jadis, les temps anciens.

àyè, n.
• occasion, temps, opportunité.
Wọ́n jíṣẹ́ yín ṣùgbọ́n mi ò ráyè wá. J'ai reçu votre message, mais je n'ai pas eu le temps de venir. *Àyè gba ọmọ yìí.* Cet enfant a toute liberté (de faire ce qu'il veut).
• place.
Ó jókòó sí àyè mi. Il s'est assis à ma place. *Ó ti kọjá àyè rẹ̀.* Il n'a pas su rester à sa place (fig.).

ayédèrú, < ayé.di.èrú, n. (cf. **èrú**).
• contrefaçon, faux, imitation.
Ayédèrú owó ni. C'est de la fausse monnaie. *Ayédèrú ni àpò yìí, mi ò lè rà á.* Ce sac est une imitation, je ne peux l'acheter.

ayékòótọ́, < ayé.kọ̀.òótọ́, n.
• perroquet.

àyẹ́sí, n. (cf. **yẹ́...sí**).
• courtoisie.
Ó ṣe àyẹ́sí mi. Il s'est montré courtois envers moi.

àyẹ̀wò, n. (cf. **yẹ̀...wò**).
• examen ; auscultation.

ayẹyẹ, n.
• fête, cérémonie (pour les grandes occasions de la vie).

àyíká, n. (cf. **yí...ká**).
• fait d'entourer, d'être autour.
Ó gbin òdòdó sí àyíká ilé rẹ̀. Il a planté des fleurs autour de sa maison.

ayò, n. (cf. **ọmọ** —).
• arbre *sp.* dont le noyau du fruit est utilisé pour le jeu du même nom.
• jeu (awele). Il est constitué d'une planche creusée de douze cavités se faisant face deux à deux et contenant, en début de partie, quatre graines chacune. Les deux partenaires se font face ; il s'agit pour chaque joueur de prendre le maximum de graines à son adversaire. Des insultes rituelles s'échangent au cours de la partie.
Wọ́n ń ta ayò. Ils jouent au jeu d'ayò. *Ó pa mí láyò.* Il m'a battu au jeu d'ayò.
• désigne tout jeu nécessitant l'utilisation de dés ou de pions

(dames, échecs, etc.).
Mo pa ayò. J'ai gagné.

ayọ̀, n. (cf. **yọ̀**).
• bonheur, joie.
Láyọ̀ la ó pàdé o ! On se retrouvera dans la joie ! [Souhait prononcé au départ de qqn.]

àyọnusọ, < à.yọ.ẹnu.sọ, n.
• fait de fouiner, de mettre son nez partout.
Àyọnusọ rẹ̀ pọ̀. Elle met son nez partout.

àyọrísí, < à.yọ.orí.sí, n. (cf. **yọrí**).
• conclusion, issue, conséquence, résultat.
Àyọrísí olè tí Adé jà ni pé ó lọ ẹ̀wọ̀n. La conséquence du vol commis par Adé a été la prison.

B

bá 1, vb./ pré vb.
• trouver qqn, qqch. par hasard.
Mo ń wá Adé lọ sí ọjà ṣùgbọ́n mo bá a lọ́nà. J'allais chercher Adé au marché, mais je l'ai rencontré sur le chemin. *Mo bá ìwé mi lábẹ́ ìbùsùn !* J'ai trouvé mon livre sous le lit !
• trouver, rencontrer qqn là où on l'espérait.
Mo bá a nílé. Je l'ai trouvé chez lui.
• alors, ensuite.
Mi ò rí i níbi-iṣẹ́, mo bá wá a lọ sílé. Je ne l'ai pas trouvé au travail, alors je suis allé le chercher chez lui.

bá 2, vb.
• aider qqn à, faire qqch. avec qqn (+ 1er vb.).
Wọ́n bá a kọ́ ilé rẹ̀. Ils l'ont aidé à construire sa maison. *Ó bá mi ṣe iṣẹ́ yìí*. Il a fait ce travail avec moi.
• faire pour, à la place de qqn (1er vb.).
Ó bá mi rẹran nígbà tí ó lọ sọ́jà. Elle acheté de la viande pour moi en allant au marché.

bá 3, mod. vb.
• marque un hypothétique, un non réalisé dans les énoncés complexes.
Tí o bá lọ sí Èkó, má gbàgbé láti lọ kí bàbá mi. Si tu vas à Lagos, n'oublie pas d'aller saluer mon père. *Ọmọ tí ó bá purọ́ yóò jìyà*. L'enfant qui mentira sera puni.

ba, vb.
• se cacher.
Ọmọ ba sẹ́hìn ìlẹ̀kùn. L'enfant s'est caché derrière la porte.

ba tì, vb. (cf. **tì** 2).
• se réfugier auprès de qqn.
Ọmọ náà ba ti ìyá rẹ̀. L'enfant s'est réfugié auprès de sa mère.

bà 1, vb.
• faire fermenter.
Wọ́n ba àgbàdo láti ṣe ọtí. Ils ont fait fermenter le maïs pour en faire de l'alcool.

bà 2, vb., (cf. **balẹ̀**).
• atteindre, toucher.

Òkò tó sọ ba ẹyẹ. Le projectile qu'il a lancé a atteint l'oiseau.
• se poser.
Ẹyẹ bà sórí igi. Les oiseaux se sont posés sur l'arbre.
• atterrir.
Ọkọ̀ òfurufú ti bà. L'avion a atterri.

bá...lára mu, < bá...ní.ara mu, vb. comp. (cf. **bá...mu**).
• s'habituer à qqch.
Ilẹ̀ yìí ti bá mi lára mu báyìí. Je me suis habitué à ce pays maintenant.
• aller bien à qqn.
Aṣọ yìí bá yín lára mu. Ce vêtement vous va bien.

bà...lẹ̀rù, < bà...ní.ẹ̀rù, vb. comp. (cf. **bẹ̀rù**).
• faire peur.
Ó bà mí lẹ́rù. Il m'a fait peur.

bà...lórúkọ jẹ́, < bà...ní.orúkọ jẹ́, vb. comp. (cf. **bàjẹ́**).
• calomnier qqn.
Wọ́n ba bàbá rẹ̀ lórúkọ jẹ́. Ils ont calomnié son père.

bá...lọ, vb.
• accompagner, aller avec qqn.
Àwọn ọ̀rẹ́ Bọ́lá bá a lọ sílé ọkọ. Les amies de Bọ́lá l'ont accompagnée chez son futur mari.

bá...mu, vb.
(cf. **bá...lára mu**).
• aller bien (qqch.).
Ṣé fìlà yìí bá mi mu ? Est-ce que ce chapeau me va bien ? *Àpò àti bàtà yìí bá ara wọn mu.* Ce sac et ces chaussures vont bien ensemble.

bà...nínú jẹ́, vb. comp. (cf. **bàjẹ́**).
• attrister, rendre malheureux.
Ọ̀rọ̀ náà bà á nínú jẹ́. L'histoire l'a attristé.

bá...tan, vb.
• être parent de qqn.
Ọkùnrin tó wá lánàá bá mi tan. L'homme qui est venu hier est mon parent.

bá...wí 1, vb.
• blâmer, gronder, réprimander.
Olùkọ́ bá àwọn ọmọ tó ń pariwo wí. Le professeur a réprimandé les enfants qui faisaient du bruit. *Ṣé Adé lẹ bá wí ?* Est-ce Adé que vous avez blâmé ?

bá...wí 2, vb.
• parler de qqn, faire référence à qqn.
Ṣé èmi lo ń bá wí ? Est-ce de moi que tu parles ? *Ṣé Olú lẹ ń bá wí ?* Est-ce à Olú que vous faites référence ?
• parler à qqn.
Mi ò bá ọ wí, Adé ni mò ń bá wí. Je ne te parle pas, c'est à Adé que je parle.

báàgì, < angl., n.
• sac à main, sac de voyage.

baálé, < baba.ilé, n.
• chef de la famille étendue. C'est lui qui, entre autres prérogatives, règle et juge les conflits et sert d'intermédiaire entre les autorités et les membres de son lignage.
Bí a bá wọlé, baálé ilé ni à ń kọ́kọ́ kí. Quand on rentre à la

maison, c'est le chef de famille qu'on salue en premier.
• mari.
Baálé rẹ̀ ńkọ́ ? Comment va ton mari ?

baálẹ̀, < baba.ilẹ̀, n.
• chef d'une cité ou d'un village qui, traditionnellement, n'ont pas de roi autorisé à porter la couronne perlée.

bààlúù, v. **bàlúù**.

báárà, v. **tọrọ**.

baba, n. (cf. **bàbá**).
• père.
• le plus important, principal, cardinal.
Sùúrù ni baba ìwà. (Prov.). La patience est la vertu cardinale.

bàbá ~ **baba**, n.
• père.
Bàbá ló lọmọ. Les enfants appartiennent au père.
• terme d'adresse ou de référence pour un monsieur âgé, ou pour qqn à qui on veut témoigner du respect.
◇ **bàbá àgbà** : grand-père.
Bàbá mi àgbà ni. C'est mon grand-père.

bábà, < angl., n.
• coiffeur, barbier.

bàbà, v. **ọkà** —.

babaláwo, < baba.ní.awo, n.
• devin, prêtre d'Ifá.
Babaláwo ló dífá nígbà tí a fẹ́ yan ọba ìlú wa. C'est le devin qui a fait la divination lorsqu'on a voulu choisir le roi de notre ville.

bàjẹ́ / bà...jẹ́, vb. (cf. **inú**).
• abîmer, être abîmé ; casser, être cassé ; gâter, être gâté (pr. et fig.).
Kẹ̀kẹ́ mi ti bàjẹ́. Ma bicyclette est cassée. *Ó ba kẹ̀kẹ́ mi jẹ́.* Il a cassé ma bicyclette. *Ọbẹ̀ yìí ti bàjẹ́.* Cette sauce est gâtée. *Ọmọ yìí bàjẹ́.* Cet enfant est gâté. *Wọ́n ń ba ọmọ yìí jẹ́ jù.* Ils gâtent trop cet enfant.
• calomnier.
Wọ́n bà mí jẹ́ káàkiri ìgboro ! Ils m'ont calomnié(e) dans toute la ville !
◇ **bà...nínú jẹ́** : attrister.
Ọ̀rọ̀ tí ọ̀rẹ́ rẹ̀ sọ bà á nínú jẹ́. Les paroles de son ami l'ont attristé.

bákan ~ **bákan náà**, < bí.ọ̀kan.
• identique, pareil, semblable.
Àwọn méjèèjì kò yàtọ̀, bákan ni wọ́n rí. Les deux ne sont pas différents, ils sont semblables.

bàlágà, < ar., vb.
• être pubère.
Ọmọbìnrin yìí ti bàlágà. Cette jeune fille est pubère.

balẹ̀, < bà.ilẹ̀, vb. comp.
• toucher le sol.
Bàlúù ti balẹ̀. L'avion a atterri. *Aṣọ yín balẹ̀.* Votre vêtement tombe bien. *Ọkàn mi balẹ̀.* Je suis tranquille, en paix.

Balógun, < baba.ní.ogun, n. pr.
• titre militaire appartenant en propre à un lignage. Par ext., commandant, général.

bàlúù ~ **bààlúù**, < angl., n.
• avion.

balùwẹ̀, n.
• salle de bains.

bámú-bámú, adv.
• complètement.
Ìkòkò yìí kún bámú-bámú. Cette jarre est pleine à ras bords. *Mo yó bámú-bámú.* Je suis complètement rassasié.

banújẹ́, < bà.inú.jẹ́, vb. comp. (cf. **bàjẹ́**).
• être triste.
Ó banújẹ́ púpọ̀ nígbà tí ó gbọ́ ìròhìn náà. Elle a été très triste lorsqu'elle a appris la nouvelle.

báńkì, < angl. n.
• banque.

bàrà, n.
• courge *sp.* dont les graines sont utilisées pour préparer une sauce.

báráàkì, < angl., n.
• caserne.

barajẹ́, < bà.ara.jẹ́, vb. comp. (cf. **bàjẹ́**).
• se rendre malade, être très fortement affecté par qqch. (des manifestations physiques accompagnent le sentiment : pleurs, cris, gestes).
Ìyá Adé barajẹ́ púpọ̀ nígbà tí àwọn gbọ́mọ-gbọ́mọ gbé ọmọ rẹ̀ lọ. La mère d'Adé s'est rendue malade lorsque son enfant a été kidnappé.
• être très en colère.
Ìyá barajẹ́ nítorí ọmọ rẹ̀ ba mọ́tò jẹ́. La mère était très en colère parce que son enfant avait cassé la voiture.

bárakú, < haus., adj.
• habituel (tjs empl. avec *di*).
Olè jíjà ti di bárakú fún un, kò lè fi í sílẹ̀. Voler lui est devenu habituel, il ne peut plus s'arrêter.

barun / ba irun, vb.+ obj.
• natter, se natter les cheveux (se dit lorsque la personne est pressée et ne fait que trois ou quatre nattes).

Baṣọ̀run, n. pr.
• premier conseiller de l'Aláàfin : titre civil appartenant à un lignage particulier.

bàtá, n.
• tambour de Ṣàngó.

bàtà, n.
• chaussure.

bátànì, < angl., n.
• modèle, motif décoratif, patron (couture).

bátìrì, < angl., n.
• pile sèche.
• batterie (voiture).

báwí, v. **bá...wí**.

báwo, < bí.èwo, pron. inter.
• à quoi ?
Báwo ni ọ̀rọ̀ náà ti rí ? A quoi ressemblait cette affaire ?
• comment ?
Báwo ló ṣe lọ sí Èkó ? Comment est-il allé à Lagos ?

báyìí, adv.
• maintenant.
Ó yẹ kí ó lọ báyìí. Il faut qu'il parte maintenant.
• ainsi, comme ça.

Báyìí ni àwọn àgbàlagbà máa ń ṣe. C'est ainsi que font les anciens.

bébà, < angl., n.
• papier, feuille de papier.

bèèrè ~ béèrè, vb. comp. (cf. **bi...léèrè**).
• demander, poser une question.
Bèèrè ohunkóhun tí o bá fẹ́ mọ̀. Demande tout ce que tu veux savoir.
• s'enquérir de qqn.
Ọ̀gá bèèrè rẹ lánàá. Le patron s'est enquis de toi hier.
◇ **bèèrè lọ́wọ́** : demander à qqn.
Ẹni tí kò bá mọ ọ̀nà lè bèèrè lọ́wọ́ Adé. Celui qui ne connaît pas le chemin peut demander à Adé.

béèrè, v. **bèèrè**.

bẹ́ 1, vb.
• couper qqch. de haut (tronc d'arbre, régime de bananes).
Àgbẹ̀ bẹ́ igi náà lulẹ̀. Le fermier a coupé l'arbre. *Ó fi àdá bẹ́ ọ̀gẹ̀dẹ̀.* Il a coupé le régime de bananes avec une machette.
• décapiter, couper la tête.
Wọ́n bẹ́ ọ̀daràn lórí. On a décapité le malfaiteur.

bẹ́ 2, vb.
• sauter, sauter par terre.
Olè náà bẹ́ láti orí òkè ilé wa. Le voleur a sauté du haut de notre maison. *Ẹni tó bẹ́ sílẹ̀ kí mọ́tò tó dúró nìkan ló fara bó.* Seul, celui qui a sauté de la voiture avant qu'elle ne s'arrête s'est écorché.
• éclater.
Bọ́ọ̀lù bẹ́. Le ballon a éclaté.
• être gercé.
Ọyẹ́ ló jẹ́ kí ètè mi bẹ́. J'ai les lèvres gercées par l'harmattan.
◇ **bẹ́ sílẹ̀** : éclater.
Wàhálà ti bẹ́ sílẹ̀ nígboro. Des troubles ont éclaté au centre ville.

bẹ 1, vb.
• éplucher qqch. de dur (igname, manioc, papaye verte, carotte etc.).

bẹ 2, vb. (cf. **wà** 1).
• être, exister (dial.).

bẹ̀, vb. (cf. **bẹ̀bẹ̀**).
• prier qqn de faire qqch., demander instamment, implorer, supplier.
Ó bẹ̀ mí nísẹ́. Il m'a prié de faire un travail. *Àwọn aládùúgbò bẹ àwọn òbí kí wọ́n má na Bísí mọ́.* Les voisins ont imploré les parents de ne plus battre Bísí.

bẹ̀...wò, vb.
• rendre visite à qqn, aller chez.
Mo bẹ aláìsàn wò ní ilé-ìwòsàn. Je suis allé à l'hôpital rendre visite au malade. *Adé ni mo lọ bẹ̀ wò lánàá.* C'est à Adé que je suis allé rendre visite hier.

bẹ̀bẹ̀, < bẹ̀.ẹ̀bẹ̀, vb. comp.
• demander instamment, implorer, supplier.
Ó bẹ̀bẹ̀ lọ́dọ̀ bàbá rẹ̀ kí ó jẹ́ kí òun lọ. Il a supplié son père de lui permettre de partir. *Bàbá ló bá Adé bẹ̀bẹ̀ ní ilé-ìwé.* Le père d'Adé a intercédé en sa faveur à l'école.

bẹ́ẹ̀, adv./ conj.
• ainsi, aussi bien.

Kò lè jẹ́ bẹ́ẹ̀. Il ne peut en être ainsi. *Ó ń jẹja bẹ́ẹ̀ ó ń jẹran.* Il mange aussi bien du poisson que de la viande.
• et, ni.
Wọ́n fún wa lóuńjẹ bẹ́ẹ̀ ni wọ́n fún wa lọ́tí. Ils nous ont donné à manger et à boire. *Wọn ò ní àdá bẹ́ẹ̀ ni wọn ò ní ìbọn.* Ils n'ont ni machette ni fusil.
◇ **bẹ́ẹ̀ ni** : oui.
◇ **bẹ́ẹ̀ kọ́** : non.
◇ **àti bẹ́ẹ̀ bẹ́ẹ̀ lọ** : et cetera.

bẹ́ẹ̀dì, < angl., n.
• lit.

bẹ́lfìtì, < angl., n.
• ceinture.

bẹ̀ǹbẹ́, n.
• tambour d'origine nupé.

bẹ̀rẹ̀ 1, vb.
• commencer.
Aago méjọ ni mo bẹ̀rẹ̀ iṣẹ́. C'est à 8 heures que j'ai commencé le travail. *Mo bẹ̀rẹ̀ sí ṣiṣẹ́ láago méjọ àárọ̀.* J'ai commencé à travailler à 8 heures du matin.

bẹ̀rẹ̀ 2, vb.
• se baisser.
Obìnrin náà bẹ̀rẹ̀ láti mú owó rẹ̀ tó bọ́ sílẹ̀. La femme s'est baissée pour ramasser son argent tombé par terre.

bẹ̀rù, < bà.ẹ̀rù, vb. comp. (cf. **dẹ́rùbà**, **bà** 2).
• avoir peur.
Mo bẹ̀rù rẹ̀. J'ai peur de lui.

bẹ́tà-láìfù, < angl., n. comp.
• billet de cinquante nairas. L'appellation vient d'un programme appelé "better life" qui s'adressait aux femmes de la campagne et qui fut lancé en 1991, année où sortit ce nouveau billet de cinquante nairas.
Ẹ fún mi ní bẹ́tà-láìfù méjì. Donne-moi deux billets de cinquante nairas.

bẹ̀wò, v. **bẹ̀...wò**.

bí 1, v. **bíi**.

bí 2, morph. inter.
• est-ce que ?
Ó dùn ọ́ bí ? Est-ce que ça te fait mal ?

bí 3, vb. (cf. **bínú**, **bí...nínú**).
• être en colère, être fâché.

bí 4, conj.
• si.
Bí o fẹ́ bí o ò fẹ́ o gbọdọ̀ lọ sí Èkó. Que tu le veuilles ou non, tu dois aller à Lagos.

bi, vb. (cf. **bèèrè**).
• demander, interroger.
Ó bi Adé nípa ọ̀rọ̀ náà. Il a interrogé Adé sur l'affaire.

bì, vb.
• vomir (humain).

bíi ~ **bí**, conj. (cf. **gẹ́gẹ́ bí**).
• comme.
Ó rí bíi ajá ṣùgbọ́n kò tóbi tó o. Il ressemble à un chien, mais il n'est pas aussi gros que lui.

bí...bá, conj.
• si.

Bí o bá lọ sọ́jà lọ́la, bá mi ra ẹja. Si tu vas au marché demain, achète-moi du poisson. *Mi ò mọ̀ bí ó bá máa wá lọ́la.* Je ne sais pas s'il viendra demain.

bí kò ṣe, loc. conj.
• excepté, si ce n'est, sinon.
Ǹ bá lọ sí Ìbàdàn lónìí bí kò ṣe tirẹ̀. Je serais allé à Ìbàdàn aujourd'hui, si ce n'avait été à cause de lui (qui m'en a empêché). *Kò bá nǹkan nínú ẹja bí kò ṣe ìfun !* Il n'a rien trouvé dans le poisson, excepté les intestins !

bi...léèrè, vb. comp.
(cf. **bèèrè**).
• demander qqch. à qqn.
Ó bi mí léèrè bí mo bá fẹ́ lọ. Il m'a demandé si je voulais partir.

bí...nínú, < bí...ní.inú, vb. comp. (cf. **bínú**).
• mettre en colère.
Ìwà tí ó hù bí mi nínú púpọ̀. Sa conduite m'a mis(e) très en colère. *Ó bí bàbá Dayọ̀ nínú púpọ̀.* Cela a mis le père de Dayọ̀ très en colère.

bí...ṣe ~ bí...ti, conj.
• comme, comment.
Yóò ṣe bí ó ṣe wù ú. Il fera comme il lui plaît. *A ò mọ bí ó ṣe bà á jẹ́.* On ne sait pas comment il l'a cassé.

bí...ti, v. **bí...ṣe**.

bíà, < angl., n.
• bière.

Bíbélì, < angl., n.
• Bible.

bìkítà, < haus., vb.
• s'en moquer, être égal (tjs à la forme nég.).
Kò bìkítà bí ọ̀rọ̀ náà bọ́ sí i tàbí kò bọ́ sí i. Il se moque que cette affaire soit un succès ou non.

bíléèdì, < angl., n.
• lame de rasoir.

bímọ / bí ọmọ, vb.+ obj.
• accoucher.
Ó bímọ lánàá, wọn á ṣe ìsọmọlórúkọ ní ọjọ́ méje òní. Elle a accouché hier, on fera la cérémonie d'imposition du nom dans sept jours à partir d'aujourd'hui.
• avoir des enfants.
Ọkùnrin yìí ti bímọ mẹ́rin. Cet homme a déjà quatre enfants.

bínú, < bí.inú, vb. comp.
(cf. **bí** 3, **bí...nínú**).
• être en colère, être fâché, se fâcher, être furieux.
Bàbá Dayọ̀ bínú púpọ̀ nígbà tó gbọ́ pé ọmọ rẹ̀ purọ́. Le père de Dayọ̀ s'est mis très en colère quand il a su que son enfant avait menti. *Ó bínú lọ.* Il est parti furieux. *Ẹ má bínú !* Ne soyez pas fâché ! ~ Excusez-moi !

bíréèkì, < angl., n.
• frein.

bíríkì, < angl., n.
• brique.

bíríkìlà, < angl., n.
• maçon.

bírò, < angl., n.
• stylo à bille.

bisikítì, < angl., n.
• biscuit.

bó, vb.
• enlever la peau, écorcer, éplucher (avec les mains).
Ó bó èèpo igi. Il a écorcé le tronc de l'arbre. *Ó bó ọsàn jẹ*. Elle a épluché une orange pour la manger.
• dépecer.
Àwọn alápatà ń bó awọ màlúù kí wọ́n tó kun ún. Les bouchers dépècent le bœuf avant de le découper.
• s'écorcher.
Apá mi bó nígbà tí mo ṣubú. Je me suis écorché le bras en tombant.
• déteindre.
Aṣọ yìí bó. Ce vêtement a déteint.

bò, vb.
• couvrir, recouvrir.
Lẹ́hìn tí ó ti sùn lọ mo fi aṣọ bò ó. Après qu'il s'est endormi, je l'ai recouvert d'un pagne.

bó bá tilẹ̀, < bí.ó bá tilẹ̀, loc. conj.
• même si.
Bó bá tilẹ̀ bẹ̀ mí, mi ò ní í gbà kó jẹ nínú ẹran yìí. Même s'il me supplie, je n'accepterai pas qu'il mange de cette viande.

bò...mọ́lẹ̀, < bò...mọ́.ilẹ̀, vb. comp. (cf. **mọ́** 3).
• recouvrir complètement.
Wọ́n bo iṣu mọ́lẹ̀. Ils ont complètement recouvert les ignames.

bó ti jẹ́ pé, < bí.ó ti jẹ́ pé, loc. conj.
• puisque, dans la mesure où.
Bó ti jẹ́ pé Adé kò kàwé dáadáa kò ní í lọ ṣiré. Dans la mesure où Adé n'a pas bien travaillé, il n'ira pas jouer.

bó ti wù, < bí.ó ti wù, loc. conj.
• quel que soit, quoi que.
Mi ò lówó lọ́wọ́ ṣùgbọ́n mo gbọ́dọ̀ lọ, bó ti wù kó rí. Je n'ai pas d'argent sur moi, mais je dois partir, quoi qu'il arrive.

bó tilẹ̀ jẹ́ pé, < bí.ó tilẹ̀ jẹ́ pé, loc. conj.
• bien que.
Mo lọ síbẹ̀, bó tilẹ̀ jẹ́ pé kò wù mí láti lọ. Je suis allé là-bas, bien que ça ne m'ait pas plu d'y aller. *Bó tilẹ̀ jẹ́ pé ó rẹ̀ ẹ́, yóò lọ sí ìpàdé náà*. Bien qu'il soit fatigué, il ira à la réunion.

bojì ~ ibojì, n.
• tombe.
Wọ́n ń gbẹ́ bojì òkú náà lọ́wọ́. Ils sont en train de creuser la tombe du mort.

bójú, < bó.ojú, vb. comp.
• se blanchir le visage.

bojú-bojú, < bò.ojú-bò.ojú, n. comp.
• jeu de colin-maillard.
Àwọn ọmọdé ń ṣiré bojú-bojú ní àkókò òṣùpá. Les enfants jouent à colin-maillard quand la lune brille.
• secret, fait d'être caché.

Kò sí bojú-bojú nínú ohun tí à ń wí yìí. Il n'y a rien de secret dans ce que nous disons là.

bójú mu, < bá.ojú mu, vb. comp. (cf. **bá...mu**).
• être approprié, être correct (empl. surt. à la forme négative).
Ohun tó ṣe kò bójú mu. Ce qu'il a fait n'est pas correct.

bojú-wẹ̀hìn, < bù.ojú.wò.ẹ̀hìn, loc. vb.
• regarder derrière, en arrière (pr. et fig.).
Mo rí Adé nígbà tí mo bojú wẹ̀hìn. En regardant par derrière j'ai vu Adé. *Bí ọmọdé bá ṣubú á wo iwájú, bí àgbà bá ṣubú á bojú wẹ̀hìn.* (Prov.). Si un enfant tombe, il regardera en avant (pour qu'on le prenne), si un adulte tombe, il regardera en arrière (pour comprendre pourquoi).
• réfléchir par rapport à une expérience passée.
Mo mọ ohun tó fa wàhálà yìí nígbà tí mo bojú wẹ̀hìn. En réfléchissant, j'ai compris ce qui m'avait causé ces ennuis.

bójútó, vb. comp.
• superviser.
Olùkọ́ bójútó iṣẹ́ àwọn akẹ́kọ̀ọ́. Le professeur supervise le travail des élèves.

bòòji ~ **ìbòòji**, n.
• ombre, ombrage.
Mi ò dúró sí oòrùn, abẹ́ bòòji ni mo jókòó sí. Je n'ai pas attendu au soleil, je me suis mis à l'ombre.

bóra, < bó.ara, vb. comp.
• se blanchir le corps.

bora, < bò.ara, vb. comp.
• se couvrir, se recouvrir avec qqch.
Ṣé ọmọ bora kí ó tó sùn ? L'enfant s'est-il couvert pour dormir ? *Ó faṣọ bora.* Elle s'est recouverte d'un pagne.

borí, < bò.orí, vb. comp.
• couvrir (tête, dessus de qqch.) ; recouvrir. (2e vb.).
Ó fi aṣọ borí nígbà tí òjò bẹ̀rẹ̀ sí rọ̀. Il s'est couvert la tête d'un tissu quand il a commencé à pleuvoir.
• réussir.
Ó borí ìdánwò rẹ̀. Il a réussi ses examens.
• vaincre.
Ó borí ọtá rẹ̀. Il a vaincu ses ennemis.

bóyá ~ **bọ́yá**, adv./ conj.
• peut-être.
Bóyá yóò wá lọ́la. Peut-être viendra-t-il demain.
• si (est-ce que).
Mi ò mọ bóyá yóò wá lọ́la. Je ne sais pas s'il viendra demain.

bọ́ 1, vb.
• nourrir.
Nígbà tí a lọ sílé wọn, wọ́n bọ́ wa yó. Quand nous sommes allés chez eux, ils nous ont nourris jusqu'à satiété.

bọ́ 2, vb. (cf. **bọ́ sí i**).
• tomber.
Ó ti bọ́. C'est tombé. *Ó bọ́ lulẹ̀.* C'est tombé par terre.

bọ, vb. (cf. **ẹbọ**).
• rendre un culte à une divinité, révérer.
Wọ́n máa ń bọ Ṣàngó ní Ọ̀yọ́. On révère Ṣàngó à Ọ̀yọ́.

bọ̀ 1, vb. (cf. **dé**).
• arriver (ne s'emploie pas à la forme acc.).
Mo rí i tí ó ń bọ̀ lọ́nà. Je le vois qui arrive sur le chemin.

bọ̀ 2, vb.
• faire bouillir des aliments.
Ó bọ ẹ̀fọ́ tó fẹ́ fi sínú ọbẹ̀. Elle a fait bouillir les feuilles qu'elle veut mettre dans la sauce.

bọ̀ 3, vb.
• insérer, enfiler.
Ó bọ abẹ́rẹ́ láti fi ránṣọ mi. Elle a enfilé l'aiguille pour coudre mon vêtement.

bọ̀...lọ́wọ́ , < bọ̀...ní.ọwọ́, vb. comp.
• serrer la main.
Wọ́n bọ ara wọn lọ́wọ́. Ils se sont serré la main.

bọ́ lọ́wọ́, < bọ́ ní.ọwọ́, vb. comp.
• échapper, glisser des mains.
Abẹ́rẹ́ bọ́ lọ́wọ́ adẹ́tẹ̀, ó dète. (Prov.). Qu'une aiguille glisse des mains d'un lépreux et cela devient un problème. [Empl. quand on doit faire face à un problème épineux.]

bọ́ sí, vb.
• entrer dans.
Ó bọ́ sí yàrá rẹ̀ láti wá owó rẹ̀. Il est entré dans sa chambre pour chercher son argent.

bọ́ sí i, vb.
• être un succès, réussir.
Ohun tí mo wá ṣe ní Èkó bọ́ sí i. Ce que je suis allé faire à Lagos a réussi. *Ṣó bọ́ sí i ?* Est-ce que ça a marché ?

bọ́jú, < bọ́.ojú., vb. comp. (cf. **bọ́** 2).
• se rafraîchir le visage à l'eau.

bọ́ọ̀dù, < angl., n.
• tableau noir.

bọ̀ọ̀kìnní, v. **bọ̀rọ̀kìnní**.

bọ́ọ̀lẹ̀-ká-jà, < bọ́.sí.ilẹ̀.kí.a.jà, n. comp.
• camion à claire-voie utilisé pour les transports en commun interurbains.

bọ̀ọ̀lì, n.
• plantain mûr grillé.

bọ́ọ̀lù, < angl., n.
• balle, ballon.
Àwọn ọmọdé fẹ́ràn láti gbá bọ́ọ̀lù. Les jeunes aiment bien jouer au ballon.
• football.
Wọ́n ń gbá bọ́ọ̀lù. Ils jouent au football.

bọ̀rọ̀kìnní ~ **bọ̀ọ̀kìnní**, < songh., n.
• homme puissant, renommé et célèbre.
Ogun jíjà ló sọ Ògúnmọ́lá di bọ̀rọ̀kìnní. La guerre a rendu Ògúnmọ́lá célèbre.

bọ́síkọ́nà, < bọ́.sí.kọ́nà, n.
• vêtements d'occasion importés.

bọ́síkọ̀rọ̀, < bọ́.sí.kọ̀rọ̀, n.
• vêtements d'occasion importés.

bọ́ṣọ / bọ́ aṣọ, vb.+ obj. (cf. **bọ́** 2).
• déshabiller, se déshabiller.

bọ́tìnnì, < angl., n.
• bouton (couture).

bọ̀wọ̀, < bù.ọ̀wọ̀, vb. comp.
• respecter.
Ó ń bọ̀wọ̀ fún àwọn àgbàlagbà. Il respecte les anciens.

bọ́yá, v. **bóyá**.

bú 1, vb. (cf. **èébú**).
• injurier, insulter.
A kì í bú àgbàlagbà. On n'insulte pas les anciens.

bú 2, vb. (cf. **bú sẹ́kún, bú sẹ́rìn-ín**).
• rugir (lion).
Kìnnìún ń bú. Le lion rugit.

bu, vb.
• moisir, être moisi.
Oúnjẹ yìí ti ń bu, kò ṣeé jẹ. Ces aliments moisissent, on ne peut les manger.

bù, vb.
• verser (liquide, solide), mettre d'un récipient dans un autre, transvaser.
Bu omi yìí sínú ìkòkò náà. Verse cette eau dans la jarre. *Bu ìrẹsì díẹ̀ sínú àwo fún mi.* Mets-moi un peu de riz dans mon assiette.

bù...jẹ, vb.
• prendre, verser une partie de qqch. pour la manger.
Ó bu bọ̀ọ̀lì díẹ̀ jẹ. Il a pris un bout de banane plantain grillée pour le manger.

• mordre.
Ajá bù mí jẹ. Un chien m'a mordu(e).

bù...là, vb. (cf. **ọbẹ̀**).
• diluer.
Ó bu omi la ẹmu. Il a dilué le vin de palme avec de l'eau.

bú sẹ́kún, < bú sí.ẹkún, vb. comp. (cf. **bú** 2).
• éclater en sanglots.

bú sẹ́rìn-ín, < bú sí.ẹ̀rín, vb. comp. (cf. **bú** 2).
• éclater de rire.

bù...sí i, vb.
• ajouter.
Bá mi bu omi díẹ̀ sí i. Ajoute-moi un peu d'eau.

bùbá, n.
• sorte de caraco à encolure arrondie et manches légèrement évasées arrivant à mi-bras. Ce haut fait partie, avec le pagne, de la tenue traditionnelle féminine.
Ìyá Bísí fi aṣọ àrán rán ìró àti bùbá titun fún ọjọ́ ìbí rẹ̀. La mère de Bísí lui a fait coudre un pagne et un haut neufs en velours pour son anniversaire.

búburú, adj. (cf. **burú, burúkú**).
• mauvais, méchant.
Ọ̀gẹ̀dẹ̀ dúdú kò yá bù ṣán, ọmọ búburú kò yá lù pa. (Prov.). Pas plus qu'on ne peut manger du plantain vert sans sauce, on ne peut battre à mort un enfant mauvais. [Ne jamais en arriver à des solutions extrêmes.]

bùjẹ, v. **bù...jẹ**.

búkà, n.
• petit restaurant bon marché, gargote.
• échoppe.

bùkátà, < haus., n.
• dépense, frais.
Bàbá ló ń gbọ́ bùkátà ọmọ. C'est le père qui assure toutes les dépenses pour les enfants. *Bùkátà ọmọ pọ̀ fún òbí.* Les frais occasionnés par les enfants sont lourds pour les parents.

bùkún, < bù.kún, vb.
• bénir (uniq. empl. pour Dieu).
Kí Ọlọ́run bùkún yín/fún yín. Que Dieu vous bénisse. *Ọlọ́run fi ọmọ bùkún wa.* Dieu nous a bénis en nous donnant beaucoup d'enfants.

búlọ̀ọ̀kù, < angl., n.
• brique de béton ou de ciment.

búlù, < angl., n.
• bleu.

bùn, vb. (cf. **ẹ̀bùn**).
• offrir, faire un cadeau.
Ó bun èmi àti Adé lówó. Il a offert de l'argent à Adé et à moi.

búra, < bú.ara, vb. comp.
• jurer, prêter serment.
Ẹlẹ́rìí náà fi bíbélì búra ní ilé-ẹjọ́. Au tribunal, le témoin a prêté serment sur la Bible.

búrẹ́dì, < angl., n.
• pain.

burẹ́wà, < burú.ẹwà, vb. comp.
• être laid.

bùrọ̀dá, < angl., n.
• terme d'adresse pour un aîné de la même génération.

búrọ́ọ̀ṣì, < angl., n.
• brosse.

burú, vb. (cf. **búburú**).
• être mal, être mauvais, méchant.
Ọkùnrin yẹn burú jù. Cet homme est très mauvais. *Ìwà tó hù burú púpọ̀.* Il s'est très mal comporté.

burú tán, loc. conj.
• au pire.
Ó burú tán, màá délé nǐ àárọ̀ ọ̀la. Au pire, j'arriverai à la maison demain matin.

burúkú, adj. (cf. **búburú**).
• mauvais, méchant.
Ọmọ burúkú ni Adé, ó máa ń purọ́ mọ́ àbúrò rẹ̀ ọkùnrin. Adé est un enfant méchant, il raconte des mensonges sur son petit frère.

bùṣe, vb.
• être clos (une affaire) ; être fini, terminé.
Ọ̀rọ̀ náà ti bùṣe báyìí. Le sujet est clos maintenant. *Oúnjẹ ti bùṣe nílé.* Il n'y a plus rien à manger dans la maison.

D

dá 1, vb.
• créer.
Ọlọ́run ló dá gbogbo ayé. C'est Dieu qui a créé le monde entier.

dá 2, vb.
• fixer.
A ti dá ọjọ́ ọdún. On a déjà fixé la date de la fête.

dá 3, vb.
• casser.
Ó dá igi náà sí méjì. Il a cassé la branche en deux. *Ó fi ẹsẹ̀ dá ẹ̀ka igi.* Il a cassé la branche de l'arbre avec son pied.
• être cassé, casser, fracturer (membre).
Apá mi dá. J'ai le bras cassé. *Ó dá mi lápá.* Il m'a cassé le bras.
• battre qqn avec qqch.
Ó dá mi nígi. Il m'a battu avec un bâton.

dá 4, vb.
• cesser ; s'arrêter (liquide : pleurs, pluie, rosée, sang, etc.).
Òjò ti dá. La pluie a cessé.
• se sentir bien après avoir été malade.
Ara mi ti dá báyìí. Je me sens bien maintenant.

dá 5, vb.
• contribuer à, payer pour.
Wọ́n dá owó àjọ. Ils ont contribué à l'argent de la tontine.

dá 6, vb.
• causer, faire que (factitif).
Ó dá ẹ̀rín pa wá. Il nous a fait rire. *Ó dá ẹ̀rù bà wá.* Il nous a fait peur.

dá 7, pré vb.
• faire quelque chose seul.
Ó dá lọ ṣọdẹ. Il est parti chasser seul.

dà 1, vb. (cf. **di** 1).
• devenir.
Kí lo fẹ́ dà ? Que veux-tu devenir ? *Ilé ayé ti dà bí kò ṣe dára.* Le monde est devenu mauvais.

dà 2, vb. (cf. **dalẹ̀**).
• trahir qqn, qqch.
Ẹ má ṣe da ọ̀rẹ́ yín. Ne trahissez pas vos amis. *Ó da orílẹ̀-èdè rẹ̀.* Il a trahi son pays.

dà 3, vb.
• verser.
Adé da omi láti inú garawa sínú àmù. Adé a versé l'eau du seau dans la jarre.
• baver.
Ọmọ yìí ń dà. Cet enfant bave.

◇ **dà fírĩ** : descendre en roue libre.
Mọ́tò ń da fírĩì. La voiture descend en roue libre.

dà 4, préd. inter.
• être où ?
Àbúrò rẹ dà ? Où est ton cadet ? *Níbo ló dà ?* Où allez-vous / Où vas-tu ? (Idiom.).

dá...dúró, vb. (cf. **dá** 6).
• faire attendre, retarder.
Má dá mi dúró o ! Ne me fais pas attendre !
• arrêter, s'arrêter.
Dá ohun tí o ń ṣe dúró. Arrête ce que tu es en train de faire. *Jọ̀ọ́, bá mi dá a dúró.* S'il te plaît, (dis-lui) de s'arrêter.

◇ **dá ẹnu dúró** : se taire.

◇ **dá ọwọ́ dúró** : faire une pause.

dá...kọjá, vb. (cf. **dá** 6).
• enjamber, traverser (pour qqch. de pas trop large).
Ó dá odò kékeré nàà kọjá. Il a enjambé le ruisseau.

dà...láàmú, vb. comp. (cf. **ìdààmú**).
• causer du souci, tracasser.
Àìsàn ọmọ yìí dà mí láàmú púpọ̀. La maladie de cet enfant m'a causé beaucoup de soucis.
• embêter, ennuyer.
Yé dà wá láàmú, à ń ṣiṣẹ́ lọ́wọ́. Arrête de nous embêter, nous sommes en train de travailler.

dá...lágara, < dá...ní.agara, vb. comp. (cf. **dá** 6).
• épuiser la patience de qqn.
Ó dá mi lágara. Il a épuisé ma patience.

dá...lára yá, < dá...ní.ara yá, vb. comp. (cf. **dá** 6, **dárayá**).
• amuser, divertir, égayer qqn.
Àwọn oníjó dá ọba lára yá. Les danseurs ont diverti le roi.

dá...láre, < dá...ní.àre, vb. comp. (cf. **dá** 6).
• innocenter qqn.
Adájọ́ dá Adé láre. Le juge a innocenté Adé.

dá...lẹ́bi, < dá...ní.ẹ̀bi, vb. comp. (cf. **dá** 6).
• juger coupable, déclarer coupable.
Adájọ́ dá Adé lẹ́bi. Le juge a déclaré Adé coupable.

dá...lẹ́kun, vb. comp. (cf. **dá** 6).
• calmer.
Mo dá ọmọ tó ń sunkún lẹ́kun. J'ai calmé l'enfant qui pleurait.
• empêcher.
Wọ́n ti dá àwọn ọmọ méjì tó fẹ́ jà lẹ́kun. Ils ont empêché les deux enfants de se battre.

dá...lóhùn, < dá...ní.ohùn, vb. comp.
• répondre à qqn.
Mo pè é, ṣùgbọ́n kò dá mi lóhùn. Je l'ai appelé, mais il ne m'a pas répondu.

dá...lójú, < dá...ní.ojú, vb. comp. (cf. **dájú**).
• être certain, être sûr de qqch.
Ó dá mi lójú pé iró lò ń pa ! Je suis sûr que tu mens !

dá lójú, vb. comp.
• (+ oorun) avoir encore sommeil.
Oorun kò tíì dá lójú mi tán. J'ai encore sommeil.

dá...lóró, < dá...ní.oró, vb. comp. (cf. **dá** 6).
• torturer.
Àwọn ọlọ́pàá dá olè lóró kí ó lè sọ orúkọ àwọn ìyókù rẹ̀. Les policiers ont torturé le voleur pour qu'il donne le nom de ses complices. *Ènìyàn ló dá ẹṣin lóró, ẹṣin ò níkà nínú rárá*. (Prov.). C'est bien qqn qui a torturé le cheval, celui-ci n'a aucune méchanceté en lui. [Le mal vient toujours de quelque part ou de qqn.]
• faire très mal (fig.).
Olè tó kó gbogbo ẹrù mi dá mi lóró. Cela m'a fait très mal que le

voleur ait pris toutes mes affaires.

dá...lọ̀kàn le, < dá...ní.ọkàn le, vb. comp. (cf. **dá** 6).
• donner du courage.
Wọ́n dá a lọ́kàn le láti kojú ìṣòro rẹ̀. Ils lui ont donné du courage pour affronter ses difficultés.

dá...lọ̀rùn, < dá...ní.ọrùn, vb. comp. (cf. **dá** 6).
• plaire énormément.
Òdòdó ilé yín kan ń dá wa lọ́rùn. Il y a, dans votre maison, une fleur qui nous plaît énormément. [Phrase rituelle prononcée lorsque la famille du futur mari vient chercher la fiancée chez elle.]
Ọmọbìnrin yìí dá mi lọ́rùn. Cette jeune fille me plaît énormément.
• faire très envie.
Obì bẹ̀rẹ̀ sí í dá a lọ́rùn. Il a commencé à avoir très envie d'une noix de cola (une noix de cola lui a fait envie).

dá...mọ̀, vb. (cf. **dá** 6).
• reconnaître qqn.
Ṣé ó dá a mọ̀ ? Est-ce qu'il l'a reconnu ?

dá...mọ̀lẹ̀, < dá...mọ́.ilẹ̀, vb. comp. (cf. **dá** 6).
• mettre à terre, terrasser un adversaire à la lutte.

dá...nímọ̀ràn, < dá...ní.ìmọ̀ràn, vb. comp.
(cf. **dá** 6, **dámọ̀ràn**).
• conseiller.
Ó dá a nímọ̀ràn kí ó lọ kí wọn, kí wọ́n má baà bínú mọ́. Il lui a conseillé d'aller les saluer pour qu'ils ne soient plus fâchés.

dá...padà, vb. (cf. **dá** 6).
• rendre.
Ìgbà wo lo máa dá owó mi padà ? Quand me rendras-tu mon argent ?

dá rogún, loc.vb.
(cf. **dá** 6, **omi-adágún**).
• stagner.
Kí ló fà á tí omi fi dá rogún síbí ? Pourquoi l'eau stagne-t-elle ici ?

dá sí, vb. (cf. **dá** 5).
• participer.
Ó dá sí ọ̀rọ̀ tí à ń sọ. Elle a participé à notre conversation.

dá...sí, vb.
• épargner.
Àwọn ọlọ́pàá pa ènìyàn mẹ́jọ ṣùgbọ́n wọ́n dá ènìyàn méjì sí. Les policiers ont tué huit personnes, mais en ont épargné deux.

dà...sí i, vb. (cf. **dà** 3).
• ajouter (pour les liquides).
Da omi sí i, kí ó fi kún. Ajoute de l'eau pour que ce soit plein.

dá...sílẹ̀, vb. comp. (cf. **dá** 1).
• créer qqch., établir, fonder, instituer.
Òun ló dá iṣẹ́ irin sísun sílẹ̀ ní ìlú yìí. C'est lui qui a institué le travail de la fonte du fer dans cette ville. *Ìwọ ló dá gbogbo wàhálà wọ̀nyẹn sílẹ̀*. C'est toi qui as créé tous ces ennuis.
• acquitter ; relâcher.

Adájọ́ dá ẹlẹ́jọ́ náà sílẹ̀. Le juge a acquitté l'accusé. *Ọlọ́pàá ti dá olè náà sílẹ̀*. Les policiers ont relâché le voleur.

dáa, v. **dára**.

dáàbò bò, < dá.ààbò bò, vb. comp.
• protéger.
Ọba gbọdọ̀ dáàbò bo àwọn èniyàn rẹ̀. Le roi doit protéger son peuple.

dáadáa, adv. (cf. **dára**).
• bien, volontiers.
O ṣe iṣẹ́ yìí dáadáa. Tu as bien fait ce travail. *Mo máa ń jẹ àmàlà dáadáa*. Je mange volontiers de la pâte d'igname.

dábàá / dá àbá, vb.+ obj. (cf. **dá** 6).
• proposer, suggérer.
Mo dábàá kí a padà sẹ́nu iṣẹ́. Je propose que nous reprenions le travail.

dábẹ́ / dá abẹ́, vb.+ obj. (cf. **dá** 3).
• exciser.

dàbí, vb.
• ressembler à.
Ilé yìí dàbí tiwa. Cette maison ressemble à la nôtre.

dàbí ẹni pé,
v. **ó dàbí ẹni pé**.

dàbọ̀, < di.àbọ̀, vb. comp.
• au revoir (+ pron. impers. 3e pers. sing.).
Ó dàbọ̀. Au revoir. *Ó dàbọ̀ ná*. A tout à l'heure.

dádì, < angl., n.
• père, papa.

dáfá, v. **dífá**.

dàgbà, < di.àgbà, vb. comp.
• être adulte ; être mûr mentalement.
Ọmọ yìí ti dàgbà báyìí, kò lè ṣe ìṣekúṣe mọ́. Cet enfant est grand maintenant, il ne peut plus faire n'importe quoi.
• grandir ; pousser (plantes).
Ewéko ń dàgbà. Les plantes poussent.

dágbére, vb.
• prendre congé, dire au revoir, faire ses adieux.
Wọ́n dágbére fún mi lánàá. Ils m'ont fait leurs adieux hier.
• informer, prévenir.
Ó dágbére fún wọn pé òun yóò tètè kúrò nílẹ̀ yìí. Il les a informés qu'il quitterait vite ce pays. *Bádé dágbére pé òun ń lọ sí Èkó*. Bádé a prévenu qu'il partait à Lagos.

dáhùn, < dá.ohùn, vb. comp.
• répondre.
Ó dáhùn pé kò ní í lọ. Il a répondu qu'il ne partirait pas.
• démarrer (voiture).
Mọ́tò mi kò dáhùn láàárọ̀ yìí. Ma voiture n'a pas démarré ce matin.

dájà sílẹ̀ / dá ìjà sílẹ̀, vb. comp.
• causer, susciter une bagarre, une querelle.
Ọ̀rọ̀ tí o sọ ló dájà sílẹ̀ láàrin wọn. C'est ce que tu as dit qui a suscité une bagarre entre eux.

dájọ́ / dá ẹjọ́, vb.+ obj. (cf. **adájọ́**).
• juger, rendre un verdict.
Adájọ́ ti dájọ́ ilẹ̀ oko náà. Le juge a rendu son verdict au sujet des champs. *Wọ́n dájọ́ ikú fún olè náà.* Le voleur a été condamné à mort.

dájú, < dá.ojú, vb. comp. (cf. **dá** 4, **dá...lójú**).
• être sûr, être certain (+ impers.).
Ó dájú pé yóò wá lọ́la. C'est sûr qu'il viendra demain. *Mo mọ̀ dájú pé yóò wá lọ́la.* Je suis sûr qu'il viendra demain.
• être audacieux.
Ọmọ yìí dájú, kì í bẹ̀rù rárá. Cet enfant est audacieux, il n'a pas peur du tout.

dájú-dájú, adv. (cf. **dájú**).
• certainement, sûrement, assurément.
Dájú-dájú, yóò wá lọ́la. Il viendra sûrement demain.

dákẹ́, vb.
• être silencieux ; se taire.
Gbogbo ilé dákẹ́. Toute la maison était silencieuse. *Ẹ dákẹ́ !* Taisez-vous !

dákú, vb.
• s'évanouir.
Ẹ̀ṣẹ́ tí Olú gbá a lórí ló jẹ́ kó dákú. Le coup de poing qu'Olú lui a donné sur la tête l'a fait s'évanouir.
• être en panne.
Mọ́tò mi dákú síwájú ọjà. Ma voiture est tombée en panne devant le marché.

dákun, vb.
• je vous / t'en prie ; s'il vous / te plaît.
Ẹ dákun, ẹ má bínú. Je vous en prie, excusez-moi.

dalẹ̀, < dà.ilẹ̀, vb. comp. (cf. **dà** 3).
• trahir, se conduire de façon perfide.
Kò dára kí ènìyàn dalẹ̀. C'est mal de trahir.

dámọ̀ràn, < dá.ìmọ̀ràn, vb. comp. (cf. **dá...nímọ̀ràn**).
• projeter, proposer.
Mo dámọ̀ràn kí a jọ lọ jẹun. Je propose que nous allions manger ensemble.

dán, vb.
• briller.
Wọ́n ti tún ilé yìí kùn, ẹ wò bó ṣe ń dán ! On a repeint cette maison, regardez comme elle brille !
• (+ ojú) resplendir (visage).
Ojú rẹ̀ ń dán. Son visage resplendit.

dán...wò, vb.
• essayer, tester.
Ẹ jẹ́ kí n dán mọ́tò yín tuntun wò. Laissez-moi essayer votre nouvelle voiture.
• examiner, faire passer un examen.
Olùkọ́ yóò dán wa wò lọ́la. Le professeur nous fera passer un examen demain.

dáná, < dá.iná, vb. comp.
• faire du feu, allumer du feu (pour préparer à manger).

Jọ̀ọ́, lọ dáná fún mi. S'il te plaît, va m'allumer le feu.
• préparer à manger, faire la cuisine.
Ìyá mi ń dáná lọ́wọ́. Ma mère est en train de préparer à manger.

dána, < dá.àna, vb. comp. (cf. **dá** 1).
• payer la dot de la fiancée et accomplir les devoirs requis auprès des futurs beaux-parents.
Wọ́n ti dána ìyàwó àfẹ́sọ́nà rẹ̀. Ils ont payé la dot de la fiancée et fait tout ce qu'il convenait.

dandan, adv.
• obligatoire, obligé.
Ó di dandan, mo gbọdọ̀ dé Èkó lọ́la. C'est obligatoire, je dois être à Lagos demain. *Dandan ni owó-orí, túláàsì ni aṣọ-ìbora*. (Idiom.). Les impôts sont obligatoires, se couvrir le corps pour dormir est obligatoire.
◇ **dandan gbọ̀n** (emph.) : obligatoire, par tous les moyens. *Dandan gbọ̀n, mo ní láti lọ rí bàbá mi*. Je dois aller voir mon père par tous les moyens.

dání, vb.
• (prendre) avec soi (2e vb.).
Ó gbé ọmọ rẹ̀ dání nígbà tí mo rí i. Elle avait son enfant avec elle quand je l'ai vue. *Ẹ bá mi gba ìwé yìí dání*. Prenez ce livre avec vous pour moi. *Ó kó owó rẹ̀ dání*. Il a pris son argent avec lui. *Ó mú òkèlè ẹ̀bà dání nígbà tí ó ń sọ̀rọ̀*. Il a pris une bouchée de pâte de manioc en parlant.

dánrí, < dán.orí, vb. comp.
• se raser complètement la tête.
Ó dánrí rẹ̀. Il s'est rasé la tête.
• être complètement chauve.

dànù / dà...nù, vb.
• renverser, se renverser.
Ó da ọbẹ̀ náà nù. Elle a renversé la sauce. *Ọbẹ̀ dànù*. La sauce s'est renversée. *Omi ló dànù, agbè kò fọ́*. (Idiom.) C'est l'eau qui s'est renversée, la gourde ne s'est pas brisée. [Tant qu'il y a de la vie, il y a de l'espoir. Se dit surt. à une femme qui a fait une fausse couche.]
• jeter (liquide, grande quantité).
Lọ da omi inú garawa nù. Va jeter l'eau de ce seau.

dánwò, v. **dán...wò**.

dáńfó, < empr., n.
• minibus utilisé comme taxi pour les transports urbains et interurbains.

dápàárá / dá àpárá, vb.+ obj.
• lancer des plaisanteries qui peuvent être à la limite de l'insulte. Ce type de plaisanterie ne peut s'employer qu'entre amis très proches ou parents proches, sinon on tombe dans le registre de l'insulte.
Ó ń dápàárá sí mi. Il me lance des plaisanteries.

dàpọ̀ / dà...pọ̀, vb.
• mélanger, se mélanger.
Ìwé mi àti ti Bọ́lá dàpọ̀. Mes livres et ceux de Bọ́lá ont été mélangés. *Má da ìrẹsì àti gaàrí*

pọ̀. Ne mélange pas le riz et la farine de manioc.
• mettre ensemble.
Èmi àti Bọ́lá da ìwé wa pọ̀. Bọ́lá et moi avons mis nos livres ensemble.

dára ~ dáa, vb.
• être bien, être joli.
Aṣọ yìí dára. Ce vêtement est joli. *Ó dáa !* C'est bon ! (C'est d'accord.)

dáràn, < dá.ọ̀ràn, vb. comp. (cf. **dá** 6).
• être dans le pétrin.
Ó ti dáràn báyìí ! Il est dans le pétrin maintenant.

darapọ̀ mọ́, < dà.ara.pọ̀ mọ́, vb. comp.
• s'associer, se joindre à.
Ó darapọ̀ mọ́ ẹgbẹ́ wa. Il s'est joint à notre association.

dárayá / dá ara yá, vb. comp. (cf. **dá** 6).
• se remettre d'une maladie.
Tètè dárayá ! Remets-toi vite de ta maladie.
• se dérider.
Ẹ dárayá ! Déridez-vous !

darí, < dà.orí, vb. comp.
• conduire, diriger (groupe, troupeau).
Àwọn ọmọdé ń darí àwọn ewúrẹ́ sínú ilé. Les jeunes enfants conduisent les chèvres dans la maison. *Ta ni yóò darí ìpàdé yìí ?* Qui va diriger cette réunion ?

dáríjì / dárí...jì, < dá.orí.jì, vb. comp.
• pardonner.
Ẹ dákun, ẹ dáríjì wá. S'il vous plaît, pardonnez-nous. *Ó dárí ẹ̀ṣẹ̀ wọn jì wọ́n*. Il leur a pardonné leur faute.
• grâcier.
Ìjọba dáríji ẹlẹ́wọ̀n mẹ́ta. Le gouvernement a grâcié trois prisonniers.

dárin, < dá.orin, vb. comp.
• entonner un chant, se mettre à chanter.
Bọ́lá ló ń dárin, àwa yòókù sì ń gbè é. Bọ́lá a entonné le chant et nous, nous l'avons repris.

dáró / dá aró, vb.+ obj.
• préparer de la teinture d'indigo.

dárò, < dá.arò, vb. comp.
• se lamenter (avec qqn).
Wọ́n bá obìnrin tí wọ́n kó ṣọ̀ọ̀bù rẹ̀ dárò. Ils se sont lamentés avec la femme dont les marchandises ont été volées.

dàrú / dà...rú, vb. (cf. **orí**).
• être en désordre, être dans la confusion.
Yàrá yìí ti dàrú. Cette pièce est en désordre. *Àwọn ọlọ́pàá ti da ìgboro rú*. Les policiers ont semé la confusion au centre ville.
• être trouble, troubler (liquide).
Má da omi rú. Ne trouble pas l'eau.
• être perplexe.
Inú mi dàrú. Je suis perplexe.

dárúkọ / dá orúkọ, vb. + obj.
• mentionner le nom de qqn, dire le nom de qqn, nommer.
Wọ́n dárúkọ rẹ̀ lánàá. On a men-

tionné son nom hier.

daṣẹ́ sílẹ̀ / da iṣẹ́ sílẹ̀, vb. comp. (cf. **dà** 3).
• faire grève.
Àwọn òṣìṣẹ́ daṣẹ́ sílẹ̀ kí owó-oṣù wọn lè pọ̀ sí i. Les travailleurs ont fait grève pour obtenir une augmentation de leur salaire.

dáwọ̀lé, < dá.ọwọ́.lé, vb. comp.
• commencer qqch., entreprendre un travail.
Ó dáwọ̀lé iṣẹ́ tuntun. Il a commencé un nouveau travail. *Wọ́n dáwọ̀lé ilé mímọ.* Ils ont commencé à construire une maison.

dé 1, vb. (cf. **bọ̀** 1).
• arriver (ne s'empl. pas à l'inac.).
Mo dé Èkó lánàá. Je suis arrivée à Lagos hier.
• jusqu'à (2e vb.).
Wọ́n sáré dé ààfin. Ils ont couru jusqu'au palais.

dé 2, vb.
• couvrir qqch.
Bá mi dé apẹ yìí. Couvre-moi cette marmite.
• mettre sur la tête, porter un chapeau.
Ó dé fìlà. Il a mis un chapeau.

dè, vb.
• attacher.
A fi okùn de olè tí a mú. On a attaché avec une corde le voleur qu'on a attrapé.
• visser.
Mo de ìdérí ìgò náà le dáadáa. J'ai bien vissé le bouchon de la bouteille.

dé...ládé, vb. comp. (cf. **adé, dé** 2).
• couronner.
Àwọn ìjòyè máa dé ọba tuntun ládé ní ọjọ́ mẹ́jọ òní. Dans huit jours, les chefs couronneront le nouveau roi.

dé sí, vb. (cf. **dé** 1).
• aller chez qqn, descendre chez qqn, rester chez qqn (lors d'une visite ou d'un voyage).
Níbo ló ń dé sí nígbà tí ó bá lọ sí Èkó ? Chez qui reste-t-il lorsqu'il va à Lagos ?

débi tí, < dé.ibi, loc. conj.
• jusqu'à ce que, au point que.
Ó náwó débi tí kò sí kọ́bọ̀ kan lápò rẹ̀ mọ́. Il a dépensé de l'argent jusqu'à n'avoir plus un sou en poche. *Ebi pa mí débi tí mo fi fẹ́ dákú.* J'ai faim au point de m'évanouir.

dédé, pré-vb.
• par hasard, par accident.
Mo dédé pàdé rẹ̀ lọ́nà ilé-ìwé. Je l'ai rencontré par hasard sur le chemin de l'école.

déédé, adv.
• bien.
Ṣé iṣẹ́ ń lọ déédé ? Est-ce que le travail avance bien ?
• exactement, juste.
Ìdérí yìí ṣe déédé ìgò. Ce bouchon va exactement sur la bouteille. *Aṣọ yìí ṣe déédé Bọ́lá.*

Ce vêtement est juste à la taille de Bọ́lá.
• régulièrement.
Ó ń lọ sílé-ìwé déédé. Il va régulièrement à l'école.

dẹ, vb.
• poser un piège ; piéger qqn.
Ọdẹ dẹ tàkúte. La chasseur a posé un piège.

dẹ̀, vb.
• desserrer, se détendre, être mou, ramollir, se ramollir.
Okùn tí a so kò le mọ́, ó ti dẹ̀. La corde qu'on a attachée n'est plus tendue, elle s'est détendue. *Fi omi sí àmàlà yẹn kí ó lè dẹ̀.* Rajoute de l'eau dans la pâte d'igname pour la ramollir.
• se dégonfler, être dégonflé (pneu).
Táyà ọkọ̀ Bọ́lá ti dẹ̀. La roue de la voiture de Bọ́lá est dégonflée.

dẹ̀gbẹ́, < dẹ.ìgbẹ́, vb. comp.
• chasser.
Ó máa ń dẹ̀gbẹ́ nígbà tí ọwọ́ rẹ̀ bá dilẹ̀. Il va chasser quand il a du temps libre.

dẹ́kun, vb.
• cesser, s'arrêter de faire qqch..
Ó yẹ kí ẹ dẹ́kun eré sísá. Vous devez cesser de conduire vite. *Mo dẹ́kun àtimáa ṣe iṣẹ́ tó ṣòro nígbà tí ara mi ò yá.* J'ai cessé les travaux difficiles pendant que j'étais malade.

dẹ́mu / dá ẹmu, vb. + obj. (cf. **dá** 3).
• recueillir le vin de palme, tirer le vin de palme.

dẹ́rẹ̀bà, < angl., n.
• chauffeur, conducteur.

dẹ́rùbà / dá ẹ̀rù bà, vb. comp. (cf. **bẹ̀rù**).
• faire peur à, effrayer.
Ọkùnrin náà dẹ́rùbà mí. L'homme m'a fait peur. *Ó fi ẹgba dẹ́rùba ọmọ.* Il a fait peur à l'enfant avec un fouet.

dẹrùn, < dẹ̀.ọrùn, vb. comp.
• être facile.
Iṣẹ́ yìí dẹrùn. Ce travail est facile.

dẹ́ṣẹ̀, < dá.ẹ̀ṣẹ̀, vb. comp.
• commettre un délit, un crime.
Ó dẹ́ṣẹ̀ sí ìjọba. Il a commis un crime contre le gouvernement.
• pécher.

dí, vb.
• bloquer.
Wọ́n fi igi dí ọ̀nà. Ils ont bloqué la route avec des arbres.

di 1, vb. (cf. **dà** 1).
• devenir.
Kí iṣu tó di iyán, a gún un lódó. Avant que l'igname ne devienne de l'igname pilée, on la pile dans le mortier. *Ó ti di òṣìṣẹ́ ìjọba báyìí.* Il est devenu fonctionnaire maintenant.

di 2, vb.
• fermer (yeux, oreilles).
Ó di ojú rẹ̀ nítorí oòrùn. Il a fermé les yeux à cause du soleil. *Ṣé etí rẹ̀ di ni ?* Es-tu sourd ?

dì, vb.
• attacher, ficeler.

Wọ́n fi okùn di igi wálé. Ils ont attaché le bois pour le rapporter à la maison.

dí...lójú, < dí...ní.ojú, vb. comp.
• cacher la vue.

dì...lójú, < dì...ní.ojú, vb. comp.
• bander les yeux.
Wọ́n fi aṣọ dì í lójú. Ils lui ont bandé les yeux avec un tissu.

dí...lọ́wọ́, < dí...ní.ọwọ́, vb. comp.
• déranger qqn.
Ẹ má dí mi lọ́wọ́, mo fẹ́ ṣiṣẹ́. Ne me dérangez pas, je veux travailler.
• empêcher, entraver.
Ohunkóhun kò gbọdọ̀ dí ọdún náà lọ́wọ́. Rien ne doit entraver la fête.

dì...mú, vb.
• tenir fermement.
Wọ́n di ọ̀daràn náà mú, kí ó má baà sálọ. Ils ont fermement tenu le malfaiteur afin qu'il ne s'enfuie pas.

dìbò, < di.ìbò, vb. comp.
• faire la divination pour avoir une réponse par oui ou par non aux questions posées par le client.
• voter.

dìde, vb.
• se lever.
Dìde lórí àga, mo fẹ́ jókòó síbẹ̀. Lève-toi de la chaise, je veux m'y asseoir.

dífá ~ dáfá, < dá.Ifá, vb. comp.
• pratiquer la divination.
Àwọn babaláwo dífá fún ọba. Les devins ont fait la divination pour le roi.

dìgbò lù, < dì.ìgbò lù, vb. comp.
• se cogner contre qqn ou qqch.
Bọ́lá àti Olú dìgbò lu ara wọn bí wọ́n ti ń sáré. Bọ́lá et Olú se sont cognés en courant.

dígí, n.
• miroir, glace.
• lunettes.
Ó ń fi dígí sójú. Il porte des lunettes.

díje, vb. (cf. **ìdíje**).
• faire une compétition.
Àwọn ọmọ ilé-ìwé ń díje ijó jíjó. Les écoliers font une compétition de danse.
• être en compétition.
Àwọn méjèèjì ń díje fún ipò ààrẹ. Tous deux sont en compétition pour le poste de président.

dìjọ, pré-vb.
• faire qqch. ensemble.
Ẹ jẹ́ ká dìjọ lọ rí ọ̀gá wa. Allons ensemble voir notre patron.

díjú, < dí.ojú, vb. comp.
• être compliqué, embrouillé.
Ọ̀rọ̀ yìí ti díjú, mi ò lè yanjú rẹ̀. Cette affaire est compliquée, je ne peux la régler.

dijú / di ojú, vb.+ obj. (cf. **di** 2).
• fermer les yeux.
Mo dijú nígbà tí mo ń gbàdúrà. Je ferme les yeux quand je prie.

dilẹ̀, < di.ilẹ̀, vb. comp.
• être libre, être vacant.
Àga yìí dilẹ̀, ẹ lè jókòó lé e. Cette chaise est libre, vous pouvez vous asseoir dessus. *Ipò ààrẹ ẹgbẹ́ wa ti dilẹ̀ báyìí*. Le siège de président de notre association est vacant maintenant.

◇ **ọwọ́ dilẹ̀** : être oisif, n'avoir rien à faire, être inoccupé.
Ọwọ́ tó dilẹ̀ ni Èṣù ń bẹ̀ níṣẹ́. (Prov.). C'est lorsqu'on n'a rien à faire qu'Èṣù donne du travail. [Empl. lorsque qqn commence à faire des bêtises.]

dìmọ́ / dì...mọ́, vb.
• entourer de ses bras, étreindre.
Wọ́n dìmọ́ igi. Ils ont entouré l'arbre de leurs bras. *Àwọn ọ̀rẹ́ méjèèjì dìmọ́ ara wọn nígbà tí wọ́n ṣàdédé pàdé*. Les deux amis se sont étreints quand ils se sont rencontrés par hasard.
• attacher ; s'accrocher à, s'agripper à.
Àgbẹ̀ di àdá rẹ̀ mọ́ igi. Le fermier a attaché sa machette à l'arbre. *Adẹ́mu dìmọ́ igbà láti gun ọ̀pẹ*. Le tireur de vin de palme s'est agrippé à la corde pour grimper au palmier.

dín 1, vb.
• frire, faire frire.
Ìyá Bísí ń dín àkàrà tà lọ́jà. La mère de Bísí fait frire des beignets de haricots pour les vendre au marché.

dín 2, vb.
• diminuer.
Owó mi ń dín lójoojúmọ́. Mon argent diminue chaque jour.

dínjú, < dín.ojú, vb. comp.
• faire un clin d'œil.

dínkù / dín...kù, vb.
• diminuer, se réduire, réduire.
Owó mi tètè dínkù ! Mon argent diminue vite ! *Ó dín bùkátà rẹ̀ kù*. Il a réduit ses dépenses.
• ralentir.
Ó dín eré sísá kù. Il a ralenti sa vitesse.
• soustraire.
Dín méjì kù nínú mẹ́wàá. Soustrais deux de dix.

dípò, conj.
• à la place de, au lieu de, en remplacement.
Kó lọ dípò mi ! Qu'il y aille à ma place ! *Òun ni wọ́n fi dípò ẹni tí wọ́n yọ kúrò lóyè*. C'est lui qu'on a nommé chef en remplacement de celui qui a été destitué.

dìrọ̀ mọ́, vb.
• s'accrocher à, s'agripper à.
Adẹ́mu dìrọ̀ mọ́ igbà nígbà tó ń gun ọ̀pẹ. Le tireur de vin de palme s'agrippe à la corde pour grimper au palmier.

dirun / di irun, vb. + obj. (cf. **dì**).
• natter, se natter les cheveux.
Ó dirun rẹ̀ sí mẹ́jọ. Elle s'est fait huit nattes.

dísù, < angl., n.
• diesel.

dó, vb.
• avoir des relations sexuelles. (Vulg.)

dòdò 1, n.
• plantain frit.

dòdò 2, v. **rẹ̀ dòdò**.

dójú ìwọ̀n, < dé.ojú ìwọ̀n, loc. vb.
• atteindre la mesure, la bonne quantité.
Gaàrí tó wà nínú àpò yìí ti dójú ìwọ̀n tí a máa ń lò. La quantité de farine de manioc qui se trouve dans le sac est bien celle que nous utilisons habituellement.
• être satisfaisant, être suffisant.
Ipò rẹ̀ nínú ìdánwò dójú ìwọ̀n láti lọ sí kíláàsì mìíràn. Son classement aux examens est suffisant pour qu'il passe dans la classe suivante.

dojú kọ, < dà.ojú kọ, vb. comp.
• faire face, affronter.
Ó lóògùn, ó lè dojú kọ kìnnìún. Il a un gris-gris, il peut affronter un lion. *Àwọn ọ̀tá méjèèjì dojú kọ ara wọn.* Les deux ennemis se sont fait face.

dójú lé, < dá.ojú lé, vb. comp.
• prendre qqn en grippe.
Ọ̀gá ibi-iṣẹ́ mi dójú lé mi. Le patron m'a pris en grippe.

dójú rẹ̀, < dé.ojú rẹ̀, loc. vb.
• devenir un problème, se compliquer.
Ọ̀rọ̀ náà wá ń dójú rẹ̀ bọ̀. L'affaire devient un problème. *Ọ̀rọ̀ yìí kò yé mi mọ́, ó ti dójú rẹ̀.* Je ne comprends plus cette affaire, elle s'est compliquée.

dojú rú, < dà.ojú rú, vb. comp. (cf. **dàrú**).
• être embrouillé.
Ọ̀rọ̀ náà ti dojú rú fún mi. Cette affaire me paraît embrouillée.

dókítà ~ dọ́kítà, < angl., n.
• docteur, médecin.

dópin / dé òpin, vb. + obj. (cf. **pin**).
• arriver à la fin de qqch., terminer.
Mo ti dópin iṣẹ́ yìí. Je suis arrivé à la fin de ce travail.

doríkodò / dorí...kodò < dà. orí.kọ.odò, loc. vb.
• avoir la tête à l'envers (pr.).
Àdán máa ń doríkodò. Les chauves-souris ont la tête à l'envers.
• mettre qqch. à l'envers.
Ó dorí odó kodò. Elle a mis le mortier à l'envers.
• être triste, ressasser des idées noires.
Ọ̀rọ̀ náà dùn ún, ó doríkodò, ó ń sunkún. Cette histoire lui a fait mal, il est triste, il pleure.

dọ̀bálẹ̀, vb.
• se prosterner. (Façon traditionnelle, pour des hommes, de saluer des personnes importantes ou plus âgées.)
Àwọn ọkùnrin ń dọ̀bálẹ̀ láti kí àwọn tó jù wọ́n lọ. Les hommes se prosternent pour saluer ceux qui sont plus vieux qu'eux.

dọ́gba, < dé.ọgba, vb. comp.
• être égal.

Ó pín gaàrí nâà sí ọ̀nà mẹ́ta tó dọ́gba. Elle a partagé la farine de manioc en trois parts égales.

dọ́kítà, v. **dókítà**.

dọ́là, < angl., n.
• dollar.

dọ́sìnnì, < angl., n.
• douzaine.

dọ̀tí, < angl., vb.
• salir, être sale.
Yàrá yìí ti dọ̀tí. Cette chambre est sale. *Ọmọ náà dọ̀tí aṣọ rẹ̀.* L'enfant a sali son vêtement.

dù, vb.
• se battre pour qqn, qqch. ; se battre contre.
Àwọn méjèèjì ń du iṣẹ́ yìí. Tous deux se battent pour ce travail. *Adé àti Fẹ́mi ń du ọmọbìnrin kan náà.* Adé et Fẹ́mi se battent pour la même femme. *Ó du àìsàn rẹ̀ kí ó tó kú.* Elle s'est battue contre la maladie avant de mourir.

dùbúlẹ̀, vb.
• s'allonger, s'étendre.
Ẹ̀hìn ń ro mí, mo fẹ́ lọ dùbúlẹ̀. J'ai mal au dos, je veux aller m'allonger.

dúdú, vb./adj.
• être noir, être foncé (désigne toutes les couleurs sombres, comme marron, bleu foncé, vert foncé, etc.).
Aṣọ yìí dúdú. Ce tissu est foncé.
• noir, foncé.
Aṣọ dúdú ni mo rà. C'est un tissu noir que j'ai acheté.

◇ **dúdú fafa** : noir comme du charbon.

dúkìá, < haus., n.
• biens de valeur, possessions personnelles.
Wọ́n ti jí gbogbo dúkìá rẹ̀ gbé. On lui a volé tous ses biens.

dún, vb.
• faire un bruit, claquer.
Kí ló ń dún báyìí ? Qu'est-ce qui fait ce bruit ?
• résonner, sonner.
Báwo ni ìlù yìí ti ń dún ? Comment ce tambour résonne-t-il ?

dùn 1, vb. (cf. **inú**).
• être sucré, doux, agréable, délicieux (pr./ fig.).
Oúnjẹ yìí mà dùn o ! Cette nourriture est vraiment délicieuse ! *Ọ̀rọ̀ tó ń sọ dùn létí.* Ce qu'il dit est doux à l'oreille.
◇ **dùn jù** : être meilleur.
Oyin dùn ju ọsàn lọ. Le miel est meilleur que les oranges.

dùn 2, vb.
• avoir mal, faire mal.
Ojú abẹ́rẹ́ tí mo gbà ń dùn mí. J'ai mal là où on m'a fait une piqûre. *Ọ̀rọ̀ rẹ̀ dùn mí púpọ̀.* Ses paroles m'ont fait très mal.
• être désolé.
Ó dùn mí pé mi ò lè wá sí ìpàdé lánàá. Je suis désolé de n'avoir pu venir à la réunion hier.

dùn mọ́, vb.
• contenter, être content, faire plaisir, être heureux, être satisfait.

Ibi tí ọ̀rọ̀ nàà parí sí dùn mọ́ mi. Je suis satisfait de la conclusion de cette affaire. *Yóò dùn mọ́ mi tí ẹ bá lè wá.* Ça me fera plaisir si vous pouvez venir.

dùndún, n.
• tambour d'aisselle : désigne toute une série de tambours dont le bois est enserré de lanières, qui se tiennent sous le bras et peuvent transmettre des messages selon la tension donnée aux cordes par le tambourinaire ; couramment utilisé pour désigner le plus grand de la série.

dùǹdú, n.
• igname frite.

dúpẹ́, < dá.ọpẹ́, vb. comp.
• remercier.
A kì í dúpẹ́ ara ẹni. (Prov.). On ne se remercie pas soi-même. (Il n'y a vraiment pas de quoi.)
• formule utilisée en réponse à une salutation commençant par le morphème inter. "*ṣé*".
Ṣé iṣẹ́ ń lọ déédé ? A dúpẹ́ ! Est-ce que votre travail avance bien ? Bien, merci !

dúró, vb. (cf. **dá...dúró**).
• être debout.
Ó ń dúró lẹ́bàá ọ̀nà. Il est debout près de la route.
• attendre, rester.
Dúró ! Má tíì lọ. Attends / reste ! Ne pars pas encore.
◇ **dúró ṣinṣin** : se tenir fermement sur ses positions.
Ó dúró ṣinṣin lórí ọ̀rọ̀ tó sọ tẹ́lẹ̀. Il s'en est tenu à ce qu'il avait dit avant.

dúró dè, vb.
• attendre qqn.
Dúró dè mí, mo fẹ́ bá ọ lọ sọ́jà. Attends-moi, je veux t'accompagner au marché.

dúrọ́mù, < angl., n.
• fût en métal utilisé comme réserve d'eau.

dùrù, < empr., n.
• orgue, piano.
Ó ń tẹ dùrù. Il joue du piano.

E

ebè, n. (cf. **kọ**).
• butte dans laquelle on plante les tubercules.
Igba ebè ni mo kọ lánàá. J'ai fait deux cents buttes hier.

ebi, n.
• faim.
Mi ò jẹun látàárọ̀, ebi ń pa mí. Je n'ai pas mangé depuis ce matin, j'ai faim.

èbúté, n.
• port.
Kí ẹ gúnlẹ̀ sí èbúté ayọ̀ ! Je vous souhaite d'arriver à bon port !

edé, n.
• crevette.
• écrevisse.

èdè, n. (cf. **gbọ́**).
• langue.
Ó ń sọ èdè yorùbá. Elle parle yorùbá.

• langage ; manières.
Irú èdè wo lo ń sọ ? Quelle sorte de langage est-ce là ? *Èdè rẹ̀ kò yé mi mọ́ !* Je ne comprends plus rien à ses manières !

◇ **èdè Gẹ̀ẹ́sì / èdè Òyìnbó** : anglais.

◇ **èdè Faransé** : français.

Èdùmàrè, v. **Olódùmarè**.

èébì, n. (cf. **bì**).
• vomissement.
Èébì ń gbé e. Il a envie de vomir.

Èèbó, v. **Òyìnbó**.

èébú, n. (cf. **bú**).
• injure, insulte.

èèbù, n.
• bouture d'igname.
Ó pa èèbù iṣu láti gbìn sí oko. Il a coupé des boutures d'igname pour les replanter dans le champ.

èédú, n.
• charbon, charbon de bois.

èéfín, n.
• fumée.
Èéfín ni ìwà, rírú ní í rú. (Prov.). Le caractère est comme la fumée qui monte. [On ne peut cacher sa véritable nature.]

eégún, v. **egúngún**.

eegun, v. **egungun**.

èékánná, n.
• ongle, griffe.

èèkù, n.
• manche d'un instrument, poignée (épée).

eélòó, < owó.èló, quant. (cf. **èló**).
• combien, quelle somme d'argent ?
Eélòó lẹ ra mọ́tò yìí ? Combien avez-vous payé cette voiture ?

èémí, n. (cf. **mí**).
• respiration.

èèmọ̀, n.
• chose extraordinaire, inhabituelle, étrange, étonnante.
Èèmọ̀ léréko, ajá wẹ̀wù ó rọ́ṣọ. (Chanson). (J'ai vu) une chose extraordinaire au marché Eréko : un chien portait une chemise et un pagne.
• ennui.
Tí ìwà rẹ ò bá yí padà, èèmọ̀ kò jìnnà sí ọ. Si tu ne changes pas de conduite, tu auras vite des ennuis.

èèpo, n.
• écorce, peau (fruit, légumes, tubercules, etc.), tégument.
Ó pa èèpo igi láti fi ṣe oògùn. Il a retiré l'écorce de l'arbre pour en faire un médicament.
• épluchure.

èèrà, n.
• fourmi.

èérí, n.
• crasse corporelle ; par ext., crasse des vêtements.

eérú, n.
• cendre.

èérún, n.
• miette.

èèsì, v. **èèṣì**.

èèṣì ~ **èèsì**, n. (cf. **ṣèèṣì**).
• faute, erreur.

èèwọ̀, n.
• interdit, tabou.
Èèwọ̀ ni fún abiyamọ láti jẹ iyọ̀. Manger du sel est interdit pour une jeune accouchée.

èèyàn, v. **ènìyàn**.

ègún, n. (cf. **gégùn-ún**).
• malédiction (plus fort que *èpè*, car des esprits surnaturels peuvent être pris à témoin lors de la profération de celle-ci).
Inú bi bàbá yẹn tó bẹ̀ẹ̀ tó fi ọmọ rẹ̀ gé ègún. Ce vieux était tellement en colère qu'il en a maudit son enfant.

egúngún ~ **eégún**, n.
• ancêtre ; désigne aussi les masques qui les représentent lors des cérémonies liées à leur culte.
Ẹni egúngún ń lé kó máa rọ́jú, bó ti ń rẹ ará ayé ló ń rẹ ará ọ̀run. (Prov.). Que celui qui est poursuivi par les masques prenne courage, les créatures du ciel se fatiguent de la même façon que les humains. [Aussi dure que soit une situation, elle finit bien par s'arranger.]

egungun ~ **eegun**, n.
• os.
• arête de poisson.

ègbè, n. (cf. **gbè**).
• soutien.
• favoritisme.
• chœur, refrain.

egbin, n.
• antilope cob.
Ọmọ náà dára bí egbin. La jeune fille était belle comme le jour. (Litt. : comme une antilope.)

egbò 1, n.
• racine.

egbò 2, n.
• plaie.
Ọgbẹ́ kékeré ti di egbò báyìí. Cette petite blessure est devenue une plaie maintenant.
• ulcère cutané.

ègbo, n.
• maïs bouilli et écrasé.

ègbodò, v. **iṣu**.

egbòogi, < egbò.igi, n. (cf. **egbò** 1).
• racine d'arbre.
• décoction, potion médicinale.

ehín, n.
• dent.
Ehín rẹ̀ funfun bí òwú. Ses dents étaient blanches comme neige (litt. : comme du coton).

ehoro, n.
• lapin, lièvre.

èje, num.
• sept (empl. uniquement pour compter).

èjí, n. (cf. **pèjí**).
• écart entre les deux incisives supérieures.

èjì, num.
• deux (empl. uniquement pour compter).

èjìká, n.
• épaule.
Ó ń gún èjìká sí i. Il a haussé les épaules dans sa direction.

ejò, n.
• serpent.
Ẹ̀sọ̀, ẹ̀sọ̀ ni ejò ń gun àgbọn. (Prov.). Petit à petit, le serpent finit par grimper au cocotier. [Avec de la patience, on arrive à tout.]

ejò-inú, n. comp.
• ver intestinal.

èjòlá ~ òjòlá, < ejò.ńlá, n.
• python.

èké, n. (cf. **ṣèké**).
• galéjade, mensonge (moins sérieux que *irọ́*).
• plaisantin.
Èké ni ọ́ ! Tu n'es qu'un plaisantin !

èkejì, num.
• deuxième, second.
• autre.
Ọ̀kan lọ, èkejì dúró. L'un est parti, l'autre est resté.
• compagnon, complice.
Ọba, èkejì òrìṣà... Le roi, compagnon des dieux... (épithète donnée aux rois). *Àwọn ọlọ́pàá mú ọ̀kan nínú àwọn olè, ṣùgbọ́n èkejì rẹ̀ sá lọ.* Les policiers ont attrapé un des voleurs, mais son complice s'est enfui.

èkìíní, num.
• le premier.

ekìrí, n.
• morceau de viande.

Èkìtì, n. pr.
• région située dans la partie centre-est du pays yorùbá ; elle est constituée de petits royaumes indépendants. Le terme désigne aussi les gens et leur parler.

Èkó, < empr., n. pr.
• Lagos.

ekòló, n.
• ver de terre.

eku, n.
• souris.

èkùrọ́, n.
• amande de la noix de palme.

èkuru, n.
• haricots écrasés et cuits à l'étouffée.

èkúté, n.
• souris.

èlé, n.
• intérêt, surplus.
Èlé orí owó tí ó fi pamọ́ sí báńkì pọ̀ díẹ̀. L'argent qu'il a mis à la banque lui a rapporté un peu d'intérêt.

elélòó, < oní.èló, quant.
• pour combien, pour quelle somme d'argent ?
Ẹran elélòó lẹ máa rà lónìí ? Pour combien allez-vous acheter de viande aujourd'hui ?

eléré, < oní.eré, n.
• acteur. A l'origine, le terme désignait les hommes qui animaient les festivités liées au culte des ancêtres.

èló, quant. (cf. **eélòó**).
• combien, quelle somme d'argent ?
Èló ni ẹja yìí ? Combien coûte ce poisson ?

èlò, v. **ohun** —.

èlùbọ́, n.
• morceaux d'igname séchés au soleil qui seront transformés en farine.
• farine d'igname servant à préparer la pâte.

èmi, pron. emph.
• moi.
Èmi ni mo ṣe iṣẹ́ yìí fúnra mi. C'est moi qui ai fait ce travail moi-même. *Èmi rẹ á jọ lọ ṣọdẹ.* Toi et moi irons ensemble à la chasse.
◇ **èmi alára** : moi-même.

ení, num.
• un (empl. uniq. pour compter).

ènìyàn ~ èèyàn, n.
• personne, gens.
Kò sí ènìyàn níbẹ̀. Il n'y avait personne là-bas. *Ènìyàn pọ̀ ní ààfin.* Il y avait du monde au palais.
• être humain.
Kì í ṣe ẹranko, ènìyàn ni. Ce n'est pas un animal, c'est un être humain. *Ó ṣe ènìyàn.* C'est quelqu'un de vraiment bien.

èpè, n. (cf. **ṣépè**).
• malédiction (uniq. en parole et moins forte que *ègún*).

epo, n.
• huile.
◇ **epo mọ́tò** : essence ; huile de voiture.
◇ **epo pupa** : huile de palme.

eré ~ iré, n. (cf. **ṣiré, sáré**).
• jeu.
• course.

eré-ìdárayá, n. comp. (cf. **dárayá**).
• sport.
Wọ́n ń lọ ṣe eré-ìdárayá. Ils vont faire du sport.

eré-orí-ìtàgé, n. comp.
• pièce de théâtre.

erè, n.
• python.

ère, n.
• tout objet sculpté en bois (statue, statuette, figurine etc.).
◇ **ère ìbejì** : statuette(s) représentant des jumeaux, en cas de décès de l'un d'entre eux, ou des deux

èrè, n. (cf. **jèrè**).
• bénéfice, profit.

erèé, n.
• haricot.

èrìgì, n.
• gencive.

erin, n.
• éléphant.

erín-àgbàdo, n. comp.
• épi de maïs.
Erín-àgbàdo ló di ẹ̀kọ. C'est l'épi de maïs qui devient de la pâte de maïs.

erinmi, < erin.omi, n.
• hippopotame.

èrò 1, n. (cf. **rò**).
• idée, pensée.
Èrò mi ni pé kí a jọ lọ. Mon idée est que nous partions ensemble.

èrò 2, n.
• foule.
Èrò tó wá sí ìpàdé náà pọ̀. La foule qui est venue à la réunion était nombreuse.
• passager.
Ọkọ̀ yìí ti kún, kò lè gba èrò mọ́. Ce bus est plein, il ne peut plus prendre de passager.

èròjà, n.
• ingrédient.
Kí ni èròjà ọbẹ̀ gbẹ̀gìrì ? Quels sont les ingrédients nécessaires pour préparer la sauce *gbẹ̀gìrì* ?
• pièce, partie de qqch.
Mo ti ra èròjà tó bàjẹ́ nínú mọ́tò mi. J'ai acheté, pour ma voiture, la pièce qui était cassée.

èròǹgbà, n.
• pensée.

èrú, n.
• malhonnêteté, tromperie, tricherie.
Ìyá ẹlẹ́ran yẹn ń ṣe èrú jù, ẹ má rajà lọ́dọ̀ rẹ̀ mọ́. Cette marchande de viande est trop malhonnête, n'achetez plus chez elle.

eruku, n.
• poussière.

erùpẹ̀, n.
• terre.
Àwọn ọmọ kékèké fẹ́ràn láti fi erùpẹ̀ ṣiré. Les petits enfants aiment jouer avec la terre.

èsì, n.
• réponse.
Kò gba èsì láti ìgbà náà. Il n'a pas reçu de réponse depuis ce temps-là.
• résultat (épreuve, examen).
Èsì ìdánwò ti jáde. Les résultats des examens sont arrivés.

èsìsì, n.
• ortie.
Iná èsìsì kì í jó ẹnìkan lẹ́ẹ̀méjì. (Prov.). Le feu de l'ortie ne brûle pas deux fois. [On apprend de ses expériences.]

èso, n. (cf. **so** 1).
• fruit.
Igi ọsàn yìí ní èso púpọ̀ lórí. Cet oranger a beaucoup de fruits.

èsúkè ~ èsúkèé, n.
• hoquet.
Ó ń ṣe èsúkè. Elle a le hoquet.

èsúkèé, v. **èsúkè**.

esunsun, n.
• fourmi volante.

èsúrú, n.
• igname qui ne peut être pilée. (Peu appréciée.)

èsúsú, n.
• tontine.

èṣe, n. (cf. **ṣèṣe**).
• blessure.

èṣí, v. **èṣín**.

èṣín ~ èṣí, n.
• année dernière.
Àgbọ̀nrín èṣín ló ń jẹ lọ́bẹ̀ ! C'est une antilope de l'année dernière

qu'il mange dans la sauce ! [Se dit à quelqu'un qui tombe des nues.]

eṣinṣin, n.
• mouche.
Eṣinṣin kan ń kùn mí létí. Une mouche bourdonne à mon oreille.

èṣó ~ ìṣó, n.
• clou.

Èṣù, n.
• dieu messager : il aurait enseigné l'art de la divination à Ifá et aurait conclu un pacte avec lui ; en conséquence, c'est lui qui transmet les sacrifices au Dieu suprême. Il est ambigu et provocateur. Il a souvent été assimilé au décepteur des contes. Il a aussi été assimilé au diable par les chrétiens.

ète, n. (cf. **pète**).
• intention, plan, projet.
Mo ní ète láti lọ sí Ìbàdàn ṣùgbọ́n kò bọ́ sí i. J'avais l'intention d'aller à Ìbàdàn, mais cela n'a pas marché.
• mauvais coup, mauvais tour.
Ó dá ète búrukú sí ọ̀rẹ́ rẹ̀. Il a joué un mauvais coup à son ami.

ètè, n.
• lèvre.
Ètè mí gbẹ. J'ai les lèvres sèches.

etí, n.
• oreille.
• bord.
Ó ń pẹja létí odò. Il pêche au bord de la rivière. *Etí àwo yìí kán.* Le bord de l'assiette est ébréché.

ètò, n. (cf. **tò**, **ṣètò**).
• arrangement, préparatifs.
Ẹ fi ètò sí ọmọ bíbí. Faites les arrangements pour la naissance de l'enfant.
• programme.
Ẹ káàbọ̀ sórí ètò yìí ! Bienvenue sur ce programme ! [Empl. par ex. pour un programme de radio ou de télévision.]

ètútú, n.
• pus.

ètùtù, n.
• sacrifice propitiatoire.
Àwọn ará ìlú ṣe ètùtù kí àrùn náà má lè tàn kálẹ̀. Les citoyens de la ville ont fait un sacrifice propitiatoire afin que l'épidémie ne s'étende pas.

ewé, n.
• feuille.
Bí ewé bá pẹ́ lára ọṣẹ, á di ọṣẹ. (Prov.). Si une feuille reste longtemps sur du savon, elle devient savon. [Empl. pour indiquer qu'on s'imprègne des us et coutumes de l'endroit où l'on se trouve.]

èwe, n.
• jeune enfant.
Eré àwọn èwe ni àlọ́. Les devinettes sont un jeu pour les jeunes enfants.
• jeunesse.
Àgbà kì í ṣorò bí èwe. (Idiom). Les adultes ne doivent pas se comporter comme les jeunes.
• personne qui n'assume pas encore de responsabilités (mariage, enfants, travail, etc.).

ewébẹ̀, < ewé.ọbẹ̀, n.
• feuille comestible.

ewédú, n.
• feuilles comestibles de *Corchorus olitorius*, ou corète potagère, qui donnent du gluant à la sauce.

ewéko, < ewé.oko, n.
• plante.

ewéko-ìgbẹ́, n.
• plante sauvage.

ewì, n. (cf. **kéwì**).
• poésie.

èwo, pron. inter. (cf. **wo**).
• lequel, laquelle, lesquels, lesquelles.
Èwo lo fẹ́ nínú méjèèjì ? Lequel des deux veux-tu ?

ewú, n.
• cheveu blanc.
Bàbá yẹn hu ewú. Ce vieux a des cheveux blancs.

ewu, n.
• danger.
Ọkùnrin náà yọ nínú ewu ìjàǹbá ọkọ̀. L'homme a échappé au danger dans l'accident de voiture.
Ẹ kú ewu ọmọ ! Est-ce que tout s'est bien passé lors de l'accouchement ? [Salutation adressée à des parents qui viennent d'avoir un enfant.]

ewùrà, n.
• igname d'eau ; *Dioscorea alata* ; utilisée surtout pour préparer des beignets.

ewúrẹ́, n.
• chèvre.

ewúro, n.
• feuilles comestibles amères ; *Vernonia tenoreana*.

èyí, pron. démons.
(cf. **yìí**, **wọ̀nyí**).
• celui-ci, celle-ci.
Èyí ni mo fẹ́. C'est celui-ci que je veux.

èyíkéyìí, < èyí.kí.èyí, (cf. **èyí**).
• n'importe lequel/laquelle.
Fún mi ní èyíkéyìí. Donne-moi n'importe lequel.

Ẹ

ẹ, pron. pers.
• vous.
Ṣé ẹ ti lọ sí Èkó rí ? Êtes-vous déjà allé(s) à Lagos ?
• te.
Mo rí ẹ lánàá. Je t'ai vu hier.

ẹ̀, pron. pers. emph.
• vous. (Empl. uniq. avec l'inac. et le futur.)
Ṣé ẹ̀ ń ṣiṣẹ́ lọ́wọ́ ? Êtes-vous vraiment en train de travailler ?

ẹ̀bá, n.
• bord, côté, proximité.
Ajá wà lẹ́bàá ọ̀nà, ó dàbí pé ó ti kú. Il y a un chien au bord de la route, il semble qu'il soit mort.

ẹ̀bà, n.
• pâte préparée avec de la farine de manioc.
Wọ́n tẹ ẹ̀bà lónìí. Elles ont préparé de la pâte de manioc aujourd'hui.

ẹ̀bẹ, n. (cf. **àsáró**).
• potée d'igname.

ẹ̀bẹ̀, n. (cf. **bẹ̀**, **bẹ̀bẹ̀**).
• prière, supplication.

ẹbí, n. (cf. **aṣọ** —).
• famille, parenté.

ẹ̀bi, n. (cf. **jẹ̀bi**).
• culpabilité.
Wọ́n dá a lẹ́bi ẹ̀sùn náà. On l'a reconnu coupable de ce dont il était accusé.

ẹbọ, n. (cf. **rúbọ**).
• offrande, sacrifice.

ẹbọra, n.
• esprits, divinités de rang inférieur pouvant apparaître sous la forme d'un élément naturel (roc, montagne, arbre). On dit qu'ils auraient été à l'origine de la création des divinités yorùbá.

ẹbu, n.
• nom donné à l'emplacement où les femmes préparent l'huile de palme, la teinture d'indigo, et où elles font les poteries.

ẹ̀bùn, n. (cf. **bùn**).
• cadeau, présent.
Ó fún mi ní ẹ̀bùn owó. Il m'a offert de l'argent.
• don.
Ó ní ẹ̀bùn orin kíkọ. Elle est douée pour le chant.

ẹ̀bùn-àmútọ̀runwá, n. comp.
• don ; défaut inné.

ẹ̀dá, n. (cf. **dá** 1, **ẹlẹ́dàá**).
• créature.
Ẹ̀dá ọwọ́ Olódùmarè ni ènìyàn. Les humains sont des créatures faites de la main de Dieu.

ẹ̀dà, n.
• copie.
Mo ṣe tó ẹ̀dà mẹ́fà ìwé náà. J'ai fait jusqu'à six copies du livre.

ẹ̀dọ̀, n.
• foie.
A ti fi ẹ̀dọ̀ lórí òróǹro báyìí. On est enfin tranquille, en paix. [Après beaucoup d'ennuis.]

ẹ̀dọ̀-fúrú ~ fóró, n. comp.
• poumon.

ẹdun, n.
• singe *sp.* (petit et noir).
• terme d'appel utilisé, sous forme de plaisanterie, pour des jumeaux.

ẹdùn-àrá, n. comp.
• galet appartenant à Ṣàngó, dieu de la foudre.

ẹ̀dùn-ọkàn, n. comp.
(cf. **dùn** 2).
• chagrin, peine, douleur (fig.).
Ó jẹ́ ẹ̀dùn-ọkàn fún mi pé kò bọ́ sí i. Cela m'a fait de la peine que ça n'ait pas réussi. *Ẹ̀dùn-ọkàn ni ikú rẹ̀ jẹ́ fún mi.* Sa mort est une douleur pour moi.

ẹ̀ẹ̀-, prfx. num.
• fois.
Ẹ̀ẹ̀méjì ni mo lọ sí Ìbàdàn lónìí. Je suis allé deux fois à Ìbàdàn aujourd'hui.

ẹ̀ẹ̀kan, n. (cf. **lẹ́ẹ̀kan**).
• une fois.

Ẹ̀ẹ̀kan ni mo délé wọn rí. Je suis allé chez eux une fois auparavant.

◇ **ẹ̀ẹ̀kan ṣoṣo** : une seule fois.

Ẹ̀ẹ̀kan ṣoṣo ni mo rí i láàrin ọdún kan. En une année, je ne l'ai vu qu'une seule fois.

ẹ̀ẹ̀kẹ́ ~ ẹ̀rẹ̀kẹ́, n.
• joue.

ẹ̀ẹ̀kọ̀ọ̀kan, < ẹ̀ẹ̀.kọ̀ọ̀kan, adv.
• occasionnellement, rarement.
Ẹ̀ẹ̀kọ̀ọ̀kan la ń rí yín. On vous voit rarement.

ẹ̀fà, num.
• six. (Empl. uniq. pour compter.)

ẹ̀fẹ̀, n. (cf. **ṣẹ̀fẹ̀**).
• satire visant à dénoncer les défauts d'une personne ou d'un groupe social, chantée par les adeptes du culte *gẹ̀lẹ̀dẹ́*.
• raillerie.

ẹ̀fọ́, n.
• désigne toutes les feuilles comestibles, exception faite des feuilles gluantes.

◇ **ẹ̀fọ́ tẹ̀tẹ̀** : une des variétés les plus courantes de feuilles comestibles.

ẹfọ̀n, n.
• buffle.
Ẹfọ̀n ló làbàtà... Au buffle le marécage... [Empl. pour marquer l'autorité de qqn.]

ẹ̀fọn, n.
• moustique.

ẹ̀fọ́rí, n. (cf. **fọ́**).
• mal de tête.

ẹfun, n.
• craie.

◇ **ẹfun òrìṣà** : poudre de calcaire que les adeptes d'Ọbà-tálá et d'Ọ̀ṣun se mettent sur le visage.

ẹgàn, n.
• désigne un endroit de forêt impénétrable et non cultivé.
Ṣé inú ẹgàn yìí lo fẹ́ lọ kọ́lé sí ? Est-ce dans cet endroit impénétrable que tu veux aller construire une maison ?

ẹ̀gàn, n. (cf. **pẹ̀gàn**).
• mépris.
Ó ń ṣe ẹ̀gàn rẹ̀. Elle le méprise.

ẹ̀gẹ́, n.
• manioc.

ẹ̀gún, n. (cf. **gún**).
• épine.

ẹ̀gùn, (cf. **ẹlẹ́gùn**).
• possession (par une divinité).

ẹ̀gúsí, n.
• graines de courge.
• sauce au piment et légumes dans laquelle on incorpore des graines de courge ; elle accompagne généralement l'igname pilée.
Wọ́n fi ọbẹ̀ ẹ̀gúsí jẹ iyán. Ils ont mangé l'igname pilée avec de la sauce aux graines de courge.

Ẹ̀gbá, n. pr.
• sous-groupe yorùbá situé à l'ouest du pays yorùbá ; désigne aussi la langue et le pays.

ẹgba, n.
• badine de bois utilisée comme

fouet.
Ẹgba ni mo fi nà án, kì í ṣe ọwọ́. C'est avec un fouet que je l'ai battu, non avec la main.
• coup de fouet.
Ó na ọmọ tó jalè ní ẹgba mẹ́fà. Il a donné six coups de fouet à l'enfant qui avait volé.

ẹ̀gbà, 1, n.
• bracelet.
Ó fi ẹ̀gbà sọ́wọ́. Elle porte un bracelet.
• collier.
Ó fi ẹ̀gbà sọ́rùn. Elle porte un collier.

ẹ̀gbà 2, n.
• paralysie.
Ẹ̀gbà kò ní í gba ire ọwọ́ wa dànù ! La paralysie n'affectera pas nos mains ! [Souhait : on pourra toujours travailler.]

Ẹ̀gbádò, n. pr.
• désigne un sous-groupe yorùbá proche des Ẹ̀gbá.

ẹgbẹ́, n.
• association, club.
Ẹgbẹ́ àwọn ọmọ Odùduwà. L'association des fils d'Odùduwà.
• membre d'une même classe d'âge, camarade.
Ẹgbẹ́ ni wá. On est du même âge.

ẹ̀gbẹ́, n.
• côté.
Ẹ̀gbẹ́ ilé mi ni wọ́n gbà lọ. Ils sont partis vers chez moi. *Ó wà ní ẹ̀gbẹ́ rẹ.* Il est à côté de toi.

ẹ̀gbẹ, v. **ẹran** —.

ẹgbẹ́jọdá, v. **aṣọ** —.

ẹgbẹ̀rún, < igba.àrún, num.
• mille.

ẹ̀gbin, n. (cf. **lọ̀** 2).
• salissures.
• fait de traiter qqn de façon insultante et dégradante.
Ọkùnrin yìí fi ẹ̀gbin lọ̀ mí. Cet homme m'a traité(e) de façon insultante.

ẹ̀gbọ́n, n.
• aîné(e).
Ẹ̀gbọ́n ni mo jẹ́ fún Adé. Je suis l'aîné(e) d'Adé.
◇ **ẹ̀gbọ́n obìnrin** : sœur aînée.
◇ **ẹ̀gbọ́n ọkùnrin** : frère aîné.

ẹ̀há, n. (cf. **ẹlẹ́hàá**).
• voile porté par les musulmanes.
• réclusion.

ẹ̀hìn, n. (cf. **ọ̀la**).
• dos ; derrière.
Wọn kò lè sọ̀rọ̀ lójú mi, àfi ní ẹ̀hìn mi. Ils ne peuvent pas parler devant moi, seulement dans mon dos. *Òun ló wà ní ẹ̀hìn.* C'est lui qui est derrière.
• arrière.
Má wo ẹ̀hìn ! Ne regarde pas en arrière ! (Pr. et fig.).
◇ **ẹ̀hìn ọ̀la** : futur, avenir.

ẹ̀hìn-odi, n. comp.
• derrière les remparts (vx.) ; par ext., ailleurs.
Ọrẹ́ mi ń gbé ẹ̀hìn-odi. Il habite ailleurs.

ẹ̀hìnkùlé, n.
• espace situé derrière une maison.

Ẹ̀hìnkùlé ni ọ̀tá wà, ilé ni aṣeni ń gbé. (Prov.). Les ennemis sont derrière la maison, mais c'est dedans que se trouvent ceux qui peuvent vraiment nuire. [Méfiez-vous de vos plus proches.]

ẹja, n. (cf. **pẹja**).
• poisson.
Ẹja tútù ló fi sínú ọbẹ̀. C'est du poisson frais qu'elle a mis dans la sauce.

ẹja-aláràn-án, < ẹja-oní.àrán, n. comp.
• maquereau (poisson).

ẹja-dúdú, n. comp.
• poisson fumé.

ẹja-gbígbẹ, n. comp.
• poisson fumé.

ẹja-òjíjí, n. comp.
• anguille électrique (gymnote).

ẹ̀jẹ́, n. (cf. **jẹ́jẹ̀ẹ́**).
• serment, vœu.

ẹ̀jẹ̀, n. (cf. **ṣẹ̀jẹ̀**).
• sang.
Ó pàdánù ọ̀pọ̀lọpọ̀ ẹ̀jẹ̀ nínú ìjàǹbá tó ṣe é. Il a perdu beaucoup de sang dans l'accident qu'il a eu.

ẹ̀jẹ̀-ríru, n. comp.
• hypertension.
Ó ní àìsàn ẹ̀jẹ̀-ríru. Il souffre d'hypertension.

ẹjọ́, n. (cf. **ẹlẹ́jọ́**, **rojọ́**).
• loquacité, volubilité.
Ẹjọ́ ni Adé àti ọ̀rẹ́ rẹ̀ ń rò. Adé et son ami sont en grande conversation.
• faute.
Ẹjọ́ mi kọ́. Ce n'est pas ma faute.
• fait, affaire, cas.
Ó ro ẹjọ́ ní ilé-ẹjọ́. Il a exposé l'affaire devant le tribunal.

ẹ̀jọ, num.
• huit (empl. uniq. pour compter).

ẹ̀ka, n.
• branche.
Igi yìí ní ẹ̀ka mẹ́rin péré. Cet arbre a seulement quatre branches.
• succursale.
Ẹ̀ka ṣọ́ọ̀bù mi wà ní Ìbàdàn. Il y a une succursale de mon magasin à Ìbàdàn.

ẹ̀kán, n. (cf. **kán** 1).
• goutte.
Ẹ̀kán omi ló ń domi àgbàrá. Une goutte d'eau devient un torrent. [Les petits ruisseaux font les grandes rivières.]

ẹ̀kan, n.
• herbe *sp.* dure (sorte de chiendent).

ẹ̀kọ́, n. (cf. **kọ́** 1).
• leçon.
Ẹ kọ́ ẹ̀kọ́ yín dáadáa. Apprenez bien vos leçons.
• éducation.
Ọmọ yìí kò ní ẹ̀kọ́. Cet enfant n'a pas d'éducation.

ẹ̀kọ, n.
• pâte de maïs cuite dans des feuilles.
◇ **ẹ̀kọ gbígbóná** : bouillie de maïs.
◇ **ẹ̀kọ mímu** : bouillie de maïs.

ẹkù, n.
• grande cuve en terre ou en ciment dans laquelle on presse les noix de palme, préalablement bouillies, pour en extraire l'huile.

ẹ̀kú, n.
• vêtement et masque portés par les *egúngún.*

ẹ̀kúfọ́ ~ àkúfọ́, n.
• fragment, morceau, tesson.
Ẹ̀kúfọ́ ìgò wà lójú títì. Il y a des débris de bouteille sur la rue.

ẹkún, n. (cf. **sunkún**).
• larme, pleurs.

ẹkùn, n.
• léopard.

ẹ̀kún, n. (cf. **kún**).
• fait d'être plein.
Ẹ̀kún ni omi inú ìkòkò náà wà. La jarre d'eau est bien pleine.

ẹkún-ìyàwó, n. comp.
• élégie nuptiale chantée par la jeune mariée quand elle quitte le domicile familial.
Àṣà ẹkún-ìyàwó wọ́pọ̀ láàrin àwọn Ọ̀yọ́. Les élégies nuptiales se pratiquent beaucoup chez les Ọ̀yọ́.

ẹ̀kúnwọ́, < ẹ̀kún.ọwọ́, n.
• pleine poignée.
Ó bu ẹ̀kúnwọ́ iyọ̀ sínú ọbẹ̀ ! Elle a versé une pleine poignée de sel dans la sauce !

ẹ̀lẹ̀, n. (cf. **fẹ̀lẹ̀**).
• attention, soin.

ẹlẹ́dà, < oní.ẹ̀dà, n.
• faux-monnayeur.

ẹlẹ́dàá, < oní.ẹ̀dá, n.
• double d'une personne, censé contrôler sa destinée. C'est ce double qui peut être atteint en bien ou en mal par une sorcière, ou par qqn qui pratique la magie.
• le Créateur : un des attributs du Dieu suprême.
Olódùmarè ni Ẹlẹ́dàá tó dá ayé. Olódùmarè est le créateur de la terre.

ẹlẹ́dẹ̀, n.
• porc.

ẹlẹ́gùn, < oní.ẹ̀gùn, n.
(cf. **gùn** 2).
• personne possédée par une divinité.

Ẹlẹ́gbára, n. pr.
• autre nom donné au dieu Èṣù.

ẹlẹ́hàá, < oní.ẹ̀há, n.
• femme musulmane voilée et recluse.
Ọkùnrin mùsùlùmí yìí ní ẹlẹ́hàá mẹ́ta. Ce musulman a trois femmes qui sont recluses.

ẹlẹ́jọ́, < oní.ẹjọ́, n.
• bavard.
Ẹlẹ́jọ́ ni ọmọ yìí. Cet enfant est bavard.
• personne qui a qqch. à dire contre qqn, accusé, plaignant.
Kí ẹlẹ́jọ́ rọjọ́ rẹ̀ ! Que celui qui a à se plaindre raconte les faits ! *Ẹlẹ́jọ́ mi jẹ̀bi.* Celui qui a porté plainte contre moi est coupable.

ẹlẹ́rìí, < oní.ẹ̀rí, n.
• témoin.

ẹlẹ́rìí-èké, n. comp.
• faux témoin.

ẹlẹ́rìndòdò, v. **ọtí** —.

ẹlẹ́ṣin, < oní.ẹṣin, n.
• écuyer.
Ẹlẹ́ṣin ọba ti mu májèlé. L'écuyer du roi a bu le poison.

ẹlẹ́tẹ̀ẹ́, < oní.ètẹ́, n.
• personne se comportant de façon déshonorante.

ẹlẹ́wọ̀n, < oní.ẹ̀wọ̀n, n.
• prisonnier.

ẹlẹ́yà, n.
• raillerie.
Wọ́n fi ọmọ náà ṣe ẹlẹ́yà. Ils ont raillé l'enfant.

ẹ̀lírí, n.
• toute petite souris *sp.*
Ohun tó jọ ohun ni a fi ń wé ara, èèpo ẹ̀pà jọ pósí ẹ̀lírí. (Prov.). On ne peut comparer que ce qui se ressemble ; il en est ainsi de la cosse d'arachide qui ressemble au cercueil de la petite *ẹ̀lírí*. [Une comparaison doit toujours être pertinente.]

ẹlòmíràn, < ẹni.òmíràn, n.
• quelqu'un d'autre.
Kí ẹlòmíràn máa lọ sí ìpàdé, mi ò ní í lọ ní tèmi ! Que quelqu'un d'autre aille à la réunion, quant à moi, je n'irai pas !

ẹmẹsẹ̀, n.
• esclaves royaux, messagers du roi à la cour d'Ifẹ̀. Ceux-ci pouvaient accéder à de hautes fonctions.

ẹ̀mí, n. (cf. **mí**).
• souffle vital. Une fois l'homme créé par Ọbàtálá, c'est le Dieu suprême, Olódùmarè, qui lui insuffla la vie.

ẹmi, n.
• arbre à karité.

ẹmọ́, n.
• petit rat, *sp.*, comestible.

ẹ̀mú, n.
• pince de forgeron.

ẹmu, n.
• vin de palme.
Ẹmu ni ọtí tí Ògún fẹ́ràn jù lọ. Le vin de palme est l'alcool préféré d'Ògún.

ẹn-ẹn ~ **hẹn-hẹn**, excl.
• exprime l'assentiment ; marque l'attention de l'auditeur.
• oui.

ẹ̀n-ẹ́n-ẹ̀n, excl.
• exprime la surprise, l'étonnement.

ẹní, n.
• natte.
Bọ́lá tẹ́ ẹní tí yóò fi sùn. Bọ́lá a déroulé la natte sur laquelle elle dormira.

ẹni, n.
• personne.
Ẹni mélòó ló wà níbẹ̀ ? Combien de personnes sont là ?
◇ **ẹni kọ̀ọ̀kan** : chaque personne.
◇ **ẹni pàtó** : une personne précise.

ẹnìkan, < ẹni.ọ̀kan, n.
• quelqu'un.
Ẹnìkan wá rí yín lánàá. Quelqu'un est venu vous voir hier.

ẹnìkankan ~ ẹnìkọ̀ọ̀kan, n.
(cf. **ẹni**).
• (+ nég.) personne.
Ẹnìkankan kò wá rí yín lánàá. Personne n'est venu vous voir hier.

ẹnikẹ́ni, < ẹni.kí.ẹni, n.
(cf. **ẹni**).
• (+ nég.) personne.
Ẹnikẹ́ni kò bèèrè ibi tó wà. Personne n'a demandé où elle était.
• n'importe qui, quiconque.
Ẹnikẹ́ni nínú wọn ló lè jẹ́ aṣojú wa ní ìpàdé náà. N'importe qui parmi eux peut être notre représentant à la réunion.

ẹnìkọ̀ọ̀kan, n.
• chacun.
Ẹnìkọ̀ọ̀kan gba ọ̀nà tirẹ̀ lọ. Chacun est parti de son côté.

ẹnìkọ́ọ̀kan, v. **ẹnìkankan**.

ẹǹlẹ́, interj.
• hello !

ẹnu, n.
• bouche.
Ó lẹ́nu < ní.ẹnu ! C'est une grande gueule !
• tranchant.
Ẹnu ọ̀bẹ yìí mú púpọ̀. Le tranchant du couteau est très coupant.
• fait d'être en plein dans qqch.
A wà lẹ́nu iṣẹ́ báyìí, má dí mi lọ́wọ́. On est en plein travail maintenant, ne me dérange pas.

ẹnu kí-, loc. conj.
• il n'y a plus qu'à.
Ẹnu kí n kàn gbé ẹrù mi ni. Je n'ai plus qu'à prendre mes bagages.

ẹnu-ọ̀nà, n. comp.
• entrée, passage pour aller d'une pièce à une autre.
Ẹnu-ọ̀nà yìí kéré. Cette entrée est petite.

ẹ̀pa, n.
(cf. **ré...lẹ́pa, ta... lẹ́pa**).
• croche-pied, croc-en-jambe.

ẹ̀pà, n.
• arachide.
Ó ń pa ẹ̀pà kó tó bó o. Elle décortique les arachides avant d'en retirer la peau.

ẹpọ̀n, n.
• testicule.

ẹran, n.
• viande.
A kì í yó ẹran. On n'est jamais rassasié de viande.
• animal.

ẹran-ẹ̀gbẹ, n. comp.
• gibier fumé.

ẹran-ìgbẹ́, n. comp.
• gibier.

ẹran-ọ̀sìn, n. comp.
• animal d'élevage.
• animal domestique.

ẹranko, < ẹran.oko, n.
• animal.

ẹranko-ìgbẹ́, n. comp.
• animal sauvage.

ẹrẹ̀, n.
• boue.

ẹ̀rẹ̀-iná, n. comp.
• braise.
Ẹ̀rẹ̀-iná ni a fi ń yan àgbàdo. C'est sur des braises qu'on grille le maïs.

ẹ̀rẹ̀kẹ́ ~ ẹ̀ẹ̀kẹ́, n.
• joue.

ẹ̀rí, n.
(cf. **jẹ́rìí, ẹlẹ́rìí, ìwé** —).
• preuve, témoignage.
Mo nílò ẹ̀rí tó dáni lójú. J'ai besoin d'une preuve sûre.

ẹ̀rí-ọkàn, n. comp.
• conscience.

ẹ̀rín, n. (cf. **rẹ́rìn-ín**).
• rire.
Ẹ̀rín ń pa mí fún ọ̀rọ̀ tó ń sọ. Ce qu'il dit me fait rire. *Kí ló pa ọ́ lẹ́rìn-ín ?* Qu'est-ce qui t'a fait rire ?

ẹ̀rin, num.
• quatre (uniquement empl. pour compter).

ẹ̀rọ, n.
• moulin à écraser.
• appareil, machine.

ẹ̀rọ-amóhùnmáwòrán, < a. mú.ohùn.mú.àwòrán, n. comp.
• télévision.

ẹ̀rọ-amómitutù, < a.mú.omi. tutù, n. comp.
• réfrigérateur.

ẹ̀rọ-asọ̀rọ̀mágbèsì, < a.sọ.ọ̀rọ̀ má.gbà.èsì, n. comp.
• radio.

ẹ̀rọ̀, n. (cf. **rọ̀**).
• propitiation.
• remède, apaisement, antidote.
Wọ́n fún ọmọ tí ó mu májèlé ní ẹ̀rọ̀. On a donné un antidote à l'enfant qui avait bu du poison.

ẹrú, n.
• esclave.

ẹrù, n. (cf. **rù**).
• fardeau, charge, chargement, bagage.
Ó bá mi sọ ẹrù mi kalẹ̀. Il m'a aidé à déposer mon chargement à terre.

ẹ̀rù, n.
(cf. **bà...lẹ́rù, bẹ̀rù, dẹ́rùbà**).
• peur.
Ẹ̀rù bà mí nígbà tí mo rí ọlọ́pàá. J'ai eu peur quand j'ai vu les policiers. *Ẹ̀rù rẹ̀ ń bà mí.* J'ai peur de lui.
• inquiétude.
Ẹ̀rù ń bà mí fún ọmọ yìí nítorí pé ó ń kó ẹgbẹ́kẹ́gbẹ́. Je suis inquiet pour cet enfant, car il a de mauvaises fréquentations.

ẹ̀sán, num.
• neuf (uniquement empl. pour compter).

ẹ̀san, n. (cf. **gbẹ̀san, san** 1).
• vengeance. (Selon le contexte, peut être positif, et signifier récompense).
Ẹ̀san á ké lórí ọ̀sìkà. La vengeance s'abattra sur la tête du cruel. *Ó san mí ní ẹ̀san rere.* Il m'a bien récompensé(e).

ẹsẹ, n.
• espace entre deux buttes de terre.

• versets contenus dans les chapitres du corpus d'Ifá.
Odù Ifá kọ̀ọ̀kan ló ní ẹsẹ tí a fi ń ki Ifá náà. Chaque chapitre d'Ifá contient un verset avec lequel on salue Ifá.
• strophe.

ẹsẹ̀, n. (cf. **ọrùn** —).
• pied, jambe.
Má jìn mí lẹ́sẹ̀ ! Ne me joue pas de mauvais tours ! *Ọkùnrin yìí lẹ́sẹ̀ gígùn.* Cet homme a le bras long.

ẹ̀sín, n. (cf. **ṣẹ̀sín**).
• humiliation, honte.

ẹ̀sìn, n. (cf. **sìn** 2).
• culte, religion.

ẹ̀sọ̀, n. (cf. **fẹ̀sọ̀**).
• attention, soin.
Ẹ̀sọ̀ o ! Faites attention !

ẹ̀sùn, n. (cf. **fẹ̀sùn kàn**).
• accusation.

ẹ̀ṣẹ́, n.
• coup de poing.
Adé kan Bọ́lá ní ẹ̀ṣẹ́ lórí. Adé a donné un coup de poing sur la tête de Bọ́lá.

ẹ̀ṣẹ̀, n. (cf. **dẹ́ṣẹ̀**).
• offense, délit, crime.
• péché.
Ẹ̀ṣẹ̀ ni irọ́ pípa. Mentir est un péché.

ẹṣin, n. (cf. **gùn** 2).
• cheval.
Ó fẹ́ràn láti máa gun ẹṣin. Elle aime monter à cheval.

ẹ̀ta, num.
• trois (uniquement empl. pour compter).

ẹ̀tẹ́, n. (cf. **tẹ́**).
• disgrâce, humiliation.
Tí o kò bá ṣọ́ra, ọ̀rọ̀ yìí yóò di ẹ̀tẹ́ fún ọ. Si tu n'y prends pas garde, cette affaire finira pas devenir humiliante pour toi.

ẹ̀tẹ̀, n.
• lèpre.
Wọ́n fi ẹ̀tẹ̀ sílẹ̀, wọ́n ń pa làpálàpá ! (Prov.). Ils laissent de côté la lèpre et s'occupent de la teigne ! [S'arrêter au détail et laisser l'essentiel de côté.]

ẹ̀tọ́, n.
• droit.
Kí ni ẹ̀tọ́ yín nínú ọ̀rọ̀ yìí ? Quel est votre droit dans cette affaire ?

ẹtu, n.
• céphalophe de Maxwell.

ẹtù, n.
• pintade.

ẹ̀tù, n.
• poudre à fusil, grenaille.

ẹ̀wá, num.
• dix (uniq. empl. pour compter).

ẹwà, n. (cf. **arẹwà**).
• beauté.
Ìwà lẹwà ọmọ ènìyàn. C'est dans son caractère que réside la beauté de l'homme.

ẹ̀wà, n.
• haricots cuits ; parfois utilisé pour désigner les haricots crus.

ẹ̀wẹ́, v. **ọgbọ́n** —.

ẹwìrì, n.
• soufflet de forgeron.

ẹ̀wọ̀n, n.
• chaîne.
Ẹ̀wọ̀n já síbi tí ó wù ú. (Prov.). La chaîne casse à l'endroit qui lui plaît. [On ne peut pas toujours prévoir les conséquences d'un événement.]
• prison.
Wọ́n sọ olè náà sí ẹ̀wọ̀n ọdún mẹ́ta. Le voleur a été jeté en prison pour trois ans.

ẹ̀wù, n.
• chemise, tunique, tee-shirt.
◇ **ẹ̀wù òjò** : imperméable.

ẹ̀yà, n. (cf. **yà** 3).
• partie, division.
Ẹ̀yà ara pín sí orísìrísì. Le corps se divise en différentes parties.
• race.
Ẹ̀yà ènìyàn dúdú yàtọ̀ sí funfun. La race noire est différente de la race blanche.

ẹyẹ, n.
• oiseau.

ẹ̀yẹ, n. (cf. **yẹ**).
• honneur rendu à qqn.
Wọ́n ń ṣe ẹ̀yẹ fún ọkùnrin náà nítorí iyì tó ní ní àwùjọ wọn. Ils ont honoré cet homme en raison du respect dont il jouit dans sa communauté.

ẹyẹlé, n.
• pigeon.
Àṣá ń bá ẹyẹlé ṣiré, ẹyẹlé ń yọ̀, ẹyẹlé ń fi ikú ṣiré. (Prov.). L'épervier joue avec le pigeon, celui-ci est heureux, mais il joue avec la mort. [Les apparences peuvent être trompeuses.]

ẹyin, n.
• œuf.

ẹyìn, n. (cf. **kọ** 3, **odi** —).
• noix de palme.
Àgbẹ̀ kọ ẹyìn. Le fermier a coupé les noix de palme.

ẹ̀yin, pron. emph.
• vous (sg., pl.).
Ẹ̀yin, ẹ ń lọ. Vous, vous partez.
Ṣé ẹ̀yin lẹ mú ìwé mi lọ. Est-ce vous qui avez emporté mon livre ?

ẹyinjú , < ẹyin.ojú, n.
• globe oculaire.

ẹyọ 1, n.
• une unité de qqch.
Fún mi ní ẹyọ ọ̀gẹ̀dẹ̀ kan. Donne-moi une seule banane plantain.
Mo lè fún yín ní ẹyọ ọ̀gẹ̀dẹ̀ méjì, kì í ṣe gbogbo rẹ̀. Je ne peux te donner que deux bananes plantain, et non pas la totalité.

ẹyọ 2, v. **owó** —.

F

fá, vb.
• raser.
Ó fá irun rẹ̀. Il s'est rasé les cheveux.
• lisser, raboter.
Ó fi ọ̀bẹ fá imọ̀ ọ̀pẹ. Il a lissé les

frondes de palmier avec un couteau. *Gbẹ́nà-gbẹ́nà ń fá igi kí ó tó fi ṣe àga.* Le menuisier rabote le bois avant de fabriquer les chaises.

fà, vb.
• tirer.
Ó fa okùn mọ́ra. Il a tiré la corde vers lui. *Ó fa ìlà sórí ìwé.* Il a tiré des traits sur le papier.
• être bien élastique (pour une pâte).
Àmàlà yìí fà dáadáa. Cette pâte d'igname est bien élastique. *Ilá yìí fà dáadáa.* Cette sauce au gombo est bien gluante.
• causer qqch., être la cause de.
Kí ló fa ìbínú rẹ̀ ? Quelle est la cause de sa colère ?

fá...lá, vb.
• lécher l'index avec lequel on a retiré ce qui peut rester dans un récipient.
Ọmọ náà fá ọbẹ̀ tó kù nínú ìkòkò lá. L'enfant a léché le doigt avec lequel il avait ramassé la sauce restant dans la marmite.

fà...mu, vb.
• absorber.
Ilẹ̀ amọ̀ kò le fa omi mu rárá. Un sol latéritique n'absorbe pas du tout l'eau.

fàájì, < ar., n.
• bon temps, détente.
Wọ́n ti ṣe iṣẹ́ tán, fàájì ló kù. Ils ont fini leur travail, il ne leur reste plus qu'à se détendre. *Ọba àti àwọn ìjòyè ń ṣe fàájì nínú ààfin.* Le roi et les chefs se détendent au palais.

fàáké kọ̀rí, < fi.àáké kọ̀.orí, loc. vb.
• refuser catégoriquement.
A bẹ̀ ẹ́ títí ṣùgbọ́n ó fàáké kọ̀rí. On l'a supplié longtemps, mais il a refusé catégoriquement (de prendre en compte ces supplications).

fáànù, < angl., n.
• ventilateur.

fáàrí, < haus., n.
• fait de frimer, ostentation.
Ó ń fi ọkọ̀ tó ṣẹ̀ṣẹ̀ rà ṣe fáàrí. Il frime avec la voiture qu'il vient tout juste d'acheter. *Fáàrí rẹ̀ pọ̀ !* Il se croit !

fàdákà, < haus., n.
• argent (métal).

fáfá, v. **já**.

fafa, v. **dúdú**.

faga-gbága, loc. vb.
• participer à une compétition sportive.
Àwọn ọmọ ilé-ìwé méjì ń faga-gbága lórí pápá. Les enfants des deux écoles participent à une compétition sur le terrain de jeu.
• s'affronter dans un débat.
Bọ́lá àti Adé faga-gbága níbi ètò ọ̀rọ̀-tó-ń-lọ lórí rédíò. Bọ́lá et Adé se sont affrontés à la radio dans un débat sur les affaires courantes.

fagilé, < fà.igi.lé, vb. comp.
• annuler.
Wọ́n fagilé ìpàdé wọn. Ils ont annulé leur réunion.
• barrer.
Fagilé gbogbo nǹkan tí o kọ.

Barre tout ce que tu as écrit.

fajú ro, < fà.ojú ro, vb. comp. (cf. **ro** 1).
• froncer les sourcils.

fán, v. **fọ̀n**.

fáńtà, < angl., n.
• jus d'orange en bouteille.

fara balẹ̀, < fi.ara bà.ilẹ̀, vb. comp.
• se calmer, rester tranquille, se tenir tranquille.
Fara balẹ̀, a à ní í pẹ́ lọ mọ́ ! Calme-toi, on ne va plus tarder à partir ! *Ariwo yín ti pọ̀ jù, ẹ fara balẹ̀ !* Vous faites trop de bruit, tenez-vous tranquilles !

fara bó, < fi.ara bó, vb. comp.
• s'écorcher.
Ó fara bó nígbà tí ó ṣubú. Il s'est écorché en tombant.

fara dà, < fi.ara.dà, vb. comp.
• endurer, supporter (phys.).
Ó fara da gbogbo ìrora náà. Il a supporté toutes ses douleurs. *Ẹ kú ìfara dà !* Courage ! [Salutation adressée à qqn qui souffre.]

fara hàn, < fi.ara hàn, vb. comp.
• se montrer.
Mi ò ní í dúró níbi ayẹyẹ náà ṣùgbọ́n mo ní láti fara hàn níbẹ̀. Je ne resterai pas à la cérémonie, mais je dois m'y montrer.

fara mọ́, < fi.ara mọ́, vb. comp.
• rester quelque part pour un certain temps.
Mo fara mọ́ àbúrò mi ní Èkó. Je suis resté quelque temps à Lagos chez mon frère.
• être d'accord.
Mo fara mọ́ ohun tí o ń sọ. Je suis d'accord avec ce que tu dis.

fara pa, < fi.ara. pa, vb. comp. (cf. **pa...lára**).
• se blesser.
Ó fara pa bí ó ti ń gégi. Il s'est blessé en coupant du bois.

fara pamọ́, < fi.ara pamọ́, vb. comp.
• se cacher.
Ẹ fara pamọ́ ! Cachez-vous !

fara wé, < fi.ara wé, vb. comp.
• copier qqn.
Ó ń fara wé mi. Il me copie.

faraálẹ̀, < fi.ara.sí.ilẹ̀, vb. comp.
• se laisser abattre par la maladie (empl. surtout à la forme nég.).
Ẹ má faraálẹ̀ ! Ne vous laissez pas abattre !

Faransé, n.
• Français.

fàrẹ́ńdà, < angl., n.
• véranda.

fárígá, vb.
• refuser absolument, catégoriquement.
A bẹ bàbá kí ó daríji Délé ṣùgbọ́n bàbá fárígá. On a supplié le père de pardonner à Délé, mais il a absolument refusé.

fàṣẹ sí, < fi.àṣẹ sí, vb. comp.
• autoriser qqch.
Ṣé wọ́n fàṣẹ sí ìgbéyàwó wọn ? Ont-ils autorisé leur mariage ?

fàya / fà...ya, vb.
• être déchiré, déchirer.
Aṣọ yìí ti fàya, kò ṣeé wọ̀ mọ́. Ce vêtement est déchiré, on ne peut plus le porter. *Ó fa aṣọ mi ya.* Il a déchiré mon vêtement.

fàyàwọ́, < fi.àyà.wọ́, vb. comp. (cf. **wọ́** 1).
• faire de la contrebande.

féèlì, < angl., vb.
• échouer.
Ọmọ mi féèlì nínú ìdánwò. Mon enfant a échoué à ses examens.

fèrè, n. (cf. **fun**).
• flûte, sifflet.
• préservatif.

fèrèsé, < empr., n.
• fenêtre.

fèsì, < fọ̀.èsì, vb. comp. (cf. **fọ̀** 2).
• répondre.
O ò fèsì sí ìbèèrè mi. Tu n'as pas répondu à ma question.

fẹ́ 1, vb.
• vouloir, désirer.
Mo fẹ́ lọ sí Èkó láti kí àwọn òbí mi. Je veux aller à Lagos pour saluer mes parents.

fẹ́ 2, vb.
• épouser, se marier.
Túndé fẹ́ fẹ́ Bọ́lá ṣùgbọ́n bàbá rẹ̀ kò gbà. Túndé veut épouser Bọ́lá, mais son père n'est pas d'accord.

fẹ́ 3, vb.
• souffler.
Afẹ́fẹ́ ń fẹ́ lónìí. Le vent souffle aujourd'hui.
• vanner.
Wọ́n fẹ́ èèpo ẹ̀pà. Ils ont vanné les téguments des arachides.
• gonfler (pneu, ballon).
Ó fẹ́ atẹ́gùn sí táyà ọkọ̀. Il a gonflé le pneu de la voiture.

fẹ̀, vb.
• être étendu, être large.
Ìlú Ìbàdàn fẹ̀ púpọ̀. La ville d'Ìbàdàn est très étendue.
• agrandir, élargir, s'agrandir.
Ojú egbò Bísí ti fẹ̀ sí i. La plaie de Bísí s'est agrandie. *Oko yìí kéré, ẹ fẹ̀ ẹ́ sẹ́hìn.* Ce champ est petit, agrandissez-le par derrière.
• être assis confortablement.
Ó fẹ̀ bíi ọba. Il est confortablement assis, tel un roi.

fẹ̀...lójú, < fẹ̀...ní.ojú, vb. comp. (cf. **fẹjú**).
• amplifier une affaire.
Wọ́n fẹ ọ̀rọ̀ náà lójú ju bó ṣe yẹ. Ils ont amplifié cette histoire plus qu'il ne convenait.

fẹ́ẹ̀, v. **fẹ́rẹ̀**.

fẹ̀hìntì, < fi.ẹ̀hìn.tì, vb. comp. (cf. **tì** 2).
• s'adosser.
Mo fẹ̀hìntì lára ògiri. Je me suis adossé au mur.
• prendre sa retraite.
Bàbá mi ti fẹ̀hìntì lẹ́nu iṣẹ́ ìjọba. Mon père a pris sa retraite de fonctionnaire.

fẹjọ́ sùn, v. **fi...sùn**.

fẹjú, < fẹ̀.ojú, vb. comp. (cf. **fẹ̀...lójú**).
• écarquiller les yeux, ouvrir grand les yeux.

• s'amplifier.
Ọ̀rọ̀ náà fẹjú. L'affaire s'est amplifiée.

fẹ́lẹ́, vb. (cf. **abẹ́** —).
• être fin, être léger.
Ìwé yìí fẹ́lẹ́. Ce papier est fin. *Aṣọ yìí fẹ́lẹ́, kò ṣeé wọ̀ nínú òtútù.* Ce vêtement est léger, on ne peut le porter par temps froid.

fẹ̀lẹ̀, < fi.ẹ̀lẹ̀, vb. comp.
• avec précautions, avec soin (1er vb.).
Jọ̀ọ́, fẹ̀lẹ̀ ṣe iṣẹ́ yìí. S'il te plaît, fais ce travail avec soin.

fẹnu kò, < fi.ẹnu kò, vb. comp.
• se mettre d'accord.
A fẹnu kò láti jọ lọ sí oko. On s'est mis d'accord pour aller ensemble à la ferme. *A fẹnu kò lórí ọ̀rọ̀ náà.* On s'est mis d'accord sur cette affaire.

fẹnu mọ́nu, < fi.ẹnu mọ́.ẹnu, vb. comp.
• garder le silence, rester bouche cousue.
Ó gbọdọ̀ fẹnu mọ́nu nípa ọ̀rọ̀ tí mo sọ fún ọ ! Tu dois garder le silence sur ce que je t'ai dit !

fẹ́ràn, vb.
• aimer (qqn, qqch.).
Ó fẹ́ràn rẹ̀ dáadáa. Il l'aime bien.

fẹ́rẹ̀ ~ fẹ́ẹ̀, pré vb.
• presque.
Díẹ̀ ló kù, ó fẹ́rẹ̀ bọ́ sí i. Il s'en est fallu de peu, cela a failli réussir. *Ó fẹ́rẹ̀ tán.* C'est presque fini.

fẹ̀sọ̀, < fi.ẹ̀sọ̀, vb. comp.
• faire attention, faire qqch. avec précaution.
Ó fẹ̀sọ̀ rìn. Il marche avec précaution.

fẹ̀sùn kan / fi ẹ̀sùn kàn, vb. comp.
• accuser.
Wọ́n fi ẹ̀sùn kan ọmọ náà pé ó jí owó. Ils ont accusé l'enfant d'avoir volé de l'argent.

fẹ̀tòfẹ̀tò, v. **wò**.

fẹ́wọ́, < fẹ́.ọwọ́, vb. comp. (cf. **fọwọ́ rá**).
• chaparder, dérober.

fì, vb.
• ployer.
Atẹ́gùn líle ń fì àwọn igi. Le vent fort fait ployer les arbres.
• faire tournoyer.
Àwọn olórò ń fì Orò nígbà tí wọ́n bá ń ṣorò. Les adeptes du dieu Orò font tournoyer le rhombe durant la célébration des rites.

fi...gbá, vb.
• se cogner.
Ó fi ẹsẹ̀ gbá òkúta. Il s'est cogné le pied contre une pierre.

fi...hàn, vb.
• montrer qqch. à qqn.
Ó fi ìwé tó ti kọ sílẹ̀ hàn mí. Il m'a montré la lettre qu'il avait écrite.

fi...jìyà, vb. comp. (cf. **jìyà**).
• faire souffrir.
Ó fi wọ́n jìyà. Elle les a punis.
• punir qqn.

fi kún, vb.
• augmenter.
Wọ́n fi kún owó-oṣù rẹ̀. On a

augmenté son salaire.

fi...pamọ́, vb.
• cacher.
Ó fi ìwé mi pamọ́. Il a caché mon livre.
• épargner, économiser, mettre de côté.
Ó ń fi owó díẹ̀ pamọ́ lóṣooṣù. Il épargne un peu d'argent chaque mois.
• garder qqch. pour qqn.
Bá mi fi ìgò yìí pamọ́ títí di ọla. Garde-moi cette bouteille jusqu'à demain.

fi...sí, vb.
• poser, mettre sur.
Ó fi ìró rẹ̀ sí orí tábìlì. Elle a posé son pagne sur la table.

fi sí i, vb.
• ajouter, mettre en plus.
Ẹ bá mi fi sí ọjà tí mo rà. Ajoutez quelque chose à ce que je viens d'acheter.

fi...sílẹ̀, < fi...sí.ilẹ̀, vb. comp.
• mettre, poser par terre.
Ó fi àpò rẹ̀ sílẹ̀. Il a posé son sac par terre.
• laisser tranquille.
Ẹ fi mí sílẹ̀ ! Laissez-moi tranquille !

fi...sọ, vb.
• se cogner.
Ó fi orí sọ ògiri. Il s'est cogné la tête contre le mur.

fi...sùn, vb.
• dénoncer, rapporter, répéter.
Ó fi ẹjọ́ Adé sun ọ̀gá. Il a rapporté la faute d'Adé au patron.

fi...tì, vb.
• appuyer, s'appuyer sur.
Ó fọwọ́ ti orí. Il appuie sa tête sur sa main.

fi...wé, vb.
• comparer.
Ó fi àṣà Yorùbá wé ti Òyìnbó. Il a comparé les coutumes des Yorùbá avec celles des Européens.

fìdí múlẹ̀, < fi.ìdí mú.ilẹ̀, loc. vb.
• être solidement établi, être bien en place.
Ìjọba yìí ti fìdí múlẹ̀. Ce gouvernement est bien en place.

fídíò, < angl., n.
• magnétoscope.

fíìmù, < angl., n. (cf. **fọ̀** 1).
• pellicule.
• film.

fikùnlukùn, < fi.ikùn.lù.ikùn, vb. comp.
• discuter.
Wọ́n fikùnlukùn nípa ìdaṣẹ́sílẹ̀ tí wọ́n fẹ́ bẹ̀rẹ̀. Ils ont discuté de la grève qu'ils veulent commencer.

fìlà , < haus., n.
• chapeau, casquette.
Ó dé fìlà rẹ̀. Il a mis son chapeau.
Ó ṣí fìlà rẹ̀ níwájú ọba. Il a ôté son chapeau devant le roi. *A kì í bínú orí ká fi fìlà dé ìdí*. (Prov.). On ne peut être en colère contre soi au point de se mettre son chapeau sur le derrière. [La colère ne justifie pas de faire n'importe quoi.]

fimú-fínlẹ̀, < fi.imú fín.ilẹ̀, vb. comp.
• renifler.
• enquêter en secret, conduire secrètement une investigation.
Àwọn ọlọ́pàá fimú-fínlẹ̀ títí wọ́n fi mú àwọn olè. Les policiers ont enquêté secrètement juqu'à ce qu'ils attrapent les voleurs.

fín, vb.
• attiser le feu avec un soufflet.
Alágbẹ̀dẹ fi ẹwìrì fín iná. Le forgeron a attisé le feu avec un soufflet.
• enfumer.
Àgbẹ̀ fín ihò òkété láti pa á. Le fermier a enfumé le trou du rat pour le tuer.
• piquer (pour la fumée).
Èéfín ń fín mi lójú. La fumée me pique les yeux.

fínní-fínní, adv.
• méticuleusement, avec soin, soigneusement.
Wọ́n kó aṣọ yìí fínní-fínní. Ils ont brodé ce vêtement avec soin.

fínnú-fíndọ̀, < fín.inú-fín.ẹ̀dọ̀, adv.
• volontiers.
Ó fínnú-fíndọ̀ gbà láti bá a ṣiṣẹ́. Il a volontiers accepté de travailler avec elle.

fío-fío, v.ga.

fìrí, v. **kó** —.

fírî, < angl, v. **dà** 3.

fìríjì, < angl., n.
• réfrigérateur.

fìtílà, < ar., n.
• lampe à huile.
Bá mi tan fìtílà, ilẹ̀ ti ṣú. Allume la lampe, il fait noir.

fìtínà, < ar., vb./ n.
• embêter.
Ó ń fìtínà mi. Il m'embête.
• fait d'embêter.
Fìtínà rẹ̀ pọ̀. Elle est très embêtante.

fìyà jẹ / fi ìyà jẹ, vb. comp. (cf. **jìyà**).
• faire souffrir qqn.
Wọ́n fìyà jẹ ẹ́. Ils l'ont fait souffrir.
• punir qqn.
Wọ́n fi ìyà jẹ Adé. Ils ont puni Adé.

fiyè sí, < fi.iyè sí, vb. comp.
• se concentrer sur, faire attention à, s'appliquer.
Ọmọ tó bá fiyè sí ẹ̀kọ́ rẹ̀ a máa yege. L'enfant qui se concentre sur ses leçons réussit. *Fiyè sí ọ̀rọ̀ mi*. Fais attention à mes paroles.

fò 1, vb.
• sauter.
Olè fo ògiri kọjá. Le voleur a sauté par-dessus le mur.
• voler (oiseau).

fò 2, vb.
• être trop court, rétrécir en longueur, raccourcir au lavage.
Aṣọ yìí ti fò mí. Ce vêtement a raccourci au lavage.

fò lọ, vb.
• s'envoler.

fojú sí, < fi. ojú sí, vb. comp.
• garder un œil sur, surveiller.
Bá mi fojú sí owó yìí. Garde un œil sur cet argent.
• faire attention à, se concentrer sur, s'appliquer.
Fojú sí iṣẹ́ rẹ kí o lè yege. Concentre-toi sur ton travail pour réussir.

fóònù, < angl., n./ vb.
• téléphone.
• téléphoner.

forí lé, < fi.orí lé, vb. comp.
• prendre la direction de.
Ìbàdàn ni wọ́n forí lé. Ils ont pris la direction d'Ìbàdàn.

forí tì, < fi.orí tì, vb. comp.
• s'appuyer la tête sur.
Mo forí ti tábìlì láti sùn. Je me suis appuyé la tête sur la table pour dormir.
• persévérer.
Ó ní láti forí ti iṣẹ́ yẹn. Il doit persévérer dans ce travail.
• endurer, supporter.
Ó forí ti ìṣòro rẹ̀ dé òpin. Il a supporté ses difficultés jusqu'à la fin.

foríbalẹ̀, < fi.orí.bà.ilẹ̀, vb. comp.
• se prosterner devant un autel où sont représentées des divinités.

foríkorí, < fi.orí.kò.orí, vb. comp.
• se concerter.
Ó yẹ kí a foríkorí lórí ọ̀rọ̀ náà. Il faut que nous nous concertions au sujet de cette affaire.

fóró, v. **ẹ̀dọ̀-fúrú**.

fòyà, < fò.àyà, vb. comp.
• avoir peur (surt. empl. à l'imp.).
Má fòyà o ! N'aie pas peur !

fọ́, vb.
• briser, se briser.
Yéè ! Àwo ti fọ́. Oh ! Le plat s'est brisé. *Orí ń fọ́ mi.* J'ai mal à la tête.
• croquer, casser (os).
Àwọn Yorùbá ń fi ehín fọ́ eegun. Les Yorùbá croquent les os avec leurs dents.
• faire un casse.
Ọdaràn fọ́ ilé-ìtajà bàbá mi. Des malfaiteurs ont fait un casse dans le grand magasin de mon père.

fọ̀ 1, vb.
• laver qqch., frotter le linge.
Mo fọ aṣọ mi lánàá. J'ai lavé mes vêtements hier.
• développer une pellicule, un film.
Ṣé o lè bá mi fọ fíìmù yìí ní ilẹ̀ Gẹ̀ẹ́sì ? Peux-tu me faire développer ce film en Angleterre ?

fọ̀ 2, vb. (cf. **fọhùn**).
• parler.
Ṣé òyìnbó ló ń fọ̀ ? Est-ce que c'est en anglais qu'il parle ?

fọ́...mu, vb.
• mélanger, diluer de la pâte de maïs avec de l'eau pour obtenir une bouillie liquide.
Ó fọ́ ẹ̀kọ mu. Il a dilué la pâte de maïs.

fọ́...létí, < fọ́...ní.etí, vb. comp.
• gifler.

Adé fọ́ Bọ́lá létí. Adé a giflé Bọ́lá.

fọhùn, < fọ̀.ohùn, vb. comp.
• répondre.
Mo pè é, kò tilẹ̀ fọhùn. Je l'ai appelé, il n'a même pas répondu.

fọkàn sí, < fi.ọkàn sí, vb. comp.
• se rappeler.
Mo fọkàn sí nǹkan tí a sọ lánàá. Je me suis rappelé ce dont nous avons parlé hier.

fọ́n ~ fán, vb.
• (+ omi) asperger, arroser.
Ó fọ́n omi sí mi lára. Il m'a aspergé d'eau.
• bruiner.
Òjò ń fọ́n. Il bruine.
• éparpiller.
Ó ń fọ́n ọmọ-ẹ̀fọ́ tó fẹ́ gbìn sílẹ̀. Elle éparpille les graines de légumes qu'elle veut semer.
◇ **fọ́n sílẹ̀** : semer à la volée.

fọn 1 ~ **fun**, vb.
• souffler (flûte, trompette).
• se moucher.
Fọn imú rẹ̀ ! Mouche-toi !

fọn 2, vb.
• devoir ou vouloir maigrir.
Ó yẹ kí ọkùnrin náà fọn. Cet homme devrait maigrir.

fọ́nnu < fọ́n.ẹnu, vb. comp.
• se vanter.
Báyìí ni àwọn méjèèjì ń fọ́nnu pé àwọn yóò ṣaájú mi parí iṣẹ́. C'est ainsi que tous deux se vantaient de finir le travail avant moi.

fọnu, < fọ̀.ẹnu, vb. comp.
• se brosser les dents.

fọ̀rọ̀ wá...lẹ́nu ~ fi ọ̀rọ̀ wá lẹ́nu, loc. vb.
• interviewer, interroger.
Wọ́n fọ̀rọ̀ wá Bísí lẹ́nu nípa ìṣẹlẹ̀ tó ṣẹlẹ̀ náà. Ils ont interrogé Bísí sur ce qui s'était passé.

fọ́tò, < angl., n. (cf. **yà** 2).
• photographie.
• radiographie.

fọwọ́ rá, < fi.ọwọ́ rá, vb. comp.
• chaparder, dérober.
Ta ló fọwọ́ rá aago mi ? Qui a dérobé ma montre ?

fọwọ́ sí, < fi.ọwọ́ sí, vb. comp.
• approuver.
Wọ́n fọwọ́ sí ìrìnàjò mi. Ils ont approuvé mon voyage.
• signer.
Ẹ fọwọ́ sí ìwé yìí. Signez cette lettre.

fọwọ́ tanlẹ̀, < fi.ọwọ́ tàn.ilẹ̀, vb. comp. (cf. **tàn** 3).
• chercher à tâtons avec la main.
Ó fọwọ́ tanlẹ̀ nínú òkùnkùn láti wá owó rẹ̀ tó sọnù. Il a cherché à tâtons, dans l'obscurité, l'argent qu'il avait perdu.

fọwọ́ wọ́nú, < fi.ọwọ́ wọ̀.inú, vb. comp.
• ne plus tenir compte de qqch.
Ẹ fọwọ́ wọ́nú lórí ọ̀rọ̀ tó fa ìjà yín. Ne tenez plus compte de ce qui a causé votre querelle.

fọwọ́lẹ̀rán, < fi. ọwọ́.?, vb. comp.
• se tenir la tête dans les mains

(c'est le signe que l'on pense à des choses graves ou que l'on est déprimé).

fu, v. fura.

fùfú, < empr. n.
• pâte de manioc faite avec de la farine non grillée.

Fúlàní, n. pr.
• Peul.

fún 1, vb.
• donner.
Ó fún mi ní aṣọ kan tó dára. Il m'a donné un joli tissu. *Ó ra aṣọ tó dára fún mi.* Il m'a acheté un joli tissu.

fún 2, vb.
• essorer, tordre le linge.
Fún aṣọ kí ó lè tètè gbẹ. Essore le linge pour qu'il sèche vite.
• être serré, serrer ; rétrécir en largeur.
Aṣọ yìí fún mi. Ce vêtement me serre.

fun ~ fọn, vb.
• souffler (flûte, trompette).
Ó fun kàkàkí. Il souffle dans la trompe.

fún...lábọ̀, < fún...ní.àbọ̀, vb. comp.
• donner son avis sur qqch. après réflexion.
Fún mi lábọ̀ ọ̀rọ̀ tí a jọ sọ lọ́la. Demain, donne-moi ton avis sur ce dont nous avons parlé.

fún...lókùn, < fún...ní.okùn, vb. comp.
• remonter.
Ó fún aago rẹ̀ lókùn. Il a remonté sa montre.

fún...mọ́, vb.
• bien serrer qqch.
Ó fún okùn mọ́ ẹrù kó má lè tú. Il a bien serré la corde autour du paquet pour qu'elle ne se défasse pas.

funfun, vb. / adj.
• être blanc.
Aṣọ yìí funfun. Ce tissu est blanc.
• blanc.
Ó bùn mi ní aṣọ funfun. Il m'a fait cadeau d'un tissu blanc.
◇ **funfun láú-láú** : blanc immaculé.

fúnra -, < fún.ara -, pr. réfl.
• + pron. poss.
Òun fúnra rẹ̀ ló lọ rà á. C'est lui-même qui est allé l'acheter. *Mo ṣe é fúnra mi.* Je l'ai fait moi-même.

fura, < fu.ara, vb. comp.
• avoir l'impression, avoir le sentiment.
Mo fura pé kò ní í wá. J'ai le sentiment qu'il ne viendra pas. *Ara ń fu mí pé kò ní í wá.* J'ai l'impression qu'il ne viendra pas.
• soupçonner, suspecter.
Mo fura pé Adé ló jí owó yìí gbé. Je soupçonne que c'est Adé qui a volé cet argent.

fùrọ̀, n.
• anus.
Afẹ́fẹ́ ń fẹ́, a ti rí fùrọ̀ adìẹ. (Idiom.). Le vent souffle, on a vu le derrière du poulet. [Le

secret a été découvert.]

fúrú, v. **ẹ̀dọ̀** —.

fúyẹ́, vb.
• être léger, ne pas être lourd.
Ẹrù rẹ̀ kò pọ̀, ó fúyẹ́. Elle n'a pas beaucoup de bagages, ils sont légers.

G

ga, vb.
• être grand de taille, être haut.
Ọmọ yìí ga ju ẹ̀gbọ́n rẹ̀ ọkùnrin lọ. Cet enfant est plus grand que son frère aîné. *Ilé yìí ga.* Cette maison est haute.
◇ **ga fíó-fíó** : être très haut, très grand.
Ilé yìí ga fíófíó. Cette maison est très haute.

gaàrí, n.
• farine de manioc grillé.

gádà, < empr., n.
• pont.

gáfárà, v. **tọrọ**.

gan, vb.
• durcir.
Búrẹ́dì yìí ti gan, mi ò lè rà á. Ce pain a durci (il n'est pas frais), je ne peux l'acheter. *Aṣọ yìí gan, wọ́n fi táàṣì sí i.* Ce vêtement est raide, on l'a amidonné.
◇ **gan mọ́** : coller en durcissant.
Ẹ̀bà ti gan mọ́ àwo yìí. La pâte de manioc a collé sur le plat. *Kańdù gan mọ́ tábìlì.* La bougie a collé sur la table.

gan-an, marq. d'intens.
• vraiment, bien, beaucoup, etc.
Èmi gan-an ni mo ṣe é. C'est bien moi qui l'ai fait.

gángan, n.
• tambour d'aisselle appartenant à la série des *dùndún*, mais plus petit.

gangan, v. **ọ̀sán** —.

garawa, < haus., n.
• bassine ou seau en métal.
• bidon.
Ó ra garawa epo kan. Elle a acheté un bidon d'huile.

gé, vb.
• abattre (arbre), couper.
Ó gé igi tó wà ní ẹ̀gbẹ́ ilé náà. Il a abattu l'arbre qui se trouvait près de la maison. *Ó fi àdá gé ẹran.* Il a coupé la viande avec un coutelas.
◇ **gé...sí wẹ́wẹ́** : couper en petits morceaux.
Adé fi ọ̀bẹ gé ẹran sí wẹ́wẹ́. Adé a coupé la viande en petits morceaux.

gé...jẹ, vb.
• mordre.
Ajá gé Bísí jẹ. Un chien a mordu Bísí.

gé...kúrú ~ ké...kúrú, vb.
• raccourcir, abréger.
Lọ gé igi yìí kúrú. Va raccourcir ce morceau de bois. *Ẹ gé ọ̀rọ̀ yín kúrú, ó ti gùn jù.* Abrégez votre discours, il est trop long.

gé...mọ́lẹ̀, < gé...mọ̣.ilẹ̀, vb. comp.
• couper à ras.
Wọ́n gé koríko orí pápá náà mọ́lẹ̀. Ils ont coupé l'herbe du pré à ras.

gedegbe, adv.
• également.
Wọ́n pín in sí mẹ́ta gedegbe. Ils les ont partagés également.
• clairement.
Ọ̀rọ̀ náà yé mi gedegbe. Je comprends clairement l'affaire.

gééré, v. **gérégé**.

gègé, < empr., n.
• crayon, stylo, stylo à bille.

gégùn-ún, < gé.ègún, vb. comp.
• maudire très solennellement.
Ó fi ọmọ rẹ̀ gégùn-ún. Il a maudit son enfant.

géka jẹ, < gé.ìka.jẹ, vb. comp.
• regretter.

gèlè, n.
• foulard de tête.
Ó wé gèlè rẹ̀ dáadáa. Elle a joliment noué son foulard de tête.

gérégé ~ gééré, dét.
• exactement (uniq. avec num.).
Aago mẹ́ta gérégé ló lù. Il est exactement trois heures.

Gẹ̀ẹ́sì, < empr., n. pr.
• Anglais.

gẹ́gẹ́ bíi ~ gẹ́gẹ́ bí, conj.
• comme, de la même manière que, en guise de.
Mo lò ó gẹ́gẹ́ bíi àpẹrẹ ni. Je l'ai utilisé en guise de panier.
• selon.
Ó ṣe gẹ́gẹ́ bí ìfẹ́ bàbá rẹ̀. Il a agi selon la volonté de son père.

gẹ̀gẹ̀-ọrùn, n. comp.
• goitre.

gẹ̀lẹ̀dẹ́, n. (cf. **ẹ̀fẹ̀**).
• masques supposés représenter les sorcières. Ils ne sortent que la nuit ; des sacrifices sont alors offerts pour que ceux qui vont chanter *ẹ̀fẹ̀* puissent le faire sans risque de représailles.
• chant lié aux *gẹ̀lẹ̀dẹ́*.

gidi, adj.
• authentique, véritable, vrai.
Owó gidi nìyí, kì í ṣe ayédèrú. C'est de l'argent véritable, non une contrefaçon.
• sur qui on peut compter.
Ọ̀rẹ́ gidi ni Akin. Akin est un ami sur qui on peut compter.

gidigidi, adv.
• véritablement, vraiment.
Ó dùn mí gidigidi. Cela m'a vraiment fait mal.

gìgísẹ̀, n. (cf. ẹsẹ̀).
• talon.

gíláàsì, < angl., n.
• verre.

gílóòbù, < angl., n.
• ampoule électrique (lampe, phare, torche), tube néon.

gínnì, < empr., n.
• damas en coton.

girama, < angl., n.
• école secondaire.

gírí, adv.
• vite.
Ṣe gírí ! Fais vite !

gìrì, n. (cf. **ta** —).
• convulsion.
Gìrì mú ọmọ yìí. Cet enfant a eu des convulsions.

gìrìpá, n.
• désigne qqn de costaud.
Àwọn gìrìpá méjì jà ní ọjà. Deux hommes costauds se sont bagarrés au marché.

gírísì, < angl., n.
• graisse (pour la lubrification).
• pommade (utilisée pour les cheveux ou le corps).

gìtá, < angl., n.
• guitare.
Ó ń ta gìtá. Elle joue de la guitare.

gògóńgò, n.
• pomme d'Adam.
Obìnrin kò ní gògóńgò tó lè fọ̀rọ̀ pamọ́ sí. (Idiom.). Les femmes n'ont pas de pomme d'Adam pour y cacher les paroles. (Elles sont bavardes.)

gómìnà, < angl., n.
• gouverneur.

góòlù, < angl., n.
• or (métal).
Wọ́n fi góòlù ṣe yẹtí yẹn. Ces boucles d'oreilles sont en or.

góòrò, < haus., n.
• noix de cola à deux cotylédons (ce sont les seules mangées par les Hausa).

goro, n.
• fût en métal utilisé comme réservoir d'eau.

gọ̀, vb.
• être bête, être idiot, être stupide.
Ó ti gọ̀ jù ! Il est plus bête qu'il n'est permis !

gọ́gù, < angl., n.
• lunettes de soleil.

gọ́tà, < angl., n.
• caniveau.

gúáfà, < angl., n.
• goyave.

gùfẹ̀ ~ gùnfẹ̀, < gù.ìfẹ̀, vb. comp.
• éructer.

gúgúrú, n.
• grain de maïs grillé.

gún 1, vb.
• piler.
Àwọn obìnrin ilé ń gún iyán. Les femmes de la maison pilent de l'igname.

gún 2, vb.
• percer, piquer.
Ìṣó gún mi lẹ́sẹ̀. Un clou m'a percé le pied.
• donner un coup de couteau.
Olè gún un lọ́bẹ. Le voleur lui a donné un coup de couteau.

gún 3, vb.
• être droit.
Ọ̀nà yìí gún. Cette route est droite.

◇ **gún régé** : être en ordre, être parfait, tomber parfaitement.

Ojú ọmọbìnrin náà gún régé. Cette jeune fille a un visage parfait. *Wọ́n to ìwé náà gún régé.* Ils ont rangé les livres dans un ordre parfait.

gùn 1, vb.
• être long.

gùn 2, vb.
• grimper.
Ó gun ọ̀pẹ láti dá ẹmu. Il a grimpé au palmier pour tirer le vin de palme.
• monter (à cheval, à bicyclette, sur une moto).
Àwọn Ọ̀yọ́ máa ń gun ẹṣin láyé àtijọ́. Jadis, les Ọ̀yọ́ montaient à cheval.
• conduire, être conduit (voiture).
Ọmọdé yẹn ń gun mọ́tò rẹ̀ tuntun kiri. Ce jeune homme conduit sa nouvelle voiture partout.
• être possédé par une divinité.
Ṣàngó ló gun ọkùnrin náà. L'homme est possédé par Ṣàngó.
• copuler (animaux).

gùnfẹ̀, v. **gùfẹ̀**.

gúnlẹ̀, < gún.ilẹ̀, vb. comp.
• arriver à, atteindre sa destination.
Ọkọ̀ tí mo wọ̀ kúrò ní Ifẹ̀ gúnlẹ̀ ní Ìbàdàn ní agogo méjìlá ọ̀sán. Le taxi que j'ai pris pour quitter Ifẹ̀ est arrivé à midi à Ìbàdàn. *Mo gúnlẹ̀ ní Ìbàdàn láago méjìlá gééré.* Je suis arrivé à Ìbàdàn à midi exactement.
• accoster.
Ọkọ̀-ojú-omi gúnlẹ̀ sí èbúté. Le bateau a accosté au port.
• atterrir.
Ọkọ̀-òfuurufú gúnlẹ̀ ní Èkó. L'avion a atterri à Lagos.

gúúsù, < haus., n.
• sud.
Gúúsù ilẹ̀ Nàìjíríà ni wọ́n ti rí epo. C'est au sud du Nigeria qu'on a trouvé le pétrole.

GB

gbá, vb. (cf. **gbálẹ̀**).
• frapper, donner un coup.
• balayer.
Ó gbá inú ilé dáadáa. Elle a bien balayé la maison.
• jouer (balle, ballon).
Àwọn ọmọdé ń gbá bọ́ọ̀lù lórí pápá. Les enfants jouent au ballon dans le pré.
◇ **gbá bọ́ọ̀lù** : jouer au football.

gbà, vb.
• prendre.
Ó gba owó tí mo fún un. Il a pris l'argent que je lui ai donné. *Ẹ gbà mí o !* Au secours !
• recevoir.
Mo gba lẹ́tà méjì lánàá. J'ai reçu deux lettres hier.
• accepter, être d'accord.
Ó gbà láti bá mi lọ sọ́dọ̀ babaláwo. Il a accepté de m'accompagner chez le devin.

gbá kuuru mọ́ ~ pa kuuru mọ́, loc. vb.
• s'élancer sur, se jeter sur.

Ìjàpá gbá kuuru mọ́ ṣìgìdì. Tortue s'est élancé sur la statuette maléfique.
• être enthousiaste.
Ó gbá kuuru mọ́ àtilọ sí ìrìnàjò náà. Il a été très enthousiaste au sujet du voyage.

gbà...là, vb.
• sauver.
Ta ni yóò gbà wá là lọ́wọ́ ìjọba yẹn ? Qui nous sauvera de ce gouvernement ?

gbà...láyè , < gbà...ní.àyè, vb. comp.
• autoriser.
Wọ́n gbà á láyè láti lọ sí ìpàdé. Ils l'ont autorisé à aller à la réunion.

gbá...létí, < gbá...ní.etí, vb. comp.
• gifler.
Inú ń bí i tó bẹ́ẹ̀ tó fi gbá ọmọ náà létí. Il était tellement en colère qu'il a giflé l'enfant.

gbà...níyànjú, < gbà...ní.ì. yànjú, vb. comp.
• conseiller qqn.
Ó gbà mí níyànjú kí n mú sùúrù. Il m'a conseillé de prendre patience.

gbà...sílé, < gbà...sí.ilé, vb. comp.
• héberger, loger qqn.
Wọ́n gbà mí sílé. Ils m'ont hébergé.

gbà...sílẹ̀, vb. comp.
• sauver.
Òun ló gbà mí sílẹ̀ lọ́wọ́ àwọn olè. C'est lui qui m'a sauvé des voleurs.

gbà...tọwọ́-tẹsẹ̀, < gbà...ti. ọwọ́-ti.ẹsẹ̀, loc. vb.
• accueillir qqn à bras ouverts.
Wọ́n gbà mí tọwọ́-tẹsẹ̀. Ils m'ont accueilli à bras ouverts.

gbáà, marq. emph.
• totalement, vraiment.
Ọ̀rọ̀ náà bí mi nínú gbáà. Cette histoire m'a vraiment mis(e) en colère.

gbààwẹ̀, < gbà.ààwẹ̀, vb. comp.
• jeûner.
Bọ́lá gbààwẹ̀ lọ́sẹ̀ tó kọjá. Bọ́lá a jeûné la semaine dernière.

gbádùn, < gbé.adùn, vb. comp.
• s'amuser, prendre du bon temps, du plaisir, trouver du plaisir à, se réjouir de, se plaire quelque part.
Ṣé ẹ gbádùn ilẹ̀ yìí ? Est-ce que vous vous plaisez dans ce pays ?
Mo gbádùn rẹ̀ dáadáa. Je m'y plais bien.
• se sentir mieux après avoir été malade.
Ṣé ìyá rẹ ti gbádùn báyìí ? Est-ce que ta mère va mieux maintenant ?

gbàdúrà, < gbà.àdúrà, vb. comp.
• prier.

gbágùúdá, n.
• manioc.

gbàgbé, < ?, vb. comp.
• oublier.

Ó gbàgbé ìwé rẹ̀ sílé. Il a oublié son livre à la maison. *Ó gbàgbé rẹ̀.* Il l'a oublié.

gbàgbọ́ / gbà...gbọ́, vb. (cf. **ìgbàgbọ́**).
• croire.
Kò lè gbàgbọ́ pé Bísí dé lánàá. Il ne peut pas croire que Bísí est arrivé hier. *Wọ́n gba gbogbo ọ̀rọ̀ tó ń sọ gbọ́.* Ils croient tout ce qu'il dit.

gbájúẹ̀, < gbá.ojú.rẹ̀, n.
• escroc.
Gbájúẹ̀ ni ọ́ ! Tu n'es qu'un escroc !

gbajúmọ̀, < igba.ojú.mọ̀, n.
• personne populaire, personnage connu.
Gbajúmọ̀ ni Délé. Délé est quelqu'un de populaire.
Gbajúmọ̀ ni olè náà. Ce voleur est très connu.

gbáko, dét.
• exactement (uniq. avec num.).
Ó pé ọdún mẹ́ta gbáko tí mo dé ilẹ̀ yìí. Ça fait exactement trois années que je suis arrivé dans ce pays.

gbálẹ̀ / gbá ilẹ̀, vb.+ obj.
• balayer.
Ó ń gbálẹ̀ níwájú ilé. Elle balaie devant la maison. *Ìró màmá yìí ń gbá ilẹ̀.* Le pagne de cette dame balaie le sol.

gbañgba, adv.
• à découvert.
Gbañgba ni ilé wa wà. Notre maison est à découvert.
• clairement, ouvertement.
Ó sọ èrò tirẹ̀ nípa ọ̀rọ̀ náà gbañgba. Il a donné ouvertement son opinion sur l'affaire. *Ó hàn gbañgba pé ó ń ṣàìsàn.* On voit clairement qu'il est malade.

gbàǹja, < empr., v. **obì** —.

gbàǹjo, n.
• enchère.
• bon prix ! (Dit par les femmes vendant sur les marchés.)
Gbàǹjo gaàrí ! De la farine de manioc à bon prix !

gbàrà tí, loc. conj.
• dès que, aussitôt que.
Gbàrà tí ó gbọ́ ariwo ló sáré lọ. Dès qu'il a entendu du bruit, il est parti en courant.

gbáradì, < gbé.ara.dì, vb. comp.
• être prêt.
Mo ti gbáradì láti lọ sí Amẹ́ríkà. Je suis prêt à partir aux Etats-Unis.
• répéter un spectacle.
Wọ́n gbáradì fún eré tí wọ́n fẹ́ ṣe. Ils répètent la pièce qu'ils veulent jouer.

gbayì , < gbà.iyì, vb. comp.
• être respecté.
Ọba ìlú wa gbayì. Le roi de notre ville est respecté.

gbé 1, vb.
• prendre une chose lourde ou assez volumineuse.
Òun ló gbé àpò kòkó. C'est lui qui a pris le sac de cacao. *Mo ti gbé lónìí !* Je suis dans le pétrin

aujourd'hui ! (Fig.)

gbé 2, vb.
• habiter, vivre.
Ó ń gbé ní ilẹ̀ Gẹ̀ẹ́sì láti ọdún tó kọjá. Il vit en Angleterre depuis l'année dernière.

gbè 1, vb. (cf. **ṣègbè**).
• être près, être proche de qqch.
Ilé rẹ̀ ló gbe tèmi. Sa maison est proche de la mienne.
• prendre le parti de qqn, soutenir qqn.
Ta lo fẹ́ gbè ? Qui veux-tu soutenir ?

gbè 2, vb.
• recueillir de l'eau.
Bá mi gbe òjò sínú garawa. Recueille-moi l'eau de pluie dans le seau.

gbé...ga, vb.
• promouvoir.
Wọ́n gbé e ga lẹ́nu iṣẹ́. On l'a promu dans son travail.
• faire l'éloge.
Ó gbé ọmọ rẹ̀ ga ju bó ṣe yẹ lọ. Il a fait l'éloge de son enfant plus qu'il ne convenait.

gbé...kaná, < gbé kà.iná, vb. comp.
• mettre sur le feu, mettre à chauffer.
Bá mi gbé omi kaná. Mets de l'eau à chauffer.
• réchauffer de la nourriture.

gbé...lọ, vb.
• emporter qqch. de lourd (obj. sg.) ; emmener.
Ẹ má gbé àga yìí lọ. N'emportez pas cette chaise. *Ọ̀rẹ́ mi fi ọkọ̀ rẹ̀ gbé mi lọ sí Èkó.* Mon ami m'a emmené en voiture à Lagos.

gbé...mì, vb.
• avaler.
Fi omi gbé oògùn náà mì. Avale le médicament avec de l'eau.

gbé...rù, vb.
• charger sur la tête.
Bá mi gbé ìkòkò yìí rù. Aide-moi à charger cette jarre sur la tête.
• prendre du temps de qqn.
Àìsàn ọkọ rẹ̀ gbé e rù. La maladie de son mari lui a pris beaucoup de son temps. *Iṣẹ́ yìí gbé wọn rù.* Ce travail a pris beaucoup de leur temps.

gbé...ṣánlẹ̀, vb. comp.
• jeter qqn. à terre, se jeter à terre.
Obìnrin náà gbé ara ṣánlẹ̀ nígbà tí a sọ fún un pé ọmọ rẹ̀ ti kú. La femme s'est jetée à terre quand on lui a dit que son enfant était mort.

gbé...wá, vb.
• apporter qqch. de lourd (obj. sg.).
Ẹ gbé àga yẹn wá fún mi. Apportez-moi cette chaise.

gbédè / gbọ́ èdè, vb. + obj.
• parler une langue étrangère.
Mo gbédè mẹ́ta. Je parle trois langues étrangères.

gbèjà, < gbè.ìjà, vb. comp.
• se battre aux côtés de qqn ; prendre parti, se mettre du côté de.
Ó gbèjà ẹ̀gbọ́n rẹ̀ ọkùnrin. Il s'est battu aux côtés de son grand

frère.

gbéra, < gbé.ara, vb. comp.
• démarrer, se mettre en route.
Ọkọ̀ wa gbéra láago mẹ́fà ìrọ̀lẹ́. Notre taxi a démarré à 6 heures de l'après-midi. *Àkókò tó láti gbéra.* Il est temps de se mettre en route.

gbéra ga, < gbé.ara ga, vb. comp.
• être arrogant.
Ṣẹ́gun gbéra ga sí mi. Ṣẹ́gun a été arrogant envers moi.
• être orgueilleux.

gbèrò, < gbà.èrò, vb. comp.
• concevoir, considérer, dresser des plans, planifier, se proposer.
Mo gbèrò àtilọ sí Ìbàdàn lọ́la. Je me propose d'aller à Ìbàdàn demain.
• demander réflexion.
Ọ̀rọ̀ tí ẹ bá mi sọ gbèrò. Ce dont vous avez parlé avec moi demande réflexion.

gbérù, < gbé.rù, vb.
• charger sur la tête (idiom.).
Jọ̀wọ́ gbérù mí. S'il te plaît, aide-moi à charger mon fardeau sur la tête.

gbèsè, n.
• dette.
Kò lè san gbèsè owó tó yá. Il n'a pas pu rembourser l'argent qu'il avait emprunté. *Mo jẹ Délé ní gbèsè.* Je dois de l'argent à Délé.

gbésẹ̀, < gbé.ẹsẹ̀, vb. comp.
• s'en aller (fig.), mourir (empl. uniq. pour des personnages importants).
Aláàánú ni ọba tó gbésẹ̀. Le roi qui est mort était un roi compatissant.

gbètì, < gbè.tì, vb. (cf. **tì** 2).
• prendre le parti de qqn, prendre parti pour qqn.
Ó gbètì mí lórí ọ̀rọ̀ náà. Il a pris mon parti dans cette affaire.

gbéyàwó / gbé ìyàwó, vb. + obj.
• prendre femme, se marier.
Ọjọ́-sátidé la máa ń gbéyàwó. C'est le samedi qu'on se marie.

gbẹ́, vb.
• creuser.
Wọ́n gbẹ́ ilẹ̀ òkú. Ils ont creusé une tombe.
• sculpter.
Ó gbẹ́ ère Ṣàngó. Il a sculpté une statue de Ṣàngó.
• tailler (bois, crayon).
Mo gbẹ́ lẹ́ẹ̀dì mi. J'ai taillé mon crayon.

gbẹ, vb. (cf. **òǹgbẹ**).
• sécher, être sec.

gbẹ̀du, n.
• grand tambour sur pied utilisé pour annoncer la mort d'un roi.

gbẹ̀gìrì, n.
• sauce à base de haricots ; elle accompagne la pâte d'igname. C'est un des mets préférés de Ṣàngó.

gbẹ̀hìn, < gbè.ẹ̀hìn, vb. comp.
• être le dernier.
Adé ló gbẹ̀hìn nínú kíláàsì rẹ̀. C'est Adé qui a été le dernier de sa classe.

• résulter, être la conclusion.
Àbámọ̀ ní í gbèhìn ọ̀rọ̀. (Idiom.). Les regrets ne servent à rien.

gbẹ́kẹ̀lé, vb. comp. < gbé. ọkàn.lé, (cf. **gbọ́kàn lé**).
• faire confiance.
Ó gbẹ́kẹ̀lé Ọlọ́run. Elle fait totalement confiance à Dieu. *Ọkùnrin yìí ṣeé gbẹ́kẹ̀lé.* On peut faire confiance à cet homme.

gbẹ́nà-gbẹ́nà, < gbẹ́.ọnà-gbẹ́. ọnà, n. comp.
• sculpteur sur bois.
Gbẹ́nà-gbẹ́nà ló gbẹ́ ère yìí. C'est un sculpteur qui a sculpté cette statue.
• charpentier, menuisier.
Gbẹ́nà-gbẹ́nà ló bá mi kan àga yìí. C'est un menuisier qui m'a fabriqué cette chaise.

gbẹ́rẹ́, n.
• incision.
Babaláwo sín gbẹ́rẹ́ mẹ́wàá sí iwájú aláìsàn náà. Le devin a fait dix incisions sur le front du malade.

gbẹ̀san , < gbà.ẹ̀san, vb. comp.
• se venger.
Ó gbẹ̀san lára ẹni tó jí owó rẹ̀ gbé. Il s'est vengé de celui qui lui avait volé son argent.

gbẹ́sẹ̀, < gbé.ẹsẹ̀, vb. comp.
• lever le pied.

gbẹ́sẹ̀ nílẹ̀, < gbé.ẹsẹ̀ ní.ilẹ̀, loc. vb.
• presser le pas, se dépêcher.
Gbẹ́sẹ̀ nílẹ̀, ọjọ́ ti ń lọ. Dépêche-toi, le temps passe.

gbẹyẹ, < gbà.ẹyẹ, vb. comp.
• devenir une sorcière (litt. : « prendre l'oiseau » ; l'oiseau est associé à la sorcellerie).
Ọmọ náà ṣẹ̀ṣẹ̀ gbẹyẹ ni, kò tíì pẹ́ nínú ẹgbẹ́ àjẹ́. L'enfant vient juste de devenir une sorcière, ça ne fait pas encore longtemps qu'elle est dans leur groupe.

gbígbóná, adj.
• chaud.
Ó da omi gbígbóná sí mi lára. Elle m'a jeté de l'eau chaude dessus.

gbilẹ̀, < gbà.ilẹ̀, vb. comp.
• s'étendre, se propager, se répandre (fig.).
Ìròhìn náà kì í ṣe ohun àṣírí mọ́, ó ti gbilẹ̀. Cette nouvelle n'est plus un secret, elle s'est déjà répandue. *Àrùn náà ti gbilẹ̀.* La maladie s'est propagée.

gbìmọ̀, < gbà.ìmọ̀, vb. comp.
• décider (pl.).
Wọ́n gbìmọ̀ láti lọ kí ọ̀gá wọn lọ́la. Ils ont décidé d'aller saluer leur patron demain.

gbìmọ̀ pọ̀, < gbà.ìmọ̀ pọ̀, vb. comp.
• tenir conseil, se concerter au sujet de qqch.

gbin, vb.
• pousser (pour une femme en train d'accoucher, ou pour qqn allant à la selle).
• geindre.

gbìn, vb. (cf. **ohun-ọ̀gbìn**).
• planter.

Ó gbin iṣu lọ́dún tó kọjá. Il a planté des ignames l'année dernière.

gbìyànjú / gba ìyànjú, vb. + obj. (cf. **gbà**).
• essayer, faire un effort.
Ó gbìyànjú láti lọ sí Ìbàdàn ṣùgbọ́n kò bọ́ sí i. Il a essayé d'aller à Ìbàdàn, mais cela n'a pas réussi. *A ti gbìyànjú láti parí ìjà láàrin Bọ́lá àti ọkọ rẹ̀*. On a fait des efforts pour mettre fin à la querelle entre Bọ́lá et son mari.

gbó 1, vb.
• aboyer.

gbó 2, vb.
• être vieux, usé (qqn, qqch.).
Aṣọ mi ti gbó, mo fẹ́ ra òmíràn. Mon vêtement est usé, je veux en acheter un autre.
• être mûr.
Ọ̀gẹ̀dẹ̀ yìí ti gbó. Cette banane plantain est mûre.

gbòdekan, < gbà.òde.kan, vb. comp.
• être répandu, être commun.
Olè jíjà ti gbòdekan ní orílẹ̀-èdè yìí. Le vol est devenu très répandu dans ce pays.

gbogbo, n.
• totalité, tout.
Mi ò lè rí gbogbo wọn. Je ne peux pas tous les voir. *Ó máa ń purọ́ nígbà gbogbo*. Il ment tout le temps.

gbohùngbohùn, < gbà.ohùn. gbà. ohùn, n.
• écho.

gbójú, < gbó.ojú, vb. comp. (cf. **ògbójú**).
• être brave, courageux, intrépide.
• avoir du culot.
Ó gbójú láti tọrọ owó mìíràn láìsan tilẹ̀. Il a eu le culot de redemander de l'argent sans avoir payé ce qu'il devait.

gbójú lé, < gbé.ojú lé, vb. comp.
• s'appuyer sur qqn, qqch. (fig.), s'en remettre à, compter sur.
Ó gbójú lé owó-oṣù láti fi san gbèsè rẹ̀. Il compte sur son salaire pour payer ses dettes. *Ọmọ ń gbójú lé òbí láti ràn án lọ́wọ́*. L'enfant s'en remet à ses parents pour l'aider.

gbójú mọ́, < gbó.ojú mọ́, vb. comp.
• crier contre qqn (colère ou intention de faire peur se voient sur le visage).
Ó gbójú mọ́ mi. Il a crié contre moi.

gbólóhùn, n.
• phrase.

gbóná , < gbó.iná, vb. comp.
• être chaud.
Omi ti gbóná. L'eau est chaude.
• avoir de la fièvre.
Ara rẹ̀ gbóná. Il a de la fièvre.

gbòǹgbò, n.
• racine (apparente).
Gbòǹgbò kọ́ mi lẹ́sẹ̀, mo yọ̀ tẹ̀ẹ̀rẹ̀. Mon pied a heurté une racine et je me suis étalé de tout mon long.

gbóòórùn / gbọ́ òórùn, vb. + obj.
• renifler, sentir.
Ajá gbóòórùn ẹran. Le chien renifle l'odeur de la viande. *Mo ń gbọ́ òórùn tó dùn.* Je sens une bonne odeur.

gbòòrò, vb.
• être vaste.
Ó lóko tó gbòòrò. Il a une ferme qui est vaste. *Ó ní ìmọ̀ tó gbòòrò.* Il a de vastes connaissances.

gbọ́, vb.
• entendre.
Ẹ sọ̀rọ̀ sókè, mi ò lè gbọ́ ohun tí ẹ ń sọ. Parlez plus fort, je n'entends pas ce que vous dites.
• comprendre.
Mi ò gbọ́, ẹ tún ṣàlàyé fún mi. Je ne comprends pas, expliquez-moi de nouveau.
• parler (une langue étrangère).
Ó gbọ́ yorùbá. Il parle yorùbá.
◇ **gbọ́ pé** : apprendre que.
Mo gbọ́ pé ẹ dé lánàá. J'ai appris que vous étiez arrivé hier.

gbọ́dọ̀, v. **gbọdọ̀**.

gbọdọ̀ ~ gbọ́dọ̀, vb. aux.
• devoir, falloir.
Ó gbọdọ̀ sọ òtítọ́. Il doit dire la vérité.

gbọgbẹ́ / gba ọgbẹ́, vb. + obj. (cf. **gbà**, **ọkàn**).
• se couper, être poignardé, recevoir un coup de couteau.
Olè náà gba ọgbẹ́ sára. Le voleur a reçu un coup de couteau sur le corps.

gbọ́kàn lé, < gbé.ọkàn.lé, vb. comp.
• avoir confiance, faire confiance.

gbọ́mọ-gbọ́mọ, < gbé.ọmọ-gbé.ọmọ, n. comp.
• kidnappeur d'enfant (le vol est accompagné d'un meurtre rituel, et les sacrifices faits avec l'enfant sont censés apporter la fortune).

gbọ́n, vb. (cf. **ọgbọ́n**).
• être intelligent, être sage.
Ọmọ yìí gbọ́n, ó sì ń yege nínú ìdánwò rẹ̀. Cet enfant est intelligent et il réussit ses examens.

gbọ̀n, vb.
• trembler.
Ọmọ yìí ń gbọ̀n, ibà ń ṣe é. Cet enfant tremble de fièvre.
• secouer.
Lọ gbọn ìdọ̀tí tó wà lára aṣọ náà. Va secouer les saletés qui sont sur le tissu.

gbọnsẹ̀, < gbọ̀n.ẹsẹ̀, vb. comp.
• aller à la selle (euph.).

gbọ́ràn, < gbọ́.ọ̀ràn, vb. comp.
• être obéissant.

gbúròó, < gbọ́.ìró, vb. comp. (cf. **ìró** 1).
• avoir, recevoir des nouvelles.
Ṣé o gbúròó bàbá rẹ ? As-tu des nouvelles de ton père ? *Wọ́n ti gbúròó ẹni tí à ń wá.* Ils ont eu des nouvelles de la personne que nous cherchions.

H

há, vb. (cf. **ẹ̀há**).
• coincer, être coincé, se coincer.
Eegun há mi ní ọ̀fun. J'ai une arête coincée dans la gorge. *Ó fi ìwé kan há ẹ̀gbẹ́ àpò náà*. Il a coincé un livre sur le côté du sac.
• serrer (vêtement, endroit).
Aṣọ yìí há mi. Ce vêtement me serre.

ha 1, vb.
• gratter qqch.
Ọmọ-ọ̀dọ̀ ha ìrẹsì tí ó jóná nínú ìkòkò. La servante a gratté le riz qui avait brûlé au fond de la marmite.

ha 2, pré vb.
• vraiment (tjs inter.).
O ha ti yó bí ? Es-tu vraiment rassasié ? *Ṣé ìwọ àti Bọ́lá ha ti parí ìjà yín ?* Est-ce que toi et Bọ́lá avez vraiment vidé votre querelle ?

halẹ̀, vb.
• menacer.
Adé ń halẹ̀ pé òun lè tọwọ́ bọ iná. Adé menace de mettre sa main dans le feu.

halẹ̀ mọ́, vb.
• menacer qqn.
Ó halẹ̀ mọ́ ìyàwó rẹ̀ pé kó kẹ́rù rẹ̀ jáde. Il a menacé sa femme de la mettre dehors.

hán, vb.
• attraper au vol.
Ó hán owó tí mo sọ sí i. Il a attrapé l'argent que je lui ai lancé.

han, vb. (cf. **hanrun**).
• striduler.
Ìrẹ̀ máa ń han. Les grillons stridulent.
• faire un bruit continu et strident.
Má wọ́ àga nílẹ̀, ó ń han mí létí ! Arrête de tirer cette chaise, le bruit est irritant !

hàn 1, vb. (cf. **fi...hàn**).
• apparaître, être visible, se voir.
Ohun tí ó kọ hàn lódì keji ìwé. Ce qu'il a écrit est visible à l'envers du papier. *Ó hàn lójú wọn pé ó rẹ̀ wọ́n*. On voit sur leur visage qu'ils sont fatigués.

hàn 2, vb.
• effeuiller, arracher une à une les feuilles de leur tige (s'utilise surtout pour les feuilles comestibles).
Ó ń han ewédú. Elle effeuille la corète potagère.

hanrun, < han.oorun, vb. comp.
• ronfler.

háwọ́, < há.ọwọ́, vb. comp.
• être avare.

háyà, < angl., vb.
• louer qqch.

he, vb.
• prendre par terre, ramasser (une chose).
Ó he owó tó rí nílẹ̀. Il a ramassé l'argent qu'il a trouvé par terre.

hẹlẹ-hẹlẹ, v. **mí**.

hẹn-hẹn, v. **ẹn-ẹn**.

hílàhílo, n.
• anxiété, agitation.

Hílàhílo bá a. Il montre des signes d'anxiété.

hó 1, vb.
• bouillir (eau).
• mousser (savon).
Ọṣẹ ń hó. Le savon mousse.
• gazouiller (oiseau).

hó 2, vb.
• éplucher une orange avec un couteau.
Ó hó ọsàn mu. Il a épluché une orange pour la sucer.
• défaire de leurs feuilles des mets ayant cuit dedans.
Ó hó ẹ̀kọ tó fẹ́ jẹ. Elle a défait de leurs feuilles le pain de maïs pour le manger.

họ 1, vb.
• gratter qqch.

họ 2, vb.
• prendre ses jambes à son cou.
Bó ṣe rí ọlọ́pàá ló họ. En voyant le policier, il a pris ses jambes à son cou.

họra, < họ. ara, vb. comp.
• se gratter.
Má họra mọ́ ! Ne te gratte plus !

họ́wù, excl.
• oh ! (Exprime la surprise).

hú, vb.
• déraciner, arracher.
Àgbẹ̀ hú kùkùté tó ń dí i lọ́wọ́. Le fermier a arraché la souche qui le gênait.

hù, vb.
• germer.
Àgbàdo mi ti hù. Mon maïs a germé.
• percer (dent).
Ó yẹ kí ọmọ ọdún kan ti hu ehín. Un enfant d'un an devrait déjà avoir les dents qui percent.

hú jáde, vb.
• exhumer.
Wọ́n hú òkú náà jáde fún àyẹ̀wò. On a exhumé le corps pour faire une autopsie.

húkọ́, v. **wúkọ́**.

hún ~ **yún**, vb.
• gratter, démanger.
Ojú àpá yìí ń hún mi. Cette cicatrice me démange.

hun, vb.
• tisser.
Àwọn ọkùnrin ló máa ń hun aṣọ òkè. Ce sont les hommes qui tissent les bandes de tissu traditionnelles.
• tresser.
Àwọn obìnrin kì í hun agbọ̀n. Les femmes ne tressent pas les paniers.

hùwà / **hu ìwà**, vb. + obj. (cf. **hù**).
• se conduire, se comporter.
Ó ń hùwà búrukú. Il se conduit mal. *Ìwà tí ó ń hù kò tẹ́ mi lọ́rùn.* La façon dont il se comporte ne me plaît pas.

I

ì- , prfx. vb.
• permet de former un nom svt abstrait.
ì.mọ̀ > ìmọ̀ : connaissance. *ì.náwó > ìnáwó* : dépense. *ì.rìn > ìrìn* : marche.

ìbá, mod. vb.
• marque l'hypothétique du passé.
Ìbá lọ tí ó bá rí ọkọ̀. Il serait parti s'il avait trouvé un taxi. *Ká ní o kàwé tó ni, ìbá yege nínú ìdánwò rẹ*. Si tu avais suffisamment travaillé, tu aurais réussi tes examens.

ibà, n.
• fièvre, paludisme.
Ibà ń ṣe mí. J'ai de la fièvre.

ìba, n. (cf. **ìwọ̀nba**).
• petite quantité.
Ìba iyọ̀ díẹ̀ ni mo bù. Je n'ai versé qu'une petite quantité de sel.

ìbà, n. (cf. **ríbà, júbà**).
• hommage.
Ìbà ọmọdé, ìbà àgbà ! Hommage aux jeunes, hommage aux adultes ! [Formule svt utilisée avant de réciter de la poésie traditionnelle.]

ìbáálé, < ì.bá.ní.ilé, n.
• virginité.
Ó ní ìbáálé. Elle est vierge.

Ìbàdàn, n. pr.
• capitale de l'État d'Ọ̀yọ́ ; développée au XIXe siècle à partir d'un camp militaire, elle est actuellement l'une des villes yorùbá les plus étendues.

ìbàdí, n.
• reins (bas du dos).

ìbàjẹ́, n. (cf. **ìwà** —).
• calomnie.
Ó ṣe ìbàjẹ́ Adé pé olè ni. Il a calomnié Adé en disant que c'était un voleur.

ìbáṣepọ̀, < ì.bá.ṣe.pọ̀, n.
• coopération.
Ìbáṣepọ̀ wà láàrìn àwọn orílẹ̀-èdè méjèèjì. Ces deux pays coopèrent.

ìbátan, n. (cf. **bá...tan**).
• consanguin.

ìbéèrè, v. **ìbèèrè**.

ìbèèrè ~ **ìbéèrè**, n.
• question, demande.
Mi ò lè dáhùn ìbèèrè rẹ̀. Je ne peux répondre à sa question.

ìbejì, n.
• jumeau. Le culte des jumeaux est important ; si l'un meurt, on sculpte une statue censée le représenter ; la mère la portera dans son dos et lui apportera les soins qu'elle aurait donnés à l'enfant vivant.

ibẹ̀, n.
• là, là-bas.
Ibẹ̀ ni mo jókòó sí tẹ́lẹ̀. C'est là-bas que j'étais assise avant.

ìbẹ́pẹ, n.
• papaye.

ìbẹ̀rẹ̀, n. (cf. **bẹ̀rẹ̀**).
• commencement, début.
Àìlèsọ̀rọ̀ ni ìbẹ̀rẹ̀ orí burúkú. (Prov.). Le fait de ne pas parler est le début de la malchance. [Qui ne dit rien n'a rien.]

ìbẹta, < ì.bí.ẹ̀ta, n.
• triplés.

ibí, n.
• ici.
Màá dúró dè ọ́ ní ibí, títí o ó fi dé. Je t'attendrai ici jusqu'à ce que tu arrives.

ibi 1, n.
• lieu, endroit.
Kò sọ fún mi ibi tí ó lọ. Il ne m'a pas dit où il était allé. *Mo gbàgbé fìlà mi níbi àríyá lánàá.* J'ai oublié mon chapeau à l'endroit où avait lieu la fête hier.

ibi 2, n.
• cruauté, mal.
Ẹ má ṣe ibi. Ne commettez pas le mal.

ibi 3, n.
• placenta.
Wọ́n gbé ibi ọmọ tuntun fún bàbá rẹ̀. On a apporté le placenta du nouveau-né à son père.

ibi-iṣẹ́, n. comp.
• bureau, lieu de travail.

ibìkan, < ibi.ọ̀kan, n.
• même endroit.
Ibìkan ni àwa méjèèjì ń gbé. On habite tous les deux au même endroit.
• quelque part.
A ń lọ sí ibìkan ! On va quelque part !

ibikíbi, < ibi.kí.ibi, n. (cf. **ibi** 1).
• n'importe où.
Ibikíbi tí mo bá ráyè sí ni mo lè gbé. Je peux habiter n'importe où, où je trouverai de la place.
• (+ nég.) nulle part.
Mi ò rí ibikíbi lọ. Je n'ai trouvé nulle part où aller.

ìbílẹ̀, < ì.bí.ilẹ̀, n. (cf. **ìjọba** —).
• qui a rapport à la tradition, qui est traditionnel pour une région ou un pays.
Aṣọ ìbílẹ̀ ló máa ń wọ̀. Il porte habituellement des vêtements traditionnels. *Oúnjẹ ìbílẹ̀ yorùbá yàtọ̀ sí ti òyìnbó.* La nourriture traditionnelle yorùbá est différente de la nourriture européenne.

ìbínú, n. (cf. **bínú**).
• colère.

ibo, pron. inter. (cf. **níbo**).
• où ?
Ibo lo lọ lánàá ? Où es-tu allé hier ?

ìbò, n. (cf. **ìdìbò**).
• système de divination dans lequel le devin utilise, soit des os, soit des cauris, pour obtenir des réponses par oui ou par non aux questions de son client.
• tirage au sort.
• élection.

ìbò-ààrẹ, n. comp.
• élection présidentielle.
Lọ́dún tí ó kọjá wọ́n fagilé ìbò ààrẹ. L'année dernière, on a annulé les élections présidentielles.

ìbò-aṣòfin, n. comp.
• élection législative.

ibodè, n.
• porte d'entrée d'une ville.
Àwọn ọdẹ ló ń ṣọ́ ibodè ìlú wa kí olè má lè wọ ìlú. Ce sont les chasseurs qui gardent les portes de la ville pour empêcher les voleurs d'entrer.
• douane.

ibojì, v. **bojì**.

ibòmíràn ~ ibòmìíràn, < ibi.-òmíràn, n.
• ailleurs.
Ó kó lọ sí ibòmíràn. Il a déménagé ailleurs.

ìbòòji, v. **bòòji**.

ìbòòsí, n.
• aide, secours.
Ta ló ń ké ìbòòsí ? Qui appelle à l'aide ? *Ìbòòsí o !* A l'aide, au secours !

ìbora, v. **aṣọ** —.

ìborùn, < ì.bò.ọrùn, n.
• sorte de châle : pièce de tissu rectangulaire que les femmes mettent en écharpe sur une épaule pour parfaire l'élégance d'une tenue de fête.

ìbọn, n. (cf. **yìnbọn**).
• fusil.

ìbọn-òyìnbó, n. comp.
• fusil importé.

ìbọn-ṣakabùlà, n. comp.
• long fusil fabriqué localement.

ìbọ̀sẹ̀, < ì.bọ̀.ẹsẹ̀, n.
• socquette, chaussette, collant.

ìbú, n.
• largeur.

ibùgbé, n.
• lieu d'habitation, lieu de résidence.
• antre, gîte.

ìbùkún, n. (cf. **bùkún**).
• bénédiction (seulement pour Dieu).

ibùsọ̀, < ibi.ìsọ̀, n. (cf. **sọ̀**).
• arrêt (bus, autobus, train).
• kilomètre, mile anglais.

ìbùsùn, n.
• lit.

ìdá, n.
• fraction.
Fún mi ní ìdá mẹ́ta nínú owó ọwọ́ rẹ. Donne-moi un tiers de l'argent que tu as en main.

idà, n.
• épée.

ìda, n.
• crasse du corps.

ìdààmú, n. (cf. **dà...láàmú**).
• ennui, souci, tracas.
Ìdààmú mi ti pọ̀ lórí ọmọ yìí, ó ti lè ṣàìsàn jù. Cet enfant me donne beaucoup de soucis, il tombe toujours malade.

ìdájí, n.
• tôt le matin, de bonne heure.

Ìdájí ni a ti kúrò nílé. On a quitté la maison de bonne heure.

ìdajì, n.
• demi, moitié.
Ó ti jẹ ìdajì nínú búrẹ́dì náà. Il a mangé la moitié du pain.

ìdálẹ̀, n.
• hors de la ville où l'on se trouve ; par ext., ailleurs.
Ó lọ sí ìdálẹ̀. Il a voyagé hors de la ville. *Ó ti kó kúrò nílẹ̀ yìí, ìdálẹ̀ ló wà báyìí.* Il a déménagé de cette ville, il est ailleurs maintenant.

idán, n. (cf. **pidán**).
• tour de magie.

ìdáná, v. **ilé** — ; **abọ́** —.

ìdána, < ì.dá.àna, n.
(cf. **dána**).
• devoirs du fiancé envers ses futurs beaux-parents. (Il s'agissait principalement de travaux des champs.)

ìdánwò, n. (cf. **dán...wò**).
• examen.
Kúnlé yege nínú gbogbo ìdánwò rẹ̀. Kúnlé a réussi tous ses examens.

ìdárayá, v. **eré** —.

ìdàrú, n. (cf. **dàrú**).
• confusion, désordre.

ìdàrúdàpọ̀, < ì.dàrú.dà.pọ̀, n.
• chaos, émeute.

ìdaṣẹ́sílẹ̀, < ì.dà.iṣẹ́.sí.ilẹ̀, n.
• grève.
Ìdaṣẹ́sílẹ̀ àwọn òṣìṣẹ́ báńkì kò jẹ́ kí a rí owó-oṣù gbà. La grève des employés de banque nous empêche de toucher notre salaire.

ìdàyí, n. (cf. **nídàyí**).
• moment présent.

ìdérí, < ì.dé.orí, n.
• bouchon, couvercle, capsule.
Fi ìdérí dé ìgò yìí. Ferme cette bouteille avec un bouchon.

idẹ, n.
• cuivre.

ìdẹ̀ra, < ì.dẹ̀.ara, n.
• fait d'être tranquille, paisible, à l'aise, confortable, sans inquiétude.
Ó wà ní ìdẹ̀ra. Il est bien à l'aise. *Ìdẹ̀ra la wà báyìí lẹ́hìn tí rògbòdìyàn ti rọlẹ̀.* On est plus tranquille maintenant que les émeutes se sont calmées.

ìdí, n.
• derrière, postérieur.
• pied de qqch.
Gbé àpò kòkó yẹn sí ìdí igi náà. Pose ce sac de cacao au pied de l'arbre.
• raison, cause.
À ní láti wá ìdí tí ó fi sálọ. On doit chercher la raison pour laquelle il s'est enfui.

ìdìbò, n. (cf. **dìbò**).
• élection, fait d'aller voter.

ìdíje, n. (cf. **díje**).
• compétition.
Wọ́n ń ṣe ìdíje ayò títa. Ils font une compétition au jeu d'ayò.

ìdíkọ̀, < ìdí.ọkọ̀, n.
• station de taxi, de bus.

• terminus d'une ligne (train, bus).

ìdíkọ̀-òfuurufú, n. comp.
• aéroport.

ìdíkọ̀-ojú-irin, n. comp.
• gare.

ìdílé, < ìdí.ilé, n.
• lignage.
Ìdílé méjì péré ló ní ẹ̀tọ́ sí oyè náà. Deux lignages seulement ont droit à ce titre.

ìdin, n.
• asticot.

ìdodo, n.
• nombril.
Ojú ló mọ ohun tó yónú, ìdodo ni ìdajì ara. (Prov.). Les yeux savent bien ce qui rassasie ; et le nombril, n'est-il pas au milieu du corps ? [S'empl. lorsque l'issue de qqch. est évidente.]

Ìdòwú, n. pr.
• nom donné à un enfant né après des jumeaux.

idọ, n.
• clitoris.

ìdọ̀bálẹ̀, n. (cf. **dọ̀bálẹ̀**).
• prosternation.

ìdọ̀tí, < angl., n. (cf. **dọ̀tí**).
• saleté, détritus.

ìdun, n.
• punaise (insecte).

ìdunta, n.
• période de deux ans.
Ó tó ìdunta tí mo rí i kẹ́hìn. Je ne l'ai pas vu depuis deux ans.

ìdúpẹ́, n. (cf. **dúpẹ́**).
• action de grâces, remerciement.
Òun ló bá wa ṣe ìdúpẹ́ níbi ayẹyẹ náà. C'est lui qui prononcera les remerciements pour nous lors de la cérémonie.

ìdúró, n. (cf. **dúró**).
• station debout.
Ìdúró ló wà láti àárọ̀. Il est debout depuis ce matin.

Ifá ~ Ọ̀rúnmìlà, n. pr. (cf. **dífá**).
• dieu de la sagesse et de la divination.
Àwọn babaláwo ló ni Ifá. Ce sont les devins qui possèdent Ifá.
• corpus de textes sacrés liés à la divination. Ce corpus est divisé en 256 chapitres, appelés *Odù*, chacun représenté par une figure mathématique obtenue grâce à la chaîne de divination. L'ensemble de ces textes représente le système de valeurs, les croyances, la philosophie et l'éthique de la société yorùbá, en même temps qu'ils constituent la matière des contes et proverbes qui en sont une forme popularisée.

ìfàsẹ́hìn, < ì.fà.sí.ẹ̀hìn, n.
• recul (fig.), régression.
Ìfàsẹ́hìn ti bá orílẹ̀-èdè rẹ̀. Son pays est en régression. *Ìfàsẹ́hìn ti bá ẹ̀kọ́ ọmọ náà.* L'enfant régresse à l'école.

ìfé, n. (cf. **súfèé**).
• sifflement.

ife, n.
• verre, tasse (en verre ou en

plastique).

Ifẹ̀, n. pr. (cf. **Ilé-Ifẹ̀**).
• royaume yorùbá occupant le centre-est du pays yorùbá ; il est considéré comme l'un des plus anciens royaumes yorùbá et sa capitale est censée être le lieu de la création du monde. Le terme désigne également la langue et ceux dont c'est la langue première.

ìfẹ́, n. (cf. **fẹ́** 1).
• affection, amour.
Ó ní ìfẹ́ rẹ̀. Il a de l'amour pour elle.
• désir, volonté.
Mo ní ìfẹ́ láti ṣe iṣẹ́ yìí. J'ai la volonté d'accomplir ce travail. *Ṣe ìfẹ́ inú rẹ.* Agis selon ton désir.

ìfẹ̀, n. (cf. **gùfẹ̀**).
• rot.

ìfikùnlukùn, n.
(cf. **fikùnlu-kùn**).
• discussion.

ìfimúfínlẹ̀, n. (cf. **fimúfínlẹ̀**).
• investigation secrète.

ifo, n.
• eczéma.

ìforítì, n. (cf. **forítì**).
• endurance.

ìfọnu, v. **ọṣẹ** —.

ìfọwọ́sowọ́pọ̀, < ì.fi.ọwọ́.so.ọwọ́.pọ̀, n.
• coopération.

ìfun, n.
• intestin, entrailles.

ìgalà, n.
• antilope *sp.*
• voiture-break de marque Volkswagen

ìgángán, n.
• igname de Guinée ou igname jaune, igname tardif.

igi, n.
• arbre.
• bois.
• bâton.

igimú, < igi.imú, n.
• arête du nez.

ìgò, n.
• bouteille.

igọ̀-igi, n. comp.
• cavité d'un arbre.
Ọdẹ dáná sínú igọ̀-igi kan níbi tí olórí àwọn iwin ń gbé. Le chasseur a allumé un feu dans la cavité d'un arbre où résidait le chef des esprits.

igún, v. **igúnnugún**.

igun, n.
• coin (d'une pièce), angle.
Igun mẹ́rin ni yàrá nàà ní. Cette pièce a quatre coins.
• bout.
Wọ́n fa okùn ní igun méjèèjì. Ils ont tiré la corde par les deux bouts.

igúnnugún ~ **igún**, n.
• vautour. Il est le messager des dieux ; son crâne chauve symbolise le vieil âge.
Igúnnugún kì í kú léwe ; a kò ṣàìdarúgbó ! (Prière). Le vautour ne meurt pas jeune ; puissions-

nous vivre vieux ! *Igún ló kó ẹbọ lọ sí ọ̀run*. C'est le vautour qui emporte les sacrifices au ciel.

ìgúnpá, n.
• coude.

igbá, n.
• calebasse.

igbá-ìjàpá, n. comp.
• carapace de la tortue.

igbá-ìwà, n. comp.
• désigne les deux calebasses censées représenter la nature du règne (paisible ou non) d'un nouveau roi.

ìgbá, n. (cf. **irú**).
• arbre *Parkia sp.*, Caroubier. Ses graines fermentées sont utilisées comme condiment pour les sauces.

igba, num.
• deux cents.
Igba ọdún ọdún kan ni o ! Deux cents années (seront comme) une année (souhait). [Que ton règne soit long !]

igbà, n.
• corde utilisée par le tireur de vin de palme pour grimper au palmier.

ìgbà, n.
• moment, période, temps.
Yóò lọ sọ́dọ̀ bàbá rẹ̀ àgbà nígbà ìsinmi. Il ira chez son grand-père au moment des vacances. *Ó dìgbà díẹ̀ !* A tout à l'heure !
• fois.
Ìgbà mẹ́ta péré ni wọ́n ríra lọ́dún yìí. Ils ne se sont vus que trois fois cette année.
• saison.
Ìgbà òjò la wà yìí. On est à la saison des pluies.
◇ **ìgbà gbogbo** : toujours.
◇ **ìgbà láéláé** : il y a longtemps, jadis.
Ní ìgbà láéláé kò sí ọkọ̀, ẹsẹ̀ ni àwọn ará àtijọ́ fi ń rìn. Jadis, il n'y avait pas de voiture et les gens marchaient à pied.
◇ **ìgbà púpọ̀** : souvent.
Ó máa ń lọ sí Èkó nígbà púpọ̀. Il va souvent à Lagos.

ìgbádùn, n. (cf. **gbádùn**).
• fait d'être tranquille, en paix. Par ext., amusement, détente.
Kò sí wàhálà mọ́, ìgbádùn la wà báyìí. Il n'y a plus de problème, nous sommes tranquilles maintenant. *Ẹ kú ìgbádùn o !* Salutation adressée à un groupe de personnes passant un bon moment ensemble.

ìgbàgbọ́, n. (cf. **gbàgbọ́**).
• croyance.
• religion chrétienne.
Ìgbàgbọ́ kò sọ pé ká má ṣorò ilé wa. La religion chrétienne n'interdit pas de pratiquer nos propres rites.

ìgbakọ, n.
• cuillère large, plate et sans manche, utilisée pour extraire les pâtes (igname, manioc) de leur contenant ; elle est le plus souvent faite à partir d'un morceau de calebasse.
Ó fi ìgbakọ kọ àmàlà nínú ìkòkò. Elle a extrait la pâte d'igname de

la marmite avec une large cuillère plate.

ìgbàkúùgbà, n. (cf. **ìgbà**).
• n'importe quand.
Ó lè lọ kí i ní ìgbàkúùgbà. Tu peux aller le saluer n'importe quand.

ìgbálẹ̀, n. (cf. **gbálẹ̀**).
• balai.

igbe, n. (cf. **kígbe**).
• cri.

ìgbéga, n. (cf. **gbéga**).
• promotion.

ìgbèkùn, n.
• captivité.
Àwọn ẹrú wà ní ìgbèkùn. Les esclaves sont en captivité.

ìgbéraga, n. (cf. **gbéra ga**).
• arrogance.
• orgueil.

ìgbésẹ̀, < ì.gbé.ẹsẹ̀, n.
• démarche (fig.).
Ìgbésẹ̀ wo lo fẹ́ gbé nípa wíwá iṣẹ́ fún Adé ? Quelle démarche veux-tu entreprendre pour chercher du travail pour Adé ?

ìgbésí-ayé, n. comp.
• vie.
Ó bẹ̀rẹ̀ sí í ro ìtàn ìgbésí-ayé rẹ̀. Il a commencé à raconter l'histoire de sa vie.

ìgbéyàwó, n. (cf. **gbéyàwó**).
• mariage.
Ṣé ọjọ́ ìsinmi ni wọ́n fẹ́ ṣe ìgbéyàwó tiwọn ni ? Est-ce un dimanche qu'ils veulent faire leur mariage ?

ìgbẹ́ 1, n.
• brousse, forêt.

ìgbẹ́ 2, n. (cf. **yàgbẹ́**).
• excrément.
◇ **ìgbẹ́ ọ̀rìn** : diarrhée.

ìgbẹ̀hìn, n.
• conclusion, résultat (svt nég.).
Ìgbẹ̀hìn ọ̀rọ̀ Adé ni pé ó jẹ̀bi. La conclusion de l'affaire d'Adé, c'est qu'il est coupable. *Ìgbẹ̀hìn ìwà rẹ̀ ni pé wọn ò gbọ́kàn lé e mọ́.* Le résultat de sa conduite, c'est qu'on ne lui fait plus confiance.

ìgbìmọ̀, n. (cf. **gbìmọ̀**).
• conseil ; assemblée formée de membres élus ou choisis.
Ìgbìmọ̀ ti pàṣẹ láti ti yunifásítì pa. Le conseil a ordonné de fermer l'université.
• jury.

ìgbín, n.
• gros escargot *sp.* comestible.

ìgbìn, n.
• grand tambour sur pied associé à Ọbàtálá.

igbó, n.
• forêt, brousse.
• marijuana.

ìgbò, n. (cf. **dìgbò lù**).
• coup donné avec la tête.

Ìgbómìnà, n. pr.
• sous-groupe yorùbá situé au nord-est du pays yorùbá.

ìgboro, n.
• centre ville.
Mo ń ṣiré lọ sí ìgboro. Je vais me promener en ville.

ìgboyà, < ì.gbó.àyà, n.
• bravoure, courage.

Ìgboyà rẹ̀ pọ̀, kì í bẹ̀rù rárá. Il a beaucoup de courage, il ne craint rien.

ìgbọ́kànlé, n. (cf. **gbọ́kàn lé**).
• confiance.

ìgbọ̀nwọ́, n.
• coude.
• coudée.
Ẹ bá mi wọn ìgbọ̀nwọ́ mẹ́ta nínú aṣọ yìí. Mesurez-moi trois coudées de ce tissu.

ìgbọ́ràn, n. (cf. **gbọ́ràn**).
• obéissance.
Ìgbọ́ràn sàn ju ẹbọ rírú. L'obéissance vaut mieux qu'un sacrifice aux dieux.

ihá, n.
• résidu séché du péricarpe de la noix de palme, utilisé comme combustible.

ìhà, n.
• côté (du corps).
• côté, direction.
Ìhà gùúsù ló gbà lọ. Il a pris la direction du sud.

ìhàlẹ̀, n. (cf. **halẹ̀**).
• menace.
Ẹ̀rín pa Ìjàpá láti rí irú ìhàlẹ̀ tí Ọ̀kẹ́rẹ́ ń ṣe yìí. Toutes ces menaces proférées par Écureuil faisaient bien rire Tortue.

ìhín, n.
• ici.
Máa bọ̀ ní ìhín ! Viens donc ici !

ìhìn, n. (cf. **ìròhìn**).
• nouvelle (vx.).

ihò, n.
• trou. A l'origine, le terme désigne, soit un trou creusé par un animal, soit un trou assez long et fin.

ihò-imú, n. comp.
• narine.

ìhòòhò, n.
• nudité.
Ó wà ní ìhòòhò. Il est nu.

ìjà, n. (cf. **jà**).
• combat, bagarre, bataille. quelque part.
• querelle.

ìjàkadì, n.
• lutte traditionnelle.

ìjálá, n. (cf. **sun** 1).
• chant et poésie des chasseurs.
Àwọn ọdẹ máa ń sun ìjálá níbi oríṣiríṣi ayẹyẹ. Les chasseurs chantent leur poésie pour toutes sortes de cérémonies.

ìjàngbọ̀n, n.
(cf. **oníjàngbọ̀n**).
• agitation.
Ìjàngbọ̀n wà láàrin ìlú. Il y a de l'agitation en ville. *Ìjàngbọ̀n ọmọ yìí ti pọ̀ jù.* Cet enfant est trop agité.

ìjàǹbá, n.
• accident.
Ìjàǹbá mọ́tò ṣẹlẹ̀ sí ọ̀rẹ́ mi. Mon ami a eu un accident de voiture.

ìjàpá, n.
• tortue.
C'est aussi le personnage principal (rusé, menteur, trompeur, paresseux, avide, glouton, rarement sage) d'un important cycle de contes.

• voiture de marque Volkswagen, « coccinelle », très populaire au Nigeria.

ìjelòó, n.
• récemment.
Mo rí i ní ìjelòó lójú ọ̀nà ilé wa. Je l'ai vu récemment sur le chemin de notre maison. *Ọ̀rọ̀ ìjelòó ti yanjú.* L'affaire dont il a été question est résolue.
• combien de temps.
Ó tó ìjelòó tí ó ti lọ báyìí ? Ça fait combien de temps qu'il est parti maintenant ?

ìjẹ, n.
• appât.

Ìjẹ̀bú, n. pr.
• royaume yorùbá situé au sud-est du pays ; désigne aussi bien les gens que la langue.

Ìjẹ̀ṣà, n. pr.
• royaume et sous-groupe yorùbá ; désigne les gens ainsi que leur langue (proche du parler d'Ifẹ̀).

ìjẹta, n.
• avant-hier.
Ìjẹta ni mo rí i. C'est avant-hier que je l'ai vu.

ìjì, n.
• tempête, tornade.
Ìjì ń jà. La tempête souffle.

ìjímèrè, n.
• singe *sp.*

ìjìnlẹ̀, n. (cf. **jìnlẹ̀**).
• profondeur (fig).
Ó sọ ọ̀rọ̀ ìjìnlẹ̀ sí i. Il lui a dit des paroles profondes. *Ọ̀rọ̀ ìjìnlẹ̀ ló ń sọ báyìí.* Ce sont des paroles profondes qu'il dit maintenant.

ijó, n. (cf. **jó**).
• danse.

ìjókòó, n. (cf. **jókòó**).
• siège.
Bá mi gbé ìjókòó tó wà ní ẹgbẹ́ rẹ̀. Apporte-moi le siège qui est près de toi.
• fait d'être assis.
Ẹ kú ìjókòó o ! Salutation adressée à des personnes qui sont assises.

ìjòyè, n. (cf. **joyè**, **oyè**).
• chef : personne à qui on a conféré un titre traditionnel appartenant en propre à son lignage.
Adé la fi ń mọ ọba, ìlẹ̀kẹ̀ ni tàwọn ìjòyè. C'est par la couronne qu'on reconnaît le roi ; ce sont les perles qui appartiennent aux chefs.

ìjọ, n.
• congrégation religieuse.

ìjọba, n. (cf. **jọba**).
• gouvernement.

ìjọba-àpapọ̀, n. comp.
• gouvernement fédéral.

ìjọba-ìbílẹ̀, n. comp.
• gouvernement cantonal.

ìjọba-ìpínlẹ̀, n. comp.
• gouvernement au niveau des États.

ìjọ́sí, v. **ọ̀jọ́sí**.

ìka, n.
• doigt.

◇ **ìka-ẹsẹ̀** : orteil.

◇ **ìka-ọwọ́** : doigt de la main.

ìkà, n. (cf. **òṣìkà**).
• méchant.
Ìkà ni Adé. Adé est méchant.
• cruauté, mal, méchanceté.
Ó ṣe Bọ́lá níkà. Elle a fait du mal à Bọ́lá.

ìkamọ̀dù, v. **ìkamùdù**.

ìkamùdù ~ ìkamọ̀dù, n.
• fourmi *sp.* ; elle émet une très mauvaise odeur quand on l'écrase.

ikán, n.
• termite.

ikàn, n.
• aubergine *sp.*

ìkangun, < ì.kàn.igun, n.
• bout de qqch., bord.
Lọ jù ú sí ìkangun oko náà. Va le jeter au bout du champ. *Ìkangun tábìlì ti bàjẹ́.* Le bord de la table est abîmé.

ìkánjú, n. (cf. **kánjú**).
• hâte.
Kò sí ìkánjú ! Il n'y a pas d'urgence !

ìkanra, < ì.kan.ara, n.
• irritabilité, mauvaise humeur.
Má fi ìkanra ebi tó ń pa ọ́ mọ́ mi ! Ce n'est pas parce que tu as faim que tu dois passer ta mauvaise humeur sur moi !

ìkarahun, v. **ìkaraun**.

ìkaraun ~ ìkarahun, n.
• coquille de l'escargot *igbin*.
Ibi tí ìgbín bá ń lọ, ìkaraun á tẹ̀lé e. (Prov.). Là où va l'escargot, la coquille suit. [Quand on voit l'un, on voit l'autre ; être inséparables]

iké, n. (cf. **abuké**).
• bosse (homme, zébu).
Ọkùnrin yìí ṣu iké. Cet homme a une bosse dans le dos.

◇ **iké màlúù** : bosse du zébu.

ike, n.
• plastique.
• tout récipient en plastique.

ìkéde, n. (cf. **kéde**).
• déclaration, proclamation.

ìkẹ̀tẹ̀, n.
• huile épaisse, à forte odeur, obtenue à partir du sédiment de l'huile de palme. On la consomme surtout avec de l'igname bouillie.

ikin, n.
• noix sacrées utilisées par le devin pour faire la divination liée à Ifá. Elles sont au nombre de seize et proviennent d'un palmier spécial.

ìkíni, < ì.kí.ẹni, n.
• salutation.
Àkókò ìkíni kú ọdún nìyí. C'est la période des salutations pour la nouvelle année.

ìkó, n.
• coup donné sur la tête avec les articulations interphalangiennes, les doigts étant repliés.
Ó kàn án ní ìkó ní àtàrí. Il l'a

cogné sur le haut de la tête avec l'arête du poing.

ìko, n.
• fibre de raphia.

ìkòkò, n.
• jarre à eau.
• marmite.*Nínú ìkòkò dúdú ni ẹ̀kọ funfun ti ń jáde*. (Prov.). C'est d'une marmite noire que provient la pâte blanche de maïs. [D'un mal peut sortir un bien.]
• pipe.
Ọdẹ ki ìkòkò rẹ̀ bọ ẹnu. Le chasseur a bourré sa pipe et l'a portée à sa bouche.

ìkólẹ̀, < ì.kó.ilẹ̀, n.
• pelle à poussière.

ìkórè, < ì.kó.irè, n.
• récolte.

ìkórìíra, n. (cf. **kórìíra**).
• haine, détestation.

ìkóríta ~ ìkòríta, n. (cf. **oríta**).
• carrefour.

ìkòríta, v. **ìkóríta**.

ikọ́, n. (cf. **wúkọ́**).
• toux.
Ikọ́ ń wú mi. J'ai envie de tousser.

ikọ̀, n.
• groupe de gens.
• équipe sportive.

ìkọ̀kọ̀, v. **níkọ̀kọ̀**.

ikú, n. (cf. **kú**).
• la mort.

ikún, n.
• écureuil fouisseur.

Má kọ etí ikún sí ohun tí mò ń sọ ! Ne fais pas la sourde oreille !

ikun, n.
• morve.

ikùn, n.
• estomac.

ìkùùku, v. **kùrukùru**.

ilá, n.
• gombo, *Abelmoschus esculentus*.

ilà, n. (cf. **kọlà**).
• scarification.

ìlà, n.
• ligne, trait.
Ó fa ìlà sábẹ́ ohun tó kọ sílẹ̀. Il a tiré un trait au-dessous de ce qu'il a écrit.

ìlà-oòrùn, n. comp.
• est (point cardinal).

ìlàjú, < ì.là.ojú, n.
• civilisation.

ìlara, n.
• jalousie.
Adé ń ṣe ìlara Olú. Adé est jaloux d'Olú.

ìlàrí, < ì.là.orí, n.
• esclaves royaux à la cour d'Ọ̀yọ́. Ceux-ci peuvent assumer de hautes fonctions.

ìlarun, n. (cf. **larun**).
• peigne utilisé pour séparer les cheveux quand on veut les tresser ou les attacher en mèches.

ilé, n.
• maison.

• par ext., lignage.
Ilé wo lẹ ti wá ? De quelle lignage êtes-vous ?

ilé-alájà, < ilé-oní.àjà, n. comp.
• immeuble, maison à étages.

ilé-arọ̀, n. comp.
• forge.

ilé-ayé, n. comp.
• monde, terre.

ilé-egbòogi, n. comp.
• dispensaire.

ilé-epo, n. comp.
• station-service.

ilé-ẹjọ́, n. comp.
• tribunal.

ilé-ẹ̀kọ́, n. comp.
• école.

ilé-ìdáná, n. comp.
• cuisine.

Ilé-Ifẹ̀, n. pr.
• nom d'une ville yorùbá (capitale d'un des royaumes les plus anciens) où la création du monde est censée avoir eu lieu ; elle est considérée comme le berceau des Yorùbá. C'est à Ilé-Ifẹ̀ que furent découvertes les fameuses têtes en bronze.

ilé-ìfìwé-ránṣẹ́, n. comp.
• poste.

ilé-ìfowó-pamọ́-sí, n. comp.
• banque.

ilé-ìkàwé, n. comp.
• bibliothèque.

ilé-ìsìn, n. comp.
• temple.

ilé-iṣẹ́, n. comp.
• atelier, entreprise, usine.
◇ **ilé-iṣẹ́ ìpọntí** : brasserie.

ilé-ìtajà, n. comp.
• magasin.

ilé-ìtàwé, n. comp.
• librairie.

ilé-ìtura, n. comp.
• hôtel.

ilé-ìwé, n. comp.
• école.
◇ **ilé-ìwé alákọ̀ọ́bẹ̀rẹ̀** : éco-le primaire.
◇ **ilé-ìwé gíga** : école secondaire ; institutions post-secondaires.

ilé-ìwẹ̀, n. comp.
• salle de bains.

ilé-ìwòsàn, n. comp.
• hôpital.
• dispensaire.

ilé-ìyàgbẹ́, n. comp.
• toilettes.

ilé-oúnjẹ, n. comp.
• cantine, restaurant.

ilé-Ọlọ́run, n. comp.
• temple.

ilé-ọtí, n. comp.
• bar.

ìlé, n. (cf. **lé** 2).
• pile, tas.
Ìlé iṣu kọ̀ọ̀kan jẹ́ mẹ́fà. Chaque tas est composé de six ignames.

ìlera, < ì.le.ara, n. (cf. **le**).
• bonne santé.

ìlérí, n.
• promesse.
Ṣé wàá mú ìlérí rẹ ṣẹ ? Tiendras-tu ta promesse ? *Mo ṣe ìlérí pé mì ò ní í ṣe bẹ́ẹ̀ mọ́.* Je promets que je ne le ferai plus.

ìletò, n.
• hameau, petit village.

ilẹ̀, n.
• terre, sol.
• par ext.: pays.
Ṣé ẹ ń gbádùn ilẹ̀ yìí ? Est-ce que vous vous plaisez dans ce pays ?
◇ **ilẹ̀ Gẹ̀ẹ́sì** : Angleterre.
◇ **ilẹ̀ mọ́** : faire jour.
Ó yá, ilẹ̀ ti mọ́ ! Vite, il fait déjà jour !
◇ **ilẹ̀ ṣú** : faire nuit.
Ilẹ̀ ti ń ṣú, ẹ jẹ́ ká lọ o ! La nuit tombe, partons !

ìlẹ̀dú, < ilẹ̀.dúdú, n.
• terreau.

ìlẹ̀kẹ̀, n.
• perles de verre (elles sont généralement réservées aux chefs détenteurs d'un titre traditionnel).
Adé á pẹ́ lórí, ìlẹ̀kẹ̀ á pẹ́ lọ́rùn, àṣẹ á pẹ́ lẹ́nu. La couronne restera longtemps sur la tête, les perles au cou et le commandement à la bouche. [Vœux de longue vie adressés à un roi.]

ìlẹ̀kùn, n.
• porte.
Ẹ kan ìlẹ̀kùn kí ẹ tó wọlé. Frappez à la porte avant d'entrer.

ìlọsíwájú, < ì.lọ.sí.iwájú, n.
• progrès.

ìlú, n.
• ville.
◇ **ìlú Òyìnbó** : pays étranger (exception faite des pays africains).
Ó lọ sí ìlú Òyìnbó. Il est parti à l'étranger.

ìlu, n. (cf. **lu**).
• poinçon.

ìlù, n. (cf. **lù**).
• tambour.
À ń lu ìlù níwájú ààfin ọba. On joue du tambour devant le palais du roi.

ìmẹ́lẹ́, n.
• paresse.
Ó ń ṣe ìmẹ́lẹ́ lẹ́nu iṣẹ́. Il est paresseux dans le travail.

imí, n.
• excrément.
◇ **imí òṣùmàrè** : luminescence de l'arc-en-ciel.

ìmoore, < ì.mọ̀.oore, n.
• gratitude, reconnaissance.

imọ̀, n.
• fronde de palmier.
A fi imọ̀ ọ̀pẹ ta àtíbàbà. On a utilisé des frondes de palmier pour recouvrir l'auvent.

ìmọ̀, n. (cf. **mọ̀**).
• connaissance, savoir.

ìmọ-ti-ara-ẹni, n. comp.
• égoïsme.
Ìmọ-ti-ara-ẹni ló yọ àwọn ọmọ náà lẹ́nu tí wọn ò fi tọ́jú òbí wọn.

C'est l'égoïsme de ces enfants qui fait qu'ils ne s'occupent pas de leurs parents.

ìmọ̀le ~ ìmàle, n. (cf. **mùsùlùmí**).
• musulman (terme rejeté par les musulmans yorùbá).

ìmàle, v. **ìmọ̀le**.

ìmọ́lẹ̀, n. (cf. **mọ́lẹ̀**).
• lumière (jour, lune, soleil, feu, électricité).
Mo jí sí ìmọ́lẹ̀ ọjọ́ òní. Je suis réveillé à la lumière du jour.

imọlẹ̀, n.
• esprits de la terre.

ìmọ̀ràn, n.
• avis, conseil.
Bàbá rẹ̀ fún un ní ìmọ̀ràn pé kí ó má fẹ́ ọmọkùnrin yìí. Son père lui a conseillé de ne pas épouser ce garçon.

ìmọ́tótó, n.
• propreté.
Ìmọ́tótó borí àrùn mọ́lẹ̀ bí ọyẹ́ ti ń borí ooru. La propreté vient à bout des maladies, comme l'harmattan vient à bout de la chaleur.

imú, n.
• nez.

ìmùlẹ̀, n. (cf. **mulẹ̀**).
• pacte secret.
Mọrèmi ṣe ìmùlẹ̀ pẹ̀lú odò láti rí àṣírí ọ̀tá ìlú Ilé-Ifẹ̀. Moremi fit un pacte avec la rivière afin de découvrir le secret des ennemis d'Ilé-Ifẹ̀.

iná, n. (cf. **ẹ̀rẹ̀** —).
• feu.
Wọ́n dúró lẹ́bàá iná nítorí pé òtútù mú wọn. Ils sont restés près du feu, car ils ont froid.
• lumière électrique.
Ilẹ̀ ń ṣú, ẹ tan iná. La nuit tombe, allumez la lumière.

iná-orí, n. comp.
• pou.

ìnàkí, n.
• chimpanzé.
• gorille.

ìnáwó, < ì.ná.owó, n. (cf. **náwó**).
• dépense.
• cérémonie impliquant des dépenses.

ìnáwó-òkú, n. comp.
• funérailles.

ìnira, < ì.ni.ara, n.
• gêne, inconfort.

ínkì, < angl., n.
• encre.

inú, n. (cf. **bínú**, **nínú**).
• ventre.
Inú ń run ọmọ yẹn. Cet enfant a mal au ventre.
• intérieur.
Inú ilé ló wà. C'est dans la maison qu'il se trouve.
◇ **inú bàjẹ́** : être triste, être malheureux.
Inú rẹ̀ bàjẹ́ nígbà tí ó gbọ́ ìròhìn náà. Il a été triste en apprenant la nouvelle.
◇ **inú dùn** : être content, être heureux.
Inú mi dùn. Je suis content.

ipá, n. (cf. **sà** 1).
• force, énergie.
Ó ti sa gbogbo ipá rẹ̀ lórí ọ̀rọ̀ náà, ṣùgbọ́n kò bọ́ sí i. Il a mis toute son énergie dans cette affaire, mais cela n'a pas marché.

ìpá, n.
• coup de pied.
Ó ta Bọ́lá ní ìpá. Il a donné un coup de pied à Bọ́lá.

ipa, n.
• piste, trace.
Wọ́n tọ ipa àwọn olè náà lọ. Ils ont suivi la trace des voleurs.
• rôle, part.
Ipa wo lo ṣe nínú eré náà ? Quel rôle as-tu joué dans la pièce ? *Ipa tí ó kó ló jẹ́ kí a tètè yanjú ọ̀rọ̀ náà.* La part qu'il a prise dans cette affaire a permis de la résoudre vite.

ìpàdé, n. (cf. **pàdé**).
• réunion, rendez-vous.

ipadò, < ipa.odò, n.
• bord de l'eau.

ìpàkọ́, n.
• occiput, arrière de la tête.
Wọ́n fi kùmọ̀ lu Bísí ní ìpàkọ́. Ils ont frappé Bísí à l'arrière de la tête avec une massue.

ìpanu, < ì.pa.ẹnu, n.
• en-cas, coupe-faim.
Mi ò rí oúnjẹ gidi rà àfi ìpanu lásán. Je n'ai pas trouvé de vraie nourriture à acheter, seulement un en-cas.

ìpara, n. (cf. **para**).
• crème, huile pour le corps.
Ó ń lo ìpara olóòórùn dídùn láti fi para. Elle utilise une huile parfumée pour le corps.

ìparí, n. (cf. **parí**).
• fin.

ipasẹ̀, < ipa.ẹsẹ̀, n.
• empreinte.

ìpátá, n.
• fait d'être agité, dur, bagarreur, désobéissant.
Ìpátá ni ọmọ náà. Cet enfant est dur.

ìpékeré, n.
• plantain encore vert que l'on a fait frire.

ìpéǹpéjú, n.
• paupière.

ìpére, n.
• petit escargot *sp.*

ìpẹ́, n.
• écaille.
Ó ha ìpẹ́ ẹja kúrò kí ó tó sè é. Elle a gratté les écailles du poisson avant de le faire cuire.

ìpẹ̀, n. (cf. **ṣìpẹ̀**).
• fait de calmer qqn.

ìpẹ̀kun, n.
• bout, fin (spatial).
Ó ń gbé ní ìpẹ̀kun abúlé. Il habite au bout du village.

ìpìlẹ̀, n. (cf. **pilẹ̀**).
• fondation.
Wọ́n ti parí ìpìlẹ̀ ilé wọn. Ils ont fini les fondations de leur maison.

ìpín, n.
• destinée.

ipin, n.
• croûte des yeux (chassie).

ìpínlẹ̀, < ì.pín.ilẹ̀, n.
(cf. **ìjọba** —).
• division administrative en régions ou États. Actuellement, le Nigeria est divisé en 36 États.

ipò, n.
• place, position, rang.
Ọmọ rẹ̀ gba ipò kìíní nínú idánwò. Son enfant a été premier à l'examen. *Ó wà ní ipò kẹta.* Il est au troisième rang.
• état physique.
Ó ń ṣàìsàn, ipò tó wà kò dára. Il est malade, son état n'est pas bon.

ìpọ́njú, < ì.pọ́n.ojú, n.
(cf. **pọ́n...lójú**).
• manque extrême.
Ó ní ìpọ́njú owó tó fi jẹ́ pé kò lè ṣe ohunkóhun. Il est dans un tel manque d'argent qu'il ne peut rien faire.

ìpọntí, v. ilé-iṣẹ́.

ìran 1, n. (cf. **ríran**, **wòran**).
• vue.
• vision.
Ìran tó rí bà á lẹ́rù. La vision qu'il a eue lui a fait peur.
• spectacle.

ìran 2, n.
• génération.

ìrànlọ́wọ́, n. (cf. **ràn...lọ́wọ́**).
• aide.

ìranù, n.
• absurdité, sottise, bêtise (dire ou faire).
Jọ̀wọ́, má bá mi sọ̀rọ̀ ìranù. S'il te plaît, ne me dis pas d'absurdités. *Ìranù ló ń ṣe.* Il fait des bêtises.

ìràwọ̀, n.
• étoile.

iré, v. **eré**.

ire, n.
• bien.
• chance.

irè, n.
• récolte.

irè-oko, n. comp.
• récolte.

ìrégbè, n.
• absurdité, sottise, bêtise (dite ou faite).
Má bá mi sọ ìrégbè. Ne me dis pas de sottises. *Ó ń ṣe ìrégbè kiri.* Il fait des bêtises partout.

ìrèké, n.
• canne à sucre.

ìrésà, < angl., n.
• gomme.

ìrètí, n. (cf. **retí**).
• espoir.
Mo ní ìrètí pé ẹ ń bọ̀ ! J'espère que vous venez !

ìrẹ̀, n.
• grillon.

ìrẹ̀lẹ̀, < ì.rẹ̀.ilẹ̀, n.
• humilité, modestie.
Oníwà ìrẹ̀lẹ̀ ni Bísí. Bísí est quelqu'un de modeste.

ìrẹ́pọ̀, n. (cf. **rẹ́** 3).
• bonne entente.

Àwọn orogún méjèèjì wà ní ìrẹ́pọ̀. Les deux coépouses s'entendent bien.

ìrẹsì ~ ráìsì, < angl., n.
• riz.

ìrẹ̀wẹ̀sì, n. (cf. **rẹ̀wẹ̀sì**).
• découragement, dépression.
Ìrẹ̀wẹ̀sì dé bá a. Il est découragé.

ìrì, n.
• rosée.
Òjò kì í rọ̀ tán kí ìrì ó tún ṣẹ̀. (Prov.). La rosée ne peut perler après la pluie. [Un jeune ne peut reprendre la parole après un ancien.]

irin, < angl., n.
• fer, métal.

ìrìn, n. (cf. **rìn**).
• marche.
Ìrìn àná wó mi lára. La marche d'hier m'a rendu faible. *Ìrìn ẹsẹ̀ rẹ̀ kò dára.* Il se comporte mal.

ìrìnàjò, < ì.rìn.àjò, n.
• voyage.
Ó lọ sí ìrìnàjò. Il est parti en voyage.

ìrìnkèrindò, < ì.rìn.òkè.rìn.odò, n.
• allées et venues.

ìrìnsí, < ì.rìn.sí, n.
• faits et gestes.
Mi ò mọ ìrìnsí rẹ̀. Je ne connais pas ses faits et gestes.

irínwó, num.
• quatre cents.

ìríra, n.
• le fait d'être difficile, de faire le délicat.
Ó ní ìríra. Il est difficile.

ìrírí, n.
• expérience.
Ìrírí mi ní ilẹ̀ yìí pọ̀ púpọ̀. Mes expériences dans ce pays ont été très nombreuses.

ìrísí, n.
• apparence.
Ìrísí rẹ̀ dára. Elle a une belle apparence.

ìró 1, n. (cf. **ró** 1).
• son, bruit de qqch. qui résonne.
Mo gbọ́ ìró ìbọn. J'ai entendu le bruit d'un coup de fusil.

ìró 2, n. (cf. **ró** 2).
• pagne : pièce de tissu que les femmes attachent autour des reins et qui constitue, avec *bùbá* et *gèlè*, une partie de leur tenue traditionnelle.
Obìnrin yìí ró ìró tó dára sí bùbá rẹ̀. Cette femme a noué autour de ses reins un tissu qui va bien avec le haut.

ìròhìn, < ì.rò.ìhìn, n.
(cf. **ròhìn**, **ìwé** —).
• nouvelle.
Ìròhìn tí o fún mi ṣe pàtàkì. La nouvelle que tu m'as donnée est importante.

ìrókò, n.
• arbre iroko, *Chlorophora excelsa.*

ìrora, < ì.ro.ara, n.
(cf. **jẹ̀rora**).
• douleur, souffrance (physique).

ìròsùn, n. (cf. **ìyẹ̀rẹ̀-òsùn**).
• arbre, *Baphia nitida*, dont est extraite la poudre à divination.

irọ́, n. (cf. **purọ́**).
• mensonge.
Irọ́ kò ní èrè. Le mensonge ne profite pas.

ìrọ́kẹ́, n.
• corne sculptée en ivoire, en bois ou en métal, utilisée par le prêtre d'Ifá pour l'invoquer lors d'une consultation.

ìrọ̀lẹ́, n.
• fin de l'après-midi (entre quatre et sept heures environ).
Ẹ kú ìrọ̀lẹ́ ! Bonjour! *Yóò wá ní ìrọ̀lẹ́ ọ̀la*. Il viendra demain après-midi.

ìrọ̀rí, < ì.rọ.orí, n.
• oreiller.

irú 1, n. (cf. **ìgbá**).
• graines fermentées du caroubier utilisées comme condiment dans certaines sauces.

irú 2, n.
• une sorte de.
Irú ìwà wo lo ń hù báyìí ? Quelle sorte de conduite est-ce là ? *Èmi àti Adé ra irú aṣọ kan*. Adé et moi avons acheté le même tissu.

ìrù, n.
• queue.
Ajá wọn máa ń ju ìrù nígbà tó bá rí mi. Leur chien remue la queue quand il me voit.

ìrúkèrúdò, < ì.rú.òkè.ì.rú.odò, n.
• émeute, chaos.
Ìrúkèrúdò tún bẹ̀rẹ̀. Les émeutes ont recommencé. *Ìjà ìgboro ló fa ìrúkèrúdò*. Ce sont les bagarres du centre ville qui ont déclenché l'émeute.

ìrùkẹ̀ ~ **ìrùkẹ̀rẹ̀**, n.
• queue de cheval blanche réservée aux rois et aux chefs, qui l'agitent devant leur bouche en parlant.

ìrùkẹ̀rẹ̀, v. **ìrùkẹ̀**.

irun, n. (cf. **dirun**, **kórun**).
• cheveux.
Irun mi ti kún, mo fẹ́ gé e. Mes cheveux sont épais, je veux les faire couper.
• poil.

ìrun, n. (cf. **kírun**).
• prière musulmane.

irungbọ̀n, < irun.àgbọ̀n, n.
• barbe.
Mo fẹ́ lọ fá irungbọ̀n mi. Je veux aller me faire raser la barbe.

irunmú, < irun.imú, n.
• moustache.

isà, n.
• trou de souris.

ìsaasùn, n.
• marmite de terre cuite noire utilisée pour la cuisson des sauces.
Ìsaasùn tí yóò jẹ ata, ìdí rẹ̀ yóò gbóná. (Prov.). Le fond de la marmite dans laquelle on a fait cuire du piment sera forcément brûlant. [On n'a jamais rien sans rien.]

ìsàlẹ̀, n.
• le bas.
Ó wà ní ìsàlẹ̀ odò. Il est en bas de la rivière.
• fond.
Ọmọ náà kò lè mú iṣu tó wà ní ìsàlẹ̀ apẹ̀rẹ̀. L'enfant ne peut pas attraper l'igname qui est au fond du panier.

ìsìn, n. (cf. **sìn** 2).
• service religieux.

ìsìnkú, < ì.sin.òkú, n.
• funérailles.

ìsinmi, n. (cf. **sinmi**).
• repos.

ìsisìnyí, n. (cf. **nísisìnyí**).
• temps présent.

ìsọ̀, n.
• stand, étal, rayon (magasin).

ìsọkúsọ, n. (cf. **sọ** 3).
• parole non pertinente.
• fait de dire des choses inconvenantes (surtout pour des jeunes).

ìsọmọlórúkọ, < ì.sọ.ọmọ.ní. orúkọ, n.
• cérémonie de l'imposition du nom : celui-ci est donné huit jours après la naissance de l'enfant. Traditionnellement, la cérémonie avait lieu sept ou neuf jours après la naissance, selon que l'enfant était un garçon ou une fille.

ìsọ̀yè, < ì.sọ.iyè, n.
• médicament utilisé pour donner de la mémoire.

ìṣaájú, v. **ọ̀rọ̀** —.

ìṣàkóso, < ì.ṣe.àkóso, n.
• administration, gestion.
Ìṣàkóso orílẹ̀-èdè yìí kò lọ dáadáa. Ce pays n'est pas bien administré.

iṣan, n.
• artère, muscle, nerf, veine.

ìṣáná, n. (cf. **ṣáná**).
• allumette.
Ó ṣá ìṣáná. Il a frotté une allumette.

ìṣèlú, < ì.ṣe.ìlú, n.
• politique.

iṣẹ́, n. (cf. **ṣiṣẹ́**).
• travail.
Ẹ kú.iṣẹ́ > ẹ kúuṣẹ́ ! Salutation à qqn qui est en train de travailler.

iṣẹ́-abẹ, n. comp.
• opération chirurgicale.

iṣẹ́-ọnà, v. **ọnà**.

ìṣẹ́, n.
• pauvreté.
Ìṣẹ́ ń ṣẹ́ Bọ́lá. Bọ́lá est pauvre.

ìṣẹ́gun, n. (cf. **ṣẹ́gun**).
• victoire.

ìṣẹ́jú, n.
• clin d'œil.
• minute.
Aago mẹ́jọ kọjá ìṣẹ́jú mẹ́wàá. Il est 8 h 10.

ìṣẹ̀lẹ̀, n. (cf. **ṣẹlẹ̀**).
• événement.

ìṣílé, n. (cf. **ṣílé**).
• pendaison de crémaillère (pour une maison neuve).

ìṣirò, n.
• calcul, arithmétique.

ìṣó, v. **èṣó**.

ìṣòro, n. (cf. **ṣòro**).
• difficulté.

ìṣọ̀kan, n. (cf. **ṣọ̀kan**).
• unité.

iṣu, n.
• igname.
◇ **iṣu gidi** : igname *sp*. (utilisée surtout pour être pilée).
◇ **iṣu ègbodò** : première igname de l'année.

iṣukọ, < iṣu.akọ, n. (cf. **akọọṣu**).
• igname essentiellement utilisée pour être pilée.

ìta, n.
• le dehors, l'extérieur.
Obìnrin náà ń gúnyán ní ìta. La femme pile l'igname dehors.

ìtàgé, n.
• estrade, scène.

ìtajà, v. **ilé** —.

ìtàkùn, n.
• liane.

itan, n.
• cuisse.

ìtàn, n.
• histoire considérée comme vraie.
Ó mọ ìtàn bí wọ́n ṣe tẹ ìlú mi dó. Il connaît l'histoire de la fondation de ma ville.
• mythe.

ìtànjẹ, n. (cf. **tàn...jẹ**).
• duperie, tromperie.

ìtẹ́, n.
• nid.
• trône.
• berceau.

ìtẹ̀lẹ̀, < ì.tẹ̀.ilẹ̀, n.
• plante des pieds.

ìtẹríba, n. (cf. **tẹríba**).
• humilité.

ìtì-igi, n. comp.
• bûche.

ìtì-ọ̀gẹ̀dẹ̀, n. comp.
• régime de bananes.

ìtìjú, n. (cf. **tijú**).
• honte, timidité, respect de soi-même.
Tó bá ní ìtìjú ni, kò ní í hu irú ìwà yẹn. S'il avait un peu de respect de lui-même, il ne se comporterait pas de cette façon.

ìtòsí, n.
• alentours, parages, proximité.
Ó wà ní ìtòsí, kò rìn jìnnà. Il est dans les parages, il n'a pas été loin. *Bá mi gbé àga tó wà ní ìtòsí*. Apporte-moi la chaise qui se trouve à proximité.

itọ́, n. (cf. **tutọ́**).
• salive.
Ẹnu mi ń da itọ́ ~ Itọ́ ń dà lẹ́nu mi. J'en ai l'eau à la bouche.

ìtọ̀, n. (cf. **tọ̀** 1).
• urine.

ìtọ́jú, n. (cf. **tọ́jú** 1).
• soin.

ìtumọ̀, n. (cf. **túmọ̀**).
• sens.
Mi ò mọ ìtumọ̀ ọ̀rọ̀ rẹ̀. Je ne sais pas le sens de ses paroles.

ìtura, v. **ilé** —.

ìwà, n. (cf. **hùwà**).
• caractère, comportement, conduite.
Sùúrù ni baba ìwà. (prov.). La patience est la vertu cardinale.

ìwà-ìbàjẹ́, n. comp. (cf. **bàjẹ́**).
• comportement asocial, mauvaise conduite.

ìwàásù, < ar., n.
• prêche, sermon.

ìwádìí, < ì.wá.ìdí, n.
• recherche, investigation.
Wọ́n ń ṣe ìwádìí nípa oògùn tuntun. Ils font des recherches sur un nouveau médicament.

iwájú, n.
• le devant.
Màá bá yín ní iwájú ààfin. Je vous rencontrerai devant le palais.
• le front (tête).

ìwàǹwára, n.
• hâte, précipitation, nervosité.
Ìwàǹwára tí ọdẹ fi yìnbọn kò jẹ́ kí ó pa ẹran náà. Le chasseur a tiré avec trop de hâte, aussi a-t-il manqué l'animal.

ìwé, n. (cf. **kàwé**, **kọ̀wé**).
• livre.
Ka àwọn ìwé wọ̀nyẹn kí o sì tò wọ́n tẹ̀léra. Compte ces livres et range-les en ordre.
• papier, lettre.

ìwé-ẹ̀rí, n. comp.
• certificat, diplôme.

ìwé-ìpè, n. comp.
• invitation.
• convocation.

ìwé-ìròhìn, n. comp.
• journal.

ìwé-owó, n. comp.
• facture.

iwe, n.
• gésier.
Ẹni tí a torí rẹ̀ pa adìẹ, iwe ní í jẹ. (Prov.). Celui pour qui on a tué un poulet en mangera le gésier. [Empl. pour rappeler qu'il faut s'en tenir aux décisions qui ont été prises.]

ìwẹ̀fà, n.
• eunuque. Les eunuques à la cour d'Ọ̀yọ́ peuvent prétendre aux plus hautes fonctions de l'État.

iwì, n.
• chant, poésie des ancêtres ou des masques qui les représentent.
Iwì egúngún dùn létí. Les chants poétiques des ancêtres sont agréables à l'oreille.

iwin, n.
• esprit : créature minuscule et invisible, ressemblant aux humains et habitant dans les arbres.

ìwo, n.
• corne.

ìwòsàn, v. **ilé** —.

ìwòyí, n.
• moment présent, heure-ci, heure de maintenant.
Ìwòyí àná, Èkó ni mo wà. A cette heure-ci hier, j'étais à Lagos. *Yóò ti dé Èkó ní ìwòyí ọ̀la.* A cette heure-ci, demain, il sera arrivé à Lagos.
• d'aujourd'hui, de maintenant.
Kò wọ aṣọ àtijọ́, ti ìwòyí ló ń wọ̀. Il ne porte pas des vêtements de l'ancien temps, mais d'aujourd'hui.

ìwọ́, n.
• cordon ombilical.

ìwọ, pron. emph.
• toi.
Kì í ṣe ìwọ ni mo ń bá wí. Ce n'est pas à toi que je parle.

ìwọ̀, n.
• crochet, hameçon.

ìwọ̀-òòrùn, n. comp.
• ouest.

ìwọ̀fà, n.
• personne liée à un créditeur par un contrat et qui fournit un travail en nature, en remboursement de sa dette et de l'intérêt de celle-ci.

ìwọ̀n, n. (cf. **wọ̀n**).
• mesure (bol en métal, en émail, ou en plastique).
Ìwọ̀n ráìsì mélòó lẹ fẹ́ ? Combien de mesures de riz voulez-vous ?
• balance.

ìwọ̀n-ẹsẹ̀-bàtà, n. comp.
• unité de mesure pour une longueur.

ìwọ̀nba, < ìwọ̀n.iba, n.
• petite quantité.

ìwọ̀nyẹn, pron. démonst. (cf. **ìyẹn**, **wọ̀nyẹn**).
• celles-là, ceux-là.
Ìwọ̀nyẹn ni mo fẹ́ ! Ce sont ceux-là que je veux !

ìwọ̀nyí, pron. démonst. (cf. **èyí**, **wọ̀nyí**).
• celles-ci, ceux-ci.

ìwọ̀sí, n. (cf. **lọ̀** 2).
• fait d'être dégradant, insultant.
Ìwọ̀sí ló jẹ́ fún àgbàlagbà láti gbálẹ̀. C'est dégradant pour une personne âgée de balayer.
• fait de traiter de façon dégradante.
Ọmọ-ẹ̀kọ́ṣẹ́ yìí fi ìwọ̀sí lọ ọ̀gá rẹ̀. Cet apprenti s'est comporté de façon très insultante envers son patron.

ìyá, n.
• mère.
• terme d'adresse courtois envers une femme d'un certain âge qu'on ne connaît pas.
• (+ oní-) marchande, vendeuse.
Ìyá oníṣu ń ta ọjà ní ọ̀sán nìkan. La marchande d'ignames ne vend que l'après-midi.
◇ **ìyá àgbà** : grand-mère.
Ìyá mi àgbà. ni. C'est ma grand-mère.

ìyà, n. (cf. **jìyà**).
• punition.
• souffrance.

ìyá-ọlọ, n. comp. (cf. **ọmọ-ọlọ**).
• meule dormante.

ìyálé, < ìyá.ilé, n.
• première épouse dans un mariage polygame.

Ìyálóde, n.
• un des titres les plus importants qui puisse être conféré à une femme. Celle-ci représente notamment les intérêts des femmes auprès du conseil du roi. Auparavant, une *ìyálóde* pouvait être puissante au point de lever une armée et/ou de financer des hommes politiques.

iyán, n.
• igname pilée.

iyàn, n. (cf. **jiyàn**).
• argument.
Iyàn jíjà ní í ba ọ̀rẹ́ jẹ́. (Prov.). Argumenter détruit l'amitié.

ìyàn, n.
• famine.
Ní ìgbà kan, ìyàn mú púpọ̀ ní ìlú àwọn ẹranko. Il y a longtemps, régnait une grande famine chez les animaux.

ìyànjú, n. (cf. **gbìyànjú**).
• essai, effort, fait de faire le maximum.
Ìyànjú ni ẹ̀dá ń gbà, kò sẹ́ni tó mọ ọ̀la. Les humains font de leur mieux sans savoir ce que l'avenir leur réserve.

iyanrìn ~ **yanrin**, n.
• sable.

ìyarun, n. (cf. **yarun**).
• peigne.

ìyàtọ̀, n. (cf. **yàtọ̀**).
• différence.

ìyàwó, n.
• épouse, femme (dans un mariage polygynique, le terme désigne la dernière épouse).
Ìyàwó mẹ́ta ni bàbá Olú ní. Le père d'Olú a trois femmes.
◇ **ìyàwó àfẹ́sọ́nà** : fiancée.
Bọ́lá ni ìyàwó àfẹ́sọ́nà Adé. Bọ́lá est la fiancée d'Adé.

ìyàwó-arédè, n. comp.
• mariage monogynique.

iye, n.
• nombre.
A kò lè sọ iye ìyàwó tí ọba ní. On ne peut dire combien de femmes a un roi.
• montant, prix.
Mi ò mọ iye tí wọ́n ń ta iṣu báyìí. Je ne connais pas le prix des ignames maintenant.

iyè, n.
• mémoire.
Kò níyè nínú. Il n'a pas de mémoire.

ìyè, n. (cf. **yè**).
• vie éternelle.

iyebíye, adj.
(cf. **iye, oníyebíye, òkúta**).
• de valeur, précieux.
Ó ní aṣọ iyebíye. Elle a des vêtements de valeur.

ìyekan, n.
• enfants appartenant à la même lignée maternelle.

ìyẹ́, n.
• plume (d'oiseau).

Adé ń tu ìyẹ́ adìẹ tí a ṣẹ̀ṣẹ̀ pa. Adé plume le poulet qu'on vient de tuer.

ìyẹ̀fun, n.
• farine.

ìyẹn, pron. démons.
(cf. **yẹn**, **wọ̀nyẹn**).
• celui-là, celle-là.
Ìyẹn gan-an ló wù mí. C'est celui-là même qui me plaît.

ìyẹ̀pẹ̀ ~ yẹ̀ẹ̀pẹ̀, n.
• terre.
Àwọn mọlé-mọlé fi ìyẹ̀pẹ̀ mọ ilé náà. Les maçons ont utilisé de la terre pour faire (les murs) de la maison.

ìyẹ̀rẹ̀, n. (cf. **Ifá**).
• poésie d'Ifá chantée, par les devins, sur un mode de cantillation (sorte de chanter-parler) spécifique, lors de rencontres formelles dont le but est de tester l'exactitude de leur savoir.

ìyẹ̀rẹ̀-òsùn, n. comp.
(cf. **ìròsùn**).
• vermoulure de l'arbre *Baphia nitida* (appelée aussi poudre de divination). Elle est utilisée par le devin qui la répand sur son plateau de divination et y inscrit la figure divinatoire qu'il a tirée.
Babaláwo tẹ odù Ifá sórí ìyẹ̀rẹ̀-òsùn. Le devin marque, sur la poudre, la figure d'Ifá.

iyì, n. (cf. **gbayì**).
• respect que qqn inspire par son comportement.
Ọba wa kò ní iyì ni a kò ṣe bọ̀wọ̀ fún un. Notre roi se comporte d'une façon telle qu'on ne peut le respecter.
• fait d'être respectable.
• valeur.
Owó wa kò níyì mọ́. Notre monnaie n'a plus de valeur.

ìyókù, n. (cf. **yòókù**).
• reste.
Oúnjẹ ìyókù dà ? Où se trouve le reste de nourriture ? *Ìyókù dà ?* Où se trouve le reste ?

ìyówù, n. (cf. **yòówù**).
• quoi que.
Ohun ìyówù tó lè ṣẹlẹ̀, màá wá. Quoi qu'il arrive, je viendrai.

iyọ̀, n.
• sel.

J

já, vb.
• arracher (feuilles, fruits), se casser ; s'arracher, rompre, se rompre.
Apá àpò mi ti já. La bandoulière de mon sac s'est cassée.
◇ **já fáfá** : être brillant (qqn).

jà, vb.
• se battre, combattre, se bagarrer.
Ẹ má jà o ! Ne vous battez pas !
• se disputer, se quereller.
Àwọn ọmọ méjì wọ̀nyẹn máa ń jà nígbà gbogbo. Ces deux enfants sont toujours en train de se quereller.

já bọ́ lulẹ̀, < já bọ́ lù.ilẹ̀, vb. comp.
• tomber par terre.

já...láyà, < já...ní.àyà, vb. comp.
• faire peur, effrayer, avec pour effet de faire battre le cœur.
Ariwo yìí já mi láyà. Ce bruit m'a fait peur.

já...ní èékánná, vb. comp.
• pincer.

já sí, vb.
• aboutir à, conduire à, revenir à, mener à.
Níbo ni ọ̀nà yìí já sí ? Où cette route mène-t-elle ? *Gbogbo àròyé yìí kò já sí ibi kankan.* Tous ces bavardages n'ont abouti nulle part.

jáàmù, < angl., vb.
• être accidenté.
Ọkọ̀ wa jáàmù. Notre voiture a été accidentée.

jábọ́ / já...bọ́, vb.
• tomber, faire tomber.
Ó jábọ́ lórí igi. Il est tombé de l'arbre. *Òun ló já aṣọ mi bọ́.* C'est lui qui a fait tomber mes vêtements.

jábọ̀, < jẹ́.àbọ̀, vb. comp.
• faire le récit de qqch., raconter, relater.
Ó jábọ̀ iṣẹ́ tí mo rán an. Il m'a fait le récit (du résultat) du message que je lui avais fait transmettre.

jáde, < já.òde, vb. comp.
• sortir.

jáfara, vb. comp.
• être lent, traîner (tjs à l'impér.).
Má jáfara o ! Ne traîne pas !

jàgùdà, n.
• malfaiteur, pickpocket.

jagun-jagun, < jà.ogun-jà.ogun, n. comp.
• guerrier, soldat.

jàjà, pré-vb.
• arriver à, parvenir à, se débrouiller pour, finir par.
Ó jàjà lọ sí Ilẹ̀ Gẹ̀ẹ́sì fún ìgbà àkọ́kọ́. Il est parvenu à aller en Angleterre pour la première fois. *Bí owó ti jàjà dé ọwọ́ rẹ̀, ló ti tún ń mutí.* Comme il est arrivé à se procurer de l'argent, il s'est remis à boire.

jákè-jádò, < já.òkè-já.odò, vb. comp. / adv.
• s'étendre partout.
Rògbòdìyàn náà jákè-jádò ìlú. L'émeute s'est étendue à toute la ville.
• partout, de tous côtés.
Ìròhìn ogun náà ti tàn jákè-jádò ìlú. La nouvelle de la guerre s'est répandue dans toute la ville.

jákulẹ̀, vb. comp.
• décevoir.
Ọmọ yẹn já mi kulẹ̀. Cet enfant m'a déçu.
• échouer.
Ó jákulẹ̀ nínú ìdánwò rẹ̀. Il a échoué à ses examens.

jalè, < jà.olè, vb. comp.
• voler (dérober).
À ń nà án nítorí pé ó jalè. On le bat car il a volé. *Olè tó jà ló dùn*

mí. Le fait qu'il ait volé m'a fait mal.

jálẹ̀, vb./ adv. (cf. **kọ̀**).
• (sortir) complètement ; catégoriquement, énergiquement.
Ohùn rẹ̀ kò jálẹ̀ dáadáa. Sa voix ne sort pas bien. (Par ex. pour qqn ayant la grippe ou mal à la gorge.)
• dernier prix ! (Se dit lorsqu'on marchande qqch.)
Èló ni jálẹ̀ ? Quel est votre dernier prix ?

jàǹdùkú, n.
• voyou, homme de main.

jàǹkáàwọ̀, v. **jàǹkáríìwọ̀**.

jàǹkáríìwọ̀ ~ **jàǹkáàwọ̀**, n.
• toile d'araignée.

jàre, < jẹ.àre, vb. comp. (cf. **dá...láre**).
• être innocenté.
Ó jàre ẹ̀sùn olè jíjà. Il a été innocenté de l'accusation de vol.
• s'il vous plaît (uniq. aux 2èmes pers.).
Ẹ jàre, ṣé ẹ lè ràn mí lọ́wọ́ láti gbé ẹrù yìí ? S'il vous plaît, pouvez-vous m'aider à prendre ces bagages ? *Mo ń bọ̀ jàre !* J'arrive (mais je suis occupé pour l'instant !) (*Jàre* s'emploie pour indiquer à qqn qu'on a entendu ce qui était dit, mais qu'on est trop occupé pour répondre tout de suite à la question ou à la salutation.)

jayé, < jẹ.ayé, vb. comp.
• jouir de la vie, profiter de la vie.
Owó tó wà lọ́wọ́ rẹ̀ ló ṣe ń jayé bẹ́ẹ̀. C'est grâce à l'argent qu'il a qu'il profite pareillement de la vie.

jèrè, < jẹ.èrè, vb. comp.
• faire du bénéfice, du profit.
Ìyá ẹlẹ́ja ń jèrè lórí ẹja tó ń tà. La marchande de poisson fait du bénéfice sur le poisson qu'elle vend.

Jésù, < port., n. pr.
• Jésus.

jẹ́ 1, vb.
• permettre.
Ẹ jẹ́ kí n lọ. Permettez que je parte.

jẹ́ 2, vb.
• être (inaliénable).
Ó jẹ́ ẹ̀gbọ́n mi ọkùnrin. C'est mon frère aîné. *Kí lẹ jẹ́ sí ara yín ?* Qu'êtes-vous l'un pour l'autre ? *Kò jẹ́ bẹ́ẹ̀.* Ça n'est pas ainsi. *Kò lè jẹ́ bẹ́ẹ̀, àwàdà ni !* Il ne peut en être ainsi, c'est une blague !

jẹ́ 3, vb.
• avoir intérêt à, faire mieux de.
O jẹ́ fojú sí ìwé rẹ tí o bá fẹ́ yege nínú ìdánwò rẹ. Tu ferais mieux de te concentrer sur tes études si tu veux réussir tes examens.
• (+ nég.) ne pas penser, ne pouvoir être.
Èmi kò jẹ́ ronú àtilọ sí Ilẹ̀ Gẹ̀ẹ́sì nítorí mi ò lówó lọ́wọ́. Je ne peux penser aller en Angleterre, car je n'ai pas d'argent du tout.

jẹ́ 4, vb.
• répondre.

Mo pè é, kò jẹ́ mi. Je l'ai appelé, il ne m'a pas répondu. *Orúkọ wo ló ń jẹ́ ?* Comment s'appelle-t-il ? (Litt. : A quel nom répond-il ?)

jẹ, vb. (cf. **jẹun**).
• manger.
Kí lẹ fẹ́ jẹ ? Que voulez-vous manger ? *Ẹran ẹlẹ́dẹ̀ ni mo fẹ́ jẹ.* C'est de la viande de porc que je veux manger.
• devoir qqch. à qqn.
Ó jẹ mí lówó. Il me doit de l'argent. *Ó jẹ mí nígò bíà méjì.* Il me doit deux bouteilles de bière.
• prendre des pions à un adversaire.
Ó jẹ ayò mẹ́fà lẹ́ẹ̀kan ! Il m'a pris six pions d'*ayò* en une fois !

jẹ...lógún, vb. comp.
• être concerné par, tenir à cœur.
Ìdàgbàsókè jẹ gbogbo wá lógún. Le développement nous concerne tous.

jẹ...ní gbèsè, vb. comp.
• avoir des dettes.
Ó jẹ mí ní gbèsè. Il a des dettes envers moi.

jẹ...níyà, < jẹ...ní.ìyà, vb. comp. (cf. **jìyà**).
• faire souffrir qqn, punir qqn.
Ó jẹ mí níyà. Il m'a fait souffrir.

jẹ́ pé, loc. vb. (cf. **jẹ́** 2).
• vouloir dire, signifier que.
Tí o ò bá rí mi lọ́la, á jẹ́ pé mo ti lọ ni. Si tu ne me vois pas demain, cela signifiera que je suis parti.

jẹ̀bi, < jẹ.ẹ̀bi, vb. comp.
• être coupable.
Ẹni tí wọ́n fi ẹ̀sùn kàn sọ fún ilé-ẹjọ́ pé òun jẹ̀bi. L'accusé a dit au tribunal qu'il était coupable.

jẹbò, < jẹ.bò, vb. comp.
• cicatriser, se cicatriser.
Lẹ́hìn ìgbà díẹ̀, ojú àpá náà jẹbò. Après un certain temps, la plaie s'est cicatrisée.

jẹ̀dí-jẹ̀dí, < jẹ.ìdí-jẹ.ìdí, n. comp.
• hémorroïdes.
Ṣúgà jíjẹ lọ́pọ̀ ló ń fa jẹ̀dí-jẹ̀dí. C'est le fait de manger beaucoup de sucre qui cause les hémorroïdes (selon une croyance yorùbá).

jẹ́jẹ́, adv./adj.
• calme, sagement, tranquillement.
Ọmọ yẹn jókòó jẹ́jẹ́. Cet enfant est sagement assis. *Ènìyàn jẹ́jẹ́ ni.* C'est une personne calme.

jẹ́jẹ̀ẹ́, < jẹ́.ẹ̀jẹ́, vb. comp.
• faire un serment.
Ó jẹ́jẹ̀ẹ́ láti fi àgbò rúbọ fún Ṣàngó tí ó bá dáhùn ìbèèrè òun. Il fit le serment de sacrifier un bélier à Ṣàngó, si celui-ci répondait à sa demande.

jẹ̀ka, < jẹ.ìka, vb. comp.
• regretter.
Ó jẹ̀ka ìwà burúkú tó hù. Il a regretté sa mauvaise conduite.

jẹrà, < jẹ.rà, vb.
• pourrir, être pourri, se décomposer.
Iṣu yìí ti jẹrà, kò ṣeé jẹ. Cette

igname est pourrie, on ne peut la manger. *Ehín rẹ̀ jẹrà*. Ses dents sont très abîmées.

jẹ́rìí, < jẹ́.ẹ̀rí, vb. comp.
• prouver, témoigner.
Ó jẹ́rìí wí pé òun wà níbẹ̀ nígbà tí ìṣẹ̀lẹ̀ náà ṣẹlẹ̀. Il a prouvé qu'il était là quand l'événement s'est produit. *Olú jẹ́rìí nílé-ẹjọ́*. Olú a témoigné au tribunal.
• se porter garant de qqn.
Mo jẹ́rìí rẹ̀, kò ní í jalè. Je me porte garant de lui, il ne volera pas.

jẹ̀rora / jẹ ìrora, vb. + obj.
• souffrir terriblement (phys.).

jẹun, < jẹ.ohun, vb. comp.
• manger qqch.
Mo ti jẹun. J'ai déjà mangé.

jẹ́wọ́, vb. comp.
• avouer, confesser.
Ó jẹ́wọ́ pé òun jalè. Il a avoué qu'il avait volé.

jí 1, vb.
• voler, dérober.

jí 2, vb.
• se réveiller ; par ext., se lever.
Ó tètè jí láàárọ̀ yìí. Il s'est levé de bonne heure ce matin.

jí...gbé, vb.
• voler (dérober).
Wọ́n jí mọ́tò rẹ̀ gbé. On a volé sa voiture.

jì, vb.
• secouer.
Ó ji ìgò. Il a secoué la bouteille.

jìbìtì, n. (cf. **lù...jìbìtì**).
• escroquerie.

jígà, < angl., n.
• pioche.

jímọ̀, v. **ọjọ́**.

jìn, vb.
• être profond.
Ihò tí wọ́n gbẹ́ jìn púpọ̀. Le trou qu'ils ont creusé est très profond.

jinlẹ̀, < jìn.ilẹ̀, vb. comp.
• être profond (fig.).
Èrò rẹ̀ jinlẹ̀. Il a des pensées profondes. *Ó ń ronú jinlẹ̀ kó tó ṣọ̀rọ̀*. Il pense profondément avant de parler.

jinná, vb. comp.
• être cuit.
Ọbẹ̀ ti jinná báyìí. La sauce est cuite maintenant.
• guérir, être guéri (pour une plaie).
Egbò ẹsẹ̀ Adé ti jinná lẹ́hìn tó gba abẹ́rẹ́. La plaie qu'Adé avait au pied a guéri après qu'il a eu une piqûre.

jìnnà, < jìn.ọ̀nà, vb. comp.
• être loin.
A kì í ríra dáadáa nítorí ilé mi jìnnà sí tirẹ̀. On ne se voit pas souvent car ma maison est loin de la sienne. *Ọ̀nà jìn sí ilé yín !* C'est loin jusqu'à chez vous !

jírọ̀rọ̀, vb.
• discuter.
Wọ́n ń jírọ̀rọ̀ nípa ètò ìṣẹ̀lú tuntun lórílẹ̀-èdè yìí. Ils discutent sur les nouveaux événements politiques du pays.

jíṣẹ́, < jẹ́.iṣẹ́, vb. comp.
• transmettre un message.
Mo jíṣẹ́ fún ọ̀rẹ́ rẹ. J'ai transmis le message à ton ami.

jìyà, < jẹ.ìyà, vb. comp.
(cf. **jẹ...níyà**, **fi...jìyà**, **fìyà jẹ**).
• souffrir.
À ń jìyà ní àsìkò tí a wà yìí. On souffre en cette période-ci.
• être puni.
O ó jìyà tí o bá tún purọ́ ! Tu seras puni si tu mens encore !

jiyàn, < jà.iyàn, vb. comp.
• débattre, avoir un débat.
Adé bá Bọ́lá jiyàn nípa ọ̀rọ̀ ẹ̀sìn. Adé et Bọ́lá ont eu un débat sur la religion. *Wọ́n ń jiyàn lórí ìdìbò tó ń bọ̀.* Ils débattent des prochaines élections.

jó 1, vb. (cf. **ijó**).
• danser.
Wọ́n jó níbi àríyá lánàá. Ils ont dansé à la fête hier. *Túndé ń jó bíi kòkòrò.* Túndé danse divinement bien.

jó 2, vb. (cf. **jò**).
• brûler, prendre feu.
Ilé ń jó. La maison brûle. *Iná jó mi lápá.* Le feu m'a brûlé au bras.
• faire brûler.
Lọ jó àwọn ìwé wọ̀nyẹn ní iná. Va faire brûler ces papiers dans le feu.
• griller (ampoule électrique).
Gílóòbù ti jó. L'ampoule a grillé.

jò 1, vb.
• brûler, prendre (pour un feu).
Iná ti ń jò. Le feu a pris.

jò 2, vb.
• fuir (liquide, gaz).
Omi ń jò láti òkè. L'eau fuit de là-haut.
• être à plat, dégonflé (pneu, balle, ballon).
Bọ́ọ̀lù mi ti jò. Mon ballon est dégonflé.

jogún, < jẹ.ogún, vb. comp.
• hériter.
Ó jogún bàbá rẹ̀. Il a hérité de son père.

jókòó, vb.
• s'asseoir, être assis.
Jókòó sí ibí yìí. Assieds-toi ici.

jóná, < jó.iná, vb. comp.
(cf. **jó** 2).
• brûler.
Ìrẹsì ti jóná nínú ìkòkò. Le riz a brûlé dans la marmite.
• se brûler (2e vb.).
Mo fi ọwọ́ jóná. Je me suis brûlée à la main.

jowú, < jẹ.owú, vb. comp.
• être jaloux.
Bí obìnrin kò jowú, ọbẹ̀ kò lè dùn. (Prov.). Si une femme n'est pas jalouse, la sauce ne peut être bonne. [La stimulation est nécessaire pour bien faire.]

joyè, < jẹ.oyè, vb. comp.
• devenir chef.

jọ 1, vb.
• ressembler.
Wọ́n jọ ara wọn púpọ̀. Ils se ressemblent beaucoup.

jọ 2, pré-vb.
• ensemble.

A jọ lọ sí Ìbàdàn. Nous sommes allés ensemble à Ìbàdàn.

jọ...lójú, < jọ...ní.ojú, vb. comp.
• être impressionné, surpris.
Ìwà tó hù jọ mí lójú. Sa conduite m'a impressionné.

jọ̀, vb. (cf. **ajọ̀**).
• tamiser.
Wọ́n fi ajọ̀ jọ èlùbọ́. Elles ont passé la farine d'igname avec un tamis.

jọba, < jẹ.ọba, vb. comp. (cf. **ìjọba**).
• devenir roi, accéder au trône.
Adérẹ̀mí jọba ní 1930. Adérẹ̀mí a accédé au trône en 1930.

jọjú, vb.
• suffire, être suffisant, convenir, pouvoir aller.
A à tíì parí iṣẹ́ wa ṣùgbọ́n èyí tí a ti ṣe jọjú. Nous n'avons pas encore fini notre travail, mais ce que nous avons fait suffit. *Ṣé owó yìí á jọjú láti ra aṣọ náà ?* Cet argent sera-t-il suffisant pour acheter le tissu ?

jọlá, < jẹ.ọlá, vb. comp.
• profiter de sa position dans la société, de la gloire dont on jouit.
Ọba ń jọlá ipò rẹ̀. Le roi jouit de sa gloire.
• tirer avantage, profiter de la position de qqn.
Ó ń jọlá bàbá rẹ̀ ní ìjẹkújẹ. Il utilise la position de son père de mille manières.

jọ̀lọ́ọ̀fù, < empr., n.
• plat composé de riz bouilli dans lequel on incorpore tous les ingrédients nécessaires (tomates, piment, oignons, etc.).

jọ̀ọ́, v. **jọ̀wọ́**.

jọra, < jọ.ara, vb. comp. (cf. **jọ** 1).
• se ressembler.
Wọ́n jọra púpọ̀. Ils se ressemblent beaucoup.

jọ̀wọ́ ~ jọ̀ọ́, vb.
• s'il te/vous plaît (2e pers.).
Jọ̀wọ́ bá mi pe Bísí wá. S'il te plaît, appelle-moi Bísí pour qu'elle vienne. *Ẹ jọ̀wọ́, ẹ fara balẹ̀ !* S'il vous plaît, restez tranquilles !

jù 1, vb.
• lancer.
Ó ju òkúta sí mi. Il m'a lancé une pierre.

jù 2, vb.
• dépasser, surpasser.
Bísí jù mí lọ. Bísí me dépasse. *Ọgbọ́n ju agbára lọ.* L'intelligence surpasse la force. *Ó ga jù mí lọ.* Il est plus grand que moi. *Kò ju bẹ́ẹ̀ lọ !* Ça n'est pas plus que ça !
• être trop (2e vb.).
Ó ń jẹun jù. Il mange trop.
◇ **ju pé** : à part, plus que, sauf que, sinon que.
Kò sí ohun mìíràn tó ń ṣe mí ju pé orí ń fọ́ mi. Je n'ai rien d'autre, à part un mal de tête.

jù...nù, vb.
• jeter (qqch. de solide et de relativement petit).
Lọ jù ú nù. Va le jeter.

júbà, vb. comp. < ?.ìbà.
• rendre hommage.
Àwọn ọdẹ máa ń júbà àwọn bàbá wọn, kí wọ́n tó sun ìjálá. Les chasseurs rendent hommage à leurs prédécesseurs avant de chanter la poésie des chasseurs.

jùjú, n.
• gris-gris.
• type de musique yorùbá qui fait usage d'instruments modernes.

jùmọ̀, < ar., pré-vb.
• ensemble.
A jùmọ̀ ṣe iṣẹ́ yìí. On a fait ce travail ensemble.

júwe, vb.
• décrire.
Ó júwe ilé rẹ̀ fún mi. Il m'a décrit sa maison.

juwọ́, < jù.ọwọ́, vb. comp.
• faire un signe de la main.
Ó juwọ́ sí mi nígbà tó ń lọ. Il m'a fait un signe de la main en partant.

K

ká 1, vb.
• cueillir des fruits.
Wọ́n ká ọsàn. Ils ont cueilli des oranges.

ká 2, vb.
• plier.
Mo ká lẹ́tà tí mo kọ sínú àpò-ìwé. J'ai plié la lettre que j'ai écrite dans une enveloppe. *Bá mi ká aṣọ ìbùsùn.* Aide-moi à plier les draps.
• rentrer le linge.
Lọ ká aṣọ tó wà níta. Va rentrer le linge qui est dehors.

ká 3, vb. (cf. **ká...mọ́**, **kárí**).
• (vb. donnant l'idée de faire le tour de qqch., d'entourer) : suffire, être suffisant.
Ó ti sanra jù, aṣọ yìí kò ká a mọ́. Il a trop grossi, ce vêtement ne lui va plus.
• (+ ojú) embrasser du regard.
Ojú mi ká gbogbo akẹ́kọ̀ọ́ tó ń ṣe ìdánwò. Je peux embrasser du regard tous les élèves qui passent leur examen.
• avoir de l'autorité sur qqn.
Ọwọ́ mi ká ọmọ yìí. J'ai de l'autorité sur cet enfant. *Ẹnu mi ò lè ká ọmọ yẹn.* Mes paroles n'ont aucun effet sur cet enfant.

kà 1, vb. (cf. **kàwé**).
• compter.
Kà wọ́n dáadáa. Compte-les bien.
• lire.
Bàbá wọn ń ka ìwé-ìròhìn lójoojúmọ́. Leur père lit le journal tous les jours.

kà 2, vb.
• poser sur qqch. (2e vb.).
Gbé ìsaasùn ka orí pẹpẹ. Pose la marmite sur l'étagère.

ká...lára, vb. comp. (cf. **ká** 2).
• être anxieux.
Ọ̀rọ̀ ẹ̀kọ́ àwọn ọmọ rẹ̀ ká a lára. Il est anxieux au sujet de la scolarisation de ses enfants.

• être pressé par qqch.
Ọrọ̀ náà ká wọn lára, wọn ò sì ní sùúrú láti dúró dè mí. Ils étaient pressés par cette affaire, et ils n'ont pas eu la patience de m'attendre.

kà...láyà, < kà...ní.àyà, vb. comp. (cf. **kà** 2).
• en avoir assez.
Ọ̀rọ̀ náà ka gbogbo ènìyàn láyà. Tout le monde en a assez de cette histoire.
• être contrarié par, être désagréablement surpris.
Ìròhìn náà kà mí láyà. Les nouvelles m'ont contrarié.

ká...mọ́, vb. (cf. **ká** 3).
• clôturer, encercler.
Àgbẹ̀ fi irin ká oko rẹ̀ mọ́. Le fermier a clôturé son champ avec du fil de fer. *Àwọn jagun-jagun ká ìlú wa mọ́.* Les soldats ont encerclé notre ville.
• surprendre, prendre sur le fait, en flagrant délit.
Wọ́n ká Bọ́lá mọ́ ibi tí ó ti ń jí ẹran jẹ. On a surpris Bọ́lá en train de voler de la viande.

kà...sí, vb. (cf. **kà** 1).
• traiter avec considération.
Ọmọ yìí lẹ́kọ̀ọ́ púpọ̀, a máa ka ènìyàn sí. Cet enfant est très bien éduqué, il traite les gens avec considération.
• prendre en considération, tenir compte.
Ọmọ yìí kò ka ìmọ̀ràn mi sí. Cet enfant n'a pas tenu compte de mes conseils.
• considérer, tenir pour.
Wọ́n kà á sí ènìyàn kékeré. On le tient pour qqn de peu important. *Ó ka ara rẹ̀ sí ẹni tó gbọ́n.* Il se considère comme qqn d'intelligent.

káàbọ̀, v. **àbọ̀**.

káàkiri, adv. (cf. **kiri**).
• partout.
Má ro ẹjọ́ mi káàkiri. Ne va pas raconter mes histoires partout.

kábàámọ̀, < kó.àbámọ̀, vb. comp.
• regretter.

kábíyèsí, n.
• Sire (terme d'adresse ou de référence pour un roi).

kabú-kabú, < empr., n.
• voiture particulière utilisée comme taxi.
Kí owó wọn lè pọ̀ sí i, wọ́n ń ṣe kabú-kabú. Pour augmenter leurs ressources, ils utilisent leur voiture comme taxi.

kádàrá ~ kàdárà, < ar., n.
• destinée.

kàdárà, v. **kádàrá**.

kájú, < ká.ojú, vb. comp. (cf. **ká** 3).
• suffire, être suffisant.
Owó náà kájú ǹkan tí mo rà lọ́jà. L'argent a suffi pour ce que j'ai acheté au marché.

kàkà kí, conj.
• plutôt que, au lieu de.
Kàkà kí o ṣe iṣẹ́ rẹ, eré lo ń ṣe ! Au lieu de faire ton travail, tu joues !

kàkàkí, < haus., n.
• trompette royale.
Olè tó jí kàkàkí ọba, níbo ni yóò ti fun ún ? (Prov.). Le voleur qui a volé la trompette royale, où en jouera-t-il ? [Bien mal acquis ne profite jamais.]

Kakaǹfò, v. Ààrẹ-ọ̀nà —.

kákò / ká...kò, vb.
(cf. **ká** 2, **kò** 2).
• s'enrouler, se recroqueviller.
Tí ejò bá ti jẹun tán yóò kákò. Quand le serpent a fini de manger, il s'enroule (sur lui-même). *Mi ò rí ibi jókòó dáadáa, ńṣe ni mo kákò.* Comme je ne pouvais pas bien m'asseoir, je me suis recroquevillé(e).
• replier.
Ó ká ẹsẹ̀ rẹ̀ kò. Il a replié ses jambes.

kálàmù, < ar., n.
• stylo, plume.

kalẹ̀, < kà.ilẹ̀, vb. comp.
(cf. **kà** 2).
• mettre par terre, poser par terre (2e vb.).
Gbé e kalẹ̀. Pose-le par terre. *Bá mi gbé ẹrù yìí kalẹ̀.* Aide-moi à poser ce chargement par terre.
• exposer.
Ọ̀nà tó gbà gbé ọ̀rọ̀ náà kalẹ̀ wọni létí dáadáa. La façon dont il a exposé les faits était très claire.

kàlẹ́ńdà, < angl., n.
• calendrier.

kálukú, (cf. **oníkálukú**).
• chacun.
Kálukú gba ọ̀nà tirẹ̀ lọ. Chacun est parti de son côté.

káмẹ́rà, < angl., n.
• appareil photo, caméra.

kán 1, vb.
• goutter, tomber goutte à goutte.
Òjò ń kán láti orí òrùlé. La pluie tombe goutte à goutte du toit. *Ó ń kán òógùn.* Il transpire à grosses gouttes.

kán 2, vb.
• casser (du bois, un membre) ; fracturer, se fracturer un membre.
Ó kán orín sí méjì. Il a cassé le bâtonnet à dents en deux. *Ó kán mi lápá.* Il m'a cassé le bras.
• se casser (partie de qqch.) ; ébrécher, s'ébrécher.
Ọwọ́ ife yìí ti kán. L'anse de cette tasse est cassée. *Ó kán àwo yìí létí.* Il a ébréché le bord du plat.
• (+ ojú) être pressé.
Ojú kán ń wọn. Ils sont pressés.

kan 1, vb.
• être aigre, être acide.
Ọbẹ̀ yìí kan. Cette sauce est aigre.
• tirer (pour les cheveux).
Irun kan án nígbà tí ìyá rẹ̀ ń bá a yà á. Les cheveux la tiraient quand sa mère la coiffait.

kan 2, num. (cf. **ọ̀kan**).
• un.
Mo ra adìẹ kan lọ́jà. J'ai acheté un poulet au marché.
• même.

Ọ̀nà kan ni àwọn méjèèjì gbà lọ. Tous deux ont pris le même chemin.

kàn, vb.
• clouer, enfoncer (clou) ; frapper.
Ó ń kan èṣó. Il enfonce un clou. *Ẹnìkan ń kan ìlẹ̀kùn.* Quelqu'un frappe à la porte.
• toucher.
Ó fọwọ́ kan àwòrán yìí. Il a touché ce tableau avec la main.
• concerner.
Ọ̀rọ̀ yìí kò kàn mí. Cette affaire ne me concerne pas.
• être au tour de qqn.
Ó kàn ọ́ ni. C'est à ton tour.

kán...lójú, vb. comp. (cf. **kánjú**).
• être pressé, presser qqn.
Kí ló kán ọ lójú tó báyìí ? Pourquoi es-tu si pressé ? *Má kán mi lójú rárá !* Ne me presse surtout pas !

kaná, < kà.iná, vb. comp. (cf. **kà** 2).
• mettre sur le feu (2e vb.).
Gbé omi kaná. Mets l'eau sur le feu.

kànga, n.
• puits.

kángun, < kán.igun, vb. comp.
• être à côté de.
Ilé wa kángun sí mọ́ṣáláṣí. Notre maison est à côté de la mosquée.

kànìn-kànìn ~ **kànǹkàn**, n.
• éponge végétale.

kánjú, < kán.ojú, vb. comp. (cf. **kán** 2, **kán...lójú**).
• être pressé.
Ó ń kánjú ~ Ojú ń kán an. Il est pressé.

kankan, déter.
• aucun.
Kò ra ìwé kankan. Il n'a acheté aucun livre.

kanlẹ̀, v. **mí**.

kannkéré, < angl., n.
• béton.

kànǹkàn, v. **kànìn-kànìn**.

kanra, < kan.ara, vb. comp.
• être irrité, être de mauvaise humeur.
Kí ló dé tí o ń kanra bẹ́ẹ̀ ? Pourquoi es-tu de si mauvaise humeur ?

kanra mọ́, vb. comp.
• être irrité contre qqn.
Olú ń kanra mọ́ Adé. Olú est irrité contre Adé.

kántan-kàntan, n. comp.
• non-sens, bêtise (dire).
O ti kọjá ọmọ ọdún méjìlélógún, o tún ń sọ kántan-kàntan ! Tu as dépassé 22 ans et tu dis encore des bêtises !

kánún, < haus., n.
• natron.
Àwọn Yorùbá ń fi kánún sebẹ̀ ilá. Les Yorùbá préparent la sauce au gombo avec du natron.

káńdù, < angl., n.
• bougie.

kápẹ́ẹ̀tì, < angl., n.
• tapis.

káre, vb.
• vb. utilisé pour féliciter qqn qui a bien fait qqch. ou réussi dans une entreprise (uniq. aux 2èmes pers.).
O káre o ! Bravo ! (Félicitations.)

kárí, < ká.orí, vb. comp. (cf. **ká** 3).
• avoir qqch. en quantité ou en nombre suffisant pour un nombre donné de personnes.
Oúnjẹ yìí lè kárí gbogbo wa. Cette nourriture peut suffire pour nous tous.

karosínnì, v. **kẹrosínì**.

karùn-ún, num.
• cinquième.

kásẹ̀ nílẹ̀, < ká.ẹsẹ̀.ní.ilẹ̀, loc. vb. (cf. **ká** 2).
• arriver à sa fin, se terminer.
Ọyẹ́ ti kásẹ̀ nílẹ̀. L'harmattan est terminé. *Èlùbọ́ ti ń kásẹ̀ nílẹ̀.* La farine d'igname arrive à sa fin.

kàtá, < angl., n.
• rhume.

katakata, < angl., n.
• bulldozer, tracteur.

kàwé / ka ìwé, vb.+ obj. (cf. **kà** 1).
• lire, étudier.
Mò ń kàwé lọ́wọ́, má yọ mí lẹ́nu ! Je suis en train de lire, ne m'embête pas !
• avoir de l'instruction.
Ó kàwé díẹ̀. Il a un peu d'instruction.

káwọ́ lérí, < ká.ọwọ́ lé.orí, vb. comp. (cf. **ká** 2).
• croiser les mains sur la tête en signe de douleur, de chagrin ou de préoccupation.

ké, vb. (cf. **kígbe**, **kéwì**).
• crier.
• réciter de la poésie (tjs avec ewì).

ké...kúrú, v. **gé...kúrú**.

ké sí, vb.
• appeler, héler.
Ó ké sí Bọ́lá kó wá bá òun pọnmi. Elle a appelé Bọ́lá pour qu'il vienne l'aider à puiser de l'eau. *Ta ló ń ké sí mi o ?* Qui m'appelle ?

kéde, vb.
• annoncer publiquement, proclamer.
Wọ́n kéde káàkiri pé ọba ti wàjà. On a annoncé partout que le roi était mort.

kedere, adv.
• clairement, distinctement.
Ojú ọjọ́ mọ́lẹ̀ kedere. Le jour est très clair. *Ó hàn kedere pé ó rẹ̀ ẹ́.* On voit clairement qu'elle est fatiguée.

kèékèé, v. **rẹ́rìn-ín**.

kéèkì, < angl., n.
• gâteau.

keje, num.
• septième.

kejì, num.
• deuxième.

kékèké, adj. (cf. **kékeré**).
• petits (pl.).
Ọmọ kékèké ló ń kígbe. Ce sont

des petits enfants qui crient.

kékeré, adj. (cf. **kéré**).
• petit.
Ilé kékeré ni wọ́n rà ní Èkó. C'est une petite maison qu'ils ont achetée à Lagos.

kéré, vb.
• être petit, être peu.
Igi yìí kéré jù. Ce morceau de bois est trop petit. *Ọbẹ̀ tó kù kéré, kò lè tó jẹun.* Il reste peu de sauce, cela ne suffira pas pour le repas.

kèrègbè, v. **akèrègbè**.

kèrèǹgbè, v. **akèrègbè**.

Kérésìmesì, < angl., n.
• Noël.

kérora, < ké.ìrora, vb. comp.
• gémir de douleur.
Àwọn tó ṣèṣe nínú ìjàǹbá náà ń kérora. Ceux qui avaient été blessés dans l'accident gémissaient de douleur.

ketekete, adv.
• distinctement.
Ó ń sọ̀rọ̀ ketekete. Il parle distinctement. *Mo lè gbọ́ ohùn àlùfáà ketekete.* Je peux entendre distinctement la voix du prêtre.

Kétu, n. pr.
• désigne à la fois un ancien royaume yorùbá et sa capitale ; il est maintenant situé en République du Bénin.

kéwì, < ké.ewì, vb. comp.
• réciter, déclamer de la poésie.

kẹ́ 1, vb. (cf. **dẹ**).
• poser un piège.
Ọdẹ kẹ́ tàkúté. Le chasseur a posé un piège.

kẹ́ 2, vb.
• câliner (svt empl. dans les *oríkì*).
Olú ń kẹ́ ọmọ rẹ̀ púpọ̀. Olú câline beaucoup son enfant.

kẹ̀ 1, vb.
• être grave, rauque (voix).
Ohùn rẹ̀ kẹ̀. Il a une voix grave.

kẹ̀ 2, vb.
• être écarté.
Ẹsẹ̀ rẹ̀ kẹ̀. Il a les jambes écartées.

kẹ́dùn, vb.
• exprimer sa sympathie à qqn. (2e vb.).
Mo bá a kẹ́dùn ọkọ̀ rẹ̀ tí wọ́n jí. Je lui ai exprimé ma sympathie au sujet du vol de sa voiture. *Wọ́n bá mi kẹ́dùn ikú ọ̀rẹ́ mi.* Ils m'ont exprimé leur sympathie à l'occasion de la mort de mon ami.

kẹfà, num.
• sixième.

kẹ́hìn, < ?.ẹ̀hìn, vb. comp.
• être le dernier.
Òun ló kẹ́hìn nínú àwọn ọmọ mẹ́tẹ̀ẹ̀ta. C'est le dernier des trois enfants.

Kẹ́hìndé, n. pr.
• deuxième né(e) de jumeaux ; il/elle est considéré(e) comme l'aîné(e).

kẹjọ, num.
• huitième.

kẹ̀kẹ́, n.
• bicyclette, vélo.
Kẹ̀kẹ́ ni Olú ń gùn lọ sí ibi-iṣẹ́ lójoojúmọ́. Olú va tous les jours au travail en vélo.

kẹ̀lẹ̀bẹ̀, n.
• glaire.
Ó ń tu kẹ̀lẹ̀bẹ̀. Il crache des glaires.

kẹnú, < kẹ̀.inú, vb. comp. (cf. **kẹ̀** 2).
• être large, grand, spacieux.
Yàrá rẹ kẹnú. Ta chambre est spacieuse. *Igbá yìí kẹnú ju abọ́ lọ.* Cette calebasse est plus grande que ce bol.

kẹ̀rẹ̀-kẹ̀rẹ̀, adv.
• graduellement, petit à petit.
Kẹ̀rẹ̀-kẹ̀rẹ̀, imú ẹlẹ́dẹ̀ á wọ ọgbà. (Prov.). Petit à petit, le groin du cochon pénétrera dans le jardin. [Avec de la patience on arrive à tout.] *Kẹ̀rẹ̀-kẹ̀rẹ̀, a ti ń parí iṣẹ́ wa.* Petit à petit, nous finissons notre travail.

kẹrin, num.
• quatrième.

kẹrosínì ~ karosínnì, < angl., n.
• pétrole.

kẹsàn-án, num.
• neuvième.

kẹta, num.
• troisième.

kẹtan, < kẹ̀.itan, vb. comp. (cf. **kẹ̀** 2).
• avoir les jambes arquées.

kẹ́tẹ́kẹ́tẹ́, n.
• âne.

kẹ́tù, < angl., n.
• bouilloire.

kẹwàá, num.
• dixième.

kí 1, vb.
• saluer.
Kò kí mi lánàá. Il ne m'a pas salué hier.

kí 2, conj. (cf. **kí...tó**).
• s'empl. après un vb. impliquant un désir, un souhait ou un vb. impers.
Bísí fẹ́ kí n bá òun lọ sí Èkó. Bísí veut que je l'accompagne à Lagos. *Ó kù kí a palẹ̀ mọ́.* Il ne reste plus qu'à ranger.

kí 3, pron. inter.
• quoi ?
Kí ni o fẹ́ ? Que veux-tu ? *Kí ló dé ?* Pourquoi ? *Kí ni ṣe tó fi sá lọ ?* Pourquoi s'est-il enfui ?

-kí- 4, infx. n.
• permet, à partir d'un nom, de former un indéfini avec une nuance svt péjorative.
Ìyàwókíyàwó : n'importe quelle femme. *Ènìyànkénìyàn* : une personne de rien.

ki, vb.
• être épais (pour un liquide, une sauce), être visqueux.

kì 1, vb. (cf. **oríkì**).
• saluer qqn par son *oríkì*.

Àwọn onílù ń ki ọba. Les tambourinaires saluent le roi par son *oríkì.*

kì 2, vb.
• bourrer (pipe, fusil).
Ọdẹ ki ìbọn rẹ̀ kí ó tó lọ ṣọdẹ. Le chasseur a bourré son fusil avant de partir à la chasse.
• tasser.
Ó ki aṣọ mọ́ inú apẹ̀rẹ̀. Elle a tassé le linge dans le panier.

kí...baà lè, loc. conj.
• afin de, afin que, pour que.
Àwọn ọmọ ń kàwé dáadáa kí inú àwọn òbí wọn baà lè dùn. Les enfants étudient bien afin que leurs parents soient contents.

kì...bọ̀, vb. (cf. **kì** 2).
• enfoncer.
Ó ki owó rẹ̀ bọ̀ inú àpò. Il a enfoncé son argent dans sa poche.

kì í, morph. nég. (cf. **kò** 1).
• marque l'habituel négatif.
Àwọn mùsùlùmí kì í mutí. Les musulmans ne boivent pas d'alcool.

◇ **kì í ṣe** : nég. emph. : ce n'est pas.
Kì í ṣe ìwọ ni mo ń bá wí. Ce n'est pas à toi que je parle.

kí...tó, loc. conj. (cf. **kí** 2).
• avant que, avant de.
Ẹ gbọdọ̀ jẹ nǹkan kí ẹ tó lọ sílé-ìwé. Vous devez manger quelque chose avant d'aller à l'école.

kíá, adv.
• rapidement, vite.
Ṣe kíá ! Fais vite !

kígbe, < ké.igbe, vb. comp.
• crier.
Ó kígbe pè mí. Il a crié pour m'appeler.

kìíní, num.
• premier.
Ó gba ìpò kìíní nínú kíláàsì rẹ̀. Elle est première de sa classe.

kíkankíkan, adv.
• fort et à répétition, avec vigueur.
Àwọn onílù ń lùlù kíkankíkan. Les tambourinaires jouent avec vigueur. *Wọ́n ti ń sọ̀rọ̀ náà kíkankíkan.* Ils parlent de plus en plus de cette affaire.

kíláàsì, < angl., n.
• salle de classe.

kìlómítà, < angl., n.
• kilomètre.

kìlọ̀, vb.
• avertir, mettre en garde.
A ti kìlọ̀ fún ọ tẹ́lẹ̀ ! On t'avait bien mis en garde avant !

kín...lẹ́hìn, < kín...ní.ẹ̀hìn, vb. comp.
• frotter le dos de qqn.
Wá kín mi lẹ́hìn. Viens me frotter le dos.
• soutenir qqn, encourager.
Adé kín in lẹ́hìn láti kúrò nínú ẹgbẹ́ yìí. Adé l'a encouragé à quitter cette association.

kíndìnrín, n.
• rein.

kìnnìún, n. (cf. **bú** 2).
• lion.
Kìnnìún ń bú. Le lion rugit.

kiri, vb./ adv.
• aller d'un endroit à l'autre, colporter.
Ìyá onísu ń kiri ọjà rẹ̀. La vendeuse d'ignames colporte ses marchandises.
• partout (aller).
Ó ń rìn kiri. Il vadrouille.

kírun, < kí.irun, vb. comp.
• prier (pour les musulmans).
Àwọn mùsùlùmí máa ń kírun lẹ́ẹ̀marùn-ún lójoojúmọ́. Les musulmans prient cinq fois par jour.

kíyèsí, vb.
• surveiller qqch.
Bá mi kíyèsí ẹrù mi. Aide-moi à surveiller mes affaires.

kó, vb.
• prendre (obj. pl.).
Ó kó àpò kòkó lọ tà ní Èkó. Il a pris les sacs de cacao pour aller les vendre à Lagos.
◇ **kó sí páńpẹ́** : tomber dans un piège.
Ó kó sí páńpẹ́ àwọn ọlọ́pàá. Il est tombé dans le piège tendu par les policiers.

kò 1 ~ **ò**, morph. nég. (cf. **kọ́**).
• ne...pas.
Àwọn olè kò lọ jìnnà. Les voleurs ne sont pas allés loin. *Wọn ò mutí rárá.* Ils n'ont pas bu d'alcool du tout.
◇ **kò ní í** : futur négatif.
Wọn ò ní í tún lọ síbẹ̀ mọ́ láéláé. Ils ne retourneront plus jamais là-bas.

kò 2, vb.
• rencontrer.
Mo kò ó lọ́nà ọjà. Je l'ai rencontré sur le chemin du marché.

kò...lójú, vb. comp.
(cf. **kojú**).
• faire face à qqch.
Ó fi gbogbo agbára ko iṣẹ́ rẹ̀ lójú. Elle a fait face à son travail avec toute son énergie.
• affronter.
Kò láyà tó láti ko ọ̀gá rẹ̀ lójú lórí ọ̀rọ̀ yìí. Il n'a pas le courage d'affronter son patron au sujet de cette affaire.

kó bá / kó...bá, vb.
• attraper une maladie ; contaminer, être contaminé.
Àrùn rẹ̀ ti kó bá àwọn tó kù nínú ilé. Le reste de la maisonnée a attrapé sa maladie. *Wọ́n kó ìwà burúkú bá ọmọ mi.* Ils ont contaminé mon enfant avec leurs mauvaises manières.
• entraîner, mêler, impliquer.
Ó kó wàhálà bá mi. Il m'a entraîné dans des ennuis. *Ète rẹ̀ ni láti kó bá mi nínú ọ̀rọ̀ yìí.* Son plan est de m'impliquer dans cette affaire.

kó fìrí, vb.
• apercevoir.
Ọdẹ gbé ìbọn rẹ̀ nígbà tí ó kó fìrí ẹranko. Le chasseur a saisi son fusil quand il a aperçu l'animal.

kó...kúrò, vb.
• enlever (obj. pl.).
Bá mi kó ẹrù yìí kúrò. Aide-moi à enlever ces affaires.

kó kúrò, vb.
• déménager.

Bọ́lá ti kó kúrò nílé rẹ̀ láti lọ sí ibòmíràn. Bọ́lá a déménagé pour aller ailleurs.

kó...lọ, vb.
• emporter (obj. pl.).
Ó kó gbogbo ìwé rẹ̀ lọ. Il a emporté tous ses livres.
• cambrioler.
Àwọn olè kó ilé Bọ́lá lọ. Les voleurs ont cambriolé la maison de Bọ́lá.

kó lọ, vb.
• déménager.
Wọ́n ti kó lọ sí ibòmììràn. Ils ont déménagé (ailleurs).

kò...mọ́, morph. nég.
• ne plus.
Kò fẹ́ lọ mọ́. Il ne veut plus partir.

kò-tó-nǹkan, n. comp.
• aoûtat *sp.*

kó...wá, vb.
• apporter (obj. pl.).
Ó kó gbogbo ìwé rẹ̀ wá. Il a apporté tous ses livres.

kojú, < kò.ojú, vb. comp.
• faire face (fig.), rencontrer (fig).
Ó fi ìgboyà kojú wàhálà tó ní níbi-iṣẹ́. Il a fait face avec courage à ses ennuis au travail.
Ọmọ náà pa ẹ̀kọ́ rẹ̀ tì nígbà tó kojú ìṣòro. L'enfant a abandonné l'école quand il y a rencontré des difficultés.

kókó, n. (cf. **ta** 2, **kókósẹ̀**).
• noeud (arbre, bois).
• grumeau, protubérance.
Iyán yìí ní kókó. Cette igname pilée a des grumeaux.
• fin fond de qqch.
Mo fẹ́ mọ kókó ìdí ọ̀rọ̀ yìí. Je veux savoir le fin fond de cette affaire.
◇ **kókó ọwọ́** : os du poignet.

kókò, n.
• taro.

kòkó, < angl., n.
• cacao.

kòkòrò, n.
• insecte.
Kòkòrò tó ń jẹ ẹ̀fọ́, ìdí ẹ̀fọ́ ló ń gbé. (Prov.). L'insecte qui mange les légumes-feuilles, c'est bien au pied de ceux-ci qu'il réside. [Vos ennemis sont souvent vos plus proches.]

kókósẹ̀, < kókó.ẹsẹ̀, n.
• malléoles de la cheville.

kólòlò, vb.
• bégayer.
• commencer à parler. (S'utilise pour un petit enfant qui ne parle pas encore bien.)

kóńdó, n.
• matraque de policier.

kóńgò, < empr. n.
• mesure (grains, sel, riz, farine, etc.).

kóòkì, < angl., n.
• Coca-cola.
• boisson minérale.

koóko, v. **koríko**.

kóòmù, < angl., n.
• peigne en plastique.

kóòtù ~ kọ́ọ̀tù, < angl., n.
• tribunal.

kópa / kó ipa, vb.+ obj. (cf. **kó**).
• participer.
Èniyàn mélòó ló kópa nínú ìpàdé nàà ? Combien de gens ont participé à la réunion ?

kóra, < kó.ara, vb. comp.
• être passé de saison.
Tòmátì ti kóra báyìí. Les tomates sont passées de saison maintenant.

kórè, < kó.irè, vb. comp.
• récolter.

kórìíra, < kó.ìríra, vb. comp.
• détester, haïr.
Mo kórìíra ìwà ọ̀lẹ ní tèmi. Quant à moi, je déteste les comportements paresseux.

koríko ~ koóko, n.
• herbe.
Wọ́n gé koríko mọ́lẹ̀. On a coupé l'herbe à ras.

kòríkòsùn, < kò.rí.kò.sùn, n.
• ami intime.
Kòríkòsùn ni àwọn méjèèjì. Tous deux sont des amis intimes.

kóró, n.
• noyau, pépin.
Kóró inú ọsàn kò ṣeé jẹ. On ne peut pas manger les pépins d'orange.

korò, vb.
• être amer.
Àgbo yìí korò jù, kò ṣeé mu. Cette infusion est trop amère, on ne peut la boire.

kórópọ̀n ~ ẹpọ̀n, < kóró.ẹpọ̀n, n.
• testicule.

kórun / kó irun, vb.+ obj.
• enrouler avec du fil les cheveux divisés en mèches.

kòtò, n.
• trou, fosse, fossé.

kọ́ 1, vb.
• apprendre, enseigner.
Wọ́n ń kọ́ èdè yorùbá. Ils apprennent le yorùbá. *Ó ń kọ́ wọn ní èdè yorùbá.* Il leur enseigne le yorùbá.

kọ́ 2, vb.
• accrocher, s'accrocher.
Ìṣó kan kọ́ mi láṣọ. Un clou a accroché mon vêtement. *Okùn yìí kọ́ mi lẹ́sẹ̀.* Je me suis pris le pied dans cette corde.
• suspendre.
Ó fi ṣòkòtò rẹ̀ kọ́ ìṣó. Il a suspendu son pantalon à un clou.

kọ́ 3, vb.
• construire.
Wọ́n ti kọ́ ilé mẹ́ta. Ils ont déjà construit trois maisons.

kọ́ 4, morph. nég.
• permet de négativer un nom ou un syntagme nominal.
Iyọ̀ kọ́, ṣúgà ni. Ce n'est pas du sel, c'est du sucre. *Òun kọ́ ló jí owó rẹ.* Ce n'est pas lui qui a volé ton argent.

kọ́ 5, v. **kọ́kọ́**.

kọ 1, vb. (cf. **kọ̀wé**)
• avoir des scarifications.

Àwọn Ọ̀yọ́ ń kọ ilà. Les Ọ̀yọ́ ont des scarifications.
• écrire.
Ṣé o ti kọ ohun tí mo sọ sílẹ̀ ? As-tu écrit ce que j'ai dit ?

kọ 2, vb. v. **kọrin**.
• chanter.
Àkùkọ ń kọ. Le coq chante.

kọ 3, vb. (cf. **kọbè**).
• retourner la terre ; faire des buttes.

kọ 4, vb. (cf. **kọsẹ̀**).
• heurter qqch., se cogner.
Ó fẹsẹ̀ kọ egbòogi. Il s'est cogné le pied à la racine de l'arbre.

kọ 5, vb.
• vaciller.
Iná ń kọ. La lumière vacille.

kọ̀, vb.
• refuser.
Ó kọ̀ láti kí i. Il a refusé de le saluer.
◇ **kọ̀ jálẹ̀** : refuser cétagoriquement.
Ó kọ̀ jálẹ̀ láti bá mi lọ sí Èkó. Il a catégoriquement refusé de m'accompagner à Lagos.

kọ̀...láya, < kọ̀...ní.aya, vb. comp.
• répudier.
Ó kọ̀ ọ́ láya. Il l'a répudiée.

kọ...lóminú, < kọ...ní.ominú, vb. comp. (cf. **kọminú**).
• s'inquiéter, être inquiet.
Ìwà ọmọ yìí ń kọ mí lóminú. La conduite de cet enfant m'inquiète.

kọ...sí, vb. (cf. **kọjú sí**).
• tourner qqch. vers.
Kọ àga rẹ sí mi. Tourne ta chaise vers moi. *Kọ ẹ̀hìn sí mi.* Tourne ton dos vers moi.

kọ́...sórí, < kọ́...sí.orí, vb. comp.
• apprendre par cœur.
Ẹ kọ́ ewì yìí sórí. Apprenez cette poésie par cœur.

kọbè / kọ ebè, vb.+ obj. (cf. **kọ** 3).
• faire des buttes pour y planter des tubercules.

kọbiara, vb.
• prêter attention (svt. empl. avec nég.).
Kò kọbiara sí iṣẹ́ náà. Il ne prête pas attention au travail.

kọ́bọ̀, < angl., n.
• unité monétaire valant un centième de naira.

kọ́bọ́ọ̀dù, < angl., n.
• armoire, buffet, placard.

kọ́bùrù, < angl., n.
• caporal d'armée ou de police.

kọfí, < angl., n.
• café.

kọjá, vb.
(cf. **dá...kọjá**, **ré...kọjá**).
• passer.
Mo sáré kọjá níwájú ilé rẹ̀. Je suis passé devant sa maison en courant. *Agogo méje ti kọjá ìṣẹ́jú méjì.* Il est sept heures passées de deux minutes.
• dépasser (pr. et fig.).
Ọkọ̀ wa kọjá ti Adé lọ́nà Ìbàdàn. Notre voiture a dépassé celle

d'Adé sur la route d'Ìbàdàn. *Ọ̀rọ̀ náà ti kọjá ohun tí a lè tún ṣe.* Cette affaire est au-delà de toute solution.

kọjú sí, < kọ.ojú sí, vb. comp. (cf. **kọ** 4).
• tourner vers, se tourner vers.
Kọjú àga rẹ sí mi. Tourne ta chaise vers moi. *Kọjú rẹ sí mi.* Tourne-toi vers moi.
• faire attention à, se concentrer sur, s'appliquer à.
Kọjú sí iṣẹ́ rẹ. Fais attention à ton travail.

kọ́kọ́ ~ kọ́, pré-vb.
• en premier, le premier, d'abord.
Èmi ni mo kọ́kọ́ dé. C'est moi qui suis arrivé en premier. *Kọ́kọ́ parí iṣẹ́ rẹ, kí o tó lọ ṣiré.* Finis d'abord ton travail avant d'aller jouer.

kọ́kọ́rọ́, n.
• clef.

kọlà / kọ ilà, vb.+ obj. (cf. **kọ** 1).
• avoir des scarifications.
Gbogbo ilé wa ló kọlà. Tous les membres de notre lignage ont des scarifications.

kọlẹ̀, < kọ.ilẹ̀, vb. comp. (cf. **kọ** 3).
• faire des buttes.

kọ́lẹ́rà, < angl. n.
• choléra.

kọlù, < kọ.lù, vb.
• heurter, renverser, entrer en collision.
Mọ́tò ló kọlu ọmọ náà. C'est une voiture qui a renversé l'enfant. *Ó kọlù mí.* Il m'a heurté.

kọminú sí, < kọ.ominú, vb. comp. (cf. **kọ...lóminú**).
• s'inquiéter, être inquiet.
Ó ń kọminú sí iṣẹ́ yìí. Il est inquiet au sujet de ce travail.
• douter de qqch.
Mo kọminú sí síṣe rẹ̀ dáadáa nínú ìdánwò. Je doute qu'il réussisse bien ses examens.

kọmíṣọ́nnà, < angl., n.
• ministre (au niveau d'une région).

kọ́nà, < angl., n.
• coin.
Ṣọ́ọ̀bù wà ní kọ́nà títì yìí. La boutique est au coin de cette rue.

kọ́ọ̀bù, < angl., n.
• tasse, verre, etc. (tout contenant dans lequel on peut boire).

kọ̀ọ̀kan, quant., (cf. **ẹni, ọ̀kọ̀ọ̀kan**).
• un de qqch. à chacun, chaque.
Fún wọn ní ìwé kọ̀ọ̀kan. Donne-leur un livre à chacun. *Ọmọ kọ̀ọ̀kan gba ẹ̀bùn.* Chaque enfant a reçu un cadeau.
• quelques.
Ọmọ kọ̀ọ̀kan ló wá sílé-ìwé. Quelques enfants sont venus à l'école.

kọ́ọ̀kan, v. **kankan**.

kọ́ọ̀tù, v. **kóòtù**.

Kọ̀ráà, n. pr.
• Libanais.

kọrí sí, < kọ.orí sí, vb. comp.
• aller vers, prendre la direction de.
Wọ́n kọrí sí ọ̀nà ilé wọn. Ils ont pris la direction de leur maison.

kọrin / kọ orin, vb.+ obj.
(cf. **kọ** 2).
• chanter.

kọ̀rọ̀, n.
• coin, niche, endroit caché et sombre.
Kọ̀rọ̀ ni ilé yín wà. C'est dans un endroit sombre que se trouve votre maison.

kọsẹ̀, < kọ.ẹsẹ̀, vb. comp.
(cf. **kọ** 4).
• trébucher.
Ó kọsẹ̀ lára òkúta. Il a trébuché sur une pierre.

kọ̀wé / kọ ìwé, vb.+ obj.
(cf. **kọ** 1).
• écrire.
Mo fẹ́ kọ̀wé kan sí ọ̀rẹ́ mi. Je veux écrire une lettre à mon ami.

kú 1, vb.
• mourir.
Bàbá Bísí fẹ́ kọ́lé tuntun kó tó kú. Le père de Bísí veut construire une nouvelle maison avant de mourir.

kú 2, vb.
• (+ 2^e^ pers.) vb. obsolète utilisé uniquement dans les salutations.
Ẹ kú àárọ̀ ! Bonjour ! *Kú àbọ̀ !* Bienvenue ! *Ẹ kú iṣẹ́ o !* Bon courage pour le travail !

kù 1, vb.
• rester (qqch.).
Ṣé ọbẹ̀ kù nínú ìsaasùn ? Est-ce qu'il reste de la sauce dans la marmite ?

kù 2, vb.
• gronder sourdement (pour l'orage avant la pluie).
* Òjò ń kù.* L'orage gronde.

kù 3, vb.
• tamiser très fin.
A máa ń ku èlùbọ́. On tamise très fin la farine d'igname.
• faire des peluches.

kúkú, pré-vb.
• enfin, même, quand même, après tout, de toutes façons.
Bó ṣiṣẹ́ bí kò ṣiṣẹ́, ìyá rẹ̀ yóò kúkú fún un ní oúnjẹ. Qu'elle travaille ou non, de toutes façons, sa mère lui donnera à manger. *Ó kúkú lọ láìsọ fún ẹnìkankan.* Il est quand même parti sans le dire à personne. *Ìyà mà kúkú jẹ mí o !* J'ai même vraiment beaucoup souffert. *Ṣé wàá kúkú máa lọ nísisìnyí ?* Est-ce que tu vas quand même y aller maintenant ?

kúkúrú ~ kúkurú, adj.
(cf. **kúrú**).
• court, petit de taille.
Àkókò kúkúrú la ó lò láyé. Ce n'est qu'une courte période que nous passerons sur terre. *Èyí kúkúrú ni mò ń sọ kì í ṣe gíga.* C'est du petit que je parle, non pas du grand.

kúkurú, v. **kúkúrú**.

kùkùté, n.
• souche d'arbre.

Ẹni tó mi kùkùté, ara rẹ̀ ló mì. (Prov.). Celui qui secoue une souche d'arbre, c'est lui-même qu'il secoue. [On ne s'attaque pas à un plus fort.]

kúlẹ̀kúlẹ̀, n.
• détail.
Ṣàlàyé kúlẹ̀kúlẹ̀ ọ̀rọ̀ yìí fún mi. Explique-moi les détails de cette affaire.

kùmọ̀, n.
• gourdin, massue.

kún, vb.
• être plein.
Ìkòkò náà kún fún omi. La jarre est pleine d'eau. *Omi náà ti kún inú garawa.* Le seau est rempli d'eau.
• être épais (cheveux, herbe, broussailles).
Irun rẹ ti kún. Tes cheveux sont épais. *Ọjà kún.* Le marché bat son plein.
• être constipé.
Ikùn rẹ̀ kún. Il est constipé.

kun, vb.
• découper la viande.
Alápatà ti kun ẹran tán. Les bouchers ont fini de découper la viande.

kùn 1, vb.
• grogner, grommeler, maugréer.
Ẹ má kùn mọ́, ẹ sọ ohun tí ẹ ní í sọ ! Ne grommelez plus, dites ce que avez à dire.
• bourdonner, chantonner.
Oyin ń kùn. Les abeilles bourdonnent.
• gargouiller.
Ebi tó ń pa mí ló jẹ́ kí inú mi ó máa kùn. C'est la faim qui fait gargouiller mon ventre.

kùn 2, vb.
• peindre, passer de la chaux, du vernis, goudronner.
Ó fi ọ̀dà funfun kun ògiri. Elle a peint les murs en blanc.
• se mettre de la poudre, se poudrer.
Àwọn ọmọbìnrin òde-òní máa ń kun àtíkè. Les jeunes filles d'aujourd'hui se poudrent le visage.

kùn 3, vb.
• (+ oorun) avoir sommeil.
Oorun ń kùn mí. J'ai sommeil.

kùnà, vb.
• échouer.
Ó kùnà nínú ìdánwò rẹ̀. Il a échoué à ses examens. *Àwọn ọlọ́pàá ti kùnà láti fi hàn pé Bísí ló lu Adé pa.* Les policiers n'ont pas réussi à montrer que c'était Bísí qui avait frappé Adé à mort.

kúndùn, vb.
• aimer beaucoup qqch., être friand de.
Ó kúndùn obì. Il est friand de noix de cola. *Ó kúndùn ọtí púpọ̀ jù.* Il aime trop l'alcool.

kúnlẹ̀, vb.
• s'agenouiller.
Nínú àṣà Yorùbá, àwọn obìnrin máa ń kúnlẹ̀ láti kí ẹni tí ó jù wọ́n lọ. Selon la coutume yorùbá, les femmes s'agenouillent pour saluer quelqu'un de plus âgé qu'elles.

kúnná, vb.
• être fin (donne aussi l'idée de douceur).

Ó lọ ata nàà kúnná. Elle a écrasé le piment finement. *Jẹ àgbàdo ẹnu rẹ̀ kúnná !* Mâche bien ton maïs !

◇ **kúnná bí etí** (idiom., litt. : fin comme l'oreille) : être extrêmement fin.
Èlúbọ́ nàà kúnná bí etí. La farine d'igname est très fine.

Kùránì, < ar., n.
• Coran.

kúrò, vb.
• quitter.
Mo kúrò nílé láago mẹ́jọ ààrọ̀. J'ai quitté la maison à 8 heures du matin.
• enlever (2e vb.).
Yọ àwọn aṣọ tó dọ̀tí kúrò nínú àpótí. Sors les vêtements sales de la valise. *Mú ìwé rẹ kúrò lórí tábìlì*. Enlève ton livre de la table.

kúrú, vb.
• être court, être petit de taille.
Àwọn ènìyàn tí wọ́n kúrú púpọ̀ ni à ń pè ní aràrá. On appelle "nains" les gens très petits.

kùrukùru ~ **ìkùùku**, n.
• brume, brouillard, nuage.
Kùrukùru ń bo ojú ọjọ́. Il y a de la brume.

kùtùkùtù, v. **ààrọ̀**.

L

lá 1, vb.
• lécher.
Ọmọ nàà lá ìka rẹ̀ nígbà tí ó jẹun tán. L'enfant a léché ses doigts quand il a eu fini de manger.

lá 2, vb. (cf. **lálàá**).
• rêver.

là 1, vb.
• fendre, séparer.
Ó ń la igi. Il fend du bois. *Ó la àwọn ọmọ méjì tó ń jà*. Il a séparé les deux enfants qui se battaient.
• diluer, mélanger.
Lọ la omi wẹ̀. Va mélanger l'eau (chaude et froide) pour te laver.
• ouvrir un chemin.
Wọ́n la ọ̀nà titun lẹ́gbẹ̀ẹ́ ilé wa. On a ouvert un nouveau chemin près de notre maison.

là 2, vb.
• devenir riche.
Bàbá yìí ti là. Ce monsieur est devenu riche.

làágùn, < là.òógùn, vb. comp. (cf. **là** 1).
• transpirer.
Mo làágùn nígbà tí mo rìn nínú òòrùn. J'ai transpiré en marchant au soleil.

làákàyè, < ar., n.
• tout à la fois bon sens, faculté de raisonner juste, intuition, intelligence, maturité.

làálàá, < haus., n.
• souci.
Làálàá rẹ̀ pọ̀ lórí ọ̀rọ̀ nàà. Cette affaire lui cause beaucoup de soucis.

lááàmú, v. **dá...lááàmú**.

lááyè, < ní.ààyè.
• vivant.

Ṣé ó kú tàbí ó wà láàyè ? Est-il mort ou vivant ?

labalábá, n.
• papillon.
Labalábá tó dìgbò lu ẹ̀gún, aṣọ rẹ̀ á fà ya. (Prov.). Le papillon qui se heurte aux épines déchirera ses ailes. [Evitez les situations dangereuses.]

lábẹ́, < ní.abẹ́, prép.
• dessous, en dessous, sous (sans mvt.).
Ìdọ̀tí wà lábẹ́ ìbùsùn. Il y a des saletés sous le lit.

lábọ̀, v. **àbọ̀**, **fún...lábọ̀**.

láéláé, adv. (cf. **ìgbà**).
• jamais.
Mi ò ní í tún rí i mọ́ láéláé. Je ne le reverrai plus jamais.

láfún, n.
• pâte préparée avec de la farine de manioc.

lágbájá, n.
• un tel.

láìjẹ́ pé, < ní.àì.jẹ́ pé, loc. conj. (cf. **jẹ́** 2, **ní** 3).
• sans que.
Ó jáde láìjẹ́ pé mo mọ̀. Il est sorti sans que je le sache.

láìpẹ́, < ní.àì.pẹ́, adv. (cf. **ní** 3).
• bientôt, depuis peu.
Mo fẹ́ rí ọ láìpẹ́. Je veux te voir bientôt. *Láìpẹ́ ni mo ti Ìbàdàn dé.* Je suis arrivé d'Ìbàdàn depuis peu.

láìròtẹ́lẹ̀, < ní.àì.rò.tẹ́lẹ̀, adv. (cf. **ní** 3).
• à l'improviste, sans prévenir.
Àwọn òṣìṣẹ́ daṣẹ́ sílẹ̀ láìròtẹ́lẹ̀. Les travailleurs ont fait grève sans prévenir.

láìsí, < ní.àì.sí, prép. (cf. **ní** 3, **sí** 2).
• sans.
A ò lè lọ sí ọjà láìsí owó. On ne peut aller au marché sans argent.

lajú, < là.ojú, vb. comp. (cf. **ọlàjú**, **là** 1).
• ouvrir les yeux.
• être moderne, être avancé ; être prêt à accepter des innovations.
Ayé ti lajú ju ibi tí a wà yìí ! Le monde est plus moderne que là où nous en sommes !

lala, n.
• bave séchée. (Surt empl. pour les bébés).

lálàá / lá àlá, vb.+ obj. (cf. **lá** 2).
• rêver.

lálaalẹ̀, v. **alẹ̀**.

lánàá, < ní.àná, (cf. **ní** 3).
• hier.
Ó kú lánàá. Il est mort hier.

láńtà, < angl., n.
• lanterne.

làpálàpá, n.
• teigne.

lára , < ní.ara, prép. (cf. **ní** 3).
• sur (vertical).
Àwòrán wà lára ògiri. Il y a une affiche sur le mur.
• parmi.
Arábìnrin kan wà lára àwọn olè tí ọlọ́pàá mú. Il y avait une femme

parmi les voleurs que les policiers ont attrapés.

láràárọ̀, v. **àárọ̀**.

Lárúbáwá, n. pr.
• Arabe.

larun / la irun, vb.+ obj. (cf. **là** 1).
• partager les cheveux en mèches.

lásán, < ní.asán, (cf. **asán**, **ní** 3).
• juste, seulement (svt péj.).
Omi lásán ni mo fẹ́ mu. Je veux seulement boire de l'eau. *Wọn ò ṣe mí lálejò, ẹ̀kọ lásán ni wọ́n fún mi jẹ.* Ils ne m'ont pas bien reçu, ils m'ont juste donné de la pâte de maïs à manger. *Ènìyàn lásán ni.* C'est un bon à rien.

lásìkò, < ní.àsìkò, (cf. **ní** 3).
• à temps.
Ó dé lásìkò láti wọ bàlúù. Il est arrivé à temps pour prendre l'avion.

láti, < ní.àti, conj. (cf. **ní** 1, **àti** 2).
• pour, pour que, afin de.
Ó ṣẹ̀ṣẹ̀ jáde láti lọ kí ọba. Il vient juste de sortir pour aller saluer le roi.
• depuis.
A ti ń ṣiṣẹ́ láti aago mẹ́jọ ààrọ̀. Nous travaillons depuis huit heures du matin.

◇ **láti ìgbà náà** : depuis ce temps.

◇ **láti ìgbà dé ìgbà** : de temps en temps.

◇ **láti ìgbà tí** : depuis que.

làtín-ìn, < angl., n.
• latrines.

láú-láú, v. **funfun**.

láwàní, < ar., n.
• turban.

lawọ́, < là.ọwọ́, vb. comp.
• être généreux.
Ó lówó púpọ̀ ṣùgbọ́n kò lawọ́ rárá. Il a de l'argent mais il n'est pas généreux du tout.

láyà, < ní.àyà, vb. comp. (cf. **ní** 1).
• avoir du courage.
Ọmọ yìí láyà láti lọ sínú igbó lóru. Cet enfant a le courage d'aller en brousse la nuit. *Mi ò láyà láti bá bàbá mi sọ̀rọ̀.* Je n'ai pas le courage de parler à mon père.
• être téméraire.
Òun nìkan ló láyà láti gun òkè tó ba gbogbo wa lẹ́rù. Lui seul est assez téméraire pour grimper sur cette montagne qui nous fait peur à tous.

lé 1, vb.
• chasser (éloigner).
Lé ajá yẹn. Chasse ce chien. *Ọ̀gá wa ti lé ọmọ tó jalè nílé-ìwé.* Notre directeur a chassé de l'école l'enfant qui avait volé.

lé 2, vb.
• constituer de petits ensembles de marchandises formant une unité, mettre en petits tas.
Ìyá aláta lé ata rẹ̀ sílẹ̀ lórí àtẹ. La marchande a arrangé les piments

en petits tas qu'elle a mis sur un plateau.
• mettre sur, poser sur.
Ó fi aṣọ lé ara rẹ̀ lórí. Il a mis les tissus en pile sur sa tête.
• venir après, suivre.
Adé ni wọ́n bí lé mi. C'est à Adé qu'ils ont donné naissance après moi.

le, vb.
• être dur (pr. et fig.).
Igi yìí le. Ce bois est dur. *Ọkùnrin yìí le.* Cet homme est dur.

lè, vb. aux.
• pouvoir (capacité, possibilité, permission).
Ọmọ yìí lè kàwé dáadáa. Cet enfant peut bien travailler. *Ó lè wá, ó sì lè má wá.* Il se peut qu'il vienne ou qu'il ne vienne pas. *Ó lè lọ ṣiré níta.* Il peut aller jouer dehors.

lébìrà, < angl., n.
• ouvrier, travailleur journalier.

léèsì, < angl., n.
• tissu brodé ajouré (très à la mode vers les années 1980).

lékèé-lékèé, n.
• aigrette blanche.
Lékèé-lékèé ló lẹfun. (Idiom.). A l'aigrette appartient la craie (en raison de sa couleur).

lèmọ́mù, < ar., n.
• imam.
Lèmọ́mù ló ń pe ìrun ní mọ́ṣáláṣí. C'est l'imam qui appelle à la prière à la mosquée.

lépa, < lé.ipa, vb. comp. (cf. **lé** 2).
• poursuivre.
Ọlọ́pàá lépa àwọn olè. Le policier a poursuivi les voleurs.

léraléra, < lé.ara.lé.ara, adv. (cf. **lé** 2).
• de façon répétée, fréquemment.
Ó ń ráhùn owó léraléra. Elle se plaint fréquemment du manque d'argent.

lérí 1, < lé.orí, vb. comp. (cf. **lé** 2).
• se vanter.
Ó ń lérí pé òun lè mú kìnnìún láàyè. Il se vantait de pouvoir attraper un lion vivant.
• menacer.
Ó lérí sí mi. Il m'a menacé.

lérí 2, < lé.orí, prép. (cf. **lórí**).
• sur (dial.).

létí, < ní.etí, prép. (cf. **ní** 3).
• au bord de.
Ó ń pẹja létí odò. Il pêche au bord de la rivière.

lẹ, vb. (cf. **ọ̀lẹ**).
• être paresseux.

lẹ̀ 1, vb.
• être flexible.
Bá mi wá ọ̀wá tó lẹ̀ dáadáa. Trouve-moi une tige de palmier qui soit bien flexible.

lẹ̀ 2, vb.
• coller.
Bá mi lẹ ìwé mi tó ti ya. Aide-moi à coller mon livre qui s'est déchiré. *Ó lẹ àwòrán sára ògiri.* Il a collé l'affiche sur le mur.

• mettre une pièce, une rustine.
Mọ́kálìkì lẹ táyà mi. Le mécanicien a mis une rustine à ma chambre à air.

lẹ̀...mọ́, vb.
• coller contre, sur.
Ó lẹ àwòrán náà mọ́ ògiri. Il a collé l'affiche contre le mur.

lẹ́ẹ̀-, v. **ẹ̀ẹ̀-**.

lẹ́ẹ̀dì, < angl., n.
• crayon.

lẹ́ẹ̀kan, < ní.ẹ̀ẹ̀.kan, (cf. **ní** 3, **ẹ̀ẹ̀kan**).
• une fois.
Ó wá kí mi lẹ́ẹ̀kan láàrin oṣù méjì. Il est venu me saluer une fois en deux mois.
◇ **lẹ́ẹ̀kan ṣoṣo** : une seule fois.

lẹ́ẹ̀kan tí, < ní.ẹ̀ẹ̀kan tí, loc. conj. (cf. **ní** 3).
• aussitôt que, dès que, au moment où.
Lẹ́ẹ̀kan tí mo pè é ló dáhùn. Dès que je l'ai appelé, il a répondu.

lẹ́ẹ̀kọ̀ọ̀kan / ní ẹ̀ẹ̀kọ̀ọ̀kan, adv. (cf. **ní** 3).
• occasionnellement, rarement.
Ó máa ń mutí lẹ́ẹ̀kọ̀ọ̀kan. Il boit occasionnellement de l'alcool.

lẹ́hìn , < ní.ẹ̀hìn, prép. (cf. **ní** 3).
• après, ensuite.
Màá lọ sọ́jà lẹ́hìn oúnjẹ àárọ̀. J'irai au marché après le petit déjeuner.
• (+ pron.) à part, excepté.
Kò sẹ́ni tó lè wa mọ́tò yìí lẹ́hìn mi. Personne ne peut conduire cette voiture, à part moi.

lẹ́hìn tí, < ní.ẹ̀hìn tí, loc. conj. (cf. **ní** 3).
• après que.
Màá padà lẹ́hìn tí mo bá jẹun tán. Je reviendrai après avoir mangé.

lẹ́nu kan, < ní.ẹnu kan, loc. n. (cf. **ní** 3).
• en un mot.
Lẹ́nu kan, ọ̀rọ̀ náà kò ṣeé yanjú báyìí. En un mot, cette affaire ne peut se régler maintenant.

lẹ́nu kan tí, < ní.ẹnu kan tí, loc. conj. (cf. **ní** 3).
• immédiatement après que, aussitôt que.
Lẹ́nu kan tí mo ké mọ́ ọn, ló dákẹ́. Immédiatement après que j'ai eu crié contre lui il s'est tu.

lẹ̀pọ̀ / lẹ̀...pọ̀, vb.
• se coller, coller ensemble.
Wọ́n lẹ̀pọ̀. Ils se sont collés. *Mo lẹ̀ wọ́n pọ̀.* Je les ai collés ensemble.

lẹ́sẹ̀, < ní.ẹsẹ̀, vb. comp. (cf. **ní** 1).
• aller voir souvent, rendre régulièrement visite (à ses amis par ex.).
Baba náà lẹ́sẹ̀ ṣùgbọ́n ọmọ rẹ̀ kì í jáde. Le père va souvent voir ses amis, mais son fils ne sort pas.
◇ **lẹ́sẹ̀ gígùn** : avoir le bras (litt. : la jambe) long (fig.).

lẹ́sẹ̀ kan náà, < ní.ẹsẹ̀.kan náà, loc. adv. (cf. **ní** 3).

• aussitôt, immédiatement, tout de suite.

lẹ́sẹẹsẹ, < ní.ẹsẹ.ẹsẹ, adv. (cf. **ní** 3).
• en ordre, en séquences, logiquement.
Ọkùnrin náà ṣàlàyé ọ̀rọ̀ rẹ̀ lẹ́sẹẹsẹ. L'homme a expliqué son point de vue logiquement.

lẹ́sẹ̀kẹsẹ̀, < ní.ẹsẹ̀.kò.ẹsẹ̀, adv. (cf. **ní** 3).
• aussitôt, immédiatement.
Wá lẹ́sẹ̀kẹsẹ̀ ! Viens immédiatement !

lẹ́sẹ̀kẹsẹ̀ tí, < ní.ẹsẹ̀.kò.ẹsẹ̀ tí, loc. conj. (cf. **ní** 3).
• aussitôt que, dès que.
Lẹ́sẹ̀kẹsẹ̀ tí ó gbọ́ ariwo, ló dìde. Dès qu'elle a entendu du bruit, elle s'est levée.

lẹ́tà, < angl., n.
• lettre.
Mo ti rí lẹ́tà rẹ̀ gbà lánàá. J'ai reçu sa lettre hier.

lò, vb.
• utiliser, user de.
Mi ò lò ó púpọ̀. Je ne l'utilise pas beaucoup.
• passer (temps).
Ó lo ìgbà díẹ̀ lóko bàbá rẹ̀ àgbà. Il a passé un peu de temps à la ferme de son grand-père. *Ó lo ọdún méjì nílẹ̀ yìí.* Il a passé deux années dans ce pays.

lò pọ̀, vb.
• faire l'amour, avoir des relations sexuelles (euph.).
Adé bá Bọ́lá lò pọ̀. Adé a eu des relations sexuelles avec Bọ́lá. *Wọ́n bá ara wọn lò pọ̀.* Ils ont eu des relations sexuelles.

lòdì sí, < lò.òdì sí, vb. comp.
• être opposé à, être contraire à, être hostile à.
Wọ́n lòdì sí ìgbéyàwó Àjàní àti Bísí. Ils étaient opposés au mariage d'Àjàní et de Bísí. *A ò gbọdọ̀ ṣe ohun tí ó lòdì sí òfin.* On ne doit pas faire ce qui est contraire à la loi.

lódìlódì ~ òdòòdì, < ní.òdì. ní.òdì, adv. (cf. **ní** 3).
• de façon contraire, à l'envers (faire qqch.).
Lódìlódì ni Adé máa ń hùwà. Adé fait les choses à l'envers (de ce qu'on a l'habitude de faire).

lójijì, < ní.òjijì, adv. (cf. **ní** 3).
• soudainement, tout à coup.
Òjò náà bẹ̀rẹ̀ lójijì. Il s'est mis soudainement à pleuvoir.

lójoojúmọ́, < ní.ojoojúmọ́, (cf. **ní** 3).
• tous les jours.
Ó ń bá ọkọ rẹ̀ jà lójoojúmọ́. Elle se dispute avec son mari tous les jours.

lójú, < ní.ojú, vb. comp. (cf. **ní** 1).
• se régler, être réglé, trouver une solution.
Ọ̀rọ̀ náà kò lójú. L'affaire n'a pas de solution. *Ọ̀rọ̀ àìníyàwó rẹ̀ ti lójú báyìí.* Son problème pour obtenir une épouse s'est réglé maintenant.

lókèèrè, v. òkèèrè.

lólobó, v. **ta** —.

lónìí, < ní.òní, (cf. **ní** 3).
• aujourd'hui.
Ó wá lónìí. Il est venu aujourd'hui.

lóǹkà, < ní.òǹkà, vb. comp. (cf. **kà** 1, **ní** 1).
• (+ nég.) ne pouvoir être compté, être innombrable.
Irun orí èniyàn kò lóǹkà. Les cheveux ne peuvent être comptés.

lórí ~ **lérí**, < ní.orí, prép. (cf. **ní** 3).
• sur (sans mvt.).
Ìwé rẹ wà lórí tábìlì. Ton livre est sur la table.
• au sujet de, à propos de.
Wọ́n ń sọ̀rọ̀ lórí ìjọba tuntun. Ils parlent du nouveau gouvernement.

lóṣòó, vb.
• s'accroupir.
Àwọn mùsùlùmí ń lóṣòó láti kí ara wọn. Les musulmans s'accroupissent pour se saluer.

lóṣooṣù, v. **oṣù**.

lóyún, < ní.oyún, vb. comp. (cf. **ní** 1).
• être enceinte.
Ìyáwó Adé lóyún ìbejì sínú. La femme d'Adé est enceinte de jumeaux.

lọ́ 1, vb.
• tordre.
Má lọ́ apá mi, ó ń dùn mí. Ne me tords pas le bras, ça me fait mal.
• être emmêlé, s'entortiller.
Òwú yìí ti lọ́ pátápátá. Ce fil est complètement emmêlé.

lọ́ 2, vb.
• transplanter.
Àgbẹ̀ lọ́ igi náà sínú oko. Le fermier a transplanté l'arbre dans la ferme.

lọ, vb.
• aller, partir.
Ó lọ ra ẹja. Elle est allée acheter du poisson. *Ó lọ sí Èkó lánàá.* Il est parti à Lagos hier.

lọ̀ 1, vb.
• écraser sur une meule, moudre.
Ó lọ ata lórí ọlọ. Elle a écrasé le piment sur la meule. *Ẹ̀rọ la fi lọ èlùbọ́ yìí.* Cette farine d'igname a été moulue au moulin.
• aiguiser.
Ó lọ àdá rẹ̀ lórí òkúta. Il a aiguisé son coutelas sur une pierre.
• repasser.
Jọ̀ọ́, bá mi lọ aṣọ mi. S'il te plaît, repasse-moi mes vêtements.

lọ̀ 2, vb.
• annoncer, proclamer.
Ó fi ọ̀rọ̀ náà lọ̀ kiri. Il a annoncé l'affaire partout.

lọ́fínńdà, < angl., n.
• parfum.
Lọ́fínńdà tó fi sára ń ta sánsán. Le parfum qu'elle s'est mis sent très bon.

lọ́la, < ní.ọ̀la, (cf. **ní** 3).
• demain.
Yóò wá lọ́la. Il viendra demain.

lọ́ra, < lọ̀.ara, vb. comp.
• traîner pour faire qqch., être

lent.
Ó lọ̀ra láti parí iṣẹ́ rẹ̀. Il a traîné pour finir son travail. *Iṣẹ́ náà kò wù ú ṣe ló ṣe ń lọ̀ra bẹ́ẹ̀.* Le travail ne lui plaît pas, aussi est-il lent.

lọ́tẹ̀ yìí, loc. adv.
• cette fois, à cette occasion.
Màá lọ sí ìpàdé wa olóṣooṣù lọ́tẹ̀ yìí. Cette fois-ci, j'irai à notre prochaine réunion mensuelle.

lọ́tunla, < ní.ọ̀tunla, (cf. **ní** 3).
• après-demain.
Màá lọ lọ́tunla. Je partirai après-demain.

lọ́wọ́, < ní.ọwọ́, (cf. **ní** 3).
• en train de, maintenant.
Mò ń ṣiṣẹ́ lọ́wọ́. Je suis en train de travailler. *Mo lówó lọ́wọ́.* J'ai de l'argent maintenant.
• avec soi.
Ó mú ọmọ rẹ̀ lọ́wọ́ lọ sí oko. Il a emmené son enfant avec lui pour aller à la ferme.

lọ́yà, < angl., n. / vb.
• avocat.
• argumenter.
Má lọ́yà mi ! Ne viens pas argumenter avec moi !

lu, vb.
• percer, faire un trou.
Ó lu etí rẹ̀. Elle a percé ses oreilles.

lù, vb.
• battre, frapper (qqn, tambour).
Wọ́n lu olè pa. Ils ont frappé le voleur à mort. *Àwọn onílù ń lu ìlù.* Les tambourinaires jouent du tambour.

lù...ní jìbìtì, loc. vb.
• escroquer.
Wọ́n lé e ní ibi-iṣẹ́ rẹ̀ nítorí pé ó lu ọ̀gá rẹ̀ ní jìbìtì. On l'a licencié parce qu'il avait escroqué son patron.

lúgọ, vb.
• se tapir.
Ó lúgọ kí wọn má lè rí i. Il s'est tapi pour ne pas être vu.
• se mettre à l'affût.
Àwọn ọdẹ máa ń lúgọ láti ṣọ́ ẹran tí wọ́n fẹ́ pa. Les chasseurs se mettent à l'affût pour guetter les animaux qu'ils veulent tuer.

lulẹ̀, < lù.ilẹ̀, vb. comp.
• frapper la terre (2e vb.).
Ó jábọ́ lulẹ̀. C'est tombé par terre. *Kẹ̀kẹ́ rẹ̀ ló gbé mi lulẹ̀.* C'est sa bicyclette qui m'a fait tomber par terre.

lùlù, v. **ìlù**, **lù**.

lúwẹ̀ẹ́, vb.
• nager.
Ó lúwẹ̀ẹ́ lọ sí òdì keji odò. Il a nagé jusqu'à la rive opposée de la rivière.

M

má, morph. nég.
• ne...pas.
Má tíì lọ. Ne pars pas encore. *Kò yẹ kí o má fèsì.* Tu ne dois pas ne pas répondre. *Ó lè má lọ.* Il peut ne pas partir. *Ó ń mu oògùn*

láti má ṣàìsàn. Il prend des médicaments pour ne pas être malade.
Ó fẹ́rẹ̀ má lọ. Il a failli ne pas partir.

mà 1, pré-vb.
• vraiment.
Aṣọ yìí mà dára o ! Ce vêtement est vraiment joli !

mà 2, < angl., n.
• madame (terme d'adresse).

má-fo-gọ̀tà, n. comp.
(cf. **fò** 1).
• mini-jupe.

máa, marq. vb.
• ingressif, duratif.
Ẹ máa bọ̀ ! Venez donc ! *Ẹ máa ṣọ̀rọ̀ yín !* Continuez votre conversation !
• futur.
Mo máa lọ sí Èkó lọ́la. J'irai à Lagos demain.

màá, marq. vb.
• je (+ futur).
Ó rẹ̀ mí lónìí, màá ṣiṣẹ́ lọ́la. Je suis fatigué aujourd'hui, je travaillerai demain.

máa ń ~ a máa, marq. vb.
• marque l'habituel.
Ó máa ń lọ sọ́jà lójoojúmọ́. Elle va tous les jours au marché.

máìlì, angl., n.
• mile anglais.

májèlé, n.
• poison.
Ọmọ tí ó mu májèlé ti kú. L'enfant qui a bu le poison est mort.

màjèsín, < empr., n.
• jeunes gens.
Màjèsín ni wọ́n. Ce sont des jeunes gens.

májẹ̀mú, n.
• pacte.
Wọ́n dá májẹ̀mú. Ils ont fait un pacte.
• Testament (Bible).

màlékà, < ar., n.
• ange (pour les musulmans).

màlúù, n.
• bœuf, vache, zébu.
Màlúù tí kò nírù, Ọlọ́run ló ń bá a lé eṣinṣin. (Prov.). La vache qui n'a pas de queue, Dieu l'aide à chasser les mouches. [Si l'on n'a rien, Dieu se chargera de tout.]

màmá ~ mọ̀mọ́, n. (cf. **ìyá**).
• mère.
• terme de référence ou d'appel quand il est suivi du nom du premier enfant.
• terme d'appel pour une femme d'un certain âge.

mànàmáná, n. (cf. **kọ** 1).
• éclair.
Mànàmáná kọ lójú ọ̀run. Un éclair a brillé dans le ciel.

máńgòrò, < empr., n.
• mangue.

màrìwò, n.
• jeune pousse de feuille de palmier.

márùn-ún, num.
• cinq.

Márùn-ún á tó. Cinq suffiront. *Ẹ fún mi ní iṣu márùn-ún.* Donnez-moi cinq ignames.

méje, num.
• sept.

méjèèjì, < mejì.méjì, quant.
• tous deux.
Àwọn méjèèjì ti sálọ. Tous les deux se sont enfuis.

méjì, num.
• deux.
Fún mi ní méjì. Donne-m'en deux. *Wọ́n fẹ́ ọmọ mejì.* Ils veulent deux enfants.

méjìdínlógún, < méjì.dín.ní.ogún, num.
• dix-huit.

méjìlá, < méjì.lé.ẹ̀wá, num.
• douze.

mélòó, déter. inter. (cf. **èló**).
• combien, quel nombre ?
Iṣu mélòó lo máa rà ? Combien d'ignames vas-tu acheter ?

mélòókan, quant. (cf. **ọ̀kan**).
• quelques, quelques-uns.
Fún mi ni iṣu mélòókan. Donne-moi quelques ignames. *Ìṣẹ́jú mélòókan sẹ́hìn ló wà níbí.* Il était ici il y a quelques minutes.

mẹ́ẹ̀ẹ́dógún, < márùn-ún.dín.ogún, num.
• quinze.

mẹ́fà, num.
• six.

mẹ́jọ, num.
• huit.
Mẹ́jọ ni mo fẹ́. J'en veux huit. *Ẹ fún mi ní iṣu mẹ́jọ.* Donnez-moi huit ignames.

mẹ́kánìkì, v. **mọ̀kálíkì**.

mẹ̀kúnnù, < ar., n.
• personne à revenus modestes.
• petit peuple.

mẹ́rin, num.
• quatre.

mẹ́rìndínlógún, < mẹ́rin.dín.ní.ogún, num.
• seize.

mẹ́rìnlá, num.
• quatorze.

mẹ́sàn-án, num.
• neuf.
Ó ra ọ̀gẹ̀dẹ̀ mẹ́sàn-án. Elle a acheté neuf ignames.

mẹ́ta, num.
• trois.

mẹ́tàdínlógún, < mẹ́ta.dín.ní.ogún, num.
• dix-sept.

mẹ́tàlá, num.
• treize.

mẹ́wàá, num.
• dix.

mí, vb.
• respirer.
A ń mí afẹ́fẹ́. On respire l'air.
◇ **mí hẹlẹ-hẹlẹ** : haleter.
◇ **mí kanlẹ̀** : soupirer.

mi, pron. pers. (cf. **mo**).
• je (+ nég.) ; me.
Mi ò fẹ́ kí ó dá lọ sí Èkó. Je ne veux pas qu'elle aille seule à Lagos. *Kò rí mi.* Il ne m'a pas

vu.
• mon, ma.
Àbúrò mi ni. C'est mon cadet.

mì 1, vb.
• agiter, hocher.
Ó kàn mi orí, kò fọhùn. Il a seulement hoché la tête, il n'a pas parlé.

mì 2, vb.
• avaler.
Mi ò lè mi oògùn yìí. Je ne peux pas avaler ce cachet.

mìíràn, dét. (cf. **òmíràn**).
• autre (différent).
Ẹ fún mi ní èso mìíràn, èyí ti bàjẹ́. Donnez-moi un autre fruit, celui-ci est abîmé.

mílíìkì, < angl., n.
• lait.

mo, pron. pers. (cf. **mi**).
• je.
Mo pẹ́ díẹ̀, ẹ má bínú ! Je suis un peu en retard, excusez-moi !

mò, pron. pers. emph. (cf. **mo**).
• (+ inac.) je.
Mò ń ṣiṣẹ́ lọ́wọ́, má dí mi lọ́wọ́ ! Je suis en train de travailler, ne me dérange pas !

mojú, < mọ̀.ojú, vb. comp. (cf. **mọ̀**).
• être familier de qqn, bien connaître qqn.
Bí ọkọ bá mojú aya tán, alárìnà á yẹ̀bá. (Prov.). Une fois que le mari connaît bien sa future femme, l'intermédiaire s'écarte. [Quel que soit le rôle joué, il faut savoir se retirer à temps.]

mókun, < mú.okun, vb. comp.
• (+ ara) : se sentir mieux.
Ṣé ara mókun ? Vous sentez-vous mieux ?

mólùẹ̀, n.
• autobus jaune utilisé à Lagos pour les transports en commun.

moore / mọ oore, vb.+ obj. (cf. **mọ̀**).
• être reconnaissant.
Ọmọ náà moore ohun tí a ṣe fún un. L'enfant est reconnaissant de ce qu'on a fait pour lui.

mọ́ 1, vb. (cf. **ilẹ̀**).
• être propre.
• être clair.
◇ **mọ́ tónítóní** : être parfaitement propre.
Ilé wọn mọ́ tónítóní. Leur maison est parfaitement propre.

mọ́ 2, v. **kò...mọ́**.

mọ́ 3, vb.
• être contre, mettre contre (2e vb.).
Ó fi etí mọ́ ògiri láti gbọ́ ohun tí wọ́n ń sọ. Il a mis son oreille contre le mur pour entendre ce qu'ils disaient.

mọ 1, vb.
• atteindre une limite.
Ó pẹ́ ti mo ti rí i mọ. Ça fait très longtemps que je ne l'ai pas vu. *Bí mo ti mọ ni mo dúró yìí (mi ò lówó lọ́wọ́).* Je n'ai plus rien sur moi (je n'ai plus un sou). *Ibi tí mo lágbára mọ nìyí.* C'est là que mes forces (mes moyens) s'arrêtent.

mọ 2, vb.
• construire, monter les murs d'une maison.
Wọ́n ti fẹ́ẹ̀ mọ ilé yìí tán. Ils ont presque fini de construire les murs de cette maison.

mọ́...lára, < mọ́...ní.ara, vb. comp. (cf. **mọ́ra**).
• être habitué, s'habituer.
Títètè jí ti mọ́ wọn lára báyìí. Ils se sont habitués à se lever tôt maintenant.

mọ̀, vb.
• connaître, savoir.
Mo mọ̀ ọ́n dáadáa. Je le connais bien. *Ó mọ ọkọ̀ wíwà.* Il sait conduire une voiture.
◇ **mọ ọ̀rọ̀ sọ** : savoir bien parler.

mọ-ti-ara...nìkan, loc. vb. (cf. **mọ̀**).
• être égoïste.
Ọmọkùnrin yìí mọ-ti-ara rẹ̀ nìkan. Ce garçon est égoïste. *Wọ́n mọ-ti-ara wọn nìkan.* Ils sont égoïstes.

mọ́ínmọ́ín, n.
• sorte de gâteau salé fait de pâte de haricot assaisonnée de piment, de crevettes fumées, d'huile de palme, et cuit à l'étouffée.

mọ́kálíkì ~ **mẹ́káníkì**, < angl., n.
• mécanicien.

mọ́kàn, < mú.ọkàn, vb. comp.
• se montrer courageux dans des circonstances douloureuses, reprendre courage.
Wọ́n mọ́kàn nígbà tí ọmọ wọn kú. Ils ont montré beaucoup de courage lors de la mort de leur enfant.

mọ́kàndínlógún, < - ọ̀kan.dín. ní.ogún, num.
• dix-neuf.

mọ́kànlá, num.
• onze.

mọlé-mọlé, < mọ.ilé-mọ.ilé, n. comp.
• maçon.

mọ́lẹ̀ 1, < mọ́.ilẹ̀, vb. comp. (cf. **mọ́** 1).
• éclairer, être lumineux.
Òṣùpá yìí mọ́lẹ̀ bí ọ̀sán. Cette lune éclaire comme en plein jour. *Ọjọ́ yìí mọ́lẹ̀.* C'est un jour lumineux. *Gílóòbù yìí kò mọ́lẹ̀ tó.* Cette ampoule n'éclaire pas assez.

mọ́lẹ̀ 2, < mọ́.ilẹ̀, vb. comp. (cf. **mọ́** 3).
• être contre terre (2e vb.).
Wọ́n ri igi mọ́lẹ̀. Ils ont bien enfoncé le pieu en terre.

mọlẹ́bí, < ọmọ.nínú.ẹbí, n.
• parenté, membre d'un même lignage.

mọ́mì, < angl., n.
• maman, mère.

mọ̀mọ́, v. **màmá**.

mọ́ńdè, < angl., n.
• lundi.

mọ̀ọ́mọ̀, pré-vb.
• exprès, délibérément, intentionnellement.

Mo mọ̀ọ́mọ̀ má lọ ni, mi ò gbàgbé. C'est exprès que je ne suis pas partie, je n'ai pas oublié. *Mo ń mọ̀ọ́mọ̀ yẹra fún un.* Je l'évite délibérément.

mọ́ra 1, < mọ́.ara, vb. comp. (cf. **mọ́** 3, **mọ́...lára**).
• être habituel (impers.).
Jíjẹun lẹ̀ẹ̀kan lóòjọ́ ti mọ́ra nílẹ̀ yìí. Manger une fois par jour est habituel dans ce pays.

mọ́ra 2, < mọ́.ara, vb.comp. (cf. **mọ́** 1).
• avoir le teint clair.
Ìyàwó mi mọ́ra. Ma femme a le teint clair.

mọ́ṣáláṣí, < ar., n.
• mosquée.

mọ́tò, < angl., n.
• voiture.

mọyì / mọ iyì, vb.+ obj. (cf. **mọ̀**).
• connaître la valeur de qqch.
Kò mọyì ohun tí a ṣe fún un. Il ne reconnaît pas la valeur de ce qu'on a fait pour lui.

mú 1, vb.
• prendre (obj. sg.) qqch. de léger ; attraper, tenir.
Mú un dáadáa. Tiens-la bien.
• avoir chaud ; être chaud (soleil).
Ooru mú mi. J'ai chaud. *Oòrùn mú.* Le soleil est chaud.

mú 2, vb.
• causer, faire que, faire faire (fact.).
Kí ló mú ọ ṣe bẹ́ẹ̀ ? Qu'est-ce qui t'a fait te comporter ainsi ? *Ó mú mi rántí ìtàn bàbá kan.* Cela me rappelle l'histoire d'un vieux monsieur. *Ó mú Adé wá sí Ìbàdàn.* Il a fait venir Adé à Ìbàdàn.

mú 3, vb.
• être bien aiguisé, être coupant.
Ọbẹ̀ yìí mú. Ce couteau coupe bien.

mu, vb.
• boire ; sucer (fruit).
Wọ́n mu ẹmu. Ils ont bu du vin de palme. *Ó ń mu ọsàn.* Elle suce une orange.
• fumer (tabac).
Ó máa ń mu sìgá jù. Il fume trop.

mú...lọ, vb.
• emporter qqch. de léger (obj. sg.).
Mú ìwé yìí lọ fún olùkọ́ rẹ. Donne cette lettre à ton professeur (emporte pour donner).
• emmener qqn.
Bàbá mi fẹ́ mú mi lọ sí Èkó. Mon père veut m'emmener à Lagos.

mú...nínú dùn, vb. comp. (cf. **mú** 2, **inú**).
• rendre heureux.
Ó mú mi nínú dùn. Cela m'a rendue heureuse. *Ìwà rere tó ń hù mú inú àwọn òbí rẹ̀ dùn.* Sa bonne conduite rend ses parents heureux.

mú...wá, vb.
• apporter qqch. de léger (obj. sg.).

Bá mi mú ìwé orí tábìlì yẹn wá. Apporte-moi le livre qui est sur la table.

mulẹ̀, < mu.ilẹ̀, vb. comp.
• conclure un pacte secret.
Àwọn olè náà ti mulẹ̀, wọn kò ní í tú àṣírí ara wọn. Les voleurs ont conclu un pacte, ils ne révèleront pas leurs secrets.

múra, < mú.ara, vb. comp. (cf. **mú** 1).
• se préparer.
Ẹ tètè múra, ká máa lọ. Préparez-vous vite que nous partions. *Múra láti lọ sọ́jà.* Prépare-toi à aller au marché.

múra sí, < mú.ara sí, vb. comp. (cf. **mú** 1).
• redoubler d'efforts.
Ẹ múra sí iṣẹ́ yín kí ó lè tètè parí. Redoublez d'efforts pour vite terminer ce travail.

múrí, n.
• billet de vingt nairas. Il représente Murtala Muhammed, qui fut président du Nigeria en 1975 et assassiné en 1976.
Ó jẹ́ múrí mẹ́ta. Ça coûte soixante nairas.

músẹ́, v. **rẹ́rìn-ín**.

mùsùlùmí, n.
• musulman.

mutí / mu ọtí, vb.+ obj.
• boire de l'alcool.

mutí yó / mu ọtí yó, vb. comp.
• s'enivrer, se soûler.
Ó mutí yó níbi àríyá lánàá. Il s'est soûlé à la fête hier.

N

n, pron. pers. (cf. **mo, mi**).
• je (empl. avec futur / nég./ kí).
N ó lọ sọ́jà lọ́la. J'irai au marché demain. *N ò ní í lọ síbi-iṣẹ́ lónìí.* Je n'irai pas au travail aujourd'hui. *Ṣé kí n tìlẹ̀kùn ?* Dois-je fermer la porte à clef ?

ń, marq. vb.
• marque l'inaccompli.
A ń ṣiṣẹ́, má dí wa lọ́wọ́ ! On travaille, ne nous dérange pas !

ná 1, mod. d'énonc.
• un instant, un moment, d'abord.
Dúró ná, mò ń bọ̀ ! Attends un instant, j'arrive ! *Mò ń ṣiṣẹ́ ná !* Je travaille encore un peu !

ná 2, vb.
• dépenser.
Ó ná gbogbo owó rẹ̀. Il a dépensé tout son argent.
• marchander.
Ìyá Bísí máa ń ná ọjà dáadáa. La mère de Bísí sait bien marchander.
• faire un trajet régulier entre deux destinations (soit pour son commerce, soit pour un transporteur public). Par ext. : vendre dans un marché.
Ó máa ń ná ọjà Ifẹ̀ lẹ́ẹ̀mẹ́ta lọ́sọ̀ọ̀sẹ̀. Elle vend ses marchan-

dises au marché d'Ifẹ̀ trois fois par semaine.

nà 1, vb.
• tendre, étirer, s'étirer.
Bá mi na okùn náà. Aide-moi à tendre la corde. *Ó nà nígbà tí ó jí.* Il s'est étiré en se réveillant.
• aplatir.
Na etí ìwé tó kákò. Aplatis le bord de la feuille qui est replié.
◇ **nà tàntàn** : s'étirer de tout son long.
Ó nà tàntàn lórí ẹní. Il s'est étiré de tout son long sur la natte.

nà 2, vb.
• frapper, battre.
Tí o bá tún purọ́, màá nà ọ́ ! Si tu mens encore, je te battrai !

náà, pron. anaph.
• rappelle ce qui a déjà été nommé. Assume la fonction d'un article défini.
Mo rí bàbá kan lọ́nà ; bàbá náà lójú kan péré ! J'ai vu un vieux sur le chemin ; le vieux n'avait qu'un œil !
• aussi.
Èmi náà fẹ́ lọ sí Èkó. Moi aussi je veux aller à Lagos.

nàgà, vb. (cf. **nà** 1).
• tendre le cou (pour voir qqch.).
Ó nàgà láti rí olè tí wọ́n ṣẹ̀ṣẹ̀ mú. Il a tendu le cou pour voir le voleur qu'on vient juste d'attraper.

Nàìjíríà, n. pr.
• Nigeria.

náírà, < empr., n.
• unité monétaire du Nigeria.
Náírà mẹ́jọ ni ẹ̀fọ́ yẹn. Ces légumes coûtent huit nairas. *Ogún náírà ni abọ́ yìí.* Ce plat coûte vingt nairas.

nájà / ná ọjà, vb.+ obj.
(cf. **ná** 2).
• marchander.

najú, < **nà.ojú**, vb. comp.
(cf. **nà** 1).
• mettre le nez dehors pour se détendre.
Mo fẹ́ najú kí n lè ráyè mu sìgá. Je vais mettre mon nez dehors pour pouvoir fumer une cigarette.

námà, < haus., n.
• viande de bœuf.

nara, < nà.ara, vb. comp.
(cf. **nà** 1).
• s'allonger, s'étendre.

nàró, < nà.ró, vb.
(cf. **nà** 1, **ró** 3).
• se tenir debout.
• redresser qqch.
Nàró ìgò yìí. Redresse cette bouteille.

narùn / na ọrùn, vb.+ obj.
(cf. **nà** 1).
• s'étirer le cou.

nasẹ̀ / na ẹsẹ̀, vb.+ obj.
(cf. **nà** 1).
• étendre les jambes, s'étirer les jambes.
Ó na ẹsẹ̀ sọ́nà kí n má lè kọjá. Il a étendu sa jambe sur le passage pour m'empêcher de passer.
• se dégourdir les jambes, faire

un petit tour.
Ìjókòó ti sú mi, mo fẹ́ nasẹ̀ jáde. Je suis fatigué d'être assis, je vais aller faire un petit tour. *Mo fẹ́ nasẹ̀ dé ọjà.* Je vais aller faire un petit tour jusqu'au marché.

náwó / ná owó, vb.+ obj. (cf. **ná** 2).
• dépenser.
Ó náwó rẹpẹtẹ. Il a dépensé plein d'argent.

nawọ́ sí 1 / **na ọwọ́ sí**, vb.+ obj. (cf. **nà** 1).
• montrer du doigt.
Kò yẹ kí àwọn ọmọdé máa nawọ́ sí àwọn àgbàlagbà. Il n'est pas convenable que les jeunes montrent du doigt les anciens.

nawọ́ sí 2, < nà.ọwọ́ sí, vb. comp. (cf. **nà** 1).
• apporter une aide matérielle.
Ó nawọ́ sí wa lásìkò ìṣòro wa. Elle nous a aidés pendant une période difficile.

ní 1, vb.
• avoir, posséder.
Ó ní ìyàwó mẹ́ta. Il a trois femmes.

ní 2, vb.
• dire.
Ó ní òun kò ní í lọ. Il a dit qu'il ne partirait pas. *Wọ́n ní àwọn ò jáde.* Elles ont dit qu'elles n'étaient pas sorties.

ní 3, prép. (cf. **nínú**).
• à, (sans mvt.).
Ó wà ní Ìbàdàn báyìí. Il est maintenant à Ìbàdàn. *Wọ́n wà ní ilé.* Ils sont à la maison.

ni 1, vb.
• appartenir à.
Ọba ló ni adé. C'est au roi qu'appartient la couronne.

ni 2, marq. foc.
• c'est.
Ajá ni. C'est un chien. *Adìẹ ni ó rà lọ́jà.* C'est du poulet qu'elle a acheté au marché.

ní í, marq. vb.
• (+ *kò*) futur nég.
Bàbá mi kò ní í wá lọ́la. Mon père ne viendra pas demain.

ní láti, < ní ní.àti, vb. aux. (cf. **ní** 1).
• avoir à, devoir, être nécessaire.
Mo ní láti tètè rí i. Je dois le voir rapidement.

ní pàtàkì, loc. adv.
• particulièrement, principalement.
Òun ni ọ̀rọ̀ náà kàn ní pàtàkì. C'est lui que cette affaire concerne principalement.

ní pàtó, adv. (cf. **ẹni**).
• exactement, précisément.
Èwo lo fẹ́ ṣe ní pàtó nípa ọ̀rọ̀ náà ? Que veux-tu faire exactement au sujet de cette affaire ? *Kúkú sọ èyí tí o fẹ́ ṣe nínú méjèèjì ní pàtó.* Tu ferais mieux de dire exactement laquelle des deux (solutions par ex.) tu veux choisir. *Mo fẹ́ mọ ẹni tó ba ẹ̀rọ náà jẹ́ ní pàtó.* Je veux savoir qui précisément a cassé la machine.

níbo, < ní.ibo, pron. inter. (cf. **ní** 3).

• où ?
Níbo ló ń lọ ? Où va-t-il ?

nídàyí ~ nídayìí, < ní.ìdàyí, (cf. **ní** 3).
• au même moment, au moment présent, à l'heure présente.
Nídàyí ọ̀sẹ̀ mẹ́ta òní yóò ti lọ. A ce même moment, dans trois semaines, il sera parti. *Nídayìí ọ̀sẹ̀ méjì sẹ́hìn mo ti kúrò ní Èkó.* Il y a deux semaines à cette heure-ci, je quittais Lagos.

nídayìí, v.**nídàyí**.

nígbà tí, < ní.ìgbà.tí., loc. conj. (cf. **ní** 3).
• quand, lorsque.
Ó rí ọba nígbà tí ó lọ sí ààfin. Il a vu le roi quand il est allé au palais. *Bá mi pọnmi nígbà tí o bá padà dé.* Tu iras me puiser de l'eau quand tu reviendras.

nígbà tó ṣe, < ní.ìgbà tí.ó ṣe, loc. temp. (cf. **ní** 3).
• après un moment, au moment voulu.
Ó ti ń rìn tẹ́lẹ̀, nígbà tó ṣe ló bẹ̀rẹ̀ sí í sáré. Il marchait, mais après un moment, il s'est mis à courir.

nígbẹ̀hìn, < ní.ìgbà.ẹ̀hìn, adv. (cf. **ní** 3).
• finalement, à la fin.
Ó kọ́kọ́ kọ̀ láti lọ ṣùgbọ́n nígbẹ̀hìn ó lọ. Il a d'abord refusé de partir mais, finalement il est parti.

nìkan, pré-vb./ dét.
• seul(e), seulement.
Òun nìkan lè jẹ oúnjẹ yìí tán. Lui seul peut finir cette nourriture. *Èmi nìkan ni wọ́n pè.* C'est seulement moi qu'ils ont appelé.

níkọ̀kọ̀, < ní.ìkọ̀kọ̀, adv. (cf. **ní** 3).
• en privé, en secret.
Gbogbo ohun tí èniyàn ń ṣe níkọ̀kọ̀ ni yóò máa gbọ́ ní gbañgba. Tout ce que les gens font en secret s'entendra au grand jour.

nílò, < ní.lò, vb. (cf. **ní** 1).
• avoir besoin.
Ó rẹ̀ mí, mo nílò ìsinmi. Je suis fatigué, j'ai besoin de repos.

nínú, < ní.inú, prép. (cf. **ní** 3).
• dans, dedans, à l'intérieur.
Wọ́n wà nínú yàrá wọn. Elles sont dans leur chambre. *Ó wà nínú rẹ̀ !* C'est dedans !

nípa 1, < ní.ipa, vb. (cf. **ní** 1).
• prendre part, participer.
Ṣé o nípa nínú iṣẹ́ náà ? As-tu participé au travail ?

nípa 2, prép.
• au sujet de, concernant, sur.
Kí ló kàn ọ́ nípa ọ̀rọ̀ náà ? Qu'est-ce qui te concerne dans cette affaire ?

nípa báyìí, loc. conj.
• aussi, en conséquence.
Ọkọ̀ ni wọ́n gbé wá, nípa báyìí ni mo ṣe bá wọn lọ sí Èkó. Ils sont venus en voiture, aussi ai-je pu les accompagner à Lagos.

nípọn, vb.
• être épais.
Wọ́n ń wọ aṣọ tó nípọn nígbà tí ọyẹ́ bá ń fẹ́. Ils portent des

vêtements épais quand souffle l'harmattan.

níran, < ní.ìran, vb. comp. (cf. **ní** 1).
• se rappeler, se souvenir.
Ó bẹ̀rẹ̀ sí níran ìtàn ara rẹ̀. Il a commencé à se rappeler l'histoire de sa vie.

nísisìnyí, < ní.ìsisìnyí, adv. (cf. **ní** 3).
• maintenant, tout de suite.
Nísisìnyí ni mo fẹ́ lọ. C'est tout de suite que je veux partir.

nítòótọ́, adv. (cf. **ní** 3, **òtítọ́**).
• en vérité, vraiment, pour de vrai.
Ṣé ó sọ bẹ́ẹ̀ nítòótọ́ ? A-t-il vraiment dit cela ?

nítorí, < ní.ti.orí, conj. (cf. **ní** 3, **ti** 1, **torí**).
• car, à cause de, en raison de.
Kò lọ sí Èkó nítorí ọmọ rẹ̀. Elle n'est pas allée à Lagos à cause de son enfant.

nítorí náà, < ní.ti.orí náà, loc. conj.
• en conséquence, c'est pourquoi.
Òjò rọ̀ lánàá, nítorí náà ni mi ò ṣe jáde. Il a plu hier, c'est pourquoi je n'ai pas pu sortir.

nítorí pé, < ní.ti.orí pé, loc. conj.
• parce que, car.
Ó fẹ́ tètè lọ nítorí pé ilẹ̀ ti ń ṣú. Elle veut partir vite parce que la nuit commence à tomber.

níwòyí, < ní.ìwòyí, prép. (cf. **ní** 3).
• au moment présent, à cette heure-ci.
Níwòyí ọ̀la yóò ti dé. Demain à cette heure-ci, il sera arrivé.

níwọ̀n ìgbà tí, < ní.ìwọ̀n ìgbà tí, loc. conj. (cf. **ní** 3, **wọ̀n**).
• puisque, dans la mesure où.
A lè máa lọ níwọ̀n ìgbà tí a ò rí wọn. On peut partir puisqu'ils ne sont pas là.

ǹjẹ́, morph. inter.
• est-ce que ?
Ǹjẹ́ a lè lọ sí Ìbàdàn lọ́la ? Est-ce que nous pouvons aller à Ìbàdàn demain ?

ńkọ́, préd. inter.
• qu'en est-il de ? Comment est ? Comment ça va ?
Bàbá rẹ ńkọ́ ? Ó wà. Comment va ton père ? Ça va. *Mò ń lọ ní tèmi, ẹ̀yin ńkọ́ ?* Quant à moi, je pars, et vous ?

ńlá, adj.
• grand, immense.
Ilé ńlá ló ń gbé. C'est dans une grande maison qu'il habite.
• important.
Ènìyàn ńlá ni bàbá Bọ́lá. Le père de Bọ́lá est quelqu'un d'important.

nǹkan, < ohun.ọ̀kan, n.
• quelque chose.
Ṣé ẹ mú nǹkan bọ̀ ? Avez-vous apporté quelque chose ? *Nǹkan wọ́n báyìí.* Les choses sont chères maintenant.

nǹkankan, (cf. **ọ̀kan**).
• rien.
Mi ò ṣe nǹkankan lóníì ! Je n'ai

rien fait aujourd'hui !

ǹkan-oṣù, n. comp.
• règles (menstrues).

nọ́ńbà, < angl., n.
• chiffre, nombre, numéro.

nọ́ọ̀sì, < angl., n.
• infirmière.

ńṣe ni, v. **ṣe ni.**

ǹṣó, vb.
• avancer, continuer son chemin (le plus souvent à l'impér.).
Ǹṣó, màá bá ọ. Continue, je te rejoins.

nù 1, vb.
• se perdre, être perdu.
Wọ́n ti rí ọmọ tó nù. Ils ont retrouvé l'enfant qui s'était perdu.

nù 2, vb.
• essuyer.
Bá mi nu àga kí n lè jókòó. Essuie la chaise que je puisse m'asseoir.

O

ó 1, pron. pers.
• il ; elle.
Ó lọ kí ọ̀rẹ́ rẹ̀. Il / elle est allé(e) saluer son ami.

ó 2, marq. vb. (cf. **yóò**).
• futur.
A ó lọ sọ́dọ̀ wọn lọ́la. Nous irons chez eux demain.

o 1, pron. pers.
• tu.
Mo fẹ́ kí o dá mi lóhùn ! Je veux que tu me répondes !

o 2, marq. emph.
• marque une légère emphase (tjs. en fin d'énonc.).
Mo ń bọ̀ o ! J'arrive !

ò 1, morph. nég. (cf. **kò** 1).
• ne, ne pas.
Wọn ò lọ. Ils ne sont pas partis.

ò 2, pron. pers. emph.
• (+ inac.) tu.
Ò ń jáde, àbí ? Alors, tu sors ou non ?

ó dàbí ẹni pé, loc. vb.
• il semble que.
Ó dàbí ẹni pé ó fẹ́ sunkún. Il semble qu'il soit sur le point de pleurer.

obì, n.
• noix de cola.

òbí, n.
• parents (géniteurs).

obì-àbàtà, n. comp.
• noix de cola à 4 ou 6 cotylédons.

obì-gbàǹja, n. comp.
• noix de cola à 2 cotylédons.

obìnrin, n.
• femme.

òbò, n.
• vagin.

òbúkọ, n.
• bouc.

òde, n.
• le dehors, l'extérieur.
Àwọn ọmọ ń ṣiré ní òde. Les enfants jouent dehors.

òde-ayé, n. comp.
• le monde.

òde-òní, n. comp.
• qui est actuel, de maintenant, d'aujourd'hui.
Àṣà òde-òní yàtọ̀ sí ti àtijọ́. Les coutumes d'aujourd'hui sont différentes de celles d'avant.

odi 1, n.
• surdité.
• sourd-muet.
Odi ni ọmọ yìí. Cet enfant est sourd-muet.

odi 2, n. (cf. **ẹ̀hìn** —).
• mur d'enceinte, fortification, rempart entourant une ville.

odì, n. (cf. **yàn...lódì**).
• rancune.

òdì, n. (cf. **lódìlódì**, **lòdì sí**).
• envers, contraire.
Òdì aṣọ ni Bọ́lá wọ̀. Bọ́lá a mis son vêtement à l'envers. *Òdì ohun tí mo sọ ló ṣe !* Il a fait le contraire de ce que je lui avais dit !
◇ **òdì kejì** : autre côté.
Ó lọ sí òdì kejì odò. Il est allé de l'autre côté de la rivière.

odi-ẹyìn, n. comp.
• régime de noix de palme.

odídẹrẹ́, n.
• perroquet.

odidi, n.
• totalité, fait d'être entier.
Odidi ló wà, a kò tí ì lò ó. Il est entier, on ne l'a pas encore utilisé. *Odidi obì ni mo fẹ́.* C'est la totalité de la noix de cola que je veux.

odó, n. (cf. **ọmọ** —).
• mortier.

òdo, n.
• nul, zéro.
Ó gba òdo. Il a eu zéro.

odò, n.
• rivière.

odò-adágún, n. comp.
• étang, lac.

òdodo, n.
• sincérité, vérité.

òdòdó, n.
• fleur.

òdòòdì, < òdì.òdì, n.
• fait de faire qqch. à l'envers, de travers, mal faire.
Kí ló dé tí ìwọ máa ń ṣe nǹkan ní òdòòdì ? Pourquoi fais-tu toujours les choses de travers ?

odù, n. (cf. **ọmọ-odù**).
• chapitre du corpus d'Ifá dont 16 sur 256 sont des odù majeurs, et 240 des odù mineurs.
• secret gardé dans une coupe en bois fermée, que seuls les prêtres d'Ifá ayant fini leur initiation peuvent voir.

Odùduwà ~ **Oòduà**, n. pr.
• divinité ou personnage historique déifié par la suite. Odùduwà est considéré comme celui qui

créa la terre, à Ilé-Ifẹ̀, à partir de l'eau primordiale ; il est aussi considéré comme l'ancêtre fondateur des principaux royaumes du pays yorùbá.

ọ̀fì, n.
• métier à tisser.

ọ̀fìfo, n.
• fait d'être vide.
Ọ̀fifo ni ìkòkò yìí wà. Cette jarre à eau est vide.

ọ̀fin, n.
• loi.
Ọ̀fin wà láti fi ìyà jẹ ẹni tó bá jalè. La loi existe pour punir celui qui vole.

ọ̀fọ̀, n. (cf. **ṣọ̀fọ̀**).
• perte de qqn., qqch.
Ọ̀fọ̀ ńlá ni ikú arákùnrin náà jẹ́. La mort de cet homme est une grande perte. *Ọ̀fọ̀ ṣe é nípa ṣọ́ọ̀bù rẹ̀ tó jóná.* Il a subi une perte avec l'incendie de sa boutique.

ọ̀fo, n.
• vide.
Ọ̀fo ni ìgò yìí wà. Cette bouteille est vide.
• fait d'être bredouille.
Ọdẹ wálé lọ́wọ́ ọ̀fo. Le chasseur est rentré bredouille à la maison.

ọ̀fọ́fọ́, n. (cf. **olọ́fọ̀ọ́fọ́**).
• cancan.

ọ̀fuurufú, n.
(cf. **ọkọ̀ —**, **ìdíkọ̀ —**).
• espace compris entre le ciel et la terre ; atmosphère.

oge, n.
• ostentation, fait de "se croire".
Ó ń ṣe oge ! Elle se croit !

ọ̀gì, n.
• maïs fermenté pendant trois jours, puis moulu, à partir duquel on prépare la pâte de maïs *ẹ̀kọ*.
• bouillie de maïs.

ọ̀gidì, n.
• fait d'être non dilué.
Ọ̀gidì ẹmu ni mo mu. C'est du vin de palme non dilué que j'ai bu.

ọ̀giri, n.
• mur.

ọ̀go, n.
• gloire.
Ọ̀go Ọlọ́run. La gloire de Dieu.

ọ̀gọ́gọ́rọ́, n.
• alcool fort, distillé localement.

ogójì, < ogún.èjì, num.
• quarante.

ogún 1, num.
• vingt.

ogún 2, n. (cf. **jogún**).
• héritage.

Ògún, n. pr.
• dieu de la guerre, des chasseurs, des métaux ; il est lié à la créativité ; c'est lui qui aurait ouvert un chemin lors de la descente des dieux sur terre. Ògún est attaché à la vérité et on peut, au tribunal, jurer sur un morceau de fer censé le représenter.

ogun, n.
• guerre.

ogunlọ́gọ̀, n.
• quantité indénombrable, innombrable, très grand nombre.
Ogunlọ́gọ̀ ènìyàn wá síbi ayẹyẹ náà. Un très grand nombre de gens sont venus à la fête.

ògùsọ̀, n.
• résidu séché du péricarpe de la noix de palme, utilisé comme combustible.
• torche.
Wọ́n tan iná sí ògùsọ̀. Ils ont enflammé les torches.

ogbe, n.
• crête (coq).

ogbó, n. (cf. **gbó** 2).
• vieil âge.
Ogbó ló ń yọ ọ́ lẹ́nu. C'est l'âge qui lui donne des problèmes.

ògbójú, n. (cf. **gbójú**).
• pers. brave, courageuse.
Ògbójú ọdẹ nínú igbó Irúnmọlẹ̀. (Titre d'un roman de Fágúnwà.) « Le courageux chasseur dans la forêt des Esprits.»
• personne qui a du culot.
Ògbójú lo ń ṣe, mo mọ̀ dájú pé ìwọ lo jí owó náà ! Tu as vraiment du culot, je sais pertinemment que c'est toi qui as volé l'argent !

ohun, n.
• chose.
Mo lè fún ọ ní ohun tí o fẹ́. Je peux te donner ce que tu veux. *Ohun tó wù mí ni mo ṣe.* Je fais ce qui me plaît.

ohùn, n.
• voix.
Ohùn Adé kẹ̀. Adé a une voix de basse.

ohun-èlò, n. comp.
• ingrédient.
Bọ́lá ló ra ohun-èlò láti fi sebẹ̀. C'est Bọ́lá qui a acheté les ingrédients pour la sauce.
• instrument.
À ń ta ohun-èlò orin níbí. Ici on vend des instruments de musique.

ohun-ọ̀gbìn, n. comp. (cf. **gbìn**).
• plant, plantation.

ohunkóhun, n. (cf. **ohun**).
• quelle que soit la chose, n'importe quoi, n'importe lequel.
Fún mi ní ohunkóhun. Donne-moi n'importe lequel. *Ohunkóhun kò gbọdọ̀ dí ìpàdé náà lọ́wọ́.* Rien ne doit empêcher la réunion.

òjé, n.
• plomb.

oje, n.
• sève d'un arbre.

òjíjí, v. **ẹja** —.

òjìji, n.
• ombre humaine.

òjijì, n. (cf. **lójijì**).
• soudaineté.

òjíṣẹ́, n. (cf. **jíṣẹ́**).
• messager.

ojo, n.
• lâche, peureux.

Ojo ni Bísí. Bísí est un lâche.

òjò, n.
• pluie.
Òjò ń rọ̀. Il pleut. *Òjò pa mí.* La pluie m'a trempé.

òjò-àkọ́rọ̀, < òjò-à.kọ́kọ́.rọ̀, n. comp. (cf. **rọ̀** 1).
• premières pluies.

òjò-àrọ̀kúrò, < òjò.à.rọ̀.kúrò, n. comp. (cf. **rọ̀** 1).
• dernières pluies.

òjòlá ~ **èjòlá**, n.
• python.

ojoojúmọ́, n. (cf. **lọ́joojúmọ́**).
• tous les jours.
Ojoojúmọ́ ló máa ń lọ sọ́jà. Elle va tous les jours au marché.

òjóró, n.
• tricherie.
Ó ń ṣe òjóró nídìí ayò. Il triche au jeu d'ayò.

ojú, n. (cf. **ojú-ọjọ́, tijú**).
• œil.
Ojú mi rí nǹkan lónìí. J'en ai vu de toutes les couleurs aujourd'hui.
• face, visage.
◇ **ojú tì** : être timide, avoir honte.
Ojú tì í láti sọ ọ́. Il a honte de le dire. *Ojú tì mí fún ohun tó ṣe.* J'ai honte de ce qu'il a fait.

ojú-ìwé, n. comp.
• page (livre).

ojú-kòkòrò, n. comp. (cf. **olójú-kòkòrò**).
• avidité, convoitise, envie.
Ojú-kòkòrò rẹ̀ pọ̀ jù. Elle en veut toujours plus. *Ó ń ṣe ojú-kòkòrò aṣọ ọ̀rẹ́ rẹ̀ tó dára.* Les jolis habits de son amie lui font envie.

ojú-ọjọ́, n. comp.
• temps.
Ojú-ọjọ́ kò dára lónìí. Il ne fait pas beau aujourd'hui.

ojú ro, v. **ro** 1.

ojúbọ, < ojú.ẹbọ, n.
• autel ; endroit où sont placées les offrandes destinées aux dieux.

ojúde, < ojú.òde, n.
• espace situé devant une maison ; terrasse.
Ojúde wa kún fún èrò. La foule est nombreuse devant la maison.

ojúgun, n.
• tibia.

ojúlé, < ojú.ilé, n.
• façade, fronton de maison, porte d'entrée.
Ẹ gba ojúlé wọlé. Passez par la porte de devant pour entrer.

ojúlówó, < ojú.ní.owó, n.
• authentique ; qui est précieux, vrai, véritable.
Ìwé-ẹ̀rí yìí kì í ṣe ojúlówó, ayédèrú ni. Ce certificat n'est pas authentique, c'est un faux.

ojúlùmọ̀, < ojú.olù.mọ̀, n.
• connaissance.
Ojúlùmọ̀ mi ni Adé, abúlé kan náà ni a ti wá. Adé est une connaissance, nous venons du même village.

ojúṣe, n.
• responsabilité.
Ojúṣe rẹ̀ ṣe pàtàkì nínú iṣẹ́ rẹ̀. Il a de grandes responsabilités dans son travail.

òkè, n.
• côte, colline, montagne.
Wọ́n tẹ Ìdànrè dó lórí òkè kan. On a fondé la ville d'Ìdànrè au sommet d'une montagne.
• le haut.
Bàbá wa wà lókè, nínú pálọ̀. Notre père est en haut, dans le salon.

òkèèrè, n.
• qui est lointain, au loin, à distance.
Mo rí i ní òkèèrè. Je l'ai vu au loin. *Òkèèrè ni olójú jíjìn ti ń mú ẹkún sun.* (Prov.). C'est de loin que celui qui a les orbites enfoncées doit se préparer à pleurer. [Il faut connaître ses limites et donc prendre les mesures appropriées.]

òkèlè, n.
• bouchée (de pâte d'igname ou de manioc, prise entre les doigts avant de la tremper dans la sauce).
Ó bu òkèlè iyán. Il a pris une bouchée d'igname pilée.

òkété, n.
• rat *sp.* géant comestible.

òkìkí, n. (cf. **olókìkí**).
• réputation.
Dọ́kítà yìí ní òkìkí gan-an. Ce docteur est réputé. *Òkìkí olè náà ti tàn káàkiri ìlú.* La réputation de ce voleur s'est étendue par toute la ville.

okó, n.
• pénis.

oko, n.
• ferme, champ.
Ẹ rí oko ní oko ikún, ẹ gbin ẹ̀pà sí i ! (Prov.). Vous voyez un champ dans la ferme de l'écureuil et vous y plantez des arachides ! [Ne pas venir se plaindre de qqch. après avoir été prévenu.]

oko-etílé, < oko-etí.ilé, n. comp.
• ferme proche du lieu d'habitation.
Oko etílé ni ọlẹ lè ro... (Prov.). Le paresseux ne peut que cultiver une ferme proche de sa maison. [Empl. pour qqn qui choisit tjs la solution de facilité.]

oko-ẹgàn, n. comp.
• ferme éloignée du lieu d'habitation.

òkò, n.
• projectile.
Òkò tí a mú sọ ọ̀pẹ, lọ̀pẹ ń mú sọni. (Prov.). Le projectile qu'on lance sur un palmier, le palmier le renvoie ! [Recevoir la monnaie de sa pièce.]

òkodoro, n.
• vérité, fin fond d'une affaire.
A ti rí òkodoro ọ̀rọ̀ náà báyìí. On a enfin vu la vérité dans cette affaire.

òkòtó, n.
• coquille de l'escargot *ìpére*.

• toupie.
Èmi àti Báyọ̀ ń ta òkòtó. Báyọ̀ et moi jouons à la toupie.

òkú, n. (cf. **kú**).
• mort (corps), cadavre.

òkú-Ẹ̀kó, n. comp.
• poisson congelé.

okun, n.
• force.
Ó ti rẹ̀ ẹ́, kò ní okun mọ́. Il est fatigué, il n'a plus de force.

okùn, n.
• corde.
Mo fi okùn so ajá nàà mọ́ ara igi. J'ai attaché le chien au tronc de l'arbre avec une corde.

òkun, n. (cf. **Olókun**).
• mer, océan.

òkùnkùn ~ òòkùn, n.
• obscurité, ténèbres.

òkúta, n.
• pierre, roc, rocher
◊ **òkúta iyebíye** : pierre précieuse.

olè, n. (cf. **jalè**).
• vol.
Olè kò dára rárá. Le vol n'est pas bien du tout.
• voleur.
Ọjọ́ gbogbo ni ti olè, ọjọ́ kan ni ti olóhun. (Prov.). Tous les jours sont au voleur, mais il y a un jour pour le propriétaire. [Tôt ou tard un voleur se fera prendre.]

olobó, n. (cf. **ta...lólobó**).
• indication, renseignement.
Olobó ta wá nípa ọ̀rọ̀ nàà. Nous avons eu des renseignements au sujet de cette affaire.

Olódùmarè ~ Èdùmàrè, n. pr.
• le Dieu créateur : il insuffle la vie. Contrairement aux autres divinités, il ne reçoit pas de sacrifices et n'est pas directement révéré.

olófòófó, < oní.òfófó, n.
• cancanière.
Olófòófó ni Bọ́lá. Bọ́lá est une cancanière.

ológun, < oní.ogun, n.
• guerrier, soldat.

ológbò, n.
• chat.

olóhun, < oní.ohun, n.
• possesseur, proprétaire.
Afúnnisọ́ ni mí, èmi kì í ṣe olóhun. Je n'en suis que le gardien, je n'en suis pas le propriétaire.

olóhùn-iyọ̀, < oní.ohùn-iyọ̀, n. comp.
• chanteur ou chanteuse capable de bien moduler sa voix (celle-ci ne doit être ni trop haute ni trop basse).

olójú-kòkòrò, < oní.ojú-kòkòrò, n. comp.
• personne envieuse, avide.
Olójú-kòkòrò ni Adé, ǹkan rẹ̀ kì í tẹ́ ẹ lọ́rùn. Adé est quelqu'un d'envieux, il n'est jamais satisfait de ce qu'il a.

olókìkí, < oní.òkìkí, n.
• personne renommée, célèbre.

Olókun, < oní.òkun, n. pr.
• dieu (ou déesse) de la mer. Elle aurait été la femme d'Odùduwà.
Olókun fẹ́ràn nǹkan funfun. Olókun aime ce qui est blanc.

olóògùn, < oní.oògùn, n.
• guérisseur, praticien de la médecine traditionnelle.
• personne versée dans les pratiques magiques.

olóògbé, n.
• défunt.

olórí, < oní.orí, n.
• chef, responsable.
Olórí àwọn olè ni Dàpọ̀. C'est Dàpọ̀, le chef des voleurs.
• personne possédant un certain trait de caractère.
◇ **olórí-burúkú** : personne malchanceuse. Svt utilisé comme insulte.
◇ **olórí-ire** : personne chanceuse.
◇ **olórí-kunkun** : personne entêtée.

olorì, n.
• première des épouses royales, reine.

olóṣèlú, < oní.òṣèlú, n.
• politicien.

olóṣì, n.
• indigent. Par ext., bon à rien.

olòṣì, n.
• bon à rien (insulte).

olówó, < oní.owó, n.
• un riche.
• propriétaire de qqn., de qqch.

olóye, < oní.òye, n.
• personne à l'esprit vif, qui a un raisonnement juste, une bonne intuition.
Olóye ni ọkùnrin yìí. Cet homme a l'esprit vif et juste.
• personne qui excelle dans sa profession.
Olóye ni àgbẹ̀dẹ yẹn. Ce forgeron excelle dans son art.

olóyè, < oní.oyè, n.
• personne ayant un titre traditionnel ; chef.

olú- 1, pfrx.
• Dieu. A l'origine, référence au dieu de la variole. Se rencontre svt dans les n. pr.)
Olúgbénga. n. pr., « Dieu m'a mis au-dessus des autres.»
• roi.
Olúwòó. Roi d'Ìwó. *Olúbàdàn.* Roi d'Ìbàdàn.

olú-ìlú, n. comp.
• capitale.
Ìbàdàn ni olú-ìlú ìpìnlẹ̀ Ọ̀yọ́. Ìbàdàn est la capitale de l'État d'Ọ̀yọ́.

olú 2, n.
• champignon.

olù- , prfx. vb.
• non productif, s'applique à des agents.
Olù.kọ́ > *olùkọ́.* Celui qui enseigne. Olù.ṣe > *olùṣe.* Celui qui fait.

olùdíje, < olù.díje, n.
• candidat, concurrent.

olùgbàlà, < olù.gbà.là, n.

• sauveur.

olùkọ́, < olù.kọ́, n. (cf. **kọ́** 1).
• celui qui enseigne : instituteur, maître d'école, professeur.

Olúwa, n. pr.
• Dieu des chrétiens.

olúwarẹ̀, n.
• la personne déjà mentionnée, la personne en question. Utilisé pour éviter de répéter le nom. *Lẹ́nu ta ni ẹ ti gbọ́ orúkọ yìí ? Mi ò tilẹ̀ rántí olúwarẹ̀.* De la bouche de qui avez-vous entendu ce nom ? Je ne me rappelle même pas la personne en question. *Aporó tó lágbára ni a ní láti lò fún olúwarẹ̀.* C'est un antidote puissant qu'on doit utiliser pour cette personne.

omi, n.
• eau.
• jus (d'un fruit).

omi-adágún, n. comp.
• flaque d'eau.
• eau stagnante.

omi-ẹ̀rọ, n. comp.
• eau courante.

omi-ọbẹ̀, n. comp.
• sauce à la tomate et au piment cuits dans l'huile de palme. C'est la sauce qui accompagne nécessairement toute pâte.

omi-ọmú, n. comp.
• lait maternel.

omidan, n.
• jeune fille non mariée et encore vierge. *Omidan ni Bọ́lá, kò tíì wọlé ọkọ.* Bọ́lá est une jeune fille, elle n'est pas encore mariée.

omijé, n.
• larme.

omije,< omi.oje, n.
• sève d'un arbre.

òmìnira, < empr., n.
• liberté.
Àwọn tó wà ní ìgbèkùn ń jà fún òmìnira wọn. Ceux qui sont en captivité se battent pour leur liberté.

ominú, n.
(cf. **kọminú sí**, **kọ...lóminú**).
• inquiétude.

òmíràn, n. (cf. **mìíràn**).
• un autre (différent).
Ẹ fún mi ní òmíràn. Donnez-m'en un autre. *Òmíràn ni mo fẹ́.* C'est un autre que je veux.

òmìrán, n.
• géant.
Ó ga tó òmìrán. Il est aussi grand qu'un géant.

òmùgọ̀, n. (cf. **gọ̀**).
• bête, idiot, imbécile.
Òmùgọ̀ ni ọmọ yìí. Cet enfant est bête. *Ó hùwà òmùgọ̀.* Il s'est conduit comme un imbécile.

Òǹdó, n. pr.
• désigne à la fois la capitale et un royaume yorùbá situé à l'est du pays ainsi que la langue et les gens.

òǹgbẹ ~ **òrùngbẹ**, n.
• soif.

Òǹgbẹ ń gbẹ mí. J'ai soif.

oní-, prfx. n.
• personne qui a, qui possède, celui qui fait.
Oní.ilé > onílé. Le propriétaire de la maison. *Oní.owó > olówó.* Un riche. *Ìyá oní.ẹran > ìyá ẹlẹ́ran.* Marchande de viande. *Ọmọ oní.iṣu > ọmọ oníṣu.* Vendeur d'igname.

ònì, n.
• aujourd'hui.
Òní la rí, kò sẹ́ni tó mọ ọ̀la. On est sûr d'aujourd'hui, personne ne connaît demain.

oníbáárà, n. (cf. **tọrọ**).
• mendiant.
Oníbáárà ń bólè bọ̀, ó ń yọjú wọlé. (Prov.). Le mendiant devient voleur quand il regarde à l'intérieur de la maison. [Il ne faut pas dépasser les bornes.]

oníbàárà, n.
• client.
Oníbàárà mi ni. C'est mon client.
• vendeur.

onífàyàwọ́, < oní.ì.fi.àyà.wọ́, n. (cf. **fàyàwọ́**).
• contrebandier.

onígbá-méjì, v. **àrùn** —.

onígbàgbọ́, n. (cf. **gbàgbọ́**).
• chrétien.
Onígbàgbọ́ ni wọ́n. Ils sont chrétiens.

oníjàngbọ̀n, < oní.ìjàngbọ̀n, n.
• personne agitée.
Oníjàngbọ̀n ni ọmọ yìí. Cet enfant est agité.

oníjìbìtì, n.
(cf. **lù...ní jìbì-tì**).
• escroc, tricheur.
Ó bọ́ sọ́wọ́ oníjìbìtì. Il est tombé dans les mains d'un escroc.

oníjó, < oní.ijó, n. (cf. **jó** 1).
• danseur.

oníkálukú ~ oníkálùkù, < oní.kálukú, n.
• chacun.
Oníkálukú gbé ọmọ rẹ̀ lọ́wọ́. Chacun a pris son enfant avec lui.

oníkálùkù, v. **oníkálukú**.

onílù, < oní.ìlù, n.
• tambourinaire.

onírìíra, < oní.ìríra, n.
• personne difficile.
Onírìíra ni ọkùnrin yìí. C'est un homme difficile.

oníṣègùn, < oní.ì.ṣe.oògùn, n.
• guérisseur, herboriste.

oníṣòwò, < oní.ì.ṣe.òwò, n. (cf. **ṣòwò**).
• commerçant(e), homme d'affaires.
Oníṣòwò obì ni bàbá rẹ̀. Son père est commerçant en noix de cola.

onítìmùtìmù, v. **àga** —.

onítọ̀hún, < oní.ti.ọ̀hún, n.
• cette personne qu'on ne connaît pas ; l'autre personne (une 3e).
Ta ni onítọ̀hún ? Qui est cette personne ? *Òun ò ní í lọ, onítọ̀hún ni á lọ.* Lui, n'ira pas, c'est l'autre personne qui ira.

oníwóróbo, < oní.wóróbo, n.
• marchande de bric-à-brac.
Ìyá oníwóróbo ń ta nǹkan àtẹ lóríṣiríṣi. Une vendeuse de bric-à-brac vend toutes sortes de choses.

oníyebíye, < oní.iyebíye, n. (cf. **iye**).
• de valeur, inestimable.
Ó fún un ní ìlẹ̀kẹ̀ oníyebíye. Il lui a donné des perles inestimables.

òǹkà, n. (cf. **kà** 1).
• énumération (1, 2, 3, etc.).

ońrárà, < oní.rárà, n.
• poète récitant la poésie *rárà*.

òo,
• réponse à une salutation contenant le verbe *kú* 2.
– *Ẹ káàárọ̀ o ! – Òo.* – Bonjour ! – Merci.

Oòduà, v. **Odùduwà**.

òógùn, n. (cf. **làágùn**).
• sueur, transpiration.

oògùn ~ **òògùn**, n.
• médicament, remède, onguent.
• gris-gris.

òògùn, v. **oògùn**.

òòjọ́, n. (cf. **ọjọ́**).
• du jour.
Ọbẹ̀ òòjọ́ a máa dùn ju ti ọjọ́ kejì. La sauce du jour est meilleure que celle de la veille.

òòka, v. **òrùka**.

òòkùn, v. **òkùnkùn**.

òòlù, n.
• maillet, marteau.

oore, n.
• bonté, gentillesse.
Bọ́lá ṣe mí ní oore lọ́pọ̀lọpọ̀. Bọ́lá s'est comportée envers moi avec beaucoup de gentillesse.

òòró, n. (cf. **ró** 3).
• station debout.
Ó wà ní òòró láti àárọ̀. Il est debout depuis ce matin.

ooru, n.
• chaleur.
Ooru mú lónìí. Il fait chaud aujourd'hui.
• vapeur.
Ooru ń yọ láti inú ìkòkò. La vapeur s'échappe de la marmite.

òórùn, n.
(cf. **gbóòórùn**, **gbọ́**).
• odeur.

oorun, n.
• sommeil.
Oorun ń kùn ún. Il a sommeil.

oòrùn ~ **òòrùn**, n.
• soleil.
Ó jókòó lóòrùn. Il est assis au soleil. *Oòrùn kò mú púpọ̀ lónìí.* Il ne fait pas très chaud aujourd'hui.

òòrùn, v. **oòrùn**.

òòṣà, v. **òrìṣà**.

Òòṣàálá, v. **Òrìṣà-ńlá**.

òótọ́, v. **òtítọ́**.

oówo, n.
• furoncle.
Oówo sọ mí ní abíyá. J'ai un furoncle sous le bras.

òòyà, n. (cf. **yà** 3).
• peigne.

òòyì, n. (cf. **pòòyì**).
• vertige.
Òòyì ń kọ́ mi lójú. J'ai des vertiges.

òpin, n. (cf. **dópin**).
• fin, conclusion.
Ní òpin àríyá, a túká lọ sílé wa. A la fin de la fête, on s'est dispersé pour rentrer chacun chez soi.

opó, n.
• veuve.
Ọdún mẹ́wàá sẹ́hìn ni obìnrin yìí ti di opó. Cette femme est veuve depuis dix ans.

òpó, n.
• pieu, pilier.
Wọ́n fi òpó yí ààfin ọba ká. Ils ont entouré le palais du roi de piliers.

òpònú, n.
• bête, idiot, imbécile.
Òpònú ni Bọ́lá, kò lè dá ronú. Bọ̀lá est un imbécile, il ne peut penser tout seul.

òpópó, v. **òpópónà**.

òpópónà ~ **òpópó** ~ **pópó**, < òpópó.ọ̀nà, n.
• rue (uniq. pour une adresse).
Òpónà Adérẹ̀mí ló ń gbé. Il habite dans la rue Adérẹ̀mí.

òpùrọ́, n. (cf. **irọ́**, **purọ́**).
• menteur.
Òpùrọ́ ni Bísí, kò ṣeé gbàgbọ́. Bísí est un menteur, on ne peut le croire.

orí, n. (cf. **lórí**).
• tête.
Orí ń fọ́ mi. J'ai mal à la tête.
• le dessus.
Orí tábílì ni ìwé rẹ̀ wà. Ton livre est sur le dessus de la table.
• double d'une personne qui est censé contrôler sa destinée.
• chapitre.
Orí kejì la ti kà á dé. Nous avons lu jusqu'au deuxième chapitre.
◇ **orí dàrú** : être fou.
Orí rẹ̀ dàrú. Il est fou.

orí-burúkú, n. comp.
• malchance.

orí-kunkun, n. comp.
• entêtement.

òrí, n.
beurre de karité.

oríire, n.
• chance.
• succès.
Ẹ kú oríire ! Félicitations pour votre succès !

oríkì, < orí.kì, n. (cf. **kì** 1).
• appellation personnelle, poème de louange donné à toute entité du monde yorùbá (lignage, ville, plantes, animaux etc.). Les oríkì forment la matière principale de toute la poésie yorùbá.
Kí ni oríkì ọmọ yín ? Àríkẹ́ ni. Quel est l'oríkì de votre enfant ? C'est Àríkẹ́. *Kí wọ́n tó lọ ṣọdẹ, àwọn ọdẹ ń fi oríkì ki àwọn ẹranko*. Avant d'aller à la chasse, les chasseurs saluent les animaux par leur oríkì.
◇ **oríkì orílẹ̀** : poésie de

louange d'un lignage.

orílẹ̀, < orí.ilẹ̀, n.
• lignage depuis sa fondation.

orílẹ̀-èdè, n. comp.
• pays, nation.
Orílẹ̀-èdè Yorùbá. Le pays Yorùbá. *Orílẹ̀-èdè Faransé.* La France.

orín, n. (cf. **rùn** 1).
• bâtonnet d'un bois spécial, utilisé pour se brosser les dents.

orin, n. (cf. **kọrin**).
• chant, chanson.

orírun, n.
• origine, source.
A à mọ orírun àwọn Yorùbá. On ne connaît pas l'origine des Yorùbá.

orísun, n.
• origine, source.

òrìṣà ~ òòṣà, n.
• terme désignant toutes les divinités du panthéon yorùbá, à l'exception du Dieu créateur.
◊ **òrìṣà odò / òrìṣà omi** : divinités associées à l'eau.

Òrìṣà-ńlá ~ Òòṣààlá, n. pr. (cf. **Ọbàtálá**).
• un des dieux majeurs du panthéon yorùbá.

oríṣi ~ oríṣìí, n.
• sorte de qqch.
Bá mi ra oríṣi méjì nínú aṣọ nàà. Achète-moi deux sortes de tissus parmi ceux-ci.

oríṣìí, v. **oríṣi**.

oríṣìríṣìí, v. **oríṣiríṣi**.

oríṣiríṣi ~ oríṣìríṣìí, n.
• toutes sortes de.
Mo ra oríṣiríṣi nǹkan lọ́jà lónìí. J'ai acheté toutes sortes de choses au marché aujourd'hui.

oríta, (cf. **ìkòríta**).
• carrefour.

oró, n.
• douleur due à l'absorption d'un poison. Par ext.: poison, venin.
Ó ń jẹ oró. Il souffre l'agonie. *Oró ejò wà ní ahán rẹ̀.* Le venin du serpent est sur sa langue.

Orò, n. pr. (cf. **ṣorò**).
• dieu justicier lié au culte de la terre, se manifestant par l'emploi d'un rhombe ; il ne doit en aucun cas être vu par les femmes, sous peine de mort.
• rhombe utilisé par le dieu.
• coutume, rite.
Orò ilé wọn ni láti kọlà. C'est la coutume, dans leur lignage d'avoir des scarifications.

òro, n.
• mangue sauvage.

orógùn, n.
• bâton de bois utilisé pour brasser les préparations alimentaires (notamment les pâtes d'igname ou de manioc).

orogún, n.
• coépouse.
Wọ́n jẹ́ orogún. Elles sont des coépouses. *Wọ́n ń ṣe orogún sí ara wọn.* (Idiom.). Ils se comportent comme des coépouses. (Se dit de personnes, ou même

de villes, jalouses l'une de l'autre.)

orógbó, n.
• noix de cola amère, *Garcinia kola*.

òròmọdìẹ, < ?.ọmọ.adìẹ, n.
• poussin.
Òròmọdìẹ kò mọ àwòdì, ìyá rẹ̀ ló mọ àṣá. (Prov.). Si le poussin ne reconnaît pas l'épervier, sa mère le reconnaît. [Il faut tenir compte de l'expérience des anciens.]

òroǹbó, n.
• citron.

òróǹro, n.
• vésicule.
• bile.

òróró, n. (cf. **epo**).
• huile.
◇ **òróró-ẹ̀gúsí** : huile de graines de courge.
◇ **òróró-ẹ̀pà** : huile d'arachide.

orù, n.
• pot à petit col utilisé pour la préparation d'infusions.

òru, n.
• nuit.
Ẹ má jáde ní òru ! Ne sortez pas la nuit !

òrùka ~ **òòka**, n.
• anneau, bague.

orúkọ, n.
• nom.
Ọdaràn náà ti dá orúkọ ìkejì rẹ̀. Le malfaiteur a donné le nom de son complice.
• réputation.
Ó ba orúkọ òbí rẹ̀ jẹ́. Il a sali la réputation de ses parents.

orúkọ-àbísọ, n. comp.
• nom donné à la naissance.

orúkọ-àmútọ̀runwá, < à.mú.ti.ọ̀run.wá, n. comp. (cf. ti 3).
• nom lié aux circonstances particulières de la naissance d'un enfant (cordon ombilical autour du cou, cheveux frisés, pieds en avant, etc).
Orúkọ àmútọ̀runwá ni Kẹ́hìndé. Kẹ́hìndé est un nom venu du ciel. (Nom donné au premier-né de jumeaux.)

òrùlé, n.
• toit.

òrùngbẹ, v. **òǹgbẹ**.

orúnkún, n.
• genou.
Nígbà tí ojú wà ní orúnkún... Quand les yeux étaient sur les genoux... (il y a très très longtemps...) Une des formules introduisant un conte.

osè, n.
• baobab.

òsì, n. (cf. **àlàáfíà**, **ọwọ́**).
• côté gauche, gauche (emploi mal accepté, probablement par association avec le terme *òṣì*).
Ẹ yà ní apá òsì. Tournez à gauche.

osùn, n.
• poudre rouge obtenue à partir de l'écorce d'un arbre ; celle-ci est utilisée comme poudre de riz.

òsùn, n. (cf. **ìyẹ̀rẹ̀ —**).
• arbre *sp.*

ọṣé, n.
• hache à double tranchant, symbole de Ṣàngó.

ọ̀ṣé, n. (cf. **pọ̀ṣé**).
• claquement de la bouche indiquant le mépris, la confusion ou le fait qu'on est surpris désagréablement.

ọ̀ṣèlú, < ọ̀.ṣe.ìlú, n.
• politicien.

ọ̀ṣèré, < ọ̀.ṣe.eré, n.
• acteur.

ọ̀ṣì, n. (cf. **olọ́ṣì**).
• dénuement, indigence.
Ọ̀ṣì ló ń jẹ́, "ta-ní-mọ̀-ọ́-rí ?", owó ló ń jẹ́, "mo-bá-ọ-tan". (Prov.). Le dénuement s'appelle "qui-t'a-connu-avant ?", l'argent s'appelle "j'ai-un-lien-de-parenté -avec-toi". [C'est dans le malheur qu'on reconnaît ses vrais amis.]

ọ̀ṣìkà, < ọ̀.ṣe.ìkà, n.
• personne malfaisante, cruelle méchante.

ọ̀ṣìṣẹ́, < ọ̀.ṣe.iṣẹ́, n.
• employé, travailleur.

ọ̀ṣìṣẹ́-ìjọba, n. comp.
• fonctionnaire.

oṣó, n.
• sorcier.

Ọ̀ṣogbo, n. pr.
• ville dédiée à la déesse Ọ̀ṣun et capitale de l'État du même nom.

oṣooṣù, v. **oṣù**.

oṣù, n.
• mois.
◊ **oṣooṣù** < oṣù.oṣù : chaque mois.
Ó ń wálé lóṣooṣù. Il revient à la maison chaque mois. *Oṣooṣù ló máa ń wá kí mi.* C'est chaque mois qu'il vient me saluer.

ọ̀ṣùká, n.
• coussinet de tête utilisé pour le portage.

ọ̀ṣùmàrè, n.
• arc-en-ciel.
Ọ̀ṣùmàrè yọ. Il y a un arc-en-ciel.

ọ̀ṣùpá, n.
• lune.
Ọ̀ṣùpá ń ràn. La lune brille.

òtítọ́ ~ òótọ́, n.
• vérité.
Òtítọ́ ló ń sọ. Il dit la vérité.

òtòṣì, n. (cf. **tòṣì**).
• indigent.

otútù, v. **òtútù**.

òtútù ~ otútù, n.
• froid.
Òtútù mú mi. J'ai froid. *Òtútù mú lónìí, àsìkò ọyẹ́ la wà.* Il fait froid aujourd'hui, c'est la saison de l'harmattan.

òun, pron. emph.
• elle, lui.
Òun ló jí owó mi gbé. C'est lui qui a volé mon argent.

oúnjẹ, < ohun.jẹ, n.
• aliment, nourriture.
Ṣé oúnjẹ ti jinná ? Est-ce que la nourriture est cuite ?

oúnjẹ-ààrọ̀, n. comp.
• petit déjeuner.

oúnjẹ-alẹ́, n. comp.
• dîner.

oúnjẹ-ọ̀sán, n. comp.
• déjeuner.

òwe, n. (cf. **pòwe**).
• proverbe.
Òwe lẹṣin ọ̀rọ̀, bí ọ̀rọ̀ bá sọnù òwe la fi ń wá. a. (Prov.). Le proverbe est le support de la parole, si une idée est difficile à exprimer, c'est avec un proverbe qu'on y arrive.

òwìwí, n.
• chouette, hibou.

owó, n.
• argent (monnaie).
Owó ni gbòǹgbò ẹ̀ṣẹ̀. L'argent est à la racine de tous les maux.

owó-àbẹ̀tẹ́lẹ̀, n. comp.
• pot-de-vin.
A à gba owó-àbẹ̀tẹ́lẹ̀ nílé wa ! On n'accepte pas de pots-de-vin chez nous !

owó-àsansílẹ̀, n. comp.
• acompte, arrhes.

owó-ẹ̀hìn, n. comp.
• pot-de-vin.
Wọ́n bèèrè owó-ẹ̀hìn lọ́wọ́ mi. Ils m'ont demandé un pot-de-vin.

owó-ẹyọ, n. comp.
• cauri.
Owó àtijọ́ ni owó-ẹyọ. Jadis, les cauris servaient d'argent.

owó-ibodè, n. comp.
• taxe.
Ìjọba ń gba owó-ibodè lórí ọjà tí a ń kó wọ ìlú. Le gouvernement prend des taxes sur les marchandises qui entrent dans la ville.

owó-ìfẹ̀hìntì, n. comp.
(cf. **fẹ̀hìntì**).
• pension, retraite.

owó-orí, n. comp.
• impôt.
Gbogbo òṣìṣẹ́ ló ń san owó-orí sápò ìjọba. Tous les travailleurs payent des impôts au gouvernement.
◇ **owó-orí ìyàwó** : dot.

owó-oṣù, n. comp.
• salaire.

òwò, n. (cf. **ṣòwò**).
• commerce, affaires, business.

owú, n. (cf. **jowú**).
• jalousie.

òwú, n.
• coton.
• fil.
• mèche.
Òwú fìtílà ti jó tán. La mèche de la lampe à huile est finie.

òwúrọ̀, n. (cf. **ààrọ̀**).
• matin.

oyè, n. (cf. **joyè**).
• titre (civil, militaire ou religieux) conféré à une personne. Ces titres, en général, étaient la propriété de lignages particuliers. Maintenant, on peut conférer un titre à qqn en reconnaissance de ses mérites.

• titre universitaire, diplôme.
Ó gba oyè ní yunifásítì. Il a un diplôme universitaire.

òye, n.
• désigne tout à la fois l'intelligence, l'intuition, la connaissance, la compréhension et la faculté de raisonnement.
Ọmọ náà ni òye. Cet enfant sait raisonner.
• idée.
Mo ní òye ohun tí ó ń sọ díẹ̀. J'ai une petite idée de ce dont il parle.

oyin, n.
• abeille.
Oyin ta mí létí. Une abeille m'a piqué à l'oreille.
• miel.
Ìpàdé wa bí adùn, bí oyin. Que notre prochaine rencontre soit comme du sucre, comme du miel. [Formule utilisée lorsqu'on quitte qqn ou à la fin d'une lettre.]

Òyìnbó ~ Èèbó, n.
• Européen ; désigne également tous ceux qui ne sont pas noirs de peau.

oyún, n. (cf. **lóyún**).
• grossesse.

Ọ

ọ, pron. pers.
• te.
Mo fẹ́ rí ọ lọ́la. Je veux te voir demain.

ọba, n.
• roi.
Ọba ni aláṣẹ. C'est le roi qui détient le pouvoir.

Ọbà, n. pr.
• déesse de la rivière Ọbà et femme de Ṣàngó.

ọbàkan, n.
• enfants de la même lignée paternelle.

Ọbalúayé, v. **Ṣànpọ̀nná**.

Ọbàtálá ~ Òrìṣà-ńlá, n. pr.
• un des dieux majeurs du panthéon yorùbá ; divinité sculptrice des corps. Chargé par le Dieu suprême de créer la terre, il s'enivra au vin de palme et ne put accomplir sa tâche ; Odùduwà ayant pris sa place est donc considéré comme le créateur de la terre. Aussi, le vin de palme est-il tabou pour Ọbàtálá et ses adeptes.

ọbẹ̀, n. (cf. **sebẹ̀**).
• sauce dans laquelle on met des morceaux de viande et/ou de poisson ainsi que des feuilles comestibles ; elle accompagne le plat principal (pâte d'igname, de manioc etc.).

◇ **ọbẹ̀ àbùlà** : préparation culinaire composée de deux sauces différentes.

◇ **ọbẹ̀-ẹja** : sauce au poisson.

◇ **ọbẹ̀-ẹran** : sauce à la viande.

ọbẹ̀-àtẹ̀, n. comp.
•sauce sans sel, servie à certaines

femmes qui viennent d'accoucher jusqu'à l'imposition du nom au bébé. Pour celles-ci, le sel est interdit.

ọ̀bẹ, n.
• couteau.
Ọ̀bẹ yìí mú púpọ̀. Ce couteau est très coupant.

ọ̀bọ, n.
• babouin.

ọ̀bọ̀kún, n.
• silure, poisson-chat.
• nom donné à la Mercedès Benz.

ọ̀bùn, n.
• personne sale.
Ọ̀bùn ni Bísí. Bísí est quelqu'un de sale. *Ìwà ọ̀bùn lo ń hù !* Tu te comportes comme un dégoûtant !

ọ́dà, < angl., vb.
• ordonner.
Àwọn ọlọ́pàá ti ọ́dà àwọn olùkọ́ kúrò níbi-iṣẹ́ wọn. Les policiers ont ordonné aux enseignants de quitter leur bureau.

ọ̀dá, n.
• fait d'être à court de qqch., manque de qqch.
Ọ̀dá owó mú mi báyìí. Je suis à court d'argent en ce moment.

ọ̀dà, n.
• peinture, vernis.
Wọ́n fi ọ̀dà kun ilé. Ils ont peint la maison.
• goudron.

ọ̀dàn, n.
• savane.

ọ̀daràn, n.
• malfaiteur, gangster.
Ìwà ọ̀daràn ni ọmọ yìí hù. Cet enfant se comporte comme un malfaiteur.

ọdẹ, n. (cf. **ṣọdẹ**).
• chasseur.

ọ̀dẹ̀, n.
• personne bête, imbécile, stupide.
Ọ̀dẹ̀ ni Adé. Adé est stupide.

ọ̀dẹ̀dẹ̀, n.
• corridor, passage ; espace ouvert et abrité dans l'enceinte de la maison.

ọ̀dọ́, n.
• jeunes gens ; les jeunes.
Àwọn ọ̀dọ́ ìwòyí kò ní sùúrù bí àwọn àgbàlagbà. Les jeunes de maintenant n'ont pas la patience de leurs aînés.
• homme jeune ; (le terme peut être utilisé relativement à l'âge de l'interlocuteur. Ainsi, quelqu'un de 40 ans sera jeune par rapport à une vieille personne).

ọ̀dọ̀, n.
• présence de qqn, proximité de, chez.
Ó wà lọ́dọ̀ bàbá rẹ̀. Il est chez son père. *Yóò lọ sọ́dọ̀ ọ̀rẹ́ rẹ̀ tó wà ní Èkó*. Il ira chez son ami qui est à Lagos. *Ó ń bọ̀ lọ́dọ̀ wa*. Il arrive vers nous.

ọ̀dọ́bìnrin, < ọ̀dọ́.obìnrin, n.
• jeunes femmes (pl.).

ọ̀dọ́kùnrin, < ọ̀dọ́.ọkùnrin, n.
• jeunes hommes (pl.).

ọdọọdún, v. **ọdún**.

ọdún, n.
• an, année.
Bísí ti tó ọmọ odún méjì báyìí. Bísí a deux ans maintenant.
• fête régulière (anniversaire, Noël, jour de l'an etc.).
• fête pour les divinités.
◇ **ọdọọdún** < ọdún.ọdún : tous les ans.
Ó ń lọ sí ilẹ̀ Gẹ̀ẹ́sì lọ́dọọdún. Il va en Angleterre tous les ans.
◇ **ọdún Àjíǹdé** : Pâques.

ọ̀dùnkún, n.
• patate douce.

ọfà, n.
• flèche.
Ọdẹ ta ọfà mọ́ ẹran. Le chasseur a tiré une flèche sur l'animal.

ọ̀fẹ́, n.
• gratuité.
Ó fún mi ní ìwé yìí ní ọ̀fẹ́. Il m'a donné ce livre gratuitement.

ọ́fíìsì, < angl., n.
• bureau.

ọfọ̀, (cf. **pọfọ̀**).
• incantation.

ọ̀fọ̀, n.
• perte, mort de quelqu'un de jeune ou de quelqu'un dont les parents sont encore en vie.
Ikú ọ̀fọ̀ ló pọ̀ nísisìnyí. La mort d'êtres jeunes est courante maintenant.

ọ̀fun ~ **ọ̀nà-ọ̀fun**, n.
• gorge, trachée-artère.

ọ̀gá, n.
• directeur, patron, maître, chef.
Ọ̀gá ni kìnnìún láàrin ẹranko. Le lion est le chef des animaux. *Adé ni orúkọ ọ̀gá wa.* Notre patron s'appelle Adé.

ọ̀gà, n.
• caméléon.

ọ̀gágun, < ọ̀gá-ogun, n.
• général (mil.).

ọ̀gán, n.
• termitière.

ọ̀gangan, n.
• endroit précis.
Kí a pàdé ní ọ̀gangan ibi yìí lọ́la. Rencontrons-nous demain à cet endroit précis.

ọ̀gànjọ́, n.
• pleine nuit.
Ọ̀gànjọ́ ni ariwo ìjà wọn jí gbogbo wa sílẹ̀. C'est en pleine nuit que le bruit de leur bagarre nous a tous réveillés.

ọ̀gẹ̀dẹ̀, n.
• banane.

ọ̀gẹ̀dẹ̀-àgbaagbà, n. comp.
• banane plantain.

ọ̀gẹ̀dẹ̀-páráǹtà, n. comp.
• banane douce.

ọ̀gẹ̀dẹ̀-wẹ́wẹ́, n. comp.
• banane douce.

ọ̀gọ̀ọ̀rọ̀, n.
• multitude.
Ọ̀gọ̀ọ̀rọ̀ ènìyàn ló wá sí ìpàdé náà. C'est une multitude de gens qui est venue à la réunion.

ọgọ́rin, < ogún.ẹ̀rin, num.
• quatre-vingt.

ọ̀gọ̀rọ̀, n.
• vin de raphia.

ọgọ́rùn-ún, < ogún.àrún, num.
• cent.

ọgọ́ta, < ogún.ẹ̀ta, num.
• soixante.

ọgba, n. (cf. **dọ́gba**).
• fait d'être égal (équivalent).

ọgbà, n.
• endroit clos ; par ext., jardin.
• clôture.
• campus universitaire (mod.).

ọgbẹ́, n. (cf. **gbọgbẹ́**).
• coupure, blessure, balafre.

Ọ̀gbẹ́ni, n.
• Monsieur.
Ọ̀gbẹ́ni Adéwálé ti dé. Monsieur Adéwálé est arrivé.

ọgbọ́n, n. (cf. **gbọ́n**, **tagbọ́n**).
• intelligence, sagesse.
Ọgbọ́n àgbọ́njù, a máa pa ọlọ́gbọ́n lára. (Prov.). Celui qui se croit trop intelligent se fait du mal à lui-même. [Un deuxième avis vaut mieux qu'un seul.]
• astuce.
Ó dá ọgbọ́n láti tún mọ́tò rẹ̀ ṣe. Il a trouvé une astuce pour réparer sa voiture.

ọgbọ̀n, num.
• trente.

ọgbọ́n-ẹ̀wẹ́, n. comp.
• ruse.

ọgbọọgba, < ọgba.ọgba, adv.
• égal, également.
Ọ̀nà mẹ́ta ọgbọọgba ni mo pín owó náà sí. J'ai partagé l'argent en trois parts égales.

ọ̀hún, n.
• là-bas.
Báwo ni ọ̀hún ti rí ? Comment était-ce là-bas ?

ọ̀já, n.
• porte-bébé en forme d'écharpe, souvent tissé main, servant à maintenir le bébé dans le dos de la mère.
Ìyá fún ọ̀já mọ́ ọmọ rẹ̀ tó pọ̀n. La mère a resserré le porte-bébé contre son enfant qu'elle porte dans le dos.

ọjà, n.
• marché.
Ẹ̀gbẹ́ ọjà ni wọ́n ń gbé. Ils habitent près du marché.
• marchandises.
Ọjà wọ́n jù báyìí. Les marchandises sont trop chères maintenant.

ọ̀jẹ̀lú, < ọ̀.jẹ.ìlú, n.
• politicien corrompu.

ọjọ́, n.
• jour.
Wọ́n á ṣe ìpàdé ní ọjọ́ méje òní. Ils feront une réunion dans sept jours à compter d'aujourd'hui.
Mo lo ọjọ́ mẹ́jọ ní Èkó. J'ai passé huit jours à Lagos.
• temps.
Ọjọ́ ń lọ, ká máa lọ. Il se fait tard (le temps passe), partons.
◇ **ọjọ́ àbámẹ́ta** : samedi.
◇ **ọjọ́ ajé** : lundi.
◇ **ọjọ́ àlàmísì** : jeudi.
◇ **ọjọ́ bọ̀** : jeudi.
◇ **ọjọ́ ìsinmi** : dimanche.

◇ **ọjọ́ ìṣẹ́gun** : mardi.
◇ **ọjọ́ jímọ̀** : vendredi.
◇ **ọjọ́ kejì ọ̀sẹ̀** : mardi.
◇ **ọjọ́ kẹta ọ̀sẹ̀** : mercredi.
◇ **ọjọ́ rú** : mercredi.
◇ **ọjọ́ sáńńdè** : dimanche.
◇ **ọjọ́ sátidé** : samedi.

ọjọ́-ìbí, n. comp.
• anniversaire.
Lọlá yóò ṣe ọjọ́-ìbí rẹ̀ lọ́la. Lọlá fêtera son anniversaire demain.

ọjọ́-orí, n. comp.
• âge.
Kí ni ọjọ́-orí rẹ̀ ? Ọjọ́-orí rẹ̀ jẹ́ ọdún mẹ́wàá. Quel âge a-t-il ? Il a dix ans.

ọ̀jọ̀gbọ́n, n.
• professeur des universités.

ọ̀jọ̀jọ̀, n.
• beignet préparé avec l'igname *ewùrà*.

ọjọọjọ́, < ọjọ́.ọjọ́, n.
• chaque retour d'un jour donné (indique la régularité d'un événement).
Wọ́n ń lọ sí ṣọ́ọ̀ṣì lọ́jọọjọ́ sáńńdè. Ils vont à l'église chaque dimanche. *Ọjọọjọ́ ajé la ń ṣe ìpàdé.* On a une réunion chaque lundi.

ọjọ́sí ~ ìjọ́sí, n.
• l'autre jour.
Ṣé o rántí ọ̀rọ̀ tí a sọ ní ọjọ́sí ? Te souviens-tu de ce dont nous avons parlé l'autre jour ?

ọkà, n.
• pâte d'igname.
Iyán ni oúnjẹ, ọkà lòògùn, àìrí rárá là ń jẹkọ. (Idiom.). C'est l'igname pilée qui est la vraie nourriture, la pâte d'igname n'est qu'un médicament et celle de maïs, c'est quand on n'a rien d'autre.

ọká, n.
• serpent *sp*. (vipère ?).

ọkà-bàbà, n. comp.
• mil *sp*. (svt mélangé à la farine de maïs pour préparer la bouillie du matin).

Ọ̀kadà, n. pr.
• ville du centre-sud du Nigeria dont l'un des habitants créa sa propre compagnie d'avion.
• nom donné à des motos particulières utilisées comme taxis.
Mò ń wá ọ̀kadà láti lọ sí ìgboro. Je cherche une *ọ̀kadà* pour aller en ville.

ọkàn, n. (cf. **ẹ̀rí** —).
• coeur.
Ọ̀rọ̀ náà dùn mí dé ọkàn. Cette affaire m'a peiné au plus profond. *Ọkàn mi fà sí ọ̀rẹ́ mi.* Mon ami me manque. *Ọkàn mi balẹ̀ báyìí.* Je suis en paix maintenant.
• pensée.
Ọkàn mi wà ní ibòmíràn. Mes pensées sont ailleurs.
◇ **ọkàn gbọgbẹ́** : être très déprimé.
Ọkàn rẹ̀ gbọgbẹ́ nítorí òfò iṣẹ́ rẹ̀. Il est profondément déprimé en raison de la perte de son emploi.

ọ̀kan, num. (cf. **kan**).
• un, une.
Fún mi ní ọ̀kan. Donne-m'en un. *Kìnnìún kan wọgbà.* Un lion est

entré dans le campus.

◇ **ọkan ṣọṣọ** : un seul.

ọ̀kánjúà, n.
• avidité, gloutonnerie.
Ó ní ọ̀kánjúà. Il est avide.
• glouton.
Ọ̀kánjúà bu òkèlè, ojú rẹ̀ lami. Le glouton prend une bouchée, ses yeux pleurent. [Avoir les yeux plus grands que le ventre.]

ọ̀kánkán ~ ọ̀ọ́kán, n.
• fait d'être en face et un peu loin de qqn, de qqch.
Ó ń wò wọ́n ní ọ̀kánkán. Il les regarde au loin.
• juste en face de, juste devant.
Bó ti dé ọ̀ọ́kán ilé bàbá, ó rí ọ̀pọ̀lọpọ̀ ènìyàn. Comme il arrivait juste devant la maison du père, il vit un grand nombre de personnes. *Dá àga yìí padà sí ọ̀kánkán ibi tí o ti gbé e.* Remets cette chaise juste à l'endoit où tu l'as prise.

ọ̀kankan ~ ọ̀kọ́ọ̀kan, n.
• aucun.
Ọ̀kankan nínú aṣọ yìí kò wù mí. Aucun de ces tissus ne me plaît.

ọ̀kẹ́rẹ́, n.
• écureuil.
Ọ̀kẹ́rẹ́ gorí ìrókò, ojú ọdẹ dá. (Prov.). L'écureuil monte sur l'iroko, le chasseur ne peut plus rien faire. [Empl. lorsqu'un obstacle imprévu se met au travers de votre route.]

ọ̀kín, n.
• paon.
Ọ̀kín lọba ẹyẹ. Le paon est le roi des animaux.

ọkọ́, n.
• houe.
Àgbẹ̀ fi ọkọ́ ro ilẹ̀. Le fermier retourne la terre avec une houe.

ọkọ, n.
• mari, époux.

◇ **ọkọ àfẹ́sọ́nà** : fiancé.

ọkọ̀, n.
• véhicule, voiture, taxi.
Mo wọkọ̀ lọ sí Èkó. J'ai pris un taxi pour aller à Lagos.

ọkọ̀-akérò, < ọkọ̀-a.kó.èrò, n. comp.
• transport public.

ọkọ̀-ayọ́kẹ́lẹ́, n. comp.
• voiture particulière.

ọkọ̀-eléjò, < ọkọ̀-oní.ejò, n. comp.
• camion-remorque.

ọkọ̀-òfuurufú, n. comp.
• avion.

ọkọ̀-ojú-irin, n. comp.
• train.

ọkọ̀-ojú-omi, n. comp.
• bateau, barque, pirogue.

ọ̀kọ̀, n.
• lance.

ọ̀kọ̀ọ̀kan, < ọ̀kan.ọ̀kan, n. (cf. **kọ̀ọ̀kan**).
• chacun.
Ọ̀kọ̀ọ̀kan wọn ló mú ìwé méjì. Chacun d'eux a pris deux livres. *Ọ̀kọ̀ọ̀kan àwọn tó wá sí ìpàdé náà gba ìgò ọtí kọ̀ọ̀kan.* Chacun de ceux qui sont venus à la

réunion a reçu une bouteille d'alccol.
• l'un après l'autre.
Ọ̀kọ̀ọ̀kan ni wọ́n lọ. Ils sont partis l'un après l'autre.

ọ̀kọ́ọ̀kan, v. **ọ̀kankan**.

ọkùnrin, n.
• homme.
Ọkùnrin yìí ni ọkọ Bọ́lá. C'est cet homme qui est le mari de Bọ́lá. *Ó ṣe ọkùnrin !* C'est un homme bien !

ọlá, n. (cf. jọlá).
• respect, honneur, noblesse, dignịté (une idée de richesse est liée à ce terme).
Wọ́n bu ọlá fún ọba wọn. Ils ont donné toutes les marques de respect à leur roi. *Ilé ọlá ni wọ́n bí mi sí.* C'est dans une maison noble que je suis né.

ọlà, n. (cf. **là** 2).
• richesse (surtout en argent).
Ó ní ọlá ó sì ní ọlà. Il a la gloire et la richesse.

ọ̀la, n. (cf. **lọ̀la**, **ẹ̀hìn**).
• demain.

ọ̀làjú, n. (cf. **lajú**).
• modernité.
• personne moderne.

ọ̀lẹ, n.
• paresse.
Ọ̀lẹ kò dára rárá. La paresse est mauvaise.
• paresseux.
Ọ̀lẹ ni. C'est un paresseux.

ọlọ, n. (cf. **lọ̀** 1).
• meule.

ọlọ́gbọ́n, < oní.ọgbọ́n, n. (cf. **gbọ́n**).
• personne intelligente, sage.
Ọlọ́gbọ́n kan kò ta kókó omi mọ́ etí aṣọ, ọ̀mọ̀ràn kan kò mọ iye erùpẹ̀ ilẹ̀. (Prov.). Un sage ne peut nouer de l'eau dans le coin de son pagne, un clairvoyant ne peut savoir quelle quantité de terre il y a sur le sol. [Une seule personne ne peut tout connaître.]

ọlọ́gbọ́n-ẹ̀wẹ́, n. comp.
• personne rusée.
Ọlọ́gbọ́n-ẹ̀wẹ́ ni Ìjàpá. Tortue est quelqu'un de rusé.

ọlọ́mọge, < oní.ọmọ.oge, n.
• jeune fille.

ọlọ́pàá, < oní.ọ̀pá, n.
• policier.

ọlọ́rọ̀ 1, < oní.ọrọ̀, n.
• personne riche.

ọlọ́rọ̀ 2, < oní.ọ̀rọ̀, n.
• confident.

Ọlọ́run, < oní.ọ̀run, n. pr.
• Dieu créateur.

ọlọ́ṣà, n.
• bandit armé.

ọlọ́yàyà, < oní.ọ̀yàyà, n.
• personne gaie, de bonne humeur.
Ọlọ́yàyà ni Lọlá. Lọlá est une personne gaie.

ọludé, < angl., n.
• vacances.

ọmọ, n.
• enfant.
• membre de qqch.

Ọmọ ẹgbẹ́ wa ni Olú. Olú est membre de notre association.
• graine.
• (+ oní-) jeune vendeur.
Ọmọ oníyọ̀ ń polówó. Le petit vendeur de sel fait l'article.
◇ **ọmọ ayò** : graines avec lesquelles on joue au jeu d'ayò.
Ó jẹ ọmọ ayò mẹ́fà. Il m'a pris six graines.
◇ **ọmọ ilé-ìwé** : écolier.

ọmọ-àlè, n. comp.
• bâtard.
Ọmọ-àlè ni ọ́ ! Espèce de bâtard !

ọmọ-aráyé, < ọmọ-ará.ayé, n. comp.
• êtres humains.

ọmọ-bàbá, n. comp.
• enfants de même père.
Ọmọ-bàbá ni Olú àti Adé. Olú et Adé sont de même père.

ọmọ ènìyàn, n. comp.
• êtres humains.

ọmọ-ẹgbẹ́, n. comp.
• membre d'une association, d'un club, d'une société, etc.

ọmọ-ẹ̀kọ́ṣẹ́, < ọmọ.ẹ̀kọ́.iṣẹ́, n. comp.
• apprenti.

ọmọ-iṣẹ́, n. comp.
• apprenti.

ọmọ-ìyá, n. comp.
• enfants de même mère.

ọmọ-odó, n. comp.
• pilon.

ọmọ-odù, n. comp.
• chapitre mineur du corpus d'Ifá.

ọmọ-ogun, n. comp.
• soldat.

ọmọ-ọ̀dọ̀, n. comp.
• jeune employé(e) de maison, domestique, servante.

ọmọ-ọlọ, n. comp. (cf. **lọ̀** 1).
• pierre à écraser.

ọmọ-ọwọ́, n. comp.
• bébé.

ọmọbìnrin, < ọmọ.obìnrin, n.
• fille, jeune fille.
Ọmọbìnrin ni mo kọ́kọ́ bí. C'est une fille que j'ai d'abord eue.

ọmọdé, n.
• jeune.
Ọmọdé òní ni àgbà ọ̀la. Les jeunes d'aujourd'hui sont les vieux de demain.

ọmọge, < ọmọ.oge, n.
• jeune fille non mariée.
• belle et élégante jeune fille
Ó ti di ọmọge gidi báyìí. Elle est devenue une belle jeune fille maintenant.

ọmọkùnrin, < ọmọ.ọkùnrin, n.
• garçon, jeune homme.
Ọmọkùnrin ni àbíkẹ́hìn mi. Mon dernier-né est un garçon.

ọmọlañke, n.
• charrette à bras, pousse-pousse.

ọmọlójú, < ọmọ.ní.ojú, n.
• la préférée.
Òun ni ọmọlójú bàbá rẹ̀. C'est elle, la préférée de son père.

ọmọlúàbí, v. **ọmọlúwàbí**.

ọmọlúwàbí ~ ọmọlúàbí, n.
• personne bien élevée, de qualité, qui respecte les codes sociaux de sa communauté et se comporte comme il convient.
Ọmọlúwàbí ni Adé, ó máa ń bọ̀wọ̀ fún àgbàlagbà. Adé est un homme bien élevé, il respecte les anciens.

ọmọ̣ọ̀lé, < ọmọ.ilé, n.
• gecko.

ọ̀mọ̀ràn, n.
• personne sage, intuitive, clairvoyante.
Ọ̀mọ̀ràn kan kò mọ oyún nínú ìgbín. (Prov.). Même un sage ne peut voir la grossesse de l'escargot. [Il y a tjs qqch. qu'on ne connaît pas, aussi sage soit-on.]

ọmọrí, < ọmọ.orí, n.
• couvercle.

ọ̀mọ̀wé, < ọ̀.mọ̀.ìwé, n.
• personne qui a étudié.
• titre donné à celui qui a un doctorat.

ọmú, n.
• poitrine, sein, mamelle.
Ó fún ọmọ rẹ̀ ní ọmú. Elle donne le sein à son enfant.

ọ̀mùtí, < ọ̀.mu.ọtí, n.
• ivrogne.

ọnà ~ iṣẹ́-ọnà, n.
• broderie, décoration, sculpture.
Wọ́n ṣe ọnà sára aṣọ mi. On a fait des broderies sur mon vêtement. *Àwọn gbẹ́nà-gbẹ́nà ṣe iṣẹ́-ọnà sára tábìlì.* Les menuisiers ont fait des sculptures sur la table.

ọ̀nà, n.
• chemin, route, rue.
• moyen.
Kò rí ọ̀nà láti yanjú ọ̀rọ̀ yìí. Il n'a pas trouvé le moyen de régler cette affaire.

ọ̀nà-ọ̀fun, n. comp.
• gorge, trachée-artère.

ọ̀nì ~ ọ̀ni, n.
• crocodile.

ọ̀ni, v. **ọ̀nì**.

ọ̀ọ́kán, v. **ọ̀kánkán**.

ọ̀ọ̀lẹ̀, n. (cf. **mọ́ínmọ́ín**).
• sorte de gâteau salé fait de pâte de haricots cuite à l'étouffée.

ọ̀ọ̀lọ̀, n.
• igname jaune.

Ọọ̀ni ~ Ọ̀ọ̀ni, n. pr.
• titre donné au roi d'Ilé-Ifẹ̀.

Ọ̀ọ̀ni, v. **Ọọ̀ni**.

ọ̀pá, n.
• baguette, bâton, canne.
• mètre, yard.
Ẹ wọn ọ̀pá mẹ́ta fún mi nínú aṣọ yìí. Mesurez-moi trois mètres de ce tissu.

ọparun, n.
• bambou.

ọpẹ́, n. (cf. **dúpẹ́**, **tọ́pẹ́**).
• remerciement.

ọ̀pẹ, n.
• palmier à huile. Il est considéré comme le premier arbre de la création.

ọ̀pẹ̀lẹ̀, n.
• chaîne de divination : elle est

composée de quatre noix coupées en deux, chaque moitié étant attachée de chaque côté de la chaîne qui sera tenue en son milieu lors du jet de celle-ci. Selon que c'est la face concave ou convexe de la noix qui apparaît, le devin tracera sur le sable une ou deux lignes. On obtient ainsi une figure mathématique comportant 256 combinaisons possibles, chacune renvoyant à un chapitre du corpus d'Ifá.
Babaláwo a máa lo ọ̀pẹ̀lẹ̀ dá Ifá. Le devin utilise la chaîne pour pratiquer la divination.

ọ̀pẹ́lẹ́ńgẹ́, n.
• personne mince et svelte.

ọpẹ́lọpẹ́, < ọpẹ́.ni.ọpẹ́, loc. prép. (cf. **tọ́pẹ́**).
• grâce à.
Ọpẹ́lọpẹ́ Bọ́lá tó sọ fún wọn, ni wọ́n ṣe wá sí ìpàdé. Grâce à Bọ́lá qui le leur a dit, ils sont venus à la réunion.

ọ̀pọ̀, n. (cf. **pọ̀**).
• grand nombre.
Ọ̀pọ̀ ènìyàn wá. Un grand nombre de personnes est venu.

ọpọlọ, n.
• cerveau.

ọ̀pọ̀lọ́, n.
• crapaud.

ọ̀pọ̀lọpọ̀, n. (cf. **pọ̀**).
• un grand nombre, une grande quantité.
Ọ̀pọ̀lọpọ̀ ènìyàn wá sí ìpàdé lánàá. Un grand nombre de personnes est venu à la réunion hier.
Ó láṣọ ní ọ̀pọ̀lọpọ̀ nílé. Elle a des vêtements en grande quantité chez elle. *Ní ọ̀pọ̀lọpọ̀ ìgbà ni mo délé rẹ̀ tí n kò bá a.* C'est très souvent que je suis allé chez lui et que je ne l'ai pas trouvé.

ọpọ́n, n.
• grand plateau en bois sur lequel les femmes disposent leurs marchandises au marché.

ọpọ́n-Ifá, n.
• plateau de divination sur lequel le devin trace les lignes correspondant à l'*odù* qui a été tiré.

ọ̀pọ̀n, n.
• fruit *sp.* non comestible.

ọ̀pọ̀n-òyìnbó, n. comp.
• ananas.

ọ̀rá, n.
• gras, graisse animale.
• sac en plastique.

ọ̀ràn, n.
• difficulté, ennui, problème.
Ọ̀ràn ńlá ni àìsí owó jẹ́ fún un. Le manque d'argent est une grande difficulté pour lui.

Ọ̀rànmíyàn ~ Ọ̀ránýàn, n. pr.
• dernier fils ou petit-fils d'Odùduwà. Il aurait fondé la ville d'Ọ̀yọ́ dont il aurait été le premier roi. Il fut divinisé par la suite.

Ọ̀ránýàn, v. **Ọ̀rànmíyàn**.

ọrẹ́, n.
• badine de bois utilisée comme fouet.

ọ̀rẹ́, n.
• ami.

Ọ̀rẹ́ mi ni Rẹ̀mí. Rẹ̀mí est mon amie. *Wọ́n ń ṣe ọ̀rẹ́*. Ils sont amis.
• amitié.
Ọ̀rẹ́ wọn ti pẹ́. Leur amitié est ancienne.

ọrẹ, n.
• cadeau, présent.
Ó ta mí lọ́rẹ. Il m'a fait un cadeau. *Ọlọ́run fi ọmọ ta ìdílé mi ní ọrẹ*. Dieu a fait cadeau d'enfants à mon lignage.

ọ̀rìn, v. **ìgbẹ́** 2.

ọrọ̀, n.
• richesse (surt. en biens).

ọrọ̀-ajé, n. comp.
• économie.
Ọ̀nà tí ọrọ̀-ajé Nàìjíríà fi lè sọjí ni ká fi gbogbo agbára wa ṣiṣẹ́. Pour revitaliser l'économie du Nigeria, il faut travailler avec énergie. *Ẹ kú ọrọ̀-ajé !* Salutation couramment utilisée à l'adresse des vendeurs.

ọ̀rọ̀ 1, n. (cf. **sọ̀rọ̀**).
• mot, parole.
Àbọ̀ ọ̀rọ̀ la ń sọ fún ọmọlúàbí, tó bá dénú rẹ̀ á di odidi. (Prov.). C'est la moitié d'une parole que l'on dit à quelqu'un de bien éduqué ; si elle est comprise, elle deviendra entière. [L'art de la parole est l'art de la suggestion, celui de parler à demi-mot.]
• affaire, histoire, sujet.
Báwo ni ọ̀rọ̀ náà ti já sí ? Comment l'affaire s'est-elle résolue ?

ọ̀rọ̀-àkọ́sọ, n. comp.
• préface.

ọ̀rọ̀-ìṣaájú, n. comp.
• préface.

ọ̀rọ̀ 2, n.
• esprit (créature invisible résidant dans les arbres).

ọrun, n.
• arc.

ọrùn, n. (cf. **rọrùn**).
• cou.
Ọrùn ló gbé orí dúró. C'est le cou qui supporte la tête.

ọrùn-ẹsẹ̀, n. comp.
• cheville.
Mo fi ọrùn-ẹsẹ̀ rọ́. Je me suis tordu la cheville.

ọrùn-ọwọ́, n. comp.
• poignet.

ọ̀run, n. (cf. **Ọlọ́run**).
• ciel (désigne en fait le ciel non visible, qui serait habité par le dieu suprême, les divinités du panthéon, les ancêtres et les créatures à naître).

ọ̀run-àpáàdì, n. comp.
• enfer.

ọ̀run-rere, n. comp.
• paradis.

Ọ̀rúnmìlà, n. pr. (cf. **Ifá**).
• dieu de la sagesse et de la divination.
Ọ̀rúnmìlà ni òrìṣà àwọn babaláwo. Ọ̀rúnmìlà est le dieu des devins.

ọ̀sà, n.
• lagune.
Bẹ́ ò mọ ọ̀sà, ṣé ẹ ò jẹ iyọ̀ nínú

ọbẹ̀ ? (Prov.). Même si tu ne connais pas la lagune, n'as-tu jamais mangé une sauce salée ? [Il n'est nul besoin de tout connaître sur qqch. avant de pouvoir en parler.]

ọ̀sán, n.
• début de l'après-midi (entre 1 heure et 4 heures).
Ẹ kú ọ̀sán > Ẹ káàsán ! Bonjour ! *Ọ̀sán yìí ni mo fẹ́ máa lọ.* C'est cet après-midi que je veux partir.

ọ̀sán-gangan, n. comp.
• période de la journée la plus chaude.
Ọ̀sán-gangan tí òòrùn mú ló wá mi wá. C'est au plus fort du soleil qu'il est venu me chercher.
• fleur de l'âge.
Ọ́ kú ní ọ̀sán-gangan. Elle est morte à la fleur de l'âge.

ọsàn, n.
• orange.
Ó ń mú ọsàn. Elle suce une orange. *Ó ń la ọsàn.* Elle ouvre l'orange en quartiers.

ọsàn-wẹ́wẹ́, n. comp.
• citron.

ọ̀sẹ̀, n.
• semaine.
◇ **ọ̀sọ̀ọ̀sẹ̀** < ọ̀sẹ̀.ọ̀sẹ̀ : chaque semaine, toutes les semaines.

ọ̀sìn, v. **ẹran —**.

ọ̀sọ̀ọ̀sẹ̀, v. **ọ̀sẹ̀**.

ọṣẹ, n.
• savon.

ọṣẹ-dúdú, n. comp.
• savon végétal traditionnel.

ọṣẹ-ìfọnu, < ọṣẹ-ì.fọ̀.ẹnu, n. comp. (cf. **fọnu**).
• dentifrice.

ọṣẹ-ìfọṣọ, < ọṣẹ-ì.fọ̀.aṣọ, n. comp.
• lessive.

ọ̀ṣọ́, n.
• décoration, motifs décoratifs.
Ọ̀ṣọ́ ara aṣọ yìí dára. Les motifs de ce tissu sont jolis.

Ọ̀ṣun, n. pr., (cf. **ọta —**).
• déesse de la fertilité liée à la ville d'Òṣogbo ; elle est très puissante et fut l'une des épouses de Ṣàngó.
• rivière du même nom, dont l'eau est censée avoir des vertus curatives.
• nom d'un des États du Nigeria.

ọ̀tá, n.
• ennemi.

ọta, n.
• galet.
• balle (de fusil).

ọta-Ọ̀ṣun, n. comp.
• galets de la déesse Ọ̀ṣun, que possèdent les prêtresses de la divinité, et qui sont censés avoir des vertus curatives.

ọ̀tẹ̀, n. (cf. **ṣọ̀tẹ̀**).
• complot, conspiration.
Orin ní í ṣaájú ọ̀tẹ̀. (Idiom.). Le chant précède le complot. [Il y a toujours des signes qui annoncent qqch. de mauvais.] *Ọ̀pọ̀ ènìyàn ló di ọ̀tẹ̀ mọ́ ọba ìlú náà.* Beaucoup de personnes ont

complоté contre le roi de la ville.

ọtí, n.
• alcool.
Ó mu ọtí yó. Il est ivre.
◇ **ọtí líle** : alcool fort.

ọtí-ẹlẹ́rìndòdò, n. comp.
• boisson minérale.

ọ̀tọ̀, n. (cf. **ọ̀tọ̀ọ̀tọ̀**).
• fait d'être distinct, séparé.

ọ̀tọ̀ọ̀tọ̀, < ọ̀tọ̀.ọ̀tọ̀, adv.
• séparément.
Ọ̀tọ̀ọ̀tọ̀ la wá sí ayé, ọ̀tọ̀ọ̀tọ̀ la ó lọ. C'est séparément qu'on vient au monde, c'est séparément qu'on en partira.

ọ̀tún, n. (cf. **ọwọ́**).
• la droite.
Apá ọ̀tún ló yà sí nígbà tó dé oríta. Il a tourné à droite en arrivant au carrefour.

ọ̀tun, n. (cf. **tuntun**).
• nouveauté, nouveau.
Ọ̀tun ló jẹ́ ní ilẹ̀ yìí. C'est une nouveauté dans ce pays. *Ìwà ọ̀tun ni eléyìí !* C'est nouveau comme comportement !

ọ̀tunla, n.
• après-demain, le surlendemain.
Ọ̀tunla ni yóò wá rí mi. Il viendra me voir après-demain.

ọ̀wá, n.
• nervure centrale de la palme du palmier à huile.

ọ̀wẹ̀, n.
• travail collectif, aide communautaire.
Wọ́n fi ọ̀wẹ̀ ṣe àtúnṣe ojú-ọ̀nà abúlé wọn. Ils ont refait la route du village grâce au travail collectif. *Délé bẹ àwọn ọ̀rẹ́ rẹ̀ ní ọ̀wẹ̀, kí wọ́n bá òun kọ́ ilé òun*. Délé a demandé à ses amis leur aide pour construire sa maison.
• travail effectué sur la ferme du beau-père par le futur gendre. En échange, boissons et nourriture sont offertes.

ọwọ́, n. (cf. **dilẹ̀**).
• main.
Ọwọ́ ọmọdé kò tó pẹpẹ, tàgbàlagbà kò wọ akèrèǹgbè. (Prov.). La main d'un enfant n'atteint pas l'étagère, celle d'un vieux ne rentre pas dans la gourde. [Chacun a un rôle à jouer.]
• anse.
Ọwọ́ kọ́ọ̀bù yìí ti kán. L'anse de cette tasse est cassée.
◇ **ọwọ́ àlàáfíà** : main gauche.
◇ **ọwọ́ òsì** : main gauche.
◇ **ọwọ́ ọ̀tún** : main droite.

ọ̀wọ́, n.
• ensemble ; groupe partageant des caractéristiques communes.
Ọ̀wọ́ mẹ́ta ni wọ́n pín àwọn ọmọ-ogun sí. Ils ont divisé les soldats en trois groupes. *Ọ̀wọ́ ọmọ kan ń ṣiré, ọ̀wọ́ ọmọ kan ń ṣiṣẹ́*. Un groupe d'enfants joue, l'autre groupe travaille.

ọwọ̀, n.
• nervure centrale de la foliole de palmier.
• balai fabriqué avec les nervures des folioles liées ensemble.

ọ̀wọ̀, n. (cf. **bọ̀wọ̀**).
• respect dû à qqn.
Àwọn ọmọ gbọdọ̀ bu ọ̀wọ̀ fún àwọn òbí wọn. Les enfants doivent respecter leurs parents. *Wọ́n fún un ní ọ̀wọ̀.* Ils lui ont témoigné le respect (dû).

Ọ̀wọ̀, n. pr.
• ancien royaume yorùbá situé au sud-est du pays.

ọ̀wọ́-ọ̀wọ́, v. **ọ̀wọ̀ọ̀wọ́**.

ọ̀wọ́n, n. (cf. **wọ́n**).
• cherté, rareté.
Ọ̀wọ́n epo kò jẹ́ kí n lọ sí Èkó. La rareté de l'essence m'a empêché d'aller à Lagos. *Ọ̀wọ́n epo ló jẹ́ kí ọjà wọ́n púpọ̀.* La cherté de l'essence fait que les marchandises sont très chères.
• cher, chère (dans une lettre).
Bàbá mi ọ̀wọ́n... Mon cher père...

ọ̀wọ̀ọ̀wọ́ ~ ọ̀wọ́-ọ̀wọ́, n.
• catégorie, genre, espèce.
Ya àgùtàn àti ewúrẹ́ sí ọ̀wọ̀ọ̀wọ́. Sépare les moutons et les chèvres par espèce.

Ọya, n. pr.
• déesse du fleuve Niger et femme de Ṣàngó.

ọ̀yà, n.
• aulacode (agouti).

ọ̀yájú, n. (cf. **yájú**).
• personne impertinente, insolente.
Ọ̀yájú ni Bísí. Bísí est une insolente.

ọyàn, n.
• sein (uniq. pour une femme).
Ó fún ọmọ rẹ̀ lọ́yàn. Elle donne le sein à son enfant.

ọ̀yàyà, n. (cf. **ọlọ́yàyà**).
• bonne humeur, gaîté, jovialité.
Ó ní ọ̀yàyà púpọ̀. Il est très gai. *Ó fi ọ̀yàyà gbà wá.* Il nous a reçus avec bonne humeur.

ọyẹ́, n.
• harmattan.
Òtútù mú ní àsìkò ọyẹ́. Il fait très froid pendant l'harmattan.
• climatisation.
Ọkọ̀ tí ó ní ọyẹ́ ló rà. Il a acheté une voiture climatisée.

Ọ̀yọ́, n. pr.
• nom donné à la fois à la région qui constituait l'ancien empire d'Ọ̀yọ́, à sa capitale, à ses habitants et à leur langue.

P

pá, vb. (cf. **párí**).
• être dégarni (cheveux), être à moitié chauve.
Igún pá lórí. Le vautour a la tête dégarnie. *Ọ̀bọ pá nídìí.* Le babouin a le derrière pelé.

pa 1, vb.
• tuer.
Wọ́n pa màlúù méjì láti fi ṣe ìnáwó òkú ìyá wọn àgbà. Ils ont tué deux bœufs pour les funérailles de leur grand-mère.

pa 2, vb.
• casser (surt. noix), décortiquer.

Ó pa awùsá. Elle a cassé les noix *awùsá. Ó pa ẹ̀pà.* Elle a décortiqué les arachides.
• être fendu, fissuré.
Ògiri ti pa. Le mur est fissuré.

pa 3, vb.
• gagner (capital + profit).
Èló lẹ pa lónìí ? Combien avez-vous gagné aujourd'hui ? *Nínú ọgọ́rùn-ún náírà tí mo pa, náírà mẹ́wàá ni èrè mi.* Sur les cent nairas que j'ai gagnés, mon bénéfice est de dix.
• gagner (jeux).

pa 4, vb.
(cf. **pàlọ́, pariwo, pàṣẹ, pèrò, pète, pòwe, pìtàn**).
• (donne l'idée de parole émise).

pa kuuru mọ́, v. **gbá kuuru mọ́.**

pa...dà, vb.
• transformer, changer, métamorphoser.
Alágẹmọ a máa pa àwọ̀ rẹ̀ dà ní gbogbo ìgbà. Le caméléon change tout le temps de couleur.

pa...lára, < pa...ní.ara, vb. comp. (cf. **ní** 3).
• blesser qqn.
Adé fi ọ̀bẹ pa Bọ́lá lára. Adé a blessé Bọ́lá avec un couteau.

pa...láró, < pa...ní.aró, vb. comp. (cf. **ní** 3).
• teindre à l'indigo.

pá...láyà, < pá...ní.àyà, vb. comp. (cf. **ní** 3).
• en avoir assez.
Iṣẹ́ yìí ti pá mi láyà, mi ò lè parí rẹ̀. J'en ai assez de ce travail, je ne peux pas le finir. *Ìwà rẹ̀ pá wọn láyà.* Ils en ont assez de son comportement.

pa...lẹ́kún, < pa...ní.ẹkún, vb. comp. (cf. **ní** 3).
• faire pleurer qqn.
Kí ló ń pa ọ́ lẹ́kún ? Qu'est-ce qui te fait pleurer ?

pa...lẹ́rìn-ín, < pa...ní.ẹ̀rín, vb. comp. (cf. **ní** 3).
• faire rire.
Àpárá tó ń dá pa mí lẹ́rìn-ín. Sa plaisanterie m'a fait rire.

pa...mọ́ra, < pa...mọ́.ara, vb. comp. (cf. **mọ́** 3).
• supporter silencieusement, garder pour soi (souffrance, ennui).
Ó pa ìrora àìsàn rẹ̀ mọ́ra. Il a gardé pour lui les souffrances liées à sa maladie.

pa...tì, vb.
• abandonner, cesser, laisser tomber (fig.).
Ó pa iṣẹ́ tó ń ṣe tì. Il a laissé tomber son travail. *Ẹ jẹ́ kí a pa ọ̀rọ̀ náà tì.* Cessons cette discussion.

pááàdì, < port., n.
• prêtre catholique.

pààlà / pa ààlà, vb.+ obj.
• délimiter une frontière, tracer une limite.
Àwọn àgbẹ̀ pààlà sáàrin oko wọn. Les fermiers ont tracé la limite entre leurs deux fermes.

páálí, < empr., n.
• carton, boîte en carton.

• diplôme.

páànù, < angl., n.
• ustensile de cuisine en métal (à l'exclusion des couverts).
• tôle ondulée.

páàpáà, mod. d'énon.
• pas du tout.
Kò tiẹ̀ yé mi páàpáà. Je ne comprends pas du tout.

pàápàá ~ papàá, pré-vb.
• aussi.
Èmi pàápàá jẹ nínú oúnjẹ náà. Moi aussi j'ai mangé de cette nourriture. *Bàbá mi pàápàá sọ bẹ́ẹ̀*. Mon père aussi a dit la même chose.

pààrọ̀, vb. comp.
(cf. **pàṣí-pààrọ̀**).
• changer, échanger.
Ó fẹ́ pààrọ̀ aṣọ tó ti gbó yìí. Il veut changer ce vêtement qui est usé. *Wọ́n fẹ́ fi ẹ̀rọ-asọ̀rọ̀mágbèsì yìí pààrọ̀ ẹ̀rọ-amóhùnmáwòrán*. Ils veulent échanger cette radio contre une télévision.

padà, vb.
• retourner, revenir.
Ó padà láti Ìbàdàn. Il est revenu d'Ìbàdàn. *Ẹ dúró dè mí, mò ń padà bọ̀*. Attendez-moi, je reviens.
• rapporter, rendre (2e vb.).
Mú ìwé yìí padà lọ́la. Rapporte ce livre demain.

pàdánù, vb.
• perdre.
Ó pàdánù àyè rẹ̀ nínú ọkọ̀ nítorí kò tètè sanwó. Il a perdu sa place dans le taxi, car il n'a pas payé assez vite. *Ó pàdánù ẹ̀mí rẹ̀ nínú ìjàǹbá ọkọ̀*. Il a perdu la vie dans l'accident de voiture.

padé / pa...dé, vb.
• fermer, se fermer.
Ìlẹ̀kùn ti padé fúnra rẹ̀. La porte s'est fermée toute seule. *Ẹ pa ìlẹ̀kùn dé dáadáa !* Fermez bien la porte ! *Pa ìwé yìí dé !* Ferme ce livre !

pàdé, < ?, vb. comp.
• rencontrer.
Mo pàdé rẹ̀ lọ́jà. Je l'ai rencontré au marché. *Ó lọ pàdé ọ̀rẹ́ rẹ̀ tó ń bọ̀ lójú ọ̀nà*. Il est allé à la rencontre de son ami qui arrivait.

pádi, n.
• coque, cosse, bogue.

pàgọ́ / pa àgọ́, vb.+ obj.
• construire une hutte pour un emploi temporaire ; monter une tente.
Tí ọdẹ bá dẹ̀gbẹ́ lọ fún ọjọ́ mélòókan, yóò pàgọ́. Si un chasseur va chasser pour plusieurs jours, il construira une hutte.

pagbó / pa igbó, vb.+ obj.
• défricher.
Àgbẹ̀ pagbó láti fi dá oko. Le fermier a défriché en vue de préparer un champ pour la culture.

pagbo / pa agbo, vb.+ obj.
• créer un espace circulaire (qui se trouve être délimité par les gens ou les spectateurs) là où un événement aura lieu.

pàjáwìrì, adj.
• urgent.
Wọ́n ránṣẹ́ pàjáwìrì sí i. On lui a envoyé un message urgent.

pákí, n.
• manioc.

pákó, n.
• planche.

pákò, n. (cf. **rùn** 1).
• bâtonnet utilisé pour se brosser les dents.

palẹ̀ / pa ilẹ̀, vb.+ obj.
• défricher.
Mo palẹ̀ fún iṣẹ́ oko. J'ai défriché un champ pour le cultiver.

palẹ̀ mọ́ / palẹ̀...mọ́, < pa.ilẹ̀ mọ́, vb. comp. (cf. **pamọ́**).
• ranger, mettre de l'ordre, débarrasser.
Lọ palẹ̀ yàrá rẹ mọ́. Va ranger ta chambre. *Ó palẹ̀ mọ́ nígbà tí a ti jẹun tán.* Il a débarrassé la table quand on a eu fini de manger.
• faire des préparatifs liés à un départ, faire ses bagages.
À ń palẹ̀ mọ́ láti lọ sí ìrìnàjò. On fait les préparatifs pour partir en voyage. *Ẹ kú ìpalẹ̀ mọ́ !* Bon courage pour les préparatifs ! [Salutation adressée à qqn qui se prépare à partir en voyage.]

pálọ̀, < angl., n.
• salon.

pàlọ́ / pa àlọ́, vb.+ obj.
(cf. **pa** 4).
• poser une devinette.
• raconter un conte.

pamọ́, vb. (cf. **fi...pamọ́**).
• garder qqch. pour qqn. (2e vb.).
Ẹ jọ̀ọ́, ṣé ẹ lè gba owó yìí pamọ́ fún mi ? S'il vous plaît, pouvez-vous me garder cet argent ?
• cacher.
Ohun tó pamọ́ lójú ènìyàn, Ọlọ́run rí i. Ce qui est caché pour nous, Dieu le voit.

pamọ, < pa.ọmọ, vb. comp., (cf. **pa** 2).
• éclore (œufs).
Adìẹ mi pamọ mẹ́wàá. Dix œufs de ma poule ont éclos.

paná / pa iná, vb.+ obj.
(cf. **pa** 1).
• éteindre le feu.
• éteindre la lumière.

paná-paná, < pa.iná-pa.iná, n. comp.
• pompier.

pani lára, < pa.ẹni ní.ara, vb. comp. (cf. **ní** 3).
• faire mal (phys.).
Eré yìí le jù, ó lè pani lára. Ce jeu est trop brutal, il peut faire mal.

páńpẹ́, n. (cf. **kó**).
• menottes.
Ọlọ́pàá fi páńpẹ́ sí ọ̀daràn náà lọ́wọ́. Le policier a passé les menottes aux mains du malfaiteur.

panu, < pa.ẹnu, vb. comp.
• prendre une légère collation, un en-cas pour couper la faim.
Wọ́n fi ọ̀gẹ̀dẹ̀ dín ìpékeré láti fi panu. Elles ont fait frire du plantain pour tromper leur faim.

panu mọ́ / pa ẹnu mọ́, vb.+ obj., (cf. **pamọ́**).
• se taire, garder le silence.
Ẹ̀yin ọmọ, ẹ panu mọ́ kíá. Vous, les enfants, taisez-vous vite.

pàǹtètè́, vb.
• porter qqch. sur la tête sans le soutien des mains.
Ó pàǹtètè́ ẹrù. Elle porte un fardeau sur la tête sans le soutenir.

pàǹtí, n.
• débris, détritus.

pápá, n.
• pré, terrain herbeux.
• terrain de jeu.

papàá, v. **pàápàá**.

papọ̀ / pa...pọ̀, vb.
• amalgamer, assembler, joindre.
Ó kó àwọn ìwé papọ̀. Elle a mis les livres ensemble.
• mélanger.
Ó ti pa àgbàdo pọ̀ mọ́ ọkà-bàbà. Elle a mélangé le maïs avec le mil.

para, < pa.ara, vb. comp.
• s'oindre, se mettre de la crème sur le corps.
Ó para. Elle s'est mis de la crème sur le corps. *Mo fi àdí-àgbọn para.* Je me suis passé de la crème de noix de coco sur le corps.

para dà, < pa.ara dà, vb. comp. (cf. **pa...dà**).
• bouger. (Le plus svt. avec nég.).
Ọkọ̀ kò para dà lójú kan láti àárọ̀. La voiture n'a pas bougé depuis ce matin.
• se changer.
Ó yá, para dà, a fẹ́ lọ sóde ! Dépêche-toi de te changer, nous sortons !

para mọ́, < pa.ara mọ́, vb. comp.
• s'arranger, se rhabiller (par ex. si on s'est mis à l'aise et qu'un visiteur arrive).
Obìnrin náà para mọ́ nígbà tí àlejò dé. La femme s'est rhabillée quand le visiteur est arrivé.

parẹ́ / pa...rẹ́, vb.
• disparaître, effacer, être effacé.
Àbàwọ́n tó wà lára aṣọ mi ti parẹ́. La tache que j'avais sur mon vêtement a disparu. *Ó pa ohun tí wọ́n kọ sílẹ̀ rẹ́.* Il a effacé ce qu'ils avaient écrit.

parẹ́ mọ́, vb. comp.
• disparaître.
Mi ò rí i mọ́, ó ti parẹ́ mọ́ mi lójú. Je ne le vois plus, il a disparu de ma vue. *Ó ti parẹ́ mọ́lẹ̀.* Il n'y en a plus de trace par terre.

párí < pá.orí, vb. comp.
• être à moitié chauve, être dégarni (tête).
Ó párí. Il est à moitié chauve.

parí, vb.
• finir, terminer.
A ti parí iṣẹ́ wa. On a fini notre travail. *A ti parí rẹ̀.* On l'a fini.

pariwo, < pa.ariwo, vb. comp.
• faire du bruit.
Wọ́n ń pariwo tó bẹ́ẹ̀ tí a à fi lè gbọ́ nǹkankan. Ils font tellement

de bruit qu'on ne peut rien entendre.

parọ́, v. **purọ́**.

pàrọwà, < pa.àrọwà, vb. comp.
• essayer de raisonner qqn, tenter de raisonner qqn.
Àwọn àgbàlagbà pàrọwà fún bàbá tó fi ọmọ rẹ̀ ṣépè. Les vieux ont essayé de raisonner le père qui avait maudit son enfant.

parun / pa...run, vb.
• éradiquer, disparaître, faire disparaître.
Wọ́n gbìyànjú púpọ̀ kí àṣà ọba jíjẹ má baà parun nílẹ̀ Yorùbá. Beaucoup d'efforts ont été faits pour que la royauté ne disparaisse pas du pays yorùbá. *Wọ́n ti pa àìsàn ibà run pátápátá nílẹ̀ yìí*. On a complètement éradiqué le paludisme dans ce pays.

pàsán, n.
• tige flexible, badine utilisée comme fouet par les *egúngún*.
Pàsán ni ọrẹ́ tí eégún máa ń lò. *Pàsán* est le fouet utilisé par ceux qui représentent les masques des ancêtres.

pasẹ̀, < pa.ẹsẹ̀, vb. comp.
• bercer un enfant en dansant doucement en rythme.

pàṣẹ / pa àṣẹ, vb.+ obj.
• commander, ordonner, donner un ordre.
Ọba pàṣẹ pé a kò gbọdọ̀ jáde lálẹ́ mọ́. Le roi a ordonné de ne plus sortir le soir.

pàṣí-pààrọ̀, n. comp.
• troc, échange.
Wọ́n ń ṣe pàṣí-pààrọ̀. Ils font du troc. *Ó fi aṣọ ṣe pàṣí-pààrọ̀*. Il fait du troc avec des vêtements.

pátá, < angl., n.
• slip, caleçon.

pàtàkì, adj. (cf. **ní pàtàkì**).
• important.
Ènìyàn pàtàkì ni Ọba láàrin ìlú. Le roi est quelqu'un d'important dans la ville. *Ọ̀rọ̀ náà ṣe pàtàkì, ẹ jẹ́ kí a sọ ọ́ báyìí*. Cette affaire est importante, parlons-en maintenant.

pátápátá, adv.
• complètement, totalement, vraiment.
Ó sú mi pátápátá. J'en ai vraiment assez.

pàtẹ / pa àtẹ, vb. + obj.
• disposer les marchandises que l'on veut vendre sur un plateau.
Ó pàtẹ ọjà. Elle a disposé ses marchandises sur un plateau.

pàtẹ́wọ́ / pa àtẹ́wọ́, vb. + obj.
• applaudir.
Gbogbo wọn pàtẹ́wọ́ sí orin. Ils ont tous applaudi le chant. *Wọ́n pàtẹ́wọ́ fún mi*. Ils m'ont applaudi.

pàtó, v. **ní pàtó**.

pawọ́dà / pawọ́...dà, < pa.ọwọ́.dà, vb. comp. (cf. **padà**).
• faire qqch. d'autre (temporaire), changer d'activité.
Mo fi nǹkan mìíràn pawọ́dà nígbà tí mi ò rí i. J'ai fait quelque

chose d'autre en l'attendant. *Mo pawọ́dà sí nǹkan mìíràn.* J'ai fait autre chose. *Mo pawọ́ iṣẹ́ náà dà sí òmíràn.* J'ai changé de travail.
• changer qqch. de sa place habituelle (+ pron. pos.).
Mi ò rí ìṣáná mi ! Ta ló pawọ́ mi dà ? Je ne trouve pas mes allumettes ! Qui me les a changées de place ?

pé 1, vb.
• être complet.
Owó mi pé. Mon argent est complet (le compte est bon). *Ẹsẹ̀ wọn pé.* Ils étaient tous au complet.
• rapporter (bénéfice, travail).
Òwò obì pé. Le commerce de la noix de cola rapporte. *Iṣẹ́ tí mo ń ṣe kò pé mi.* Mon travail ne me rapporte pas assez (pour vivre bien).

pé 2, vb./ conj.
• dire que.
Ó pè mí pé kí n padà lọ ilé. Il m'a appelé pour me dire de rentrer à la maison.
• que (introduit une complétive après *wí, sọ*).
Ó sọ pé òun á pẹ́. Il a dit qu'il serait en retard. *Wọ́n wí pé àwọn ò fẹ́ lọ.* Ils ont dit qu'ils ne voulaient pas partir.

pè, vb.
• appeler.
Jọ̀ọ́, bá mi pe Bísí. S'il te plaît, appelle Bísí pour moi. *Wọ́n ń pè é ní Kíkẹ́.* On l'appelle Kíkẹ́.

pè...jọ, vb.
• rassembler (faire venir).
Ọba pe àwọn ìjòyè jọ láti ṣe àpérò. Le roi a rassemblé les chefs pour tenir un conseil.

pèjí / pa èjí, vb.+ obj., (cf. **pa** 2).
• avoir les incisives écartées naturellement ou non (signe de beauté chez les femmes).
Ẹ̀gbọ́n rẹ̀ obìnrin pèjí. Sa grande sœur a les dents écartées. *Ó pa èjí sí ehín rẹ̀ òkè.* Elle a les dents du haut écartées.

péjọ, < pé.jọ, vb.
• s'assembler, se rassembler.
Wọ́n péjọ láti wòran egúngún lọ́jà. Ils se sont assemblés pour regarder les masques des ancêtres au marché.

péré, dét.
• seulement (avec num.).
Ó ku náírà mẹ́wàá péré lápò mi. Il ne me reste que dix nairas en poche.

pèrò, < pa.èrò, vb. comp.
• se consulter, délibérer, discuter.
Àwọn òṣìṣẹ́ ń pèrò lórí ìdaṣẹ́sílẹ̀. Les travailleurs discutent de la grève.

pèrun / pe ìrun, vb.+ obj. (cf. **pè**).
• appeler à la prière.

pèsè, vb.
• fournir, pourvoir.
Wọ́n pèsè gbogbo ohun tí mo nílò. Ils ont pourvu à tout ce dont j'avais besoin.

pète, < pa.ète, vb. comp.
• préparer un mauvais coup.
Wọ́n pète láti fọ́ báńkì. Ils ont préparé un casse à la banque.

pète pèrò, < pa.ète pa.èrò, loc. vb.
• discuter, délibérer, se consulter.
Àwọn ìjòyè pète pèrò lórí ìdàgbàsókè ìlú wọn. Les chefs se sont consultés sur la façon de développer leur ville.

pẹ́, vb.
• être en retard.
Ẹ pẹ́ lónìí. Vous êtes en retard aujourd'hui.
• tarder.
Ẹ pẹ́ dé. Vous avez tardé à arriver. *Ẹni tó bá ń tan ènìyàn jẹ, ó pẹ́ ó yá ni, ẹlòmíràn á tan òun náà jẹ.* Celui qui trompe autrui, tôt ou tard, sera trompé à son tour.
• durer.
Ó pẹ́ nílẹ̀ yìí. Il est resté longtemps dans ce pays.

pẹ̀gàn, < pa.ẹ̀gàn, vb. comp.
• mépriser.
Ó ń pẹ̀gàn ọ̀tá rẹ̀. Il méprise son ennemi.

pẹja / pa ẹja, vb.+ obj.
• pêcher.
Àwọn ọmọ ń pẹja létí odò. Les enfants pêchent au bord de la rivière.

pẹja-pẹja, < pa.ẹja-pa.ẹja, n. comp.
• pêcheur.

pẹ̀lẹ́, vb.
• expression de sympathie, de compassion (empl. aux 2emes pers.).
Ẹ pẹ̀lẹ́ o. / Pẹ̀lẹ́ o. Désolé [de ce qui vous / t'arrive].
• salut ! hello ! (empl. à la 2e pers.).
Pẹ̀lẹ́ ! Salut !

pẹ̀lẹ́pẹ̀lẹ́, adv., (cf. **pẹ̀lẹ́**).
• doucement.
Má sáré lọ́nà, pẹ̀pẹ́pẹ̀lẹ́ o ! Ne roulez pas trop vite sur la route, allez doucement.
• lentement.
Ẹ sọ̀rọ̀ pẹ̀lẹ́pẹ̀lẹ́. Parlez lentement.

pẹ̀lú, conj./ vb.
• avec, aussi.
Èmi pẹ̀lú rẹ̀ jọ lọ sí Èkó. Elle et moi sommes allées ensemble à Lagos. *Ó jí, ó wẹ̀, ó sì jẹun pẹ̀lú.* Il s'est levé, s'est lavé et a aussi mangé.
• faire qqch. avec qqn.
Mo pẹ̀lú wọn lọ. Je suis parti avec eux.

pẹpẹ, n.
• étagère.

pẹ́pẹ̀pẹ́, adj.
• petits, insignifiants.
Iṣẹ́ pẹ́pẹ̀pẹ́ ló ń ṣe. Il fait de petits travaux.

pẹ́pẹ́yẹ, n.
• canard.

pẹran / pa ẹran, vb.+ obj.
• tuer un animal ; par ext., chasser.

pẹrẹsẹ, adj.
• plat.

Àwo pẹrẹsẹ ni. C'est une assiette plate. *Ó rí pẹrẹsẹ dáadáa*. C'est bien plat.

pẹ̀tẹ́ẹ̀sì, n.
• maison à étages, immeuble.

pẹ̀tẹ̀pẹ́tẹ̀, v. **pọ̀tọ̀pọ́tọ̀**.

pidán / pa idán, vb.+ obj.
• utiliser des gris-gris.
• faire des tours de magie.

Pijó, < fr., n.
• voiture de marque Peugeot.

pilẹ̀, < ?.ilẹ̀, vb. comp.
• tirer des plans pour la réalisation d'un projet important (maison, commerce, business, etc.).
Ó pilẹ̀ ilé tutun Il fait des plans pour la construction d'une maison.
• inventer, être à l'origine de.
Òun ló pilẹ̀ ẹ̀rọ yìí. C'est lui qui a inventé cette machine.

pín, vb.
• diviser, partager.
Ó pín gbogbo owó rẹ̀ sí méjì. Il a partagé tout son argent en deux.
• répartir.
Ó pín ẹrù rẹ̀ sínú àpótí méjì. Il a réparti ses bagages dans deux valises.

pin, vb. (cf. **dópin**).
• être fini, se terminer.

pinnu, < pin.ẹnu, vb. comp.
• décider.
Wọ́n pinnu láti lọ sí Èkó lọ́la. Ils ont décidé d'aller à Lagos demain.

pínyà, < pín.ì.yà, vb. comp.
• se séparer.
Wọ́n ti pínyà ní oríta yẹn. Ils se sont séparés à ce carrefour-là.

pìtàn / pa ìtàn, vb.+ obj. (cf. **pa** 4).
• raconter une histoire vraie, un mythe.

pò, vb.
• mélanger.
Lọ po ẹ̀kọ gbígbóná fún Adé. Va préparer de la bouillie de maïs pour Adé.
• battre (qqch.).
Ó po ẹyin kí ó tó dín in. Elle a battu les œufs avant de les faire frire.

polongo, vb.
• annoncer publiquement.
Àwọn ẹmẹsẹ̀ polongo ikú Ìyálóde. Les messagers du roi ont annoncé publiquement la mort de l'Ìyàlóde.
• faire campagne pour qqn.
Wọ́n polongo fún Adé. Ils ont fait campagne pour Adé.

polówó, < pè.olówó, vb. comp.
• faire l'article, appeler le client ; faire de la publicité.
Ó ń polówó iṣu. Elle fait l'article pour ses ignames.

pòórá, vb.
• disparaître, s'évanouir (fig.).
Bàtà mi pòórá. Mes chaussures ont disparu. *Ó pòórá mọ́ mi lójú*. Il a disparu de ma vue.

pòòyì, < pa.òòyì, vb. comp.
• tourner autour de qqch., qqn.; faire tourner.

Má pòòyì mi mọ́ ! Arrête de tourner autour de moi ! *Àwọn ọmọdé fi okùn pòòyì.* Les enfants font tourner la corde.
• (+ ojú) avoir des vertiges, avoir la tête qui tourne.
Ojú mi ń pòòyì. J'ai la tête qui tourne.

pópó, v. **òpópónà**.

pósí, n.
• bière, cercueil.

pòṣé, < pa.òṣé, vb. comp.
• faire une moue de mépris, accompagnée d'une sorte de claquement de la bouche.

pòwe / pa òwe, vb.+ obj. (cf. **pa** 4).
• dire un proverbe.
Bàbá yìí pòwe fún ọmọ náà. Ce vieux a dit un proverbe à l'enfant.

pọ̀ 1, vb., (cf. **púpọ̀**).
• être beaucoup, nombreux.
Àwọn tó wá síbi ìgbéyàwó Bọ́lá pọ̀. Ceux qui sont venus au mariage de Bọ́lá étaient nombreux. *Ó fún mi lówó tó pọ̀.* Il m'a donné beaucoup d'argent.
• être ensemble ; être amalgamé (2e vb.).
Ó kó wọn pọ̀. Il les a rassemblés.

pọ̀ 2, vb.
• vomir (animal) ; cracher.
Ó mutí yó, ó ń pọ̀ bí ajá. Il s'est soûlé, il vomit comme un chien. *Ṣé o ti pọ eegun tó há ọ lọ́rùn ?* As-tu craché l'os qui s'était coincé dans ta gorge ?

pọ̀ sí i, vb.
• accroître, augmenter, être plus.
Ọgbọ́n ọmọ yìí ti pọ̀ sí i. Cet enfant a grandi en sagesse.

pọfọ̀ / pe ọfọ̀, vb.+ obj., (cf. **pè**).
• prononcer des incantations.
Àwọn ọdẹ máa ń pọfọ̀ kí wọ́n tó pa ẹran. Les chasseurs prononcent des incantations avant de tuer un animal.

pọ́n 1, vb.
• envelopper dans des feuilles.
Ó pọ́n mọ́ínmọ́ín kó tó sè é. Elle a enveloppé les pains de haricot dans des feuilles avant de les faire cuire.

pọ́n 2, vb.
• être rouge.
Ojú rẹ̀ pọ́n bí ẹ̀jẹ̀. Il a les yeux rouges comme du sang.
• être très chaud, taper (soleil).
Ọ̀sán pọ́n. Le soleil tape.
• être mûr.
Ọ̀gẹ̀dẹ̀ ń bàjẹ́ à ló ń pọ́n ! (Prov.). La banane plantain est en train de pourrir et on dit qu'elle mûrit ! [Ne pas vouloir regarder la vérité en face, faire l'autruche.]

pọ́n 3, vb.
• aiguiser.
Ó lọ pọ́n ọ̀bẹ náà kí ó lè mú. Il est allé aiguiser le couteau pour qu'il coupe bien.

pọ́n 4, vb.
• flatter.

pọn, vb. (cf. **pọnmi**).
• puiser.

pọ̀n, vb.
• porter un bébé dans le dos ; par ext., porter qqn sur le dos.

pọ́n...lá, vb.
• lécher l'index avec lequel on sauce le reste d'une marmite.
Ọmọ pọ́n ọbẹ̀ tó kù nínú ìkòkò lá. L'enfant a léché le reste de sauce de la marmite avec son doigt. *Ọbẹ̀ tí mo pọ́n lá ti kan*. La sauce que j'ai léchée était aigre.

pọ́n...lé, vb.
• traiter avec courtoisie, déférence.
Wọ́n pọ́n mi lé. Ils m'ont traité avec courtoisie.

pọ́n...lójú, < pọ́n...ní.ojú, vb. comp.
• être tourmenté par le manque, être en manque de qqch.
Owó pọ́n mi lójú. Je suis tourmenté par le manque d'argent.
• être en mal de.
Ọmọ ń pọ́n wọn lójú láti ọdún méwàá sẹ́hìn. Ils sont en mal d'enfant depuis dix ans.

pọ́njú-pọ́ntọ̀, v. **àrùn** —.

pọnmi / pọn omi, vb.+ obj.
• puiser de l'eau.

pọ̀nmọ́, n.
• peau de bœuf bouillie.

pọ́nùn, < angl., n.
• livre sterling.
Pọ́nùn kan jẹ́ náírà méjì. Une livre équivaut à deux nairas.

pọ̀tọ̀pọ́tọ̀ ~ pẹ̀tẹ̀pẹ́tẹ̀, n.
• boue.

pupa, vb. / adj.
• être clair.
Ọmọ yìí pupa. Cet enfant a le teint clair.
• clair ; (ce terme désigne toute couleur claire : jaune, orange, rouge, etc.).
Ó rașọ pupa. Elle a acheté un tissu clair.

púpọ̀, adv. (cf. **pọ̀**).
• beaucoup, très.
Ọkùnrin yìí lówó púpọ̀. Cet homme a beaucoup d'argent. *Ó dára púpọ̀*. C'est très joli.
◇ **púpọ̀ jù** : beacoup trop.

purọ́ ~ parọ́ / pa irọ́, , vb. + obj. (cf. **pa** 4).
• mentir.
Ó máa ń purọ́ púpọ̀. Il ment beaucoup.

purọ́ mọ́, < pa.irọ́ mọ́, vb. comp.
• raconter des mensonges sur qqn.
Ọmọ yìí purọ́ mọ́ àbúrò rẹ̀. Cet enfant a raconté des mensonges sur son cadet.

R

rá 1, vb.
• disparaître.
Ìwé mi ti rá. Mon livre a disparu. *Ọkùnrin náà rá sínú igbó*. L'homme a disparu dans la forêt.

rá 2, vb.
• ramper.

Ọmọ kékeré ń rá nílẹ̀ ilé. Le petit enfant rampe sur le sol de la maison.

ra 1, vb.
• appliquer qqch. sur, frictionner, frotter.
Mo fi oògùn ra ẹsẹ̀ tí mo fi rọ́. J'ai frictionné mon pied foulé avec un onguent.

ra 2, vb.
• réduire à la cuisson (viande, légumes).
Ẹ̀fọ́ yìí ti ra. Ces légumes ont réduit.

rà 1, vb.
• acheter.

rà 2, vb. (cf. **jẹrà**).
• pourrir, être pourri.
Ẹran yìí ti rà, kò ṣeé jẹ mọ́. Cette viande est pourrie, on ne peut plus la manger.

ráhùn, < rá.ohùn, vb. comp. (cf. **rá** 1).
• bougonner, maugréer, rouspéter, ronchonner.
Kí ló ń ṣe ọ́ tí o fi ń ráhùn bẹ́ẹ̀ ? Qu'est-ce que tu as à ronchonner ainsi ? *Ó ń ráhùn owó.* Il rouspète contre le manque d'argent.
• renâcler.
Ó ráhùn láti fún ọmọ-iṣẹ́ rẹ̀ lówó. Il renâcle à payer ses apprentis.

ráìsì, v. **ìrẹsì**.

rán 1, vb.
• coudre.
Ìyá rán aṣọ tuntun fún ọjọ́-ìbí Bọ́lá. La mère a cousu de nouveaux vêtements pour l'anniversaire de Bọ́lá.

rán 2, vb. (cf. **ránṣẹ́**).
• envoyer.
Ó rán mi lọ́jà. Elle m'a envoyé au marché. *Èmi ni wọ́n rán lọ sí Ìbàdàn.* C'est moi qu'ils ont envoyé à Ìbàdàn.

ràn 1, vb.
• briller (soleil, lune).
Oòrùn ń ràn. Le soleil brille.

ràn 2, vb.
• être contaminé, se répandre (maladie).
Ikọ́ tó mú Adé ti ran èmi náà. J'ai été contaminé par la toux d'Adé.
• s'agrandir.
Ojú egbò ẹsẹ̀ rẹ̀ ti ràn. La plaie sur sa jambe s'est agrandie. *Iná ràn !* Il y a un sérieux problème !
• prendre (feu).
Iná ti ràn nínú ààrò. Le feu a bien pris dans le foyer.

rán...létí, < rán...ní.etí, vb. comp., (cf. **ní** 3, **rántí**).
• rappeler qqch. à qqn.
Ìyá mi rán mi létí pé Lọlá yóò wá lọ́la. Ma mère m'a rappelé que Lọlá viendrait demain. *Ó rán mi létí Ìbàdàn tí mo fẹ́ lọ.* Il m'a rappelé que je voulais aller à Ìbàdàn.

ràn...lọ́wọ́, < ràn...ní.ọwọ́, vb. comp. (cf. **ní** 3).
• aider.
Wọ́n ràn án lọ́wọ́ láti san gbèsè rẹ̀. Ils l'ont aidé à payer ses dettes.

rán...níṣẹ́, < rán...ní.iṣẹ́, vb. comp. (cf. **ní** 3).
• envoyer faire une course, une

commission.
Ó rán Adé nísẹ́. Elle a envoyé Adé faire une course.

ránṣẹ́, < rán.iṣẹ́, vb. comp.
• envoyer qqch. à qqn ; faire parvenir un message.
Adé fi ìwé ránṣẹ́ sí Olú. Adé a fait envoyer une lettre à Olú. *Adé ránṣẹ́ sí mi pé kí n wá.* Adé m'a envoyé un message me disant de venir.

rántí, < rán.etí, vb. comp. (cf. **rán...létí**).
• rappeler, se rappeler, se souvenir.
Màá rántí rẹ̀. Je m'en souviendrai. *Rántí pé o gbọ́dọ̀ kọ̀wé sí ìyá rẹ àgbà.* Rappelle-toi que tu dois écrire à ta grand-mère.

rárá, mod. d'énon.
• non, pas du tout.
Rárá, mi ò ní í lọ ! Non, je n'irai pas ! *Mi ò fẹ́ràn rẹ̀ rárá.* Je ne l'aime pas du tout.

rárà, n. (cf. **oríkì**).
• genre poétique de louanges récité sur un mode de cantillation (sorte de chanter-parler) spécifique par des poètes professionnels. Ceux-ci se produisent lors de manisfestations importantes (cérémonies d'intronisation d'un roi ou d'un chef notamment).
Àwọn oñrárà máa ń sun rárà fún ọba. Les poètes professionnels chantent les poésies de louanges pour le roi.

ráyè / rí àyè, vb.+ obj.
• avoir le temps.
Mi ò ráyè wá a. Je n'ai pas eu le temps de le chercher.
• trouver de la place.
Kò ráyè jókòó nínú ọkọ̀. Il n'a pas trouvé de place assise dans le bus.

ré, vb.
• couper (ongle).
Ó fi abẹ-fẹ́lẹ́ ré èékánná rẹ̀. Elle s'est coupé les ongles avec une lame de rasoir.
• écumer, écoper.
Bá mi ré ìdọ̀tí tó wà lórí omi yìí kúrò. Écume les impuretés qui sont sur l'eau.
• enlever (vêtements suspendus sur une corde par ex.).
Bá mi ré aṣọ tí mo fi kọ́ sókè. Enlève-moi les vêtements que j'ai accrochés là-haut.

re, vb.
• cueillir du piment.

ré kọjá / ré...kọjá, vb.
• traverser, enjamber.
Wọ́n ré afárá kọjá. Ils ont traversé le pont. *Wọ́n ré odò kọjá.* Ils ont enjambé le ruisseau.
• être dépassé (fig.).
Ọ̀rọ̀ yẹn ti ré kọjá, jẹ́ ká sọ òmíràn. Le sujet est dépassé, parlons d'autre chose.

ré...lẹ́pa, < ré...ní.ẹ̀pa, vb. comp. (cf. **ní** 3).
• faire un croche-pied.
Ó ré mi lẹ́pa bí mo ti ń sáré lọ. Il m'a fait un croche-pied pendant que je courais.
• bloquer qqn (fig.).
Ó ré mi lẹ́pa nípa ìgbéga mi. Il a bloqué ma promotion.

ré...sílẹ̀, < ré...sí.ilẹ̀, vb. comp. (cf. **sí** 1).
• abaisser, baisser.
Ré okùn sílẹ̀ kí n lè fò ó. Baisse la corde pour que je puisse sauter.

rédíò, < angl., n.
• radio.

régé, v. **gún** 3.

rélùwéè, < angl., n.
• train.

retí 1, vb. comp. < ?.etí.
• attendre qqn.
Màá retí rẹ lọ́la. Je t'attendrai demain.

retí 2 / **re etí**, vb.+ obj.
• se nettoyer les oreilles.

rẹ́ 1, vb.
• hacher menu.
Wọ́n fi ọ̀bẹ rẹ́ ilá náà. Ils ont haché menu le gombo avec un couteau.

rẹ́ 2, vb.
• cimenter, enduire, plâtrer.
Wọ́n fi sìmẹ́ǹtì rẹ́ ilé. Ils ont cimenté la maison.
• recouvrir.
Ó fi ìdọ̀tí rẹ́ mi lára. Il m'a recouvert de saletés.

rẹ́ 3, vb. (cf. **ọ̀rẹ́**).
• être ami.
Wọ́n rẹ́ dáadáa. Ils sont très amis.

rẹ 1, vb. (cf. **adìrẹ**).
• faire tremper.
Rẹ ẹ̀wà kí o tó lọ̀ ọ́. Fais tremper les haricots avant de les écraser.
• teindre.
Mo fi aró rẹ aṣọ náà. J'ai teint le tissu à l'indigo.

rẹ 2 ~ **ẹ**, pron. poss.
• ton, ta.
Fún mi ní ìwé rẹ. Donne-moi ton livre.

rẹ̀ 1, vb.
• être fatigué.
Ó rẹ̀ mí. Je suis fatigué(e). *Ó rẹ̀ ọ́.* Tu es fatigué(e). *Ó rẹ̀ é.* Il / elle est fatigué(e). *Ó rẹ̀ wá.* Nous sommes fatigué(e)s. *Ó rẹ̀ yín.* Vous êtes fatigué(e)s. *Ó rẹ̀ wọ́n.* Ils / elles sont fatigué(e)s.

rẹ̀ 2, vb.
• consoler.
Mo rẹ ọmọ tó ń sunkún. J'ai consolé l'enfant qui pleurait.

rẹ̀ 3 ~ **ẹ̀**, pron. poss.
• son, sa.
Ẹnu rẹ̀ ń rùn. Il a mauvaise haleine.

rẹ̀ dòdò, vb.
• être rouge vif.
Àwọn Yorùbá kì í wọ aṣọ tó bá rẹ̀ dòdò. Les Yorùbá ne portent pas de vêtement rouge vif.
• svt empl. pour décrire une sauce, la couleur rouge vif étant le signe qu'elle doit être réussie.
Ojú ọbẹ̀ náà rẹ̀ dòdò. Cette sauce est bien appétissante.

rẹ́...jẹ, vb.
• escroquer.
Ọlọ́jà rẹ́ mi jẹ. La marchande m'a escroqué.

rẹ̀...lẹ́kún, < rẹ̀...ní.ẹkún, vb. comp. (cf. **ní** 3, **rẹ̀** 2).

• consoler, sécher les larmes.
Ó rẹ̀ ẹ́ lẹ́kún. Elle l'a consolé.

rẹ̀...sílẹ̀, < rẹ̀...sí.ilẹ̀, vb. (cf. **sí** 1).
• tomber par terre.
Ó kó àwọn ewé igi tó rẹ̀ sílẹ̀ jọ láti fi wọ́n ṣe ìbùsùn. Il a rassemblé les feuilles tombées par terre pour en faire un lit.
• rabaisser qqn.
Wọ́n rẹ̀ ẹ́ sílẹ̀ láìnídìí. Ils l'ont rabaissé sans raison.
Ojú ọbẹ̀ náà rẹ̀ dòdò. Cette sauce est bien appétissante.

rẹ́gí, adv.
• exactement, juste (aller, tomber).
Bàtà yìí bá ẹsẹ̀ mi mu rẹ́gí. Ces chaussures sont juste à ma pointure.

rẹjú, < rẹ̀.ojú, vb. comp.
• s'allonger, s'étendre en fermant les yeux, se reposer.
Mo fẹ́ rẹjú díẹ̀ ná kí n tó lọ sí ìpàdé. Je veux me reposer un petit moment avant d'aller à la réunion.

rẹpẹtẹ, adv.
• en abondance.
Wọ́n se oúnjẹ rẹpẹtẹ fún ìgbéyàwó. On a préparé de la nourriture en abondance pour le mariage.

rẹ́rìn-ín, < rín.ẹrín, vb. comp.
• rire.
Ọmọ náà kò ka ọ̀rọ̀ mi sí, ó kàn rẹ́rìn-ín ni. L'enfant n'a pas pris au sérieux mes paroles, il a seulement ri.

◇ **rẹ́rìn-ín kèékèé** : rire aux éclats.
◇ **rẹ́rìn-ín músẹ́** : sourire.

rẹ̀wẹ̀sì, < ?, vb. comp. (cf. **ìrẹ̀wẹ̀sì**).
• être découragé, déprimé.
Ojú rẹ̀ rẹ̀wẹ̀sì. Il a l'air découragé. *Ọkàn mi rẹ̀wẹ̀sì*. Je me sens déprimé.

rí 1, vb.
• voir.
Mo rí ọ̀rẹ́ rẹ lánàá. J'ai vu ton ami hier.
• trouver, retrouver.
Mo rí ìwé mi. J'ai retrouvé mon livre.
• être, ressembler.
Báwo ló ti rí ? A quoi ressemble-t-il ?

rí 2, adv.
• auparavant, avant.
Kò wá síbí rí. Il n'est pas venu ici avant. *Mo ti dé Èkó rí*. Je suis déjà allé à Lagos avant.

rì, vb.
• enfoncer, s'enfoncer.
Wọ́n ri òpó síwájú ilé wọn. Ils ont enfoncé un pieu devant la maison. *Ẹsẹ̀ mi ń rì sínú iyanrìn*. Mes pieds s'enfoncent dans le sable.
• se noyer.
Ó rì sínú odò. Il s'est noyé dans la rivière.

rí...fín, vb., (cf. **àrífín**).
• être insolent.
Má rí mi fín, mi ò kì í ṣe ẹgbẹ́ rẹ ! Ne sois pas insolente avec moi, je n'ai pas ton âge ! *Ọmọ*

yìí kò lẹ́kọ̀ọ́, gbogbo ènìyàn ló ń rí fín. Cet enfant n'a aucune éducation, il est insolent avec tout le monde.

rí i pé, loc. vb.
• voir que, savoir que, trouver que.
Mo rí i pé ó rẹ̀ ẹ́. Je le trouve fatigué.

ríbà, < rí.ìbà, vb. comp.
• rendre hommage.
Mo ríbà àwọn bàbá mi. Je rends hommage aux anciens.

rìbá, < ar., n.
• pot-de-vin.

rín, vb. (cf. **rẹ́rìn-ín**).
• rire de qqn.
Ó ń rín mi. Il rit de moi.

rin, vb.
• suinter ; être mouillé, se mouiller.
Omi ti rin jáde níbí. Il y a de l'eau qui suinte à cet endroit. *Ìdí ọmọ yìí ti ń rin*. Le derrière de cet enfant est mouillé.
• pleurnicher.
Ọmọ yìí ń rin látàárọ̀ títí dalẹ́. Cet enfant pleurniche du matin au soir.

rìn 1, vb.
• marcher.
Wọ́n fẹsẹ̀ rìn délé. Ils ont marché jusqu'à la maison.

rìn 2, vb.
• chatouiller.
Ẹsẹ̀ ń rìn mí. Ça me chatouille au pied. *Má rìn mí ní abíyá !* Ne me chatouille pas sous le bras !

ríran 1, < rí.ìran, vb. comp.
• bien voir, avoir une bonne vue.
Mo lè ríran dáadáa. J'ai une bonne vue.

ríran 2 / **rí ìran**, vb.+ obj.
• prophétiser, prédire le futur.
Babaláwo ríran sí mi pé màá fẹ́ ìyàwó mẹ́ta. Le devin m'a prédit que j'aurai trois femmes.

rírì, n.
• valeur de qqn, de qqch. (empl. avec *mọ̀*).
Ó mọ rírì ohun tí mo ń ṣe. Il sait la valeur de ce que je fais.

rìsíìtì, < angl., n.
• reçu.

ró 1, vb. (cf. **ìró** 1).
• sonner, tinter.
Owó ń ró ní àpò mi. Les pièces de monnaie tintent dans ma poche.

ró 2, vb. (cf. **ìró** 2).
• ceindre un pagne, un tissu autour des reins. Empl. uniq. pour les femmes. Ceci implique que la femme s'habille avec toutes les pièces qui constituent l'ensemble de l'habillement traditionnel.
Ó ró ìró. Elle a noué un pagne autour de ses reins.

ró 3, vb.
• redresser qqch., mettre droit.
Gbé igi yẹn ró. Redresse ce pieu. *Wọ́n ró òkú láti mọ irú ikú tó pa á*. On a mis le corps droit pour savoir de quoi il était mort.

ro 1, vb.
(cf. **ojú ro**, **ro... lójú**).

• avoir mal (pour le corps ou une de ses parties).
Ojú ń ro mí, ẹ̀hìn sì ń ro mí, mi ò lè sùn. J'ai mal aux yeux et au dos, je n'ai pas pu dormir. *Ara ń ro mí.* J'ai mal partout.
• (+ ojú) avoir le cafard.
Ojú ń ro mí nígbà tí ọmọ mi lọ sí ìlú òyìnbó. J'ai eu le cafard quand mon enfant est parti à l'étranger.
• ne pas avoir envie de faire qqch.
Ojú ń ro mí láti ṣe iṣẹ́ yìí. Je n'ai pas envie de faire ce travail.

ro 2, vb. (cf. **roko**).
• biner, sarcler.

rò 1, vb. (cf. **ronú**).
• penser.
Ó rò pé ó yẹ kí a lọ kí wọn. Il pense qu'il faudrait que nous allions les saluer.
• raconter.
Òun ló ro ohun tó ṣẹlẹ̀ fún wa. C'est lui qui nous a raconté ce qui s'était passé.

rò 2, vb.
• brasser, remuer, tourner sur le feu.
Ó ń ro àmàlà. Elle brasse la pâte d'igname. *Bá mi ro ọbẹ̀ náà.* Aide-moi à tourner la sauce.

ro...lójú, < ro...ní.ojú, vb. comp. (cf. **ro** 1).
• ne pas avoir envie de.
Iṣẹ́ yìí ń ro mí lójú láti ṣe. Je n'ai pas envie de faire ce travail.

rò...pọ̀, vb. (cf. **rò** 2).
• mélanger.
Ó ro ata àti àlùbọ́sà àti epo pọ̀. Elle a mélangé le piment, les oignons et l'huile.
• additionner.
Ro àwọn nọ́ńbà mẹ́ta yìí pọ̀. Additionne ces trois chiffres.

roboto, adj.
• rond.
Ó rí roboto. C'est rond.

rogún, < ro.gún, vb.
(cf. **dá rogún**).
• stagner.
Omi rogún síbí yìí. Il y a de l'eau stagnante ici.

rògbòdìyàn, n.
• émeute.
Rògbòdìyàn ló bá wa ní orílẹ̀-èdè wa nígbà náà. Ce sont des émeutes que nous avons subies dans le pays à ce moment-là. *Rògbòdìyàn ti rọlẹ̀ báyìí.* Les émeutes se sont calmées maintenant.

ròhìn, < rò.ìhìn, vb. comp.
(cf. **rò** 1).
• donner les nouvelles, raconter.
Ọlọ́pàá ròhìn ohun tó ṣẹlẹ̀ ní abúlé fún Délé. Le policier a raconté à Délé ce qui s'était passé au village.

rojọ́ / ro ẹjọ́, vb.+ obj.
(cf. **rò** 1).
• parler trop.
Ó ń rojọ́ jù. Il parle trop.
• rapporter, expliquer des faits lors d'un différend.
Àwọn orogún tó ń jà rojọ́ fún baálé wọn. Les coépouses qui se querellaient ont rapporté les faits

à leur mari.

rojọ́ mọ́, < rò.ẹjọ́ mọ́, vb. comp. (cf. **rò** 1).
• raconter des mensonges sur qqn.
Ó rojọ́ mọ́ mi pé èmi ló kọ́kọ́ gbá a létí. Il a raconté des mensonges sur moi en disant que c'était moi qui l'avais giflé en premier.

rojú kókó, < ro.ojú kókó, loc. vb. (cf. **ro** 1).
• froncer les sourcils.
Ó rojú kókó nígbà tí mo rán an nísẹ́. Il a froncé les sourcils quand je l'ai envoyé faire une course.

rójú ráyè, < rí.ojú rí.àyè, loc. vb.
• avoir du temps.
Àsìkò tí a daṣẹ́ sílẹ̀ ni mo rójú ráyè ṣe iṣẹ́ tèmi. Pendant la période de grève, j'ai eu du temps pour faire mon travail.

roko / ro oko, vb.+ obj. (cf. **ro** 2).
• labourer, cultiver, biner, sarcler.
Àgbẹ̀ roko sí iṣu tí ó gbìn. Le fermier a sarclé autour des ignames qu'il a plantées.

ronú, < rò.inú, vb. comp. (cf. **rò** 1).
• penser.
Mo ń ronú nípa ọ̀rọ̀ náà. Je pense à l'affaire.

rorò, vb.
• être méchant, féroce (pr. et fig.).
Ajá yìí rorò púpọ̀. Ce chien est très féroce. *Ojú rẹ̀ rorò.* Il a une expression méchante.

róye, < rí.òye, vb. comp.
• remarquer, s'apercevoir.
Mo róye pé ó bẹ̀rẹ̀ sí í jalè. Je me suis aperçu qu'il avait commencé à voler.

rọ́ 1, vb.
• se fouler, tordre, se tordre un membre.
Ẹsẹ̀ mi rọ́. Je me suis foulé le pied. *Má rọ́ mi lápá, ó ń dùn mí !* Ne me tords pas le bras, ça me fait mal !

rọ́ 2, vb.
• se précipiter, se ruer.
Àlejò rọ́ wọlé mi. Les invités se sont rués chez moi.

rọ́ 3, vb.
• rapporter qqch. dont on n'a pas été directement témoin.
Ó rọ́ ohun tó gbọ́ fún wa. Il nous a rapporté ce qu'il avait entendu.

rọ 1, vb.
• forger.
Alágbẹ̀dẹ yìí ń rọ ọkọ́, àdá àti ìbọn. Ce forgeron forge des houes, des coutelas et des fusils.

rọ 2, vb.
• verser dans un contenant à col étroit.
Àrọ ló fi rọ epo sínú àtùpà. Elle a versé de l'huile dans la lanterne avec un entonnoir.

rọ̀ 1, vb.
• pendre, se suspendre.
Okùn rọ̀ wálẹ̀ láti orí igi. La corde pend du haut de l'arbre.

Ọmọ ń rọ̀ lára ìlẹ̀kùn. L'enfant se suspend au-dessus de la porte.
• tomber (pluie).
Òjò ń rọ̀. Il pleut.

rọ̀ 2, vb.
• être doux, être tendre.
Ìbẹ́pẹ yìí rọ̀ nítorí ó ti pọ́n. Cette papaye est tendre, car elle est mûre. *Ẹran yìí rọ̀ dáadáa.* Cette viande est bien tendre.
• être souple.
Ara rẹ̀ rọ̀. Elle a le corps souple.

rọ̀ 3, vb. (cf. **rọrí**).
• équilibrer qqch.
Mo fi òkúta rọ ẹsẹ̀ àga mi. J'ai mis un caillou pour équilibrer ma chaise.

rọ́bà, < angl., n.
• caoutchouc.
• fronde, lance-pierres.
• préservatif.

rọbí, vb.
• être en travail (pour une femme qui accouche).

rọ̀jò, < rọ̀.òjò, vb.comp. (cf. **rọ̀** 1).
• faire pleuvoir (des insultes).
Ó rọ̀jò èébú lé wa lórí. Il a fait pleuvoir des insultes sur notre tête.

rọ́jú, < rọ́.ojú, vb. comp. (cf. **rọ́** 1).
• s'efforcer de, se donner du mal, faire tout son possible.
Kò lówó lọ́wọ́ ṣùgbọ́n ó ń rọ́jú sanwó ilé-ìwé àwọn ọmọ rẹ̀. Il n'a pas d'argent en ce moment, mais il se donne du mal pour payer l'école de ses enfants.
• supporter sa souffrance (morale).
A bá a sọ̀rọ̀ kí ó rọ́jú. On a parlé avec elle pour l'aider à supporter sa souffrance.

rọjú, < rọ̀.ojú, vb. comp. (cf. **rọ̀** 1).
• baisser (prix).
Ṣé ọjà rọjú lónìí ? Est-ce que les prix ont baissé au marché aujourd'hui ?
• se calmer.
Ọ̀rọ̀ náà ti rọjú báyìí. L'affaire s'est calmée maintenant.

rọlẹ̀, < rọ̀.sílẹ̀, vb. comp. (cf. **rọ̀** 1).
• diminuer.
Ìrora ti rọlẹ̀. La douleur a diminué.

rọ́pò, < rọ́.ipò, vb. comp. (cf. **rọ́** 2).
• succéder, remplacer.
Bí iná kú, a fi eérú bojú ; bí ọ̀gẹ̀dẹ̀ kú, a fi ọmọ rẹ̀ rọ́pò. (Prov.). Si le feu meurt, il est remplacé par des cendres, si le bananier meurt, il est remplacé par ses rejets. [Il faut tjs prévoir qqn pour vous succéder.] *Òun ló rọ́pò mi.* C'est lui qui m'a remplacé.

rọra, < rọ̀.ara, vb. comp. (cf. **rọ̀** 2).
• faire attention, faire doucement.
Rọra gbé e kó má fọ́. Prends-le doucement, qu'il ne se casse pas. *Ẹ rọra o !* Faites attention (n'allez pas tomber) ! (Se dit svt à un visiteur qui entre.)

rọrí, < rọ̀.orí, vb. comp. (cf. **rọ̀** 3).
• soutenir la nuque, la tête.
Mo fi aṣọ rọrí. J'ai mis un tissu sous ma nuque pour la soutenir.

rọrùn, < rọ̀.ọrùn, vb. comp. (cf. **rọ̀** 2).
• être facile.
Iṣẹ́ yìí rọrùn ju ti àkọ́kọ́. Ce travail est plus facile que le premier.
• convenir.
Ṣé ó rọrùn fún yín láti bá wa lọ sí Kánò lọ́la ? Est-ce que ça vous convient d'aller avec nous à Kano demain ?

rú, vb.
• commencer à pousser.
Ewé orí igi ti rú. Les feuilles ont commencé à pousser sur l'arbre.
• monter, s'élever (fumée).
Èéfín ń rú láti orí-òrùlé. La fumée monte du toit.
• être trouble (pour de l'eau : se dit lorsque des particules ou de la saleté flottent dedans).
Omi yìí rú, kò ṣeé mu. Cette eau est trouble, on ne peut la boire.
• enfreindre un tabou, un interdit, une loi.

ru, vb.
• faire de la mousse (par ex., bière, vin de palme) ; faire de l'écume (empl. surt. pour des aliments qui, en bouillant sur le feu, risquent fort de déborder).
Bíà máa ń ru nígbà tí a bá ń bù ú. La bière fait de la mousse quand on la verse. *Ọbẹ̀ ilá ń ru.* La sauce au gombo fait de l'écume. *Àgbo ru paná.* La décoction a éteint le feu (en débordant).

rù 1, vb. (cf. **ẹrù**).
• porter sur la tête.
Ó ru ìkòkò tó kún fún omi. Elle a porté une jarre pleine d'eau sur la tête.

rù 2, vb.
• être maigre, maigrir.
Ó ti ń rù sí i. Il maigrit encore.

rú...lójú, < rú...ní.ojú, vb. comp.
• déconcerter, dérouter, troubler.
Ọ̀rọ̀ náà kò yé mi mọ́, ó rú mi lójú. Je ne comprends plus rien à cette affaire, elle me déconcerte. *Ọ̀rọ̀ owó tí wọ́n jí rú mi lójú.* L'histoire de cet argent volé m'a troublé.

rúfin / rú òfin, vb.+ obj.
• enfreindre une loi.
Ó rúfin ni ọlọ́pàá ṣe mú un. Il a enfreint la loi, c'est pourquoi les policiers l'ont arrêté.

rúbọ / rú ẹbọ, vb.+ obj.
• faire une offrande, un sacrifice, sacrifier.
Obìnrin náà rúbọ sí Ọ̀ṣun. La femme a fait un sacrifice à la déesse Ọ̀ṣun.

rúlà, < angl., n.
• règle.
Ó fi rúlà fa ìlà kan. Il a tiré un trait avec une règle.

rún, vb.
• mâcher.
Ó ń rún ẹ̀pà lẹ́nu. Il mâche des arachides.

• émietter, se mettre en miettes.
Ó fi ọwọ́ rún ewé gbígbẹ. Il émiette des feuilles sèches avec la main.
• être froissé.
Aṣọ mi ti rún, bá mi lọ̀ ọ́. Mon vêtement est froissé, repasse-le moi.

run 1, vb.
• faire mal (empl. surt. pour le ventre).
Inú ń run mí. J'ai mal au ventre. *Oúnjẹ tí mo jẹ lánàá run mí nínú.* Ce que j'ai mangé hier m'a fait mal au ventre.

run 2, vb.
• détruire.
Iná run ọ̀pọ̀lọpọ̀ dúkìá. Le feu a détruit un grand nombre de richesses.
• ruiner qqn.
Ọmọkùnrin náà run òwò bàbá rẹ̀. Le fils a ruiné le commerce de son père.

rùn 1, vb. (cf. **orín**).
• se brosser les dents avec un bâtonnet spécial à cet effet.
Àwọn ọmọ gbọdọ̀ run orín láràárọ̀. Les enfants doivent se nettoyer les dents tous les matins avec un bâtonnet brosse à dents.

rùn 2, vb.
• sentir mauvais.
Kí ló ń rùn báyìí ? Qu'est-ce qui sent mauvais comme ça ?

rùn létí, < rùn ní.etí, vb. comp. (cf. **ní** 3, **rùn** 2).
• irriter, être irrité.
Ọ̀rọ̀ tó sọ lánàá ń rùn létí mi. Ce qu'il a dit hier m'irrite.

run...nínú, < run ní.inú, vb. comp. (cf. **ní** 3, **run** 2).
• se fâcher, être fâché par qqch.
Ọ̀rọ̀ tó sọ ń run mí nínú. Ses paroles m'ont fâché.

S

sá 1, vb. (cf. **sáré**).
• fuir ; courir (empl. avec *dé*).
Kí ló dé tí o ń sá ? Pourquoi fuis-tu ? *Ó sá délé.* Il a couru jusqu'à chez lui.

sá 2, vb.
• étaler pour faire sécher, étendre le linge.
Àgbẹ̀ sá kòkó rẹ̀ lóòrùn. Le fermier a étalé son cacao au soleil. *Ó sá aṣọ rẹ̀, kó lè gbẹ.* Elle a étendu son linge pour qu'il sèche.

sà 1, vb.
• appliquer un gris-gris sur qqn ou qqch.
Ó sa oògùn láti dáàbò bo ara rẹ̀. Il a utilisé un gris-gris pour se protéger. *Ó sa oògùn sí ọ̀tá rẹ̀.* Il a utilisé un gris-gris contre son ennemi.
• s'appliquer, mettre son énergie à.
Rí i pé o sa ipá rẹ láti parí iṣẹ́ yìí. Veille à mettre toute ton énergie à finir ce travail.

sà 2, < angl., n.
• monsieur (terme d'adresse).

sà 3, v. **ṣà.**

sá fún, vb.
• fuir qqn.
Olè náà sá fún àwọn ọlọ́pàá. Le voleur a fui devant les policiers.

sá lọ, vb.
• s'enfuir.
Ọmọ tí wọ́n bá wí ti sá lọ sínú igbó. L'enfant qu'ils ont réprimandé s'est enfui dans la forêt.

sá pá...lórí, < sá pá...ní.orí, loc. vb. (cf. **ní** 3).
• avaler de travers.
Ata sá pá mi lórí. J'ai avalé de travers la sauce pimentée.
• échapper (mot, nom).
Mo fẹ́ rántí orúkọ rẹ̀, ṣùgbọ́n ó sá pá mi lórí. J'ai essayé de me rappeler son nom, mais il m'a échappé.

sá pamọ́, vb.
• se cacher.
Ó sá pamọ́ lẹ́hìnkùlé. Il s'est caché derrière la maison.

sáà, < empr., n.
• saison.
• trimestre.
• semestre.

sáà, v. **ṣáà.**

sáàsì, v. **sísọ̀ọ̀sì.**

sábà, < haus., pré-vb.
• habituellement.
Ó ń sábà lọ kí wọn ní ọjọ́ ìsinmi. Il va habituellement les saluer le dimanche. *Kì í sábà jẹ oúnjẹ ọ̀sán.* Habituellement, il ne déjeune pas.

sàba, < sà.àba, vb. comp.
• couver.
Adìẹ yìí ń sàba lọ́wọ́. Cette poule est en train de couver.

sábẹ́, < sí.abẹ́, prép. (cf. **sí** 1).
• dessous, en dessous, sous (avec mvt.).
Gbé àpótí náà sábẹ́ ìbùsùn. Mets la valise sous le lit.

sáfẹ̀ẹ̀tì, < angl., n.
• tissu à carreaux en nylon.

sájẹ́ǹtì, < angl., n.
• sergent (armée, police).

sàká, < ar., n.
• aumône.

sálúbàtà, < haus., n.
• sandale.

sàmì, < sà.àmì, vb. comp. (cf. **sà** 1).
• baptiser.
Wọ́n á sàmì fún ọmọ titun lọ́jọ́ ìsinmi tó ń bọ̀. On baptisera le bébé dimanche prochain.

sán 1, vb.
• gronder (tonnerre).
Bí àrá bá sán àwọn Yorùbá rò pé Ṣàngó ń bínú. Si le tonnerre gronde, les Yorùbá pensent que Ṣàngó est en colère.

sán 2, vb.
• se fissurer, être fissuré, se fêler, être fêlé.
Ògiri ilé yìí ti sán. Le mur de cette maison est fissuré.

sán 3, vb.
• se nouer un pagne autour des reins ou de la poitrine (homme ou femme).

san 1, vb.
• payer.
Ó ti san gbogbo gbèsè rẹ̀. Il a payé toutes ses dettes.
• payer de retour.
Ó fi aṣọ san oore tí mo ṣe. Il m'a offert un tissu pour me remercier de ce que j'ai fait.

san 2, vb.
• être juste assez, être juste suffisant (on pourrait faire mieux avec plus mais on peut s'arranger avec ce qu'on a).
Gaàrí tí a ní nílé san díẹ̀. On a juste assez de farine de manioc à la maison.

san 3, vb.
• être guéri (plaie, blessure, coupure).
Egbò mi ti san báyìí. Ma plaie est guérie.

sàn, vb.
• guérir, être guéri.
Ara rẹ̀ ti sàn báyìí. Il est guéri maintenant.
• être préférable.
Ó sàn kí o má lọ báyìí nítorí ojú-ọjọ́ kò dára. Il est préférable que tu ne partes pas maintenant car le temps est mauvais.
◇ **sàn jù** : être mieux, valoir mieux.
Omi mímu sàn ju ọtí lọ. Boire de l'eau vaut mieux que boire de l'alcool.

sánmọ̀, < ar., n.
• ciel, firmament.

sánńdè, v. **ọjọ́**.

sanra, < san.ara, vb. comp. (cf. **san** 2).
• être corpulent, grossir, être gros (animé).
Ó ń sanra sí i. Il grossit.

sánsán, v. **ta**.

sanwó / san owó, vb.+ obj. (cf. **san** 1).
• payer.
Ẹ wá sanwó. Venez payer.

sàráà, < ar., n.
• aumône.

sáré ~ súré, < sá.eré, vb. comp.
• courir.
Sáré lọ pọnmi. Va vite chercher de l'eau.
• aller vite (pour une voiture).
Ẹ má sáré jù lọ́nà ! N'allez pas trop vite sur la route !

sátidé, v. **ọjọ́**.

sáyẹ́ǹsì, < angl., n.
• science.

sé, vb.
• boucher, bloquer.
Lọ sé àwọn ihò méjì wọ̀nyẹn. Va boucher ces deux trous. *Wọ́n sé ọ̀nà mọ́ wa.* Ils nous ont complètement bloqué la route.

sè, vb.
• faire cuire, faire bouillir.

sebẹ̀ / se ọbẹ̀, vb.+ obj. (cf. **sè**).
• préparer la sauce qui accompagne le plat de base. Par ext., préparer le repas.

sẹ́ 1, vb.
• nier que.

Adé sẹ́ pé òun kọ́ ló jí owó mi. Adé a nié qu'il avait volé mon argent. *Ó sẹ́ nígbà tí wọ́n fi ẹ̀sùn kàn án pé ó jí owó.* Il a nié quand on l'a accusé d'avoir volé l'argent.

sẹ́ 2, vb. (cf. **asẹ́**).
• égoutter ; passer dans une passoire.
Wọ́n sẹ́ ògì láti pọ́n ẹ̀kọ. Elles ont égoutté la pâte de maïs pour l'envelopper dans des feuilles.

sẹ́ 3, mod. d'énon.
• pour sûr, sans aucun doute.
Mo ti san gbogbo gbèsè mi sẹ́ ! J'ai payé la totalité de mes dettes, pour sûr ! *Ṣé ó dá ọ lójú pé òun ni ? Òun ni sẹ́.* Es-tu sûr que c'est lui ? C'est lui sans aucun doute.

sẹ́ra / sẹ́ ara, vb.+ obj. (cf. **sẹ́** 1).
• s'abstenir.
Mo sẹ́ra fún sìgá mímu fún odidi ọ̀sẹ̀ ! Je me suis abstenu de fumer pendant une semaine entière !

sí 1, prép.
• à, vers (avec mvt.).
Ó lọ sí Ìbàdàn lánàá. Il est allé à Ìbàdàn hier. *Ó kọ̀wé sí mi.* Il m'a écrit.

sí 2, vb. (cf. **wà** 1).
• ne pas être, ne pas se trouver (tjs avec nég.).
Ìyá rẹ̀ kò sí nílé. Sa mère n'est pas à la maison. *Kò sí iyán lónìí.* Il n'y a pas d'igname pilée aujourd'hui.

sì, conj. (cf. **àti** 1).
• et (coordonne des énoncés verbaux).
Mo kọ́kọ́ lọ kí ọba, mo sì lọ kí ọ̀rẹ́ mi. Je suis d'abord allé saluer le roi et je suis allé saluer mon ami.

sí i, vb.
• rajouter, en plus (2e vb.).
Ṣé kí n bù sí i ? Est-ce que j'en rajoute ? *Ó dàgbà sí i.* Il a encore grandi.

síbẹ̀ ~ síbẹ̀ síbẹ̀, conj.
• néanmoins, pourtant.
Kò ṣiṣẹ́ rárà, síbẹ̀ ó yege nínú ìdánwò rẹ̀. Il n'a pas du tout travaillé, néanmoins il a réussi ses examens.

sìgá, < angl., n.
• cigarette.
Ó ń mu sìgá púpọ̀. Il fume beaucoup.

sígbọnlẹ̀ ~ ṣígbọnlẹ̀, vb.
• être costaud, grand, imposant.
Délé tọ́, ó sígbọnlẹ̀. Délé était droit et imposant.

sìípù, < angl., n.
• fermeture éclair.
Mo wọ́ sìípù aṣọ mi sókè. J'ai remonté la fermeture éclair de mon vêtement. *Mo fa sìípù aṣọ mi sílẹ̀.* J'ai descendu la fermeture éclair de mon vêtement.

síkááfù, < angl., n.
• foulard.

síléètì, < angl., n.
• ardoise d'écolier.

sílẹ̀, < sí.ilẹ̀,
(cf. **dá...sílẹ̀,**
daṣẹ́ sílẹ̀, fi...sílẹ̀).
• par terre (empl. après un 1er vb.). Indique un mouvement vers le bas.
Ó da omi sílẹ̀. Il a versé de l'eau par terre. *Ṣé kí n kọ ọ́ sílẹ̀ ?* Dois-je l'écrire ?

sílíkì, < angl., n.
• soie.

sìmẹ́ǹtì, < angl., n.
• ciment.

sín 1, vb.
• enfiler.
Ó sín ìlẹ̀kẹ̀ láti fi ṣe ọ̀ṣọ́. Elle a enfilé des perles pour en faire des décorations.

sín 2, vb.
• éternuer.

sin, vb.
• enterrer.
Wọ́n sin òkú bàbá náà lánàá. On a enterré le vieil homme hier.

sìn 1, vb.
• faire de l'élevage, avoir des animaux domestiques.

sìn 2, vb.
• révérer un dieu.
Àwọn Ọ̀yọ́ máa ń sin Ṣàngó. Les Ọ̀yọ́ révèrent Ṣàngó.
• travailler chez qqn. pour rembourser une dette.
Àwọn ìwọ̀fà máa ń sin olówó wọn. Les *ìwọ̀fà* travaillent pour leur créditeur.

sìn 3, vb.
• raccompagner.
Ó sìn mí sọ́nà. Il m'a raccompagné sur le chemin.

sín...jẹ, vb.
• imiter.
Ó sín ọ̀gá rẹ̀ jẹ, ó sì pa wá lẹ́rìn-ín. Il a imité son patron et il nous a fait rire.

singbà, < sìn.?, vb. comp.
(cf. **sìn** 2).
• payer des dettes et leurs intérêts en travaillant chez le créditeur.
Ó ń singbà lọ́dọ̀ olówó rẹ̀. Il paie ses dettes en travaillant chez son créditeur.

sìnkú / sin òkú, vb.+ obj.
• enterrer qqn.

sinmi, vb.
• se reposer.
Ó rẹ̀ mí, mo fẹ́ sinmi díẹ̀ ká tó lọ. Je suis fatigué, je veux me reposer un peu avant de partir.

sinnimá, < angl., n.
• cinéma.

sínú, < sí.inú, prép. (cf. **sí** 1).
• dans (avec mvt.).
Ó fi owó sínú àpò rẹ̀. Il a mis l'argent dans sa poche.

sisí, < angl., n.
• jeune fille.
• terme d'adresse à une jeune fille.

sísọ̀ọ̀sì ~ sáàsì, < angl., n.
• ciseaux.

sítáàṣì ~ táàṣì, < angl., n.
• amidon.

sítáǹbù, < angl., n.
• timbre-poste.

sítóòfù, < angl., n.
• réchaud à pétrole.

só, vb.
• faire un pet.

so 1, vb. (cf. **èso**).
• donner des fruits.
Ata yìí ti so èso tó pọ̀. Le piment a beaucoup donné.

so 2, vb.
• attacher.
Wọ́n so ẹsẹ̀ olè náà. Ils ont attaché les pieds du voleur.

so...pọ̀, vb.
• attacher, unir.
Ó fi okùn so igi pọ̀. Il a attaché le bois avec une corde. *Ọlọ́run fúnra rẹ̀ ló so wá pọ̀.* C'est Dieu lui-même qui nous a unis.

sòbìà, n.
• ver de Guinée.

sójà, v. **sọ́jà**.

sórí, < sí.orí, prép. (cf. **sí** 1).
• sur (avec mvt.).
Fi ṣòkòtò mi sórí bẹ́ẹ̀dì. Mets mon pantalon sur le lit.

sọ 1, vb.
• germer.
Iṣu mi ti sọ. Mes ignames ont germé.
• bouillonner.
Ọbẹ̀ tí mo gbé kaná ti ń sọ. La sauce que j'ai mise sur le feu est en train de bouillonner.

sọ 2, vb.
• jeter, lancer.
Ó gbé òkúta nílẹ̀, ó sì sọ ọ́ mọ́ ejò náà. Il a pris une pierre par terre et l'a lancée sur le serpent.

sọ 3, vb. (cf. **sọ̀rọ̀**).
• dire.
Ó sọ pé Bísí kò wá. Il a dit que Bísí n'était pas venu.

sọ̀, vb.
• descendre.
A ó sọ̀ ní ibùsọ̀ kejì. On descendra au deuxième arrêt.

sọ...di, vb.
• convertir, métamorphoser, faire devenir, transformer.
Wọ́n ti sọ Bọ́lá di ọmọ rere. Bọ́lá est devenu un enfant gentil. *Ó sọ ọ́ di ẹkùn.* Il l'a métamorphosé en léopard.

sọ̀ kalẹ̀, < sọ̀ kà.ilẹ̀, vb. comp. (cf. **kà** 2).
• descendre (à terre).
Ó sọ̀ kalẹ̀ láti wọ ọkọ̀ mìíràn. Il est descendu pour prendre un autre taxi.

sọ̀-kí-n-sọ̀, n. comp.
• voiture à deux portes (litt. : descends-que-je-descende).

sọdá, vb.
• traverser (rue, route).
Kò wo ọ̀nà kí ó tó sọdá, ọkọ̀ tó ń kọjá sì gbé e ṣubú. Il n'a pas regardé avant de traverser, et la voiture qui passait l'a renversé.

sọ́jà ~ **sójà**, < angl., n.
• soldat.

sọjí, < sọ.jí, vb.
• s'améliorer, être revitalisé.
Ọrọ̀-ajé wa ti bẹ̀rẹ̀ sí sọjí. Notre économie a commencé à s'améliorer.

sọnù / sọ...nù, vb.
• perdre, être perdu.

Owó mi sọnù. Mon argent est perdu. *Ó sọ owó mi nù.* Il a perdu mon argent.

sọ̀ọ̀, < angl., n.
• scie.

sọ̀rọ̀ / sọ ọ̀rọ̀, vb.+ obj.
(cf. **sọ** 3, **mọ̀**).
• parler.
Ta ló ń sọ̀rọ̀ ? Qui parle ? *Mo fẹ́ bá yín sọ ọ̀rọ̀ kan.* J'ai quelque chose à vous dire.

◇ **sọ̀rọ̀ wúyẹ́** : parler doucement.
Ẹ sọ̀rọ̀ sí mi wúyẹ́. Parlez-moi doucement.

sọ̀tàn / sọ ìtàn, vb.+ obj.
(cf. **sọ** 3).
• raconter (histoire, mythe).

sọ̀wédowó, < sọ.ìwé.di.owó, n. (cf. **sọ...di**).
• chèque.
• mandat.

sú, vb.
• en avoir assez de qqch., de qqn, être fatigué de.
Ìwà rẹ̀ ti sú mi. J'en ai assez de son comportement. *Iṣẹ́ yìí kò tíì sú mi.* Je ne suis pas encore fatigué de ce travail.

súfèé, < ?.ìfẹ́, vb. comp.
• siffler.
Ó súfèé pè mí. Il a sifflé pour m'appeler.

sùkúù ~ ṣùkúù, < angl., n.
• école.

sún, vb.
• approcher, s'approcher, se rapprocher.
Sún síbí. Rapproche-toi d'ici. *Sún sọ́hùn-ún.* Éloigne-toi.
• pousser (fig.).
Kí ló lè sún Adé dé ìdí irú iṣẹ́ yẹn ? Qu'est-ce qui a pu pousser Adé à ce type de travail ?

sun 1, vb.
• prendre sa source, couler.
Abẹ́ àpáta ni odò yìí ti ń sun. C'est de dessous le rocher que cette rivière prend sa source.
• chanter une poésie, sur un mode de cantillation (sorte de parler-chanter) spécifique, selon le genre poétique.
Àwọn ọdẹ ló máa ń sun ìjálá. Ce sont les chasseurs qui chantent la poésie des chasseurs.

sun 2, vb.
• faire rougir au feu (forge).
• griller directement sur le feu, griller, faire griller.
• brûler, faire brûler qqch.
Wọ́n sun ààtàn. On a brûlé le tas d'ordures.

sùn, vb.
• dormir.
Mo sùn dáadáa. J'ai bien dormi.
Mi ò lè sùn, mi ò lè wo. (Idiom). Je n'ai pas fermé l'œil de la nuit.
• faire l'amour (2e vb.).
Ó bá a sùn. Il/elle a fait l'amour avec elle/lui.
• figer, se figer (une sauce, de l'huile).
Epo yìí ti sùn. Cette huile s'est figée.

◇ **sùn gbàgbé** : dormir trop longemps.

◇ **sùn lọ** : s'endormir.

Ó ṣẹ̀ṣẹ̀ sùn lọ, mi ò fẹ́ jí i sílẹ̀. Il vient de s'endormir, je ne veux pas le réveiller.

sún-kẹrẹ-gbà-kẹrẹ, n. comp.
• embouteillage.

súnkì / sún...kì, vb.
• réduire, diminuer de volume.
Ẹ̀fọ́ náà súnkì nígbà tí mo bọ̀ ọ́ tán. Les légumes ont réduit quand j'ai eu fini de les faire bouillir.
• tasser.
Ó sún aṣọ inú apẹ̀rẹ̀ kì. Elle a tassé les vêtements qui étaient dans le panier.

sunkún, < sun.ẹkún, vb. comp. (cf. **sun** 1).
• pleurer.

súnmọ́ / sún...mọ́, vb. (cf. **mọ́** 3).
• être proche de qqch., approcher, s'approcher, rapprocher.
Odò súnmọ́ ilé wa. La rivière est proche de notre maison. *Ṣé o lè sún àga rẹ̀ mọ́ ògiri ?* Peux-tu rapprocher sa chaise du mur ?

sunwọ̀n, vb.
• être bien.
Ó mọ ohun tó dára sí èyí tí kò sunwọ̀n. Il sait reconnaître ce qui est bien de ce qui ne l'est pas. *Ìwà ọmọ yìí sunwọ̀n.* Cet enfant se conduit bien.

súré, v. **sáré**.

súre, < ?.ire, vb. comp.
• bénir ; souhaiter bonheur et prospérité.
Bàbá súre fún ọmọ rẹ̀ kí ó tó kú. Le père a béni son enfant avant de mourir. *Ṣé ènìyàn lè máa lọ sílé ọkọ kí baba ó má le súre ?* Peut-on se marier sans que le père ne vous bénisse ?

sùúrù, < songh., n.
• patience.
Sùúrù ni baba ìwà. (Prov.). La patience est la vertu cardinale.
Ẹ ní / mú sùúrù, kò ní í pẹ́ dé báyìí. Soyez patient, il ne va pas tarder à arriver maintenant.

súùtì, < angl., n.
• bonbon.

súyà, < haus., n.
• viande de bœuf pimentée et grillée.

Ṣ

ṣá 1, vb.
• se décolorer, passer, faner (pour une couleur).
Aṣọ yìí ti ṣá. Ce tissu s'est décoloré.

ṣá 2, vb.
• entailler, taillader, faire une balafre.
Àgbẹ̀ ṣá igi kó lè kú. Le fermier a tailladé l'arbre pour qu'il meure. *Ó ṣá a lọ́gbẹ́ lẹ́sẹ̀.* Il lui a entaillé la jambe.

ṣá 3, mod. d'énon.
• enfin, vraiment, déjà.
Mo ti sọ fún wọn ṣá ! Mais je leur ai déjà dit ! *A ti parí rẹ̀ ṣá !*

Enfin on l'a fini ! *A ṣáà ti parí rẹ̀ ṣá !* Pour sûr, on l'a enfin fini !

ṣà ~ sà, vb.
• prendre par terre, ramasser (obj. pl.).
Ó ṣa owó rẹ̀ nílẹ̀. Il a ramassé ses pièces de monnaie par terre.
• picorer.
Adìẹ ń ṣa àgbàdo jẹ. Le poulet picore les grains de maïs.

ṣáà ~ sáà, pré-vb.
• enfin, bien, déjà, encore.
Ó ṣáà ti lọ báyìí. Il a enfin réussi à partir. *O ṣáà mọ̀ pé kò sówó mọ́*. Tu sais bien qu'il n'y a plus d'argent. *Mo ṣàlàyé fún wọn títí, wọ́n ṣáà ń bínú sí mi ni*. Je leur ai expliqué et réexpliqué, ils sont encore fâchés contre moi.

ṣaájò / ṣe aájò, vb.+ obj.
• montrer de la sollicitude, prendre bien soin de qqn.
Ó ṣaájò mi nígbà tí mo ṣubú, tí mo sì fara pa. Il a bien pris soin de moi quand je suis tombé et que je me suis fait mal.

ṣaájú, < ṣe.iwájú, vb. comp.
• passer devant.
Ẹ ṣaájú mi. Passez devant moi.
• (faire qqch.) avant ; précéder.
Mo ṣaájú rẹ̀ dé Ìbàdàn. Je suis arrivé avant lui à Ìbàdàn. *Ó ṣaájú wọn jẹun*. Il a mangé avant eux. *Ó ṣaájú mi*. Il m'a précédé.

ṣàánú / ṣe àánú, vb.+ obj.
• avoir pitié, compatir.
Bọ́lá ṣàánú Adé. Bọ́lá a eu pitié d'Adé. *Àánú Bọ́lá ń ṣe mí*. Bọ́lá me fait pitié.

◇ **ṣe...ní àánú** : faire pitié.
Àìní rẹ̀ ń ṣe wọ́n láàánú. Sa pauvreté leur fait pitié.

ṣàárò / ṣe àárò, vb.+ obj.
• manquer à qqn (litt. : être dans le manque de qqn).
Mo ṣàárò ọ̀rẹ́ mi tí ó kúrò nílẹ̀ yìí. Mon ami, qui a quitté ce pays, m'a manqué. *Mo ń ṣàárò rẹ̀*. Il me manque.

Ṣábẹ̀ẹ̀, n. pr.
• royaume yorùbá situé, en sa majeure partie, en République du Bénin.

ṣàdédé, pré-vb.
• soudainement, par hasard.
Mo ṣàdédé rántí orúkọ rẹ̀. Je me suis soudainement rappelé son nom. *A ṣàdédé pàdé ní Èkó*. On s'est rencontré par hasard à Lagos.

ṣàfara ~ ṣàfira / ṣe àfara, vb.+ obj.
• être lent, traîner (tjs à l'impér.).
Má ṣàfara o ! Ne traîne pas !

ṣàfira, v. **ṣàfara**.

ṣagbe / ṣe agbe, vb.+ obj.
(cf. **agbe** 1).
• mendier.
Bàbá afọ́jú náà ń ṣagbe. Le vieil aveugle mendie.

ṣàìsàn / ṣe àìsàn, vb.+ obj.
• être malade.
Ó ń ṣàìsàn. Il est malade.

ṣàìsí, < ṣe.àì.sí, vb. comp.
(cf. **sí** 2).
• n'être plus, être mort (euph.).

ṣakabùlà, v. **ìbọn** —.

ṣàkì, n.
• tripes.

ṣàkíyèsí / ṣe àkíyèsí, vb.+ obj.
• remarquer, observer.
Mo ṣàkíyèsí pé kò kí mi mọ́. J'ai remarqué qu'il ne me saluait plus.

ṣakọ / ṣe akọ, vb. + obj.
• faire l'intéresssant.
Owó tó wà lọ́wọ́ rẹ̀ ló jẹ́ kó máa ṣakọ. Il fait l'intéressant avec l'argent qu'il a entre les mains.

ṣáláńgá, < haus. ?, n.
• latrines creusées dans la terre.

ṣàlàyé / ṣe àlàyé, vb.+ obj.
• expliquer.
Ó ṣàlàyé bí ọ̀rọ̀ ti jẹ́ fún mi. Il m'a expliqué ce qu'il en était de l'affaire.

ṣàmì / ṣe àmì, vb. + obj.
• marquer, faire une marque, mettre un signe.
Àgbẹ̀ ṣàmì sára igi tó fẹ́ gé. Le fermier a fait une marque sur l'arbre qu'il veut couper.

ṣán 1, vb.
• manger une pâte (d'igname ou de manioc) sans sauce.
Kò sí ọbẹ̀ mọ́ nílé ni mo fi ṣán àmàlà. Il n'y a plus de sauce à la maison, aussi ai-je mangé la pâte d'igname sans accompagnement.

ṣán 2, vb. (cf. **ṣánko, ṣánlẹ̀**).
• défricher.
Ibi ni wàá ṣán lọ́la. C'est l'endroit que tu défricheras demain.

ṣàn, vb.
• couler.
Odò ń ṣàn títí ó fi dé òkun. La rivière coule jusqu'à la mer.
• rincer.
Lọ ṣan aṣọ rẹ. Va rincer tes vêtements.
• être trop liquide.
Ẹ̀kọ yìí ṣàn nítorí omi pọ̀ níbẹ̀. Cette pâte de maïs est trop liquide car il y a beaucoup d'eau dedans.

ṣáná, < ṣá.iná, vb. comp. (cf. **ṣá** 2).
• frotter une allumette.
Lọ ṣáná sí ààrò kí a bẹ̀rẹ̀ sí dáná. Va allumer le feu dans le foyer, qu'on commence à faire la cuisine.

Ṣàngó, n. pr.
• dieu de l'orage, de la foudre et du tonnerre. Avant d'être déifié, Ṣàngó aurait été le troisième roi d'Ọ̀yọ́.

ṣánlẹ̀ / ṣán ilẹ̀, vb. + obj. (cf. **ṣán** 2).
• couper l'herbe, débroussailler, désherber.
Àgbẹ̀ ń ṣánlẹ̀ oko rẹ̀. Le fermier désherbe son champ.

Ṣànpọ̀nná ~ Ọbalúayé, n. pr.
• dieu de la variole et de la fièvre. C'est la divinité la plus redoutée du panthéon yorùbá.
Ṣànpọ̀nná fẹ́ràn nǹkan pupa. Ṣànpọ̀nná aime ce qui est rouge.

ṣanra, < ṣàn.ara, vb. comp.
• se rafraîchir le corps.

ṣàpèjúwe / ṣe àpèjúwe, vb.+ obj.

• décrire.
Ó ti ṣàpèjúwe ọ̀nà ilé wọn. Il a décrit le chemin (conduisant) à leur maison.

ṣàròyé / ṣe àròyé, vb.+ obj.
• se plaindre.
Àìlówó ló jẹ́ kí ó máa ṣàròyé tó bẹ́ẹ̀. C'est parce qu'il n'a pas d'argent qu'il se plaint tellement.

ṣàṣà, n.
• petit nombre (ani.).
Ṣàṣà èniyàn ló lè jẹ irú ọbẹ̀ yìí. Peu de gens peuvent manger ce type de sauce.

ṣàṣejù / ṣe àṣejù, vb.+ obj.
• en faire trop, faire qqch. avec excès, exagérer.
Èsúrú ṣàṣejù, ó tẹ́ lọ́wọ́ oníyán. (Prov.). L'igname *èsúrú* (qui ne peut être pilée) exagère (en prétendant pouvoir l'être) et se déshonore auprès de celui qui la possède. [Il faut savoir éviter toute forme d'excès.]

ṣáwá, n.
• poisson *sp.* (vairon).

ṣàwàdà / ṣe àwàdà, vb.+ obj.
• blaguer, plaisanter.

ṣàwárí / ṣe àwárí, vb.+ obj.
• trouver, découvrir.
Wọ́n ti ṣàwárí oògùn tuntun fún ìtọ́jú àìsàn ibà. On a trouvé un nouveau médicament contre le paludisme.

ṣé, morph. inter.
• est-ce que ?
Ṣé o rí bàbá rẹ lánàá ? As-tu vu ton père hier ?

ṣe, vb.
• faire.
Ó ṣe iṣẹ́ yìí dáadáa. Il a bien fait ce travail.
• être.
Ó ń ṣe àgbẹ̀. Il est fermier.
Ó mà ṣe o ! Quel dommage ! *Kí ló ń ṣe ọ́ ?* Qu'est-ce qui t'arrive ? *Kí la fi ṣe ọ́ ?* Qu'est-ce qu'on t'a fait ? *Ẹ ṣe é !* Merci ! *Ó ṣeé ṣe*. C'est possible. *Kò ṣeé ṣe*. C'est impossible.

ṣe...lọ̀tun, < ṣe...ní.ọ̀tun, vb. comp.
• rénover.
Wọ́n ṣe ilé yìí lọ́tun. Ils ont rénové cette maison.

ṣe ni ~ ńṣe ni, marq. emph.
• en fait ; effectivement, voilà que ; n'est-ce pas que ?
Ṣe ni mo ṣàdédé pàdé rẹ̀ lọ́nà oko. Voilà que je l'ai soudainement rencontré sur le chemin de la ferme. *Ṣe ni ó mà lọ sí Ìbàdàn níjẹta*. Elle est effectivement allée à Ìbàdàn avant-hier.

ṣebí ~ ṣèbí, morph. inter. emph.
• n'est-ce pas que ?
Ṣebí ìwọ ni wọ́n ń bá wí ? N'est-ce pas de toi qu'ils parlent ?

ṣèbí, v. **ṣebí**.

ṣèèsì, v. **ṣèèṣì**.

ṣèèṣì ~ ṣèèsì / ṣe èèṣì, vb.+ obj.
• se tromper, faire une faute, commettre une erreur.
Ó ṣèèṣì ni. Il a fait une faute.

ṣègbè / ṣe ègbè, vb.+ obj., (cf. **gbè** 1).
• soutenir qqn., être en faveur de.
Ó ń ṣègbè ọmọ ìlú rẹ̀ tó ń díje fún ipò ààrẹ. Il soutient le citoyen de sa ville qui se présente aux élections présidentielles.

ṣèké / ṣe èké, vb.+ obj.
• raconter des mensonges (moins fort que *purọ́*) ; galéger.
O kàn ń ṣèké ni ! Tu galèges !

ṣèlérí / ṣe ìlérí, vb.+ obj.
• promettre.

ṣépè / ṣẹ́ èpè, vb.+ obj. (cf. **ṣẹ́** 1).
• maudire.
Ó ṣépè fún ọmọ rẹ̀ ~ Ó ṣépè sọ ọmọ rẹ̀ ~ Ó gbé ọmọ rẹ̀ ṣépè. Il a maudit son enfant. *Ó ń ṣépè fún wọn nígbà tí wọ́n ń lù ú.* Elle les maudissait pendant qu'on la battait.

ṣeré, v. **ṣiré**.

ṣèṣe, < ṣe.èṣe, vb. comp.
• être blessé, se blesser.
Adé ṣèṣe nínú ìjàǹbá ọkọ̀. Adé a été blessé dans l'accident de voiture.

ṣètò / ṣe ètò, vb.+ obj.
• faire des préparatifs, prendre des dispositions.
Wọ́n ṣe ètò lórí ẹni tí wọn ó yàn ní ọba. Ils ont pris des dispositions quant à celui qu'ils choisiront comme roi.

ṣeun, < ṣe.ohun, vb. comp.
• merci (empl. 2e pers.).
Ẹ ṣeun ! Merci à vous. *O ṣeun !* Merci à toi.

ṣẹ́ 1, vb.
• casser, se casser (bois, membre).
Ẹ̀ka igi yìí ṣẹ́. La branche de l'arbre s'est cassée. *Ó ṣẹ́ mi lápá.* Il m'a cassé le bras.
• (+ oyún) faire une fausse-couche.
Oyún rẹ̀ ṣẹ́. Elle a fait une fausse-couche.
• ramasser du bois.
Àwọn ọmọ ṣẹ́ igi ìdáná wálé. Les enfants sont allés ramasser du bois pour la cuisine et l'ont rapporté à la maison.
• décortiquer les graines de courges.
Ó ń ṣẹ́ ẹ̀gúsí. Elle décortique les graines de courge.
• faire de la monnaie.
Ṣé ẹ lè ṣẹ́ owó mi ? Pouvez-vous me faire de la monnaie ?

ṣẹ́ 2, vb.
• déborder.
Omi tó rù ń ṣẹ́ sílẹ̀. L'eau qu'elle porte sur la tête déborde.
• couler (de façon inattendue ou anormale).
Omi ṣẹ́ ní yàrá yìí. Il y a de l'eau qui coule de cette pièce. *Ẹ̀jẹ̀ ṣẹ́ ní imú rẹ̀.* Le sang coule de son nez.

ṣẹ, vb.
• s'accomplir, se réaliser.
Ọ̀rọ̀ tí ọba wí ṣẹ. Les paroles du roi se sont accomplies.

ṣẹ̀ 1, (cf. **ẹ̀ṣẹ̀**).
• offenser.

ṣè 2, vb.
• être originaire de, tenir son origine de.
Àwọn Yorùbá ṣè ní Ilé-Ifẹ̀. Les Yorùbá tiennent leur origine d'Ilé-Ifẹ̀.
• perler (lait, rosée).
Omi omú rẹ̀ ń ṣè. Le lait perle de son sein.

ṣẹ́ẹ̀kì, < angl., n.
• chèque.

ṣẹ̀fẹ̀ / ṣe ẹ̀fẹ̀, vb.+ obj.
• chanter des satires sur des personnes ou une communauté pour en dénoncer les travers (celles-ci sont chantées par les membres de la société des Gẹ̀lẹ̀dẹ́). Ces satires ont pour but de divertir et de corriger.
Onígẹ̀lẹ̀dẹ́ ń ṣẹ̀fẹ̀ fún àwọn ènìyàn láti dá wọn lára yá. Les Gẹ̀lẹ̀dẹ́ chantent des satires pour divertir les gens.
• railler, ridiculiser, tourner en ridicule.
Wọ́n fi ọkùnrin tó jalè ṣẹ̀fẹ̀. Ils ont ridiculisé l'homme qui avait volé.

ṣẹ́gun, < ṣẹ́.ogun, vb. comp., (cf. **ṣẹ́** 1).
• être victorieux.

ṣẹ̀jẹ̀, < ṣe.ẹ̀jẹ̀, vb. comp.
• saigner.

ṣẹ́jú, < ṣẹ́.ojú, vb.comp. (cf. **ṣẹ́** 1).
• cligner des yeux.
Kí ń tó ṣẹ́jú, ó ti dé. (fig.). En moins de temps qu'il n'en faut pour le dire, il était arrivé.

ṣẹ̀kẹ̀rẹ̀, n.
• grande calebasse ronde, à col étroit, décorée de cauris, et utilisée comme instrument de musique.

ṣẹ́kẹ́ṣẹkẹ̀ ~ ṣẹkẹ́ṣẹkẹ̀, n.
• chaîne.
• menottes.

ṣẹkẹ́ṣẹkẹ̀, v. **ṣẹ́kẹ́ṣẹkẹ̀**.

ṣẹ́kù, < ṣẹ́.kù, vb. (cf. **ṣẹ́** 1).
• rester.
Owó tó ṣẹ́kù nínú àpò mi kò tilẹ̀ tó ra ẹ̀pà. L'argent qui me reste n'est même pas suffisant pour acheter des arachides.

ṣẹlẹ̀, < ṣẹ̀.ilẹ̀, vb. comp. (cf. **sẹ̀** 2).
• s'accomplir, se réaliser, arriver.
Ohun tí mo sọ tẹ́lẹ̀ ti ṣẹlẹ̀. Ce que j'avais prédit est arrivé.

ṣẹ́ńjì, < angl., n.
• monnaie.

ṣẹ̀sín / ṣe ẹ̀sín, vb.+ obj.
• humilier.
Wọ́n fi olè ṣẹ̀sín. Ils ont humilié le voleur.

ṣẹ̀ṣẹ̀, pré vb.
• venir de, venir juste, tout juste.
Wọ́n ṣẹ̀ṣẹ̀ jáde. Ils viennent juste de sortir. *Mo ṣẹ̀ṣẹ̀ ti Ìbàdàn dé*. J'arrive tout juste d'Ìbàdàn.

ṣẹ́wó / ṣẹ́ owó, vb.+ obj. (cf. **ṣẹ́** 1).
• faire de la monnaie.
Ó ṣẹ́wó rẹ̀ sí wẹ́wẹ́. Elle a fait de la petite monnaie.

ṣẹ́yún, < ṣẹ́.oyún, vb. comp. (cf. **ṣẹ́** 1).

• avorter.

ṣí, vb.
• ouvrir.
Ẹ ṣí ìlẹ̀kùn. Ouvrez la porte. *Ó ṣí ìgò bíà méjì fún un*. Il lui a ouvert deux bouteilles de bière.
• ôter (chapeau).
Kò ṣí fìlà rẹ̀. Il n'a pas ôté son chapeau.
• démarrer, partir (bus, taxi, train).
Ọkọ̀ á ṣí ní aago mẹ́ta ọ̀sán. Le taxi démarrera à 3 heures de l'après-midi.

ṣì 1, vb.
• se tromper, faire une faute.
Ó ṣì í kọ. Il a fait une faute en écrivant. *Ó ṣi ìdáhùn sí ìbèèrè náà*. Il a mal répondu à la question.

ṣì 2, pré-vb.
• encore, toujours.
O ṣì wà níbẹ̀ ! Tu es encore là ! *Wọ́n fi ìyà jẹ é títí, ṣùgbọ́n, ó ṣì ń purọ́*. Il a été puni maintes fois, mais il ment toujours.

ṣíbí, < angl., n.
• cuillère.

ṣígbọnlẹ̀, v. **sígbọnlẹ̀**.

ṣìgìdì, n.
• statuette maléfique en terre cuite.

ṣígun, < ṣí.ogun, vb. comp.
• déclarer la guerre.
Ìlú méjèèjì ṣígun sí ara wọn. Les deux villes se sont déclaré la guerre.

ṣílè, < angl., n.
• shilling.
Ṣílè kan jẹ́ kọ́bọ̀ mẹ́wàá. Un shilling vaut dix kọ́bọ̀.

ṣílé / ṣí ilé, vb.+ obj.
• déménager.
Mo ti ṣílé kúrò níbi tí mo wà tẹ́lẹ̀. J'ai déménagé de là où j'étais avant.
• pendre la crémaillère (fig.).
A ti ṣílé wa tuntun lánà ànà. On a pendu la crémaillère pour notre nouvelle maison hier.

ṣìnà, < ṣì.ọ̀nà, vb. comp.
(cf. **ṣì** 1).
• se tromper de chemin.
Ó pẹ́ dé nítorí ó ṣìnà. Il est arrivé en retard, car il s'est trompé de chemin.

ṣinṣin, v. **dúró**.

ṣíọ̀, excl.
• pouah !

ṣìpẹ̀, < ṣe.ìpẹ̀, vb. comp.
• tenter de calmer, d'apaiser par la parole.
Wọ́n ṣìpẹ̀ fún obìnrin tí ọmọ rẹ̀ kú, kí ó má barajẹ̀ jù. Ils ont tenté de calmer la femme qui a perdu son enfant pour qu'elle ne se désespère pas trop. *Wọ́n ṣìpẹ̀ fún un, kò gba ìpẹ̀*. Ils ont tenté de la calmer, elle n'y a pas été sensible.
• intercéder.
Mo ṣìpẹ̀ fún bàbá Adé kí ó jẹ́ kí ọmọ rẹ̀ lè lọ ìrìnàjò. J'ai intercédé auprès du père d'Adé pour qu'il le laisse partir en voyage.

ṣíra, < ṣí.ara, vb. comp.
• se dépêcher de faire qqch.

Mo fẹ́ ṣíra parí iṣẹ́ yìí kí n tó jáde. Je veux me dépêcher de finir ce travail avant de sortir. *Ẹ ṣíra jẹun !* Dépêchez-vous de manger !

ṣiré ~ ṣeré, < ṣe.eré, vb. comp.
• jouer.
Bọ́lá àti Olú jọ ṣiré lánàá. Bọ́lá et Olú ont joué ensemble hier.
• plaisanter.
Mo kàn ń ṣiré ni, kì í ṣe òótọ́ ! Je ne faisais que plaisanter, ce n'est pas vrai !
◇ **ṣiré lọ** : aller se promener, aller faire un tour.

ṣírò, < ?, vb. comp. (cf. **ìṣirò**).
• compter, calculer, faire du calcul.
Mo ṣírò owó mi, kò pé. J'ai compté mon argent, il en manque. *Ó ṣírò rẹ̀*. Il les a comptés.

ṣísẹ̀, < ṣí.ẹsẹ̀, vb. comp.
• bouger.
Kò ṣísẹ̀ kúrò lójú kan. Il n'a pas bougé de là où il était.

ṣiṣẹ́ / ṣe iṣẹ́, vb.+ obj.
• travailler.
Wọ́n ń ṣiṣẹ́ ìjọba. Ils travaillent pour le gouvernement.

ṣiwèrè, vb. comp. (cf. **wèrè**).
• être fou.

ṣíwọ́, < ṣí.ọwọ́, vb. comp.
• arrêter la journée de travail, faire la pause, quitter le travail.
Ó tó láti ṣíwọ́. Il est temps de cesser le travail.

ṣiyè méjì, < ṣe.iyè méjì, loc. vb.
• hésiter.
Bọ́lá ń ṣiyè méjì, bóyá kí òun lọ tàbí kí òun má lọ. Bọ́lá hésite, elle ne sait si elle doit partir ou non.

ṣò, vb.
• être trop grand.
Aṣọ yìí ṣò mí. Ce vêtement est trop grand pour moi.

ṣòfin / ṣe òfin, vb.+ obj.
• promulger une loi.

ṣòfò, < ṣe.òfò, vb. comp.
• perdre, souffrir une perte.
Àwọn oníṣòwò ṣòfò ọjà wọn nínú iná. Les commerçants ont perdu leurs marchandises dans l'incendie.
• gaspiller (2e vb.).
Ó fi owó bàbá rẹ̀ ṣòfò. Il a gaspillé l'argent de son père. *Má fi àsìkò mi ṣòfò*. Ne me fais pas perdre mon temps.

ṣòfófó / ṣe òfófó, vb.+ obj.
• écouter derrière les portes.
• cancaner.

ṣojú ayé, < ṣe.ojú ayé, loc. vb.
• prétendre, faire semblant.
Ó ṣojú ayé sí Bọ́lá pé òun fẹ́ràn rẹ̀. Il fait semblant d'aimer Bọ́lá.

ṣojú sí, < ṣe.ojú sí. vb. comp.
• faire un signe des yeux.
Mo ṣojú sí Délé pé ó ti yá kí a máa lọ. J'ai fait un signe des yeux à Délé pour lui signifier qu'il était temps de partir.

ṣókí, < angl., adv.
• brièvement.
Sọ ohun tó ṣẹlẹ̀ fún mi ṣókí. Dis-

moi brièvement ce qui s'est passé.

ṣòkòtò, n.
• pantalon.

ṣóńṣó, n.
• pointe.
Ṣóńṣó ara ẹja gún Adé lọ́wọ́. Adé a été piqué à la main par la pointe des nageoires du poisson.

ṣòro, vb.
• être difficile.
Iṣẹ́ yìí ṣòroó kọ́. Ce travail est difficile à apprendre.

ṣorò / ṣe orò, vb. + obj.
• célébrer la fête du dieu Orò.
• pratiquer des rites (ceux-ci peuvent être propres à un lignage ou à une famille).
A ń ṣorò ilé wa. On pratique les rites de notre lignage.

ṣoṣo, v. **ẹ̀ẹ̀kan.**

ṣòwò / ṣe òwò, vb. + obj.
• commercer, faire du commerce.
Ó ń ṣòwò obì. Il fait le commerce de la noix de cola.

ṣọ́, vb.
• garder, surveiller.
Wọ́n ń ṣọ́ ilé nítorí àwọn olè. Ils gardent la maison à cause des voleurs.

Ṣọ́balọ́jú, < ṣọ́.ọba.ní.ojú, n.
• titre donné à l'intendant d'un roi, s'occupant spécialement de sa nourriture et de son coucher ; il est l'intermédiaire entre les messagers et le roi et peut l'approcher n'importe quand.

ṣọdẹ / ṣe ọdẹ, vb. + obj.
• chasser.
Ó lọ ṣọdẹ túùkú. Il est allé chasser le phacochère.

ṣọ̀kan / ṣe ọ̀kan, vb. + obj. (cf. **ìṣọ̀kan**).
• avoir la même idée, le même sentiment, la même opinion au sujet de qqn., de qqch.
Wọn ò fi èrò ṣọ̀kan nípa ìtọ́jú ọmọ náà. Ils n'ont pas les mêmes idées sur la façon d'élever l'enfant. *A fi ìmọ̀ ṣọ̀kan lórí ọ̀rọ̀ náà.* On a la même opinion sur cette affaire.

ṣọ̀lẹ / ṣe ọ̀lẹ, vb. + obj. (cf. **yọ̀lẹ**).
• se sentir paresseux.
Mo ń ṣọ̀lẹ lónìí. Je me sens paresseuse aujourd'hui.

ṣọ́ọ̀bù, < angl., n.
• boutique, magasin.
Ṣọ́ọ̀bù yìí kún fún ọjà. Cette boutique est pleine de marchandises.

ṣọ́ọ̀ṣì, < angl., n.
• église.

ṣọ́ra, < ṣọ́.ara, vb. comp.
• faire attention, être attentif.
Ẹ ṣọ́ra fún àwọn olè. Faites attention aux voleurs. *Ṣọ́ra o !* Gare à toi !

ṣọ̀rẹ́ / ṣe ọ̀rẹ́, vb. + obj.
• se lier d'amitié, être ami.

ṣọ̀tẹ̀ / ṣe ọ̀tẹ̀, vb.+ obj.
• comploter, conspirer.
Àwọn ìjòyè ṣọ̀tẹ̀ sí ọba wọn. Les chefs ont comploté contre leur roi.

ṣú 1, vb.
• avoir des rougeurs, des boutons.
Kí ló ṣú sí ọmọ yìí lára báyìí ? Qu'est-ce que c'est que ces rougeurs sur le corps de cet enfant ?

ṣú 2, vb.
• (+ ilẹ̀) faire nuit, tomber (nuit).
Ẹ jẹ́ ká lọ, ilẹ̀ ń ṣú. Partons, la nuit tombe.
• menacer (pluie), s'assombrir (le ciel), être sombre.
Òjò ń ṣú ! La pluie menace ! (Signalée par l'amoncellement de gros nuages noirs.) *Yàrá yìí ṣú.* Cette pièce est sombre.
• (+ ojú) avoir un voile devant les yeux.
Ojú mi ń ṣú. J'ai comme un voile noir devant les yeux.

ṣu, vb. (cf. **yàgbẹ́**).
• chier (vulg.).

ṣù, vb.
• mettre en boules, faire des boulettes.
Ó ń ṣu ẹ̀gúsí. Elle met les graines de courge en boulettes. *Ìyá ẹlẹ́kọ ń ṣu ẹ̀kọ.* La marchande de pâte de maïs en fait des boules.

ṣù bò, vb.
• s'agglutiner ; s'abattre sur, tomber sur.
Eṣinṣin ṣù bo ẹran náà. Les mouches se sont agglutinées sur la viande. *Gbogbo ènìyàn ṣù bo olè náà.* Tous les gens se sont abattus sur le voleur.

ṣubú, vb.
• tomber (ani.).
Ó sáré, ó sì ṣubú. Il a couru et est tombé. *Wọ́n gbé mi ṣubú.* Ils m'ont fait tomber.

ṣúgà, < ar., n.
• sucre.

ṣùgbọ́n, conj.
• mais.
Mo fẹ́ wá ṣùgbọ́n òjò tó ń rọ̀ kò jẹ́ kí n jáde. Je voulais venir mais la pluie qui tombait m'a empêché de sortir.

T

ta 1, pron. inter.
• qui ?
Ta ni ? Qui est-ce ?

ta 2, vb.
• piquer.
Oyin ta ọmọ yìí ló fi ń sunkún. L'enfant a été piqué par une abeille, c'est pourquoi il pleure. *Omi ata tó dà sí mi lára ta mí.* L'eau pimentée qu'elle m'a renversée dessus m'a piquée.
• lancer une flèche, une lance.
Ẹtu tí ọdẹ ta ọfà sí fara pa. L'antilope sur laquelle le chasseur a tiré une flèche a été blessée.
• tendre.
Ó ta okùn sójú fèrèsé láti fi sá aṣọ. Elle a tendu un fil devant la fenêtre pour étendre le linge.
• jouer (ayò, cartes, échecs, etc.).
Àwọn ọkùnrin ń ta ayò ní ìrọ̀lẹ́. Les hommes jouent au jeu d'*ayò* l'après-midi.

◇ **ta gìrì** : sursauter.

◇ **ta kókó** : nouer, faire un nœud. Être épineux (une affaire, un problème), être compliqué.
Wọ́n ta okùn náà ní kókó. Ils ont fait un nœud à la corde.
Ọ̀rọ̀ yìí ta kókó, kò yé mi mọ́. Cette affaire est compliquée, je ne comprends plus.

◇ **ta sánsán** : sentir bon.
Ọbẹ̀ yìí ń ta sánsán. Cette sauce sent délicieusement bon.

tà, vb.
• vendre.
Ó ti ta ọjà rẹ̀ tán. Elle a vendu toutes ses marchandises.

ta...lára, < ta...ní.ara, vb. comp. (cf. **ní** 3, **ta** 2).
• éclabousser.
Epo ta sí Bísí lára. L'huile a éclaboussé Bísí. *Wọ́n ta omi tútù sí wa lára.* Ils nous a éclaboussés d'eau froide.
• être désagréable, être déplaisant.
Ohun tó ṣe lánàá ta mí lára. Ce qu'il a fait hier m'a été désagréable.
• être jaloux.
Ara ń ta ọ́ nítorí pé mo pẹja tó tóbi ju tìrẹ lọ ! Tu es jaloux parce que j'ai pêché un poisson plus gros que le tien !

ta...lẹ́pa, < ta...ní.ẹ̀pa, vb. comp. (cf. **ní** 3, **ta** 2).
• faire un croche-pied.
Bí mo ti ń sáré lọ, ó ta mí lẹ́pa mo ṣubú, mo sì fara pa. Comme je courais, il m'a fait un croche-pied, je suis tombé et me suis fait mal.
• bloquer qqn. (fig.).
Ọ̀gá mi ní ibi-iṣẹ́ ta mí lẹ́pa, kò jẹ́ kí wọ́n ó gbé mi ga. C'est parce que mon patron m'a bloqué que je n'ai pas eu de promotion.

ta lólobó, < ta...ní.olobó, vb. comp. (cf. **ní** 3, **ta** 2).
• avertir, donner une indication.
Ó lọ ta ọlọ́pàá lólobó nípa ọ̀tẹ̀ tí wọ́n fẹ́ dì sí ọba. Il est allé avertir les policiers qu'un complot se tramait contre le roi.

ta...nípàá, < ta...ní.ìpá, vb. comp. (cf. **ní** 3, **ta** 2).
• donner un coup de pied.
Ọmọ náà ta á nípàá ní ikùn. L'enfant lui a donné un coup de pied à l'estomac.

tààrà, adv.
• tout droit, directement.
Kọ́kọ́ lọ tààrà, lẹ́hìn yẹn, kí o yà sí apá ọ̀tún. Va d'abord tout droit, ensuite tourne à droite.
Tààrà ni mo lọ ilé, mi ò yà lọ́nà rárá. Je suis allé directement à la maison, je n'ai bifurqué nulle part.

tááṣì, v. **sítááṣì**.

tàbí, v. **àbí**.

tábìlì, < angl., n.
• table.

tàbùkù / ta àbùkù, vb.+ obj. (cf. **ta** 2).
• traiter qqn de façon indigne ou insultante (en paroles ou en actions).
Ọ̀gá ilé-iṣẹ́ yìí ń tàbùkù àwọn òṣìṣẹ́ rẹ̀. Le patron de cette en-

treprise traite ses travailleurs de façon indigne.
• déprécier.
Adé tàbùkù ọkọ̀ ti mo ṣẹ̀ṣẹ̀ rà. Adé a déprécié la voiture que je viens d'acheter.

tagbọ́n / ta ọgbọ́n, vb. + obj. (cf. **ta** 2).
• combiner, manigancer.
Mo rò pé ó ń tagbọ́n ni ! Je pense qu'il manigance (qqch.) !

táì, < angl., n.
• cravate.

Táíwò, < tọ́.ayé.wò, n. pr. (cf. **tọ́...wò**).
• premier(e)-né(e) de jumeaux considéré(e) comme le/la cadet(te).

tají, < ta.jí, vb.
• se réveiller brusquement.
Ariwo ló jẹ́ kí n tají lójú oorun. C'est le bruit qui m'a réveillé brusquement de mon sommeil.
• reprendre connaissance.
Ẹni tó dákú ti tají. La personne qui s'est évanouie a repris connaissance.

takisí, < angl., n.
• taxi.

tàkìtì, vb.
• faire un saut périlleux, faire une roulade.
Onídán náà tàkìtì léraléra. Le magicien a fait des sauts périlleux à répétition. *Ó tàkìtì bó ti ń sáré lọ.* Il est tombé en faisant des roulades alors qu'il courait.
• faire un tonneau (voiture).

takò, vb. (cf. **alátakò**, **àtakò**).
• contredire, s'opposer à, rejeter.
Ẹnikẹ́ni kò tako ọ̀rọ̀ rẹ̀. Personne ne l'a contredit. *Àwọn ìjòyè tako àṣẹ ọba.* Les chefs se sont opposés aux ordres du roi.

takú, vb.
• refuser.
Mo bẹ̀ ẹ́, ó takú. Je l'ai supplié, il a refusé (de m'entendre). *Ó takú láti foríjì mí.* Il a refusé de me pardonner.

tàkurọ̀sọ, < ?.ọ̀rọ̀. sọ, vb. comp.
• bavarder.
Ọ̀rọ̀ tí a ń sọ kò ṣe pàtàkì, a kàn ń tàkurọ̀sọ ni. Ce qu'on dit n'est pas important, on bavarde seulement.

tàkúté, n.
• piège.
Ọdẹ dẹ tàkúté. Le chasseur a posé un piège.

tálákà, < berb., n./vb.
• pauvre.
• être pauvre.

tán, vb.
• finir, être fini (2e vb.).
Wọ́n ti jẹun tán. Ils ont fini de manger.
• finir (uniq. avec sujet inanimé).
Omi ti tán nínú ìkòkò. L'eau est finie dans la jarre. *Ó ti tán.* C'est fini.

tan, vb.
• avoir des liens de consanguinité, être parents.
Èmi àti Adé tan ní ìdílé ìyá mi. Adé et moi sommes parents par

ma mère.

tàn 1, vb. (cf. **tanná**).
• luire.
Òrùka yìí ń tàn nínú òkùnkùn. L'anneau luit dans l'obscurité.
• allumer (lampe, lumière, etc.).
Bá mi tan àbẹ́là, ilẹ̀ ti ń ṣú. Allume la bougie, la nuit commence à tomber.

tàn 2, vb.
• faire croire, tromper.
Kò sọ òtítọ́ ọ̀rọ̀, ṣe ló ń tàn mí. Il n'a pas dit la vérité, donc il m'a trompé.

tàn 3, vb. (cf. **tàn kálẹ̀**).
• se répandre.
Ìròhìn náà ti tàn. La nouvelle s'est répandue.

tàn...jẹ, vb.
• berner, duper, tromper.
Ó tàn mí jẹ láti gba owó mi. Il m'a berné pour prendre mon argent.

tàn kálẹ̀, < tàn ká.ilẹ̀, vb. comp. (cf. **ká** 3, **tàn** 3).
• s'étendre, se répandre.
Ìròhìn náà ti tàn kálẹ̀ báyìí. La nouvelle s'est maintenant répandue.

tanná / tan iná, vb. + obj. (cf. **tàn** 1).
• allumer du papier ou du petit bois pour faire du feu.
Tanná sí igi tó wà nínú ààrò. Allume le feu dans le foyer.
• allumer la lumière, une lampe.
A tanná nígbà tí ilẹ̀ ṣú. On a allumé la lumière quand la nuit est tombée.

tanná-tanná, < tàn.iná-tan.iná, n. comp.
• ver luisant.

tàntàn, v. **nà** 1.

tàsé, vb.
• manquer son but, son objectif.
Ọta ìbọn mi tàsé ẹran tí mo yìn ín sí. La balle du fusil a manqué l'animal que je visais.
• manquer qqn.
Bọ́lá àti Akin tàsé ara wọn lójú ọ̀nà. Bọ́lá et Akin se sont manqués en route.

tata, n.
• sauterelle.

tàtàsé, < empr. ? n.
• petit poivron rouge.

táwẹ̀nù, < angl., n.
• serviette de toilette.

táyà, < angl., n.
• pneu.
• roue (véhicule).

tayọ, < ta.yọ, vb.
• dépasser.
Igi kan tayọ ìyókù. Il y a un morceau de bois qui dépasse des autres. *Olódùmarè fún wọn ní ọgbọ́n tó tayọ ti gbogbo àwọn ẹ̀dá yòókù.* Dieu leur a donné une intelligence qui dépasse celle des autres créatures.

tébù, < angl., n.
• table.

télọ̀, < angl., n.
• tailleur, couturier.

tèmi, < ti.èmi, pron. anaph., (cf. **ti** 1).

• le mien.
Tèmi ni. C'est le mien. *Bí ọ̀rọ̀ tèmi tìrẹ bá ti wọ̀, ìyókù kéré o !* Si toi et moi nous mettons d'accord (si l'affaire de moi et de toi) le reste n'est rien !
◇ **ní tèmi** : quant à moi.

tésàn, < angl., n.
• poste de police.
• gare.

tètè, pré-vb.
• vite, tôt.
Tètè wá ! Viens vite ! *Ó tètè jí láàárọ̀ yìí.* Il s'est réveillé tôt ce matin.

tẹ́, vb.
• dérouler, étaler, étendre.
Ó tẹ́ ẹní láti fi sùn. Elle a déroulé une natte pour dormir.
• humilier, disgrâcier, se déshonorer.
Ọmọ tó jalè ti tẹ́ ní ilé-ìwé rẹ̀. L'enfant qui a volé a été humilié à l'école.

tẹ̀, vb.
• appuyer, écraser, presser, piétiner, freiner.
Kò tètè tẹ bírékì, ó sì kọlu màlúù. Il n'a pas assez vite appuyé sur le frein et il a heurté la vache. *Ọwọ́ mi tẹ̀ ẹ́ bí ó ti fẹ́ jí owó mi.* Je l'ai pris sur le fait au moment où il voulait voler mon argent.
• pencher qqch., être penché, s'incliner.
Igi yìí kò tọ́, ó tẹ̀ sí ẹ̀gbẹ́ kan. Cet arbre n'est pas droit, il penche d'un côté.

• taper à la machine.
Ẹ jọ̀ọ́, ẹ bá mi tẹ ìwé nàà. S'il vous plaît, tapez-moi cette lettre.
• imprimer.
Wọ́n tẹ ìwé mi jáde. Mon livre a été imprimé.

tẹ̀...dó, vb.
• fonder.
Odùduwà ló tẹ ìlú Ilé-Ifẹ̀ dó. C'est Odùduwà qui fonda la ville d'Ilé-Ifẹ̀.

tẹ́ lẹ́nu, < tẹ́ ní.ẹnu, vb. comp.
• être fade.
Ọbẹ̀ yìí tẹ́ lẹ́nu. Cette sauce est fade.

tẹ́...lọ́rùn, < tẹ́...ní.ọrùn, vb. comp.
• être satisfait, satisfaire.
Iṣẹ́ yìí tẹ́ wọn lọ́rùn. Ce travail les a satisfaits.

tẹ̀bà / tẹ ẹ̀bà, vb. + obj. (cf. **tẹ̀**).
• préparer de la pâte de manioc (on verse de l'eau bouillante sur la farine de manioc fermenté).

tẹ́ẹ́rẹ́, adj.
• long, mince et droit.
Ó fi igi tẹ́ẹ́rẹ́ pa ejò náà. Il a tué le serpent avec un bout de bois fin. *Ọmọbìnrin yìí rí tẹ́ẹ́rẹ́.* Cette jeune fille est mince.

tẹ̀ẹ̀rẹ̀, v. **yọ̀** 2.

tẹ̀lé, < tẹ̀.lé, vb.
• suivre.
Wo ọmọ kékeré yìí tó ń tẹ̀lé ọdẹ olókìkí. Regarde ce petit enfant qui suit ce chasseur renommé.
• imiter, faire comme.

Ọmọ yìí ti ń tẹ̀lé ìwà burúkú ẹ̀gbọ́n rẹ̀. Cet enfant imite la mauvaise conduite de son grand frère.

tẹ̀léra / tẹ̀lé ara, vb.+ obj.
• aligner, s'aligner, être rangé, se suivre.
Ẹ tẹ̀léra yín. Alignez-vous. *Àwọn ìwé yìí tẹ̀léra wọn.* Ces livres sont bien rangés. *Obìnrin yìí bímọ tẹ̀léra.* Les enfants de cette femme se suivent de près.

tẹ́lẹ̀, adv.
• avant, auparavant.
Mo ti sọ fún ọ tẹ́lẹ̀ pé wọn ò ní í wá, ṣùgbọ́n o gbàgbé. Je t'avais déjà dit auparavant qu'ils ne viendraient pas, mais tu as oublié. *Tẹ́lẹ̀ tẹ́lẹ̀, àwọn ọmọdé máa ń pàlọ́ tí òṣùpá bá ràn.* Auparavant, les jeunes se posaient des devinettes quand la lune brillait.

tẹlifísàn, < angl., n.
• télévision.

tẹnu mọ́, < tẹ̀.ẹnu mọ́, vb. comp. (cf. **mọ́** 3).
• insister.
Ọ̀rọ̀ náà ṣe pàtàkì ló jẹ́ kó tẹnu mọ́ ọn tó bẹ́ẹ̀. Cette affaire était importante, c'est pourquoi il a tellement insisté.

tẹnu-tẹnu, < ti.ẹnu-ti.ẹnu, adv. (cf. **ti** 1).
• complètement, vraiment.
Ó rẹ̀ ẹ́ tẹnu-tẹnu. Il est vraiment fatigué. *Ó tutù tẹnu-tẹnu.* Il est complètement trempé.

tẹ́ńbẹ́lú, < haus., vb.
• mépriser.
Ó tẹ́ńbẹ́lú rẹ̀. Il le méprise.
• déprécier qqn ou qqch.
Kí ló dé tí o ń tẹ́ńbẹ́lú gbogbo nǹkan ? Pourquoi est-ce que tu déprécies toujours tout ?

tẹpá mọ́, < tẹ̀.apá mọ́, vb. comp. (cf. **mọ́** 3).
• mettre toute son énergie à.

tẹra mọ́, < tẹ̀.ara.mọ́, vb. comp. (cf. **mọ́** 3).
• persévérer.
Bó ṣe jẹ́ pé kò ṣe dáadáa, síbẹ̀ síbẹ̀ ó tẹra mọ́ iṣẹ́ rẹ̀. Bien qu'il n'ait pas bien réussi, néanmoins il persévère dans son travail.

tẹríba, < tẹ̀.orí.ba, vb comp.
• s'incliner devant qqn.
Arákùnrin náà tẹríba fún àwọn tó wà ní ìjókòó, kó tó bẹ̀rẹ̀ sí í sọ̀rọ̀. L'homme s'est incliné devant l'auditoire avant de commencer à parler.
• respecter.
Ó tẹríba fún ọ̀gá rẹ̀. Il respecte son patron. *Àwọn ará ìlú kò tẹríba fún ìjọba yìí.* Les citoyens ne respectent pas ce gouvernement.

tẹ́tẹ́, n.
• jeux de hasard et d'argent.
Ó ń ta tẹ́tẹ́. Il joue.

tẹ̀tẹ̀, v. **ẹ̀fọ́**.

tẹ́wọ́gbà, < tẹ́.ọwọ́.gbà, vb. comp.
• accueillir, accepter de grand cœur.
Wọ́n tẹ́wọ́gbà mí tayọ̀-tayọ̀. Ils m'ont accueilli avec joie.

tí, pron. rel.
• qui, que, dont, où.
Ọkùnrin tí ó wá lánàá jẹ́ àjèjì sí mi. L'homme qui est venu hier m'est étranger. *Aṣọ tí mo rà wọ́n.* Le tissu que j'ai acheté est cher. *Ọmọ tí wọ́n jí kẹ̀kẹ́ rẹ̀ gbé ń bínú púpọ̀.* L'enfant dont on a volé la bicyclette est très en colère. *Wọn ò mọ ibi tí ó lọ.* Ils ne savent pas où il est allé.

ti 1, part. anaph.
• celui de / celle de.
Aṣọ rẹ̀ dára ṣùgbọ́n ti Bísí dára jù. Son vêtement est joli mais celui de Bísí est plus beau.

ti 2, marq. vb.
• antériorité.
Ó ti jẹun nígbà tí mo délé. Elle avait déjà mangé quand je suis arrivé.

ti 3, vb.
• arriver de, venir de.
Níbo lo ti ń bọ̀ ? D'où arrives-tu ? *Ó ti Ìbàdàn dé.* Il arrive d'Ìbàdàn.

tì 1, vb.
• ne pas pouvoir, être incapable, en vain (2ᵉ vb.).
Bọ́lá kàwé tì, ni kò ṣe rí iṣẹ́. Bọ́lá a étudié en vain, elle n'a pu trouver de travail. *Mo wá a tì.* Je l'ai cherché en vain.

tì 2, vb. (cf. **fi ...tì**).
• pousser.
Wọ́n ti mọ́tò tó dákú ní ẹ̀bá ọ̀nà. Ils ont poussé la voiture en panne sur le bord de la route. *Ó tì mí ṣubú.* Il m'a fait tomber en me poussant.
• s'appuyer.

tì 3, vb.
• fermer à clef (parfois empl. sans idée de clef, quand il s'agit d'une porte).
Ẹ ti àpótí yìí ! Fermez cette malle à clef.

tí...bá, conj. (cf. **bí...bá**).
• quand ; si.
Màá jẹun tí n bá dé. Je mangerai quand j'arriverai. *Tí kò bá wá, mi ò lè lọ.* S'il ne vient pas, je ne pourrai pas partir.

tì...mọ́lé, < tì...mọ́.ilé, vb. comp. (cf. **tì** 3).
• enfermer.
Ó ṣèṣì tì í mọ́lé bí ó ti ń jáde. Il l'a enfermé par erreur en sortant.
• garder à vue, mettre en détention provisoire.
Adájọ́ ti àwọn ọ̀daràn mọ́lé. Le juge a mis les malfaiteurs en garde à vue.

tiẹ̀ 1, v. **tilẹ̀**.

tiẹ̀ 2, v. **tirẹ̀**.

tíì 1, < angl., n.
• thé.
• désigne toute boisson chaude.

tíì 2, marq. vb. (cf. **ti** 2).
• (+ nég.) antériorité.
Kò tíì dé. Il n'est pas encore arrivé.

tijú, < tì.ojú, vb. comp. (cf. **tì** 2).
• être timide, avoir honte.
Ó ń tijú ohun tó ṣe. Il a honte de ce qu'il a fait. *Ojú ń tì í.* Il est timide.

tíkẹ̀ẹ̀tì, < angl., n.
• billet, ticket.

tìkọ̀, adv.
• à contrecœur, avec mauvaise volonté.
Ó ṣe tìkọ̀ nígbà tí mo rán an níṣẹ́. Quand je l'ai envoyé faire une course, il y est allé à contrecœur.

tilẹ̀ ~ tiẹ̀, pré-vb.
• en fait, même.
Wọn ò tilẹ̀ ṣàlàyé ìdí rẹ̀ tí wọn ò fi wá. Ils n'ont même pas expliqué pourquoi ils n'étaient pas venus.

tìmù-tìmù, n. comp.
• pouf.

tínńtín, adj.
• très petite quantité.
Fún mi ní iyọ̀ tínńtín. Donne-moi juste un tout petit peu de sel.

tinú-tinú, < ti.inú-ti.inú, adv. (cf. **ti** 1).
• sincèrement.
Tinú-tinú mi ni mo fi bá a ṣe ọ̀rẹ́. C'est sincèrement que je me suis lié d'amitié avec lui.

tipá-tipá, < ti.ipá-ti.ipá, adv. (cf. **ti** 1).
• de force, par force.
Wọ́n kó ẹrù rẹ̀ tipá-tipá. Ils ont pris ses bagages de force.

tipẹ́, adv.
• depuis longtemps.
Ó ti kú tipẹ́. Il est mort depuis longtemps.

tiraka, vb.
• lutter pour qqch., essayer, mettre toute son énergie.
Ó tiraka láti lọ sí Ìbàdàn ṣùgbọ́n kò sí ọkọ̀. Il a vraiment essayé d'aller à Ìbàdàn mais il n'y avait pas de taxi.
• peiner.
A tiraka láti parí iṣẹ́ yìí. On a peiné pour finir ce travail.

tirẹ̀ ~ tiẹ̀, pron. anaph. (cf. **ti** 1).
• le sien, les siens.
Ní tirẹ̀. Quant à lui/elle.

tìrẹ, pron. anaph. (cf. **ti** 1).
• le tien, les tiens.
Tìrẹ ni. C'est le tien.

tiro, vb.
• marcher sur la pointe des pieds, se mettre sur la pointe des pieds.
• boiter.

tíṣà, < angl., n.
• instituteur, professeur.

títí, adv.
• longtemps.
Ó sọ̀rọ̀ títí. Il a parlé longtemps.
Ó sọ̀rọ̀ títí títí. Il a parlé très longtemps.
• jusqu'à.
Kò sọ̀rọ̀ títí a fi wọlé. Il n'a pas parlé jusqu'à ce que nous rentrions dans la maison. *Ẹ máa lọ tààrà títí dé ilé-ìwé.* Allez tout droit jusqu'à l'école.

títì, < angl., n.
• rue.
Ó ń rìn lójú títì. Il marche dans la rue.

titun ~ tuntun, adj.
• neuf, nouveau.

tiwa, pron. anaph. (cf. **ti** 1).
• le nôtre, les nôtres.

tiwọn, pron. anaph. (cf. **ti** 1).
• le leur, les leurs.

tiyín, pron. anaph. (cf. **ti** 1).
• le vôtre, les vôtres.

tó, vb.
• atteindre, suffire, être suffisant, être assez.
Owó tí ó ní tó o. L'argent qu'il a lui suffit. *Ṣé kí n bu ọbẹ̀ díẹ̀ sí i ? Ẹ ṣe é, ó ti tó.* Est-ce que je vous rajoute un peu de sauce ? Merci, c'est assez. *Ó ga tó mi.* Il est aussi grand que moi. *Kò ga tó mi.* Il est moins grand que moi. *Mi ò mọ̀ pé wọ́n pọ̀ tó bẹ́ẹ̀.* Je ne savais pas qu'il y en avait autant. *Ẹ̀rù bà á tó bẹ́ẹ̀ tí ó fi fẹ́rẹ̀ dákú.* Il a eu tellement peur qu'il a failli s'évanouir.

tò, vb. (cf. **ètò**).
• aligner, s'aligner, se mettre en rang.
Ẹ to ara yín kí ẹ tó wọlé-ìwé. Mettez-vous en rang avant d'entrer à l'école. *Àwọn akẹ́kọ̀ọ́ tò síwájú ilé-ìwé.* Les écoliers se sont alignés devant l'école.

tò...lẹ́sẹẹsẹ, < tò...ní ẹsẹ.ẹsẹ, vb. comp.
• arranger, mettre en ligne, en ordre, en séquence.
Wọ́n to àwọn ìwé wọ̀nyí lẹ́sẹẹsẹ. Ils ont bien arrangé les livres.

tóbi, vb.
• être grand (chose).
Ilé rẹ̀ tóbi. Sa maison est grande.
• être gros (chose).
Igi yìí tóbi. Cet arbre est gros.

Tòkunbọ̀, < ti.òkun.bọ̀, n. pr. (cf. **ti** 3).
• nom donné à un enfant né hors d'Afrique.
• voiture d'occasion importée.

tòlótòló, n.
• dinde, dindon.

tòmátì, < angl., n.
• tomate.

tónítóní, v. **mọ́** 1.

tòògbé, vb.
• sommeiller, somnoler.

tóóró, vb.
• être étroit et long.
Ọ̀nà yìí tóóró. Ce chemin est étroit.

torí, conj. (cf. **nítorí**).
• à cause de.
Ó torí ọmọ rẹ̀ lọ sí Èkó. Elle est allée à Lagos à cause de son enfant. *Torí ọmọ rẹ̀ ló fi lọ sí Èkó.* C'est à cause de son enfant qu'elle est allée à Lagos.

tòrò, vb.
• se déposer (saletés, particules), être claire (eau).
Omi tó dọ̀tí tẹ́lẹ̀ ti tòrò. L'eau est bien claire (maintenant).
• être calme, se calmer.
Ìlú ti tòrò báyìí. La ville est calme maintenant.

tòṣì < ta.òṣì, vb. comp.
• être indigent.

tótó, interj.
• excusez-moi. Formule employée par un jeune qui veut dire

un proverbe devant des adultes. *Tótó, ó ṣe bí òwe...* Excusez-moi, cela ressemble à un proverbe...
• salutation formelle adressée à un aîné qu'on respecte.

tòuntẹnuẹ̀, adv.
• immédiatement après, juste, presque, juste après.
Tòuntẹnuẹ̀ ni Adé sọ̀ nínú takisí. Immédiatement après, Adé est descendu du taxi. *Tòuntẹnuẹ̀ bí mo ṣe fẹ́ jáde ló wọlé.* Juste quand je voulais sortir, il est entré.

tọ́ 1, vb.
• être droit.
Ọ̀nà yìí tọ́ gan-an. Cette route est toute droite. *Ó hùwà tó tọ́.* Il s'est conduit comme il faut.
• guider (pr. / fig.), bien élever.
Ó tọ́ mi sọ́nà. Il m'a guidé sur le chemin. *Àwọn òbí ní láti tọ́ ọmọ wọn.* Les parents doivent bien élever leurs enfants.
• être approprié, être correct.
Wọ́n ṣe mí lálejò bó ti tọ́ àti bó tii yẹ. Ils m'ont reçu de façon appropriée et comme il convenait.
• être vrai.
Ohun tí ó sọ tọ́. Ce qu'il dit est vrai.

tọ́ 2, vb. (cf. **tọ́...wò**).
• toucher qqn. (2e vb.).
Ó fi ọwọ́ tọ́ ọ. Il l'a touché avec la main. *Ó fi ìka tọ́ ọ.* Il l'a touché du bout des doigts.
• provoquer.
Ẹ kìlọ̀ fún un kí ó má tọ́ mi ! Préviens-le de ne pas me provoquer !
◇ **tọ́...níjà** : provoquer. *Ọ̀rọ̀ tí ó sọ ni ó fi tọ́ ọ níjà.* Il l'a provoqué avec ses paroles.

tọ́ 3, vb.
• détacher une à une les feuilles de leur tige (pour les légumes-feuilles).
Ó ń tọ́ ẹ̀fọ́ láti fi í sinú ìsaasùn. Elle arrache les feuilles une à une pour les mettre dans la marmite.

tọ, vb.
• rebondir.
Bọ́ọ̀lù náà ń tọ dáadáa. Le ballon rebondit bien.

tọ̀ 1, vb.
• uriner.

tọ̀ 2, vb.
• suivre qqch.
Bàbá àgbẹ̀ ń tọ ààlà oko rẹ̀. Le fermier suit les limites de sa ferme.

tọ́...lá, vb. (cf. **tọ́** 2).
• tremper (le bout du doigt, la pointe de qqch.) et lécher.
Ó tọ́ epo lá kí ikọ́ rẹ̀ lè dẹ̀. Il a trempé son doigt dans l'huile et l'a léché pour apaiser sa toux.

tọ̀...lọ, vb. (cf. **tọ̀** 1).
• aller voir qqn, se rendre chez.
Kò rọ́mọ bí, ó sì tọ babaláwo lọ. Elle ne réussissait pas à avoir d'enfant, aussi est-elle allée voir un devin.

tọ́ sí, vb. (cf. **tọ́** 1).
• être mérité, mériter.
Ipò yìí tọ́ sí Adé. Ce titre est mérité par Adé. *Adé tọ́ sí ipò yìí.*

Adé mérite ce rang.

tọ̀...wá, vb. (cf. **tọ̀** 1).
• venir vers qqn.
Ó tọ̀ mí wá. Il est venu vers moi.

tọ́...wò, vb. (cf. **tọ́** 2).
• goûter.
Tọ́ ọbẹ̀ náà wò. Goûte la sauce.

tọ́jú 1, < tọ́.ojú, vb. comp. (cf. **tọ́** 1).
• prendre soin de, s'occuper de, veiller sur.
Ó ń tọ́jú ọmọ rẹ̀ dáadáa. Elle s'occupe bien de son enfant. *Ẹ jọ̀ọ́, ẹ bá mi tọ́jú owó mi.* S'il vous plaît, pouvez-vous veiller sur mon argent ?

tọ́jú 2, < tọ́.ojú, vb. comp. (cf. **tọ́** 2).
• se maquiller les yeux.

tọ́ka, < tọ́.ìka, vb. comp. (cf. **tọ́** 2).
• montrer, faire remarquer, indiquer, signaler.
Kò mọ ilé Adé, ṣé o lè tọ́ka rẹ̀ fún un ? Il ne connaît pas la maison d'Adé, peux-tu la lui montrer ? *Ó tọ́ka sí àṣìṣe rẹ̀.* Il lui a fait remarquer sa faute.

tọ́lẹ̀ lá, < tọ́.ilẹ̀ lá, vb. comp. (cf. **lá** 2, **tọ́** 2).
• jurer.
Ìjàpá ròhìn fún ọba, ó sì tọ́lẹ̀ lá pé òun kọ́ ló jí owó yìí gbé. Tortue a tout raconté au roi et a juré que ce n'était pas lui qui avait volé l'argent.

tọ́ńbìlà, < angl., n.
• timbale, verre, tasse (uniq. en verre).

tọpa / tọ ipa, vb. + obj. (cf. **tọ̀** 2).
• suivre une trace, une empreinte, un chemin.
Ọdẹ tọpa ẹran tó yìnbọn mọ́. Le chasseur a suivi la trace de l'animal sur lequel il avait tiré.
• remonter aux causes de qqch.
Mo fẹ́ tọ ipa ọ̀rọ̀ náà. Je veux remonter aux causes de cette affaire.

tọ́pẹ́ / tó ọpẹ́, vb. + obj.
• il y a de quoi (surt.empl. à la forme nég.).
Kò tọ́pẹ́ ! Il n'y a pas de quoi ~ De rien ! (Se dit après un remerciement). *Ohun tó ṣe fún mi tó ọpẹ́.* Ce qu'il a fait pour moi vaut bien un merci.

tọrọ, vb.
• demander qqch.
Má tọrọ owó mọ́. Ne demande plus d'argent. *Wọ́n ń tọrọ ọmọ lọ́wọ́ Ọlọ́run.* Ils demandent des enfants à Dieu.
◇ **tọrọ báárà** : mendier.
Afọ́jú yìí ń tọrọ báárà káàkiri ìgboro. Cet aveugle mendie partout dans la ville.
◇ **tọrọ gáfárà** : s'excuser.

tọwọ́-tẹsẹ̀, < ti.ọwọ́-ti.ẹsẹ̀, adv. (cf. **ti** 1).
• à bras ouverts.
Wọ́n gbà mí tọwọ́-tẹsẹ̀. Ils m'ont reçu à bras ouverts.

tú, vb. (cf. **túká**).
• se défaire, se dénouer.
Okùn tí a fi di igi ti tú. La corde

avec laquelle on a attaché le bois s'est défaite.
• disperser.
Òkò tí mo sọ ló tú àwọn ẹyẹ nàà lórí igi. C'est le projectile que j'ai lancé qui a dispersé les oiseaux du sommet de l'arbre.
• fouiller.
Ó tú àpótí láti wá owó rẹ̀. Il a fouillé la malle pour chercher son argent.
• être dévoilé.
Àṣírí tú. Le secret a été dévoilé.

tú...palẹ̀, < pa.ilẹ̀, vb. comp.
• démonter, mettre en pièces.
Ó tú mọ́tò mi palẹ̀. Il a démonté ma voiture.

tú...sílẹ̀, < sí.ilẹ̀, vb. comp.
• défaire, détacher.
Bá mi tú ewúrẹ́ sílẹ̀. Aide-moi à détacher les chèvres.
• libérer, relâcher.
Àwọn ọlọ́pàá tú àwọn ẹlẹ́wọ̀n sílẹ̀. Les policiers ont libéré les prisonniers.

tu 1, vb.
• arracher avec les mains.
Ó tu ewú orí rẹ̀. Il a arraché un cheveu blanc.
• plumer une volaille.
Ó ń tu adìẹ lọ́wọ́. Elle est en train de plumer le poulet.

tu 2, vb. (cf. **tutọ́**).
• cracher.
Ó tu nǹkan tó wà lẹ́nu rẹ̀. Il a craché ce qu'il avait dans la bouche.

tù, vb.
• calmer, apaiser.
Mo fi búrẹ́dì tu ọmọ tó ń sunkún. J'ai calmé avec du pain l'enfant qui pleurait. *Ó bínú ṣùgbọ́n mo tù ú.* Il était en colère, mais je l'ai apaisé.

tù...lára, < tù...ní. ara, vb. comp. (cf. **ní** 3).
• calmer une douleur.
Oògùn tí wọ́n fún mi tù mí lára. Le médicament qu'ils m'ont donné m'a calmé.

tù...lójú, < tù...ní. ojú, vb. comp. (cf. **ní** 3).
• apaiser (par une petite douceur ou un petit cadeau).
Mo fi àkàrà tu ọmọ tó ń sunkún lójú. J'ai apaisé l'enfant qui pleurait, avec des beignets de haricots.

tù...nínú, < tù...ní.inú, vb. comp. (cf. **ní** 3).
• réconforter.
A tu ọmọ tí bàbá rẹ̀ ṣàìsàn nínú. On a réconforté l'enfant dont le père était malade.

tùbà-tùṣẹ, loc. vb.
• être paisible, se passer bien, être un succès.
Gbogbo nǹkan tùbà-tùṣẹ ní orílẹ̀-èdè Nàìjíríà báyìí. Tout est paisible au Nigeria maintenant. *Ìrìnàjò mi tùbà-tùṣẹ.* Mon voyage s'est bien passé.

túbọ̀, pré-vb.
• encore, encore plus.
Mo ti mu omi tẹ́lẹ̀, ṣùgbọ́n mo túbọ̀ mu sí i. J'avais déjà bu de l'eau avant, mais j'en ai bu encore plus.

túјú ká, < tú.ojú ká, vb. comp.
• faire fête à qqn, accueillir à bras ouverts.
Wọ́n ò túјú ká sí wa níbi ìgbéyàwó. Ils ne nous ont pas bien accueillis au mariage.

túká / tú...ká, vb.
• disperser, se disperser.
Gbogbo èrò ti túká lẹ́hìn ìpàdé náà. Toute la foule s'est dispersée après la réunion. *Àwọn ọlọ́pàá tú èrò ká.* Les policiers ont dispersé la foule.

túláàsì, < haus., adv.
• obligatoirement.

túlé / tú ilé, vb. + obj.
• fouiller une maison.
Mo túlé túlé, mi ò rí owó náà. J'ai fouillé la maison de fond en comble, je n'ai pas trouvé l'argent.

túlẹ̀, < angl., n.
• étudiant.

túmọ̀, < tú.ìmọ̀, vb. comp.
• expliquer.
Túmọ̀ ohun tí ó ń sọ. Explique-moi ce qu'il dit.
• traduire.
Wọ́n túmọ̀ ìwé yìí sí èdè Yorùbá. Ils ont traduit ce livre en yorùbá.

tún, vb.
• à nouveau, re- (1er vb.).
Ó tún lọ sọ́jà. Elle est à nouveau allée au marché. *Ó tún ṣe iṣẹ́ rẹ̀.* Il a recommencé son travail.
• aussi.
Ó ra ẹran, ó tún ra ẹja. Elle a acheté de la viande et aussi du poisson.

túnra ṣe / tún ara ṣe, vb.+ obj.
• s'arranger.
Ó lọ tún ara rẹ̀ ṣe kí ó tó jáde. Elle est allée s'arranger avant de sortir.

tún...ṣe, vb.
• réparer.
Ó tún mọ́tò mi ṣe. Il a réparé ma voiture.
• arranger.
Ẹ tún agbádá yín ṣe. Arrangez votre vêtement.

tuntun, vb./ adj. (cf. **titun**).
• être neuf, être nouveau.
Aṣọ mi tuntun. Mon vêtement est neuf.
• neuf, nouveau.
Aṣọ tuntun ni mo wọ̀. C'est un vêtement neuf que je porte.

tura, < tù.ara, vb. comp.
• se calmer.
Nǹkan ti tura báyìí láàrin ìlú. Les choses se sont calmées en ville maintenant.

túra ká, < tú.ara ká, vb. comp. (cf. **túká**).
• être tranquillisé, être apaisé, s'apaiser.
Ó túra ká nígbà tó gba owó-oṣù. Il a été tranquillisé quand il a reçu son salaire. *Obìnrin tí ọmọ rẹ̀ kú yẹn ti túra ká báyìí.* La femme dont l'enfant est mort s'est apaisée maintenant.

tura sílẹ̀, < tù.ara sí.ilẹ̀, vb. comp. (cf. **sí** 1).
• être négligent. (svt. empl. à l'impératif).

Tí o bá tura sílẹ̀, wọ́n lè jí owó rẹ. Si tu es négligent, on peut voler ton argent. *Má tura sílẹ̀ !* Ne sois pas négligent.

tutọ́ / tu itọ́, vb.+ obj.
• cracher (salive).
Ó tutọ́ sí i lójú. Il lui a craché au visage. *Ó fẹ̀jẹ̀ sínú, ó tutọ́ funfun jáde.* (Prov). Il garde le sang à l'intérieur et crache de la salive blanche. [Être hypocrite : le blanc est associé à la vérité, le rouge au danger.]

tútù, adj. (cf. **tutù**).
• frais, froid, mouillé.
Ẹja tútù ni wọ́n fẹ́ jẹ, wọn ò fẹ́ òkú-Èkó. C'est du poisson frais qu'ils veulent manger, ils ne veulent pas du congelé. *Ó fẹ́ mu omi tútù.* Il veut boire de l'eau froide.

tutù, vb. (cf. **tútù**).
• être froid, frais, mouillé.
Aṣọ yìí tutù, mi ò lè wọ̀ ọ́. Ce vêtement est encore mouillé, je ne peux le mettre.

túúbá, < ar., vb.
• s'excuser.

túúbù, < angl. n.
• chambre à air.

túùkú ~ túùpú, n.
• phacochère.

túùpú, v. **túùkú**.

W

wá 1, vb./ pré-vb.
• venir.
Wá rí mi lọ́la o. Viens me voir demain. *Mo dúró dè é títí, ṣùgbọ́n kò wá.* Je l'ai attendu longtemps mais il n'est pas venu.
• alors, ensuite.
Ó wá ọmọ rẹ̀, kò rí i, ó wá lọ sọ́dọ̀ babaláwo kan. Il était à la recherche de son enfant, ne le trouvant pas, il est alors allé chez un devin.

wá 2, vb.
• chercher (qqn., qqch.).
Ó ń wá owó rẹ̀. Il cherche son argent. *Ó wá mi wá.* Il est venu me chercher.

wa, pron. pers.
• nous.
Ó kí wa. Il nous a salués.
• notre, nos.
Ilé wa jìnnà sí tìrẹ. Notre maison est loin de la tienne.

wà 1, vb.
• être, exister, se trouver.
Ṣé bàbá rẹ wà nílé ? Est-ce que ton père est à la maison ? *Ṣé iyán wà ?* Est-ce qu'il y a de l'igname pilée ?

wà 2, vb.
• conduire un véhicule.
Ó ń kọ́ mi láti wa ọkọ̀. Il m'apprend à conduire.

wà 3, vb.
• gratter, creuser.
Èkúté ló wa ilẹ̀ síbí. C'est un rat qui a creusé la terre ici. *Ológbò wa ilẹ̀ bo ìgbẹ́ rẹ̀.* Le chat gratte la terre pour recouvrir ses excréments.
• déterrer.

Ó wa iṣu mẹ́wàá lóko lánàá. Il a déterré dix ignames à la ferme hier.

wàá, pron. pers. + marq. vb.
• tu (+ fut.).
Ṣé wàá lọ sí Ìbàdàn ? Iras-tu à Ìbàdàn ?

wàásù, < ar., vb.
• prêcher ; faire un sermon.
Má wàásù fún mi mọ́ ! Arrête de me faire un sermon !

wàhálà, < ar., n./ vb.
• ennui, souci.
Wàhálà mi pọ̀. J'ai beaucoup d'ennuis. *Ó ṣe wàhálà lọ sí Ìbàdàn.* Il a eu du mal à aller à Ìbàdàn.
• embêter.
Má wàhálà mi o ! Ne viens pas m'embêter !

wàjà, < wọ̀.àjà, vb. comp.
• mourir (uniq. pour un roi).
Ọba Ìbàdàn wàjà lánàá. Le roi d'Ìbàdàn est mort hier.

wákàtí, < ar., n.
• heure (durée).
Ìdánwò náà yóò gbà tó wákàtí méjì. L'examen durera deux heures.

wálẹ̀, < wá.ilẹ̀, vb. comp.
• (+ ojú) recouvrer ses esprits, dessoûler.
Ojú rẹ̀ wálẹ̀. Il a dessoûlé / Il a recouvré ses esprits.
• (+ ara) se sentir mieux.
Ara rẹ̀ ti wálẹ̀ báyìí. Il se sent mieux maintenant.

wàmọ́, vb.
• entourer de ses bras ; étreindre.
• s'accrocher à qqn.
Ẹ̀rù ba ọmọ náà, ó wàmọ́ ìyá rẹ̀. L'enfant a eu peur et s'est accroché à sa mère.

wàrà, < ar., n.
• fromage de lait caillé, produit par les Peuls.

wárápá, n.
• épilepsie.
Ó ní wárápá. Il est épileptique.

wáyà, < angl., n.
• fil de fer.
• fil électrique.
• télégramme.

wáyé, < wá.ayé, vb. comp.
• avoir lieu, se produire, se tenir.
Ìṣẹ̀lẹ̀ náà wáyé ní ọdún 1960. Cet événement a eu lieu en 1960. *Ètò ayẹyẹ náà yóò wáyé ní déédé agogo mẹ́rin ìrọ̀lẹ́.* Cette cérémonie se tiendra vers 4 h de l'après-midi.

wàyó, n.
• fraude, tromperie, mauvais coup.
Ó lo wàyó fún mi. Il m'a fait un mauvais coup. *Mi ò fẹ́ wàyó tí o fẹ́ lò fún mi.* Je n'aime pas le mauvais coup que tu veux me faire.

wé, vb.
• attacher, enrouler.
Wọ́n fi aṣọ wé ọmọ tuntun nítorí òtútù. Il ont enroulé le bébé dans un tissu à cause du froid. *Ọ̀nà tó fi wé gèlè rẹ̀ dára púpọ̀.* Elle a attaché son foulard de tête d'une très jolie façon.

wéré, adv.
• rapidement, vite, tout de suite.
Bó ṣe ń gbọ́ ọ̀rọ̀ náà, wéré ó ti dìde. En entendant cette histoire, il s'est vite levé. *Mu ọtí rẹ wéré !* Finis ton verre rapidement !

wèrè, n.
• fou.
Wèrè ni. C'est un fou. *Ó ya wèrè.* Il est fou.

wéré tí, loc. conj.
• aussitôt que.
Wéré tí ó pè mí, ni mo dáhùn. Aussitôt qu'il m'a appelé, j'ai répondu.

wẹ̀, vb.
• se laver, laver qqn.
Kò fẹ́ lọ wẹ̀. Il ne veut pas aller se laver.
• nager.
Ó wẹ̀ la odò kọjá. Il a traversé la rivière à la nage.
• célébrer, fêter un succès ou un achat important.
Ó yẹ ká wẹ̀ ẹ́ ! Il faut fêter cela !

wẹ́rẹ́, n./adv.
• bruit très léger.
Mo ń gbọ́ wẹ́rẹ́ ! J'ai entendu un bruit très léger ! *Ó dún wẹ́rẹ́.* Ça a résonné légèrement.
• de façon soudaine, inattendue.
Ó wọlé wẹ́rẹ́. Il est entré soudainement.

wẹ́wẹ́, adj.
(cf. **ọsàn** —, **ọ̀gẹ́dẹ́** —).
• petits morceaux.
Gé ẹ̀fọ́ náà sí wẹ́wẹ́. Coupe les légumes en petits morceaux.

wí, vb.
• dire.
Kò lè gbọ́ ohun tí o ń wí. Il ne peut entendre ce que tu dis. *Ó wí pé bàbá òun ń bínú.* Il a dit que son père était en colère.

wíńńdò, < angl., n.
• fenêtre.

wó, vb.
• démolir.
Wọ́n wó ilé wa nítorí títì tí wọ́n ń là. On a démoli notre maison à cause de la route qu'on agrandit.
• s'effondrer, s'écrouler.
Òjò tó rọ̀ ló wó ilé náà. La maison s'est écroulée à cause de la pluie qui est tombée.
• casser en menus morceaux l'ẹ̀lúbọ́ (avec un pilon ou une machine).
Wọ́n wó èlùbọ́ tí wọ́n fẹ́ lọ̀. Ils ont cassé les morceaux d'igname qu'ils veulent moudre.
• croquer (os, arête).
Àwọn Yorùbá máa ń wó eegun. Les Yorùbá croquent les os.

wó...lára, < wó...ní.ara, vb. comp.
• épuiser.
Iṣẹ́ yìí wó mi lára. Ce travail m'a épuisé.

wo, pron. inter. (cf. **èwo**).
• quel.
Iṣẹ́ wo lẹ ń ṣe ? Quel travail faites-vous ? *Ilé wo ló ń gbé ?* Quelle maison habite-t-il ?

wò, vb.
• regarder.

Wo ọnà dáadáa kí o tó sọdá títì. Regarde bien avant de traverser la rue.

◇ **wò fẹ̀tòfẹ̀tò** : regarder dans tous les sens.

wojú ilẹ̀, < wò.ojú ilẹ̀, loc. vb.
• analyser un problème, une situation.
Wọ́n wojú ilẹ̀ dáadáa kí wọ́n tó pinnu láti lọ sí Nàìjíríà. Ils ont bien analysé la situation avant de décider d'aller au Nigeria.

wòlíì, < ar., n.
• prophète.

wòran, < wò.ìran, vb. comp.
• regarder un spectacle.
Wọ́n lọ wòran. Ils vont voir un spectacle.
• traîner en route.
Ìyá kìlọ̀ fún ọmọ rẹ̀ kó má wòran lọ́nà ilé-ìwé. La mère a averti son enfant de ne pas traîner sur le chemin de l'école.

wóró, n.
• grain.
Wóró àgbàdo kan. Un grain de maïs.

◇ **wóró oògùn** : cachet, comprimé.

wóróbo, n. (cf. **oníwóróbo**).
• bric-à-brac.

wòye, < wò.òye, vb. comp.
• penser après réflexion.
Ó wòye pé kò lè bọ́ sí i. Après mûre réflexion, il pense que cela ne peut pas marcher. *Mo wòye pé ó yẹ kí ó lọ rí dókítà.* Je pense qu'elle devrait voir un docteur.

wọ́ 1, vb.
• tirer qqch. de lourd.
Ó wọ́ àpótí náà láti yàrá kan sí èkejì. Il a tiré la malle d'une pièce dans l'autre.

wọ́ 2, vb. (cf. **wọ́wẹ́**).
• arracher d'un seul coup (les feuilles) de leur tige en faisant glisser les doigts sur celles-ci (pour des brèdes).
A lè wọ́ ẹ̀fọ́ nígbà tí a kò bá ní àkókò láti hàn án. On peut arracher toutes les feuilles d'un coup quand on n'a pas le temps de les retirer une à une.

wọ́ 3, vb.
• être courbé, tordu.
Igi yìí wọ́, kò ṣe é lò fún àjà ilé. Ce bois est tordu, on ne peut l'utiliser pour la charpente de la maison.

wọ̀, vb.
• entrer.
Ẹ kànlẹ̀kùn kí ẹ tó wọlé. Frappez à la porte avant d'entrer.
• mettre ses chaussures ; s'habiller.
Wọ bàtà rẹ kí o tó jáde sínú òjò. Mets tes chaussures avant de sortir sous la pluie.
• se coucher (soleil, poules).
Oòrùn ti wọ̀.
Le soleil s'est couché.

◇ **wọ̀ èèwọ̀** : respecter un interdit. *Ejò ni èèwọ̀ wọn, wọ́n sì ń wọ̀ ọ́ dáadáa.* Le serpent leur est interdit et ils le respectent bien.

wọ̀...lára, < wọ̀...ní.ara, vb. comp. (cf. **ní** 3).

• absorber complètement (être plongé dans qqch.).
Ìwé tó ń kà wọ̀ ọ́ lára. Il est plongé dans le livre qu'il lit.

wọ̀...létí, < wọ̀...ní.etí, vb. comp. (cf. **ní** 3).
• être très clair (entrer dans les oreilles).
Ọ̀rọ̀ tí ẹ sọ wọ̀ mí létí dáadáa. J'ai bien compris ce que vous m'avez dit.

wọ̀...lójú, < wọ̀...ní.ojú, vb. comp. (cf. **ní** 3).
• entrer dans l'œil.
Igi wọ Bọ́lá lójú. Une brindille est entrée dans l'œil de Bọ́lá.
• convoiter, faire très envie.
Oúnjẹ tí o ń sè báyìí wọ̀ mí lójú. Ce plat que tu es en train de préparer me fait très envie.

wọ̀bìà, n.
• gloutonnerie.

wọ́n 1, pron. pers. (cf. **wọn**).
• ils ; elles.
Wọ́n lọ sí ọjà ní àárọ̀ yìí. Elles / ils sont allé(e)s au marché ce matin.
• on (exclu.).
Wọ́n sọ pé olè kò dára rárá. On dit que le vol est mauvais.
• pronom de référence pour qqn de plus âgé auquel on doit le respect.
Ìyá rẹ dà ? Wọ́n wà nílé. Où est ta mère ? Elle est à la maison.

wọ́n 2, vb. (cf. **ọ̀wọ́n**).
• être cher.
Aṣọ yìí ti wọ́n jù, mi ò lè rà á. Ce vêtement est trop cher, je ne peux pas l'acheter.
• être rare.
Oúnjẹ ò wọ́n láti rí, ó wọ́n díẹ̀ lówó ni. La nourriture n'est pas rare (difficile) à trouver, elle est un peu chère.

wọ́n 3, vb. (cf. **fọ́n**).
• asperger, humecter le linge, arroser (2e vb.).
Fi omi wọ́n aṣọ wọ̀nyẹn kí o tó lọ̀ ọ́. Humecte ces vêtements avant de les repasser. *Ó fi omi wọ́n ata tó ṣẹ̀ṣẹ̀ gbìn.* Elle a arrosé les piments qu'elle vient de planter.

wọn, pron. pers. (cf. **wọ́n**).
• ils ; elles (+ nég. et/ou futur).
Wọn ò jáde lálẹ́ yìí. Ils/elles ne sont pas sorti(e)s ce soir. *Wọn yóò jáde lọ́la.* Elles sortiront demain.
• leur.
Ilé wọn ni. C'est leur maison.

wọ̀n, vb.
• mesurer.
Ó wọn ilẹ̀. Il a mesuré le sol. *Ó wọn gíga ọmọ rẹ̀.* Il a mesuré la taille de son enfant.
• peser.
Ó wọn tòmátì. Elle a pesé les tomates.

wọ̀nà, < wò.ọ̀nà, vb. comp.
• attendre l'arrivée de qqn.
Mo ti ń wọ̀nà yín tẹ́lẹ̀ tẹ́lẹ̀ nígbà tí wọ́n sọ pé ẹ ó dé lónìí. Je vous attendais déjà quand ils ont dit que vous arriviez aujourd'hui.

wọ̀nyẹn, dét. démons. (cf. **ìwọ̀nyẹn**).

• ces.
Àwọn aṣọ wọ̀nyẹn ti dọ̀tí. Ces vêtements-là sont sales.

wọ̀nyí, dét. démons. (cf. **ìwọ̀nyí**).
• ces.
Àwọn aṣọ wọ̀nyí kò dára mọ́. Ces vêtements-ci ne sont plus bons.

wọ́pọ̀, vb.
• être commun, être répandu.
Ìwà olè wọ́pọ̀ lóde-òní. Le vol est très répandu par ces temps qui courent.

wọra, < wọ̀.ara, vb. comp.
• être absorbé par qqch, être plongé dans.
Ijó náà wọra púpọ̀. La danse l'absorbait complètement.

wọṣọ / wọ aṣọ, vb.+ obj. (cf. **wọ̀**).
• habiller, s'habiller.
Mo tètè wọṣọ. Je me suis vite habillé. *Ó wọṣọ fún ọmọ rẹ̀.* Elle a habillé son enfant.

wọ́wé / wọ́ ewé, vb. + obj. (cf. **wọ́** 2).
• perdre ses feuilles (arbre).
Igi yìí ti wọ́wé. Cet arbre a perdu toutes ses feuilles.
• retirer d'un seul coup toutes les feuilles de leur tige.
Ó ń kánjú, ó sì wọ́wé ẹ̀fọ́ tó fẹ́ sè. Elle était pressée, aussi a-t-elle retiré d'un coup les brèdes qu'elle veut faire cuire.

wú, vb.
• être gonflé.
Ikùn rẹ̀ wú. Son ventre est gonflé.
• être enflé.
Orí rẹ̀ wú ! Sa tête est enflée. (Il se sent fier. Empl. notamment lorsque qqn entend les chants de louanges de son lignage.)

wù, vb.
• plaire.
Aṣọ yìí wù mí. Ce tissu me plaît.

wúkọ́ ~ húkọ́, < wú.ikọ́, vb. comp.
• tousser.

wulẹ̀, pré-vb.
• arriver que, se trouver que, se produire, se donner la peine.
Má wulẹ̀ wá ní ìrọ̀lẹ́, mi ò ní í sí nílé. Ne te donne pas la peine de venir ce soir, je ne serai pas à la maison. *Mo wulẹ̀ dúró de Adé ni kò wá.* Il se trouve que j'ai attendu Adé pour rien.

wúlò, vb.
• être utile.
Má jù ú nù, ó lè wúlò fún wọn. Ne le jette pas, cela peut leur être utile.

wúńdíá, < empr., n.
• jeune fille non mariée.

wúrà, n.
• or (métal).
Ìyá ni wúrà, baba ni dígí. (Prov.). La mère est de l'or, le père un miroir. [La mère est la plus importante mais c'est au père qu'on ressemble.]

wúwo, vb.
• être lourd.

wúyẹ́, v. **sọ̀rọ̀**.

Y

yá 1, vb.
• être en forme.
Ara mi yá báyìí. Je suis en forme maintenant.
• être prêt ; être temps.
Ó ti yá, jẹ́ ká lọ! Il est temps de partir !
• arriver tôt.
Ó yá yín. Vous êtes arrivés tôt.

yá 2, vb.
• prêter.
Ó yá mi lówó. Il m'a prêté de l'argent.
• emprunter.
Ó yá owó lọ́wọ́ mi. Il m'a emprunté de l'argent.

yá 3, vb. (cf. **yáná**).
• se réchauffer, se mettre à la chaleur.
Ó jókòó yá oòrùn. Il s'est assis au soleil pour se réchauffer.

ya, vb.
• déchirer, se déchirer.
Aṣọ mi kọ́ èṣó, ó sì ya. Mon vêtement s'est accroché à un clou et s'est déchiré. *Má ya mí lẹ́wù*. Ne déchire pas ma chemise.

yà 1, vb.
• être (pour ce qui est considéré négativement par la société).
Ọbìnrin náà ya àgàn. La femme est stérile. *Ọkùnrin yẹn ya ọ̀lẹ*. Cet homme est paresseux.

yà 2, vb.
• dessiner.
Ṣé ìwọ ló ya àwòrán yìí ? Est-ce toi qui as fait ce dessin ?
• prendre une photo ; faire une radiographie.
Ẹ ya fọ́tò mi. Prenez une photo de moi. *Wọ́n ya fọ́tò apá rẹ̀ tó dá*. On a fait une radio de son bras cassé.

yà 3, vb.
• bifurquer, tourner.
Kọ́kọ́ ya apá ọ̀tún. Tourne d'abord à droite.
• se diviser, séparer.
Ọ̀nà yìí yà sí méjì. Cette route se divise en deux.
• peigner, se peigner.
Ya irun rẹ̀. Peigne-toi.

yà...lẹ́nu, < yà...ní.ẹnu, vb. comp. (cf. **ní** 3, **yà** 3).
• surprendre, être étonné, s'étonner.
Ìwà tó hù yà mí lẹ́nu. Sa conduite m'a étonné.

yà...sílẹ̀, vb. comp. (cf. **sí** 1, **yà** 3).
• doubler.
Ẹ má ya ọkọ̀ sílẹ̀ lórí òkè. Ne doublez pas en haut d'une côte.

yàgàn / ya àgàn, vb.+ obj. (cf. **yà** 1).
• être stérile.

yàgbẹ́ / ya ìgbẹ́, vb.+ obj.
• déféquer.
• (+ ń) avoir la diarrhée.
Ọmọ yìí ń yàgbẹ́. Cet enfant a la diarrhée.

yájú, < yá.ojú, vb. comp. (cf. **yá** 1).
• être insolent.
Bọ́lá yájú. Bọ́lá est insolente. *Bọ́lá yájú sí olùkọ́ rẹ̀.* Bọ́lá a été insolente envers son professeur.

yálà...tàbí, < haus., conj.
• soit...soit.
Yálà òun tàbí èmi yóò lọ. Soit elle, soit moi, nous irons.

yán, vb.
• bâiller.
• hennir.

yan 1, vb.
• fumer (viande, poisson).
Ìyá Olú ń yan ẹja. La mère d'Olú a fumé le poisson.
• griller.
Wọ́n yan àgbàdo lórí iná. Ils ont fait griller du maïs sur le feu.

yan 2, vb.
• parader, marcher lentement avec dignité et importance.
Ó ń yan rìn. Il marche avec importance. *Àwọn ọmọ-ogun ń yan.* Les soldats paradent.

yàn, vb.
• choisir.
Mo yàn láti dúró ní orílẹ̀-èdè yìí. J'ai choisi de rester dans ce pays.

yàn...lódì, < yàn...ní.odì, vb. comp. (cf. **ní** 3).
• tourner le dos à qqn., garder rancune.
A kì í yan àna ẹni lódì. On ne doit pas avoir de rancune envers ses beaux-parents. *Adé kò kí mi mọ́, ó ń yàn mí lódì.* Adé ne me salue plus, il me garde rancune.

yàn...sọjú, < yàn...sọ.ojú, vb. comp. (cf. **sọ** 2).
• prendre en grippe qqn.
A ò mọ ìdí rẹ̀ tí tíṣà yẹn fi yan ọmọ náà sọjú. On ne sait pas pourquoi cet instituteur a pris cet enfant en grippe.

yáná, < yá.iná, vb. comp. (cf. **yá** 3).
• se chauffer, se réchauffer près d'un feu ; exposer à la chaleur.
Òtútù mú ọmọ yìí, ó ń yáná. Cet enfant a froid, il se réchauffe près du feu. *Ó fi aṣọ rẹ̀ yáná kí ó lè tètè gbẹ.* Elle a exposé son vêtement au feu pour qu'il sèche vite.

yangàn, vb.
• être fier de qqn, de qqch. (2e vb.).
Mo fi èsì ọmọ mi yangàn. Il est fier des résultats de son enfant.

yanjú, < yàn.ojú, vb. comp.
• séparer qqch. de qqch. d'autre.
Wọ́n da omi àti ẹmu pọ̀ àfi Ọlọ́run ló lè yanjú rẹ̀. On a mélangé l'eau et le vin de palme, seul Dieu peut les séparer.
• résoudre, régler, s'arranger (une affaire).
Ọ̀rọ̀ yìí kò ṣeé yanjú. Cette affaire est impossible à régler.

yànmù-yánmú, n. comp.
• moustique.

Yánníbo, n. pr.
• nom donné à la femme de Tortue dans les contes.

yanrìn, v. **iyanrìn**.

yanu / ya ẹnu, vb.+ obj.
(cf. **yà** 3).
• ouvrir la bouche.
Ó yanu, kò lè pa á dé. Elle a ouvert la bouche, elle ne peut plus la refermer.

yára, < yá.ara, vb. comp.
• se dépêcher, être rapide.
Wọ́n yára lọ sí ibi-iṣẹ́ wọn. Ils se sont dépêchés d'aller au travail. *Ehoro yára ju ìjàpá lọ.* Le lapin est plus rapide que la tortue.

yàrá, n.
• pièce, chambre.

yarí, < yà.orí, vb. comp.
(cf. **yà** 3).
• refuser catégoriquement, énergiquement.

yarun / ya irun, vb.+ obj.
(cf. **yà** 3).
• se peigner.

yáṣẹ́, < yá.iṣẹ́, vb. comp.
(cf. **yá** 1.).
• être rapide dans le travail.
Wọ́n yáṣẹ́. Ils ont été rapides dans leur travail. *Ẹ yáṣẹ́ o !* Que le travail avance bien ! (Idiom., exprime un souhait.)

yàtọ̀ sí, vb.
• être différent de.
Aṣọ mi yàtọ̀ sí tirẹ̀. Mon vêtement est différent du sien.

yàtọ̀ sí pé, loc. conj.
• à part que, outre que, sinon que.
Yàtọ̀ sí pé mi ò lówó, kò wù mí láti lọ Èkó. Outre que je n'ai pas d'argent, je n'ai pas envie d'aller à Lagos.

yáwọ́, < yá.ọwọ́, vb. comp.
(cf. **yá** 1).
• être adroit, être habile, être rapide.
Gbẹ́nà-gbẹ́nà yìí yáwọ́ nínú iṣẹ́ rẹ̀. Ce menuisier est adroit dans son travail. *Ẹ yáwọ́ o !* Que le travail avance bien !

yé 1, vb.
• arrêter de faire qqch.
Yé sọ̀rọ̀ ! Arrête de parler !

yé 2, vb.
• être clair, intelligible.
Ohun tí ẹ ń sọ kò yé mi. Je ne comprends pas ce que vous dites.

◇ **yé yékéyéké** : être parfaitement clair.

yé 3, vb.
• pondre.
Adìẹ yé ẹyin méjì. La poule a pondu deux œufs.

yè, vb.
• survivre.
Ó ye àrùn burúkú náà. Il a survécu à cette terrible maladie.

yéè, excl.
• oh ! (marque l'étonnement, la douleur, le regret).

yéèpà, excl.
• marque la douleur, la surprise, l'admiration.

yege, vb.
• réussir (test, examen, travail).
Ọmọ rẹ̀ yege nínú ìdánwò rẹ̀. Son enfant a réussi ses examens.

yékéyéké, v. **yé** 2.

Yemọja, n. pr.
• déesse des fleuves et des rivières.

yẹ, vb. imp.
• convenir, être souhaitable.
Ó yẹ kí a jọ lọ rí ọ̀gá wa. Il est souhaitable que nous allions ensemble voir notre patron.
• aller bien.
Aṣọ tí Adé wọ̀ yẹ ẹ́. Le vêtement que porte Adé lui va bien.

yẹ̀, vb.
• glisser, déplacer.
Apá mi yẹ̀. Mon bras a glissé (de dessus la table, par ex.). *Yẹ ìwé náà sí ẹ̀gbẹ́ kan.* Déplace le livre sur le côté.
• esquiver, éviter qqch.
Mo yẹ òkúta tó sọ, kò bà mí. J'ai évité la pierre qu'il a lancée, elle ne m'a pas atteint.
• ne pas tenir une promesse.
Ó yẹ àdéhùn. Il n'a pas tenu sa promesse.

yẹ̀...kúrò, vb.
• déplacer, se déplacer.
Ó yẹ àwọn ìwé tó wà lórí tábílì kúrò sórí pákó. Il a déplacé les livres de la table sur l'étagère. *Ọwọ́ aago mi yẹ̀ kúrò ní ipò rẹ̀.* L'aiguille de ma montre s'est déplacée de sa position.

yẹ́...sí, vb.
• se montrer courtois, être déférent envers qqn.
Àwọn ọmọ-ẹgbẹ́ yẹ́ alága wọn sí. Les membres du club se sont montrés très courtois envers leur président.

yẹ̀...wò, vb.
• analyser ; examiner, regarder attentivement.
Wọ́n yẹ ọ̀rọ̀ náà wò dáadáa, wọ́n sì yanjú rẹ̀. Ils ont bien analysé le problème et ils l'ont réglé. *Dókítà yẹ ọmọ mi wò, ó sì rí i pé ibà ló ń ṣe é.* Le docteur a examiné mon enfant et a vu qu'il avait de la fièvre.

yẹ̀bá, < yẹ̀.ẹ̀bá, vb. comp.
• s'écarter, se mettre de côté, se pousser.
Ó yẹ̀bá sí ẹ̀gbẹ́ kan kí n lè kọjá. Il s'est poussé de côté pour que je puisse passer.

yẹ̀ẹ̀pẹ̀, v. **iyẹ̀pẹ̀**.

yẹhùn, < yẹ̀.ohùn, vb. comp.
• manquer à sa promesse, à sa parole, revenir sur, se rétracter.
Ó yẹhùn. Il a manqué à sa promesse. *Ó yẹhùn kúrò ní ohun tó sọ lánàá.* Il est revenu sur ce qu'il avait dit hier.

yẹ́lẹyẹ̀lẹ, adv.
• en menus morceaux, en pièces.
Ó fa aṣọ mi ya yẹ́lẹyẹ̀lẹ. Il a mis mon vêtement en morceaux. *Ọ̀rọ̀ náà pín yẹ́lẹyẹ̀lẹ.* Cette affaire a beaucoup de ramifications.

yẹ́lò, < angl., n.
• jaune.

yẹn, dét. démons. (cf. **ìyẹn**).
• ce, cette, ce...là.

yẹpẹrẹ, adj.
• insignifiant, sans poids, sans substance, sans valeur.

A ò gbọdọ̀ mú ọ̀rọ̀ àwọn àgbàlagbà ní yẹpẹrẹ. On ne doit pas prendre les paroles des anciens à la légère.

yẹra, < yẹ̀.ara, vb. comp.
• bouger, se déplacer, se pousser.
Olófòófó yẹra, a fẹ́ sọ̀rọ̀ awo. (Prov.). Cancanière, pousse-toi, on a des secrets à se dire. [Il ne faut pas parler devant qqn de trop bavard.]
• éviter qqn, qqch.
Ó yẹra fún mi, kò bá mi rìn mọ́. Il m'évite, il ne veut plus sortir avec moi. *Mo máa ń yẹra fún ọtí mímu lásìkò ààwẹ̀.* J'évite l'alcool pendant le ramadan.

yẹtí, < yẹ.etí, n.
• boucle d'oreille.

yẹ̀wò, v. **yẹ̀...wò**.

yẹ̀yẹ́, n.
• moquerie, taquinerie.
Wọ́n fi í ṣe yẹ̀yẹ́. Ils se sont moqué de lui.

yí, vb.
• rouler, tourner.
Ó yí òkúta kúrò lójú ọ̀nà. Il a roulé la pierre hors du chemin. *Ó yí ojú rẹ̀ sí ẹ̀gbẹ́ kan.* Il a tourné les yeux de côté.
• être recouvert par qqch., se mettre sur : souiller, être souillé.
Aṣọ tó jábọ́ yí yẹ̀ẹ̀pẹ̀. Le vêtement qui est tombé a été souillé par la terre. *Ẹ̀jẹ̀ yí aṣọ náà.* Le sang a souillé le tissu.

yi, vb.
• être caoutchouteux.
Ẹran yìí yi ! Cette viande est caoutchouteuse !

yí...ká, vb.
• entourer.
Wọ́n yí mi ká. Ils m'ont entouré. *Wọ́n fi òdòdó yí ilé ká.* Ils ont entouré la maison de fleurs.

yí ọkàn padà, vb. comp.
• changer d'avis.
Ó ti yí ọkàn rẹ̀ padà, kò lọ mọ́. Il a changé d'avis, il ne part plus.

yídì, < haus., n.
• champ de prière musulman.

yìí, dét. démons. (cf. **èyí**).
• ce, cette, ce...ci.
Ilé tí ó rà yìí wọ́n. Cette maison qu'il a achetée est chère.

yín 1, pron. pers.
• vous.
Ìjàpá ń kí yín o ! Tortue vous salue !
• votre, vos.
Ilé yín dára. Votre maison est jolie. *Bàtà yín ti dọ̀tí.* Vos chaussures sont sales.

yín 2, vb.
• égrainer.
Ó ń yín àgbàdo. Elle égraine le maïs.

yìn 1, vb.
• faire l'éloge de, louer qqn
Wọ́n yìn ín fún iṣẹ́ pàtàkì tó ṣe fún ará ìlú. On l'a loué pour le travail important qu'il a fait pour les habitants de la ville.

yìn 2, vb. (cf. **yìnbọn**).
• tirer avec un fusil.

yìnbọn / yin ìbọn, vb.+ obj. (cf. **yìn** 2).
• tirer, viser avec un fusil.
Àwọn ọlọ́pàá yìnbọn sí àwọn olè. Les policiers ont tiré sur les voleurs.

yìnyín, n.
• grêle.

yípinnu padà
~ **yí ìpinnu padà**, vb.+ obj.
• changer d'avis.

yípo / yí...po, vb. (cf. **yí**).
• se mettre autour de.
Wọ́n yípo tábìlì yìí ~ Wọ́n jókòó yípo tábìlì. Ils se sont mis autour de la table.
• entourer, encercler.
Àwọn ọlọ́pàá yí ilé náà po. Les policiers ont entouré la maison.

yó, vb.
• être rassasié.
Mo ti yó dáadáa. Je suis bien rassasié.

yóò ~ ó, marq. vb. (cf. **á**).
• futur.
Adé yóò kó lọ sí ibòmíràn. Adé déménagera ailleurs.

yòókù, dét. (cf. **ìyókù**).
• reste.
Mo lè jẹ ẹ̀wà yòókù láàárọ̀ ọ̀la. Je peux manger le reste de haricots demain matin.

yòówù, dét. (cf. **ìyówù**).
• quel(le) que soit, n'importe quoi, n'importe lequel.
Agbára yòówù kí ó ní, kò lè ṣe mí léṣe. Quelle que soit sa force, il ne peut me blesser. *Màá gba iye yòówù tí o bá lè fún mi*. J'accepterai n'importe quelle somme d'argent que tu pourras me donner.

Yorùbá, n. pr.
• désigne à la fois la langue et le peuple parlant cette langue. Les Yorùbá occupent le sud-ouest du Nigeria ; on trouve également des sous-groupes yorùbá au Bénin et au Togo.

yọ́ 1, vb.
• fondre.
A gbé epo tó sùn kaná kó lè yọ́. On a mis l'huile figée sur le feu pour qu'elle fonde.

yọ́ 2, vb.
• faire qqch. subrepticement.
Ó yọ́ lọ láìjẹ́ kí ẹnìkankan mọ̀. Elle a filé à l'anglaise pour que personne ne le sache. *Ó ń yọ́ rìn*. Il marche sur la pointe des pieds.

yọ, vb.
• apparaître, se voir.
Àwọ̀ aṣọ rẹ̀ yọ ní ọ̀kánkán. La couleur de son vêtement se voit de loin. *Òṣùpá kò yọ lálẹ́ yìí*. La lune ne s'est pas montrée ce soir.
• saillir.
Ikùn olówó yìí yọ. Ce riche a un ventre saillant.

yọ̀ 1, vb.
• se réjouir, être heureux.
Wọ́n yọ̀ púpọ̀ nígbà tí ọmọ wọn padà láti ìlú òyìnbó. Ils se sont réjouis du retour de leur enfant de l'étranger.
• être capricieux.
Ọmọ yẹn ń yọ̀ jù. Cet enfant est

trop capricieux.

yọ̀ 2, vb.
• glisser, faire glisser, être glissant.
Ṣóra kí o má yọ̀ ṣubú. Attention de ne pas glisser et de risquer de tomber. *Mo yọ̀ lórí èèpo ọ̀gẹ̀dẹ̀.* J'ai glissé sur une peau de banane plantain.
• être gluant.
Ọbẹ̀ ilá ń yọ̀ dáadáa. La sauce au gombo est bien gluante.

◇ **yọ̀ tẹ̀ẹ̀rẹ̀** : glisser de tout son long.

yọ...kúrò, vb.
• enlever, déplacer, ôter.
Yọ igi yìí kúrò níbẹ̀, ó ti gùn jù. Enlève ce bois de là-bas, il est trop long.
• soustraire.
Yọ èjì kúrò nínú ẹ̀wá. Soustrais deux de dix.

yọ...lẹ́nu, < yọ...ní.ẹnu, vb. comp.
• agacer, déranger, embêter, harceler, importuner.
Má yọ mí lẹ́nu, mò ń ṣiṣẹ́ lọ́wọ́. Ne m'embête pas, je suis en train de travailler.
• faire mal, incommoder.
Ooru náà ń yọ ọ́ lẹ́nu. La chaleur l'incommode.

yọ̀ mọ́, vb. (cf. **yọ̀** 1)
• se réjouir avec.
Ó yọ̀ mọ́ mi. Il s'est réjoui avec moi.

yọ́...sílẹ̀, vb. comp.
• éviter d'être vu.
Ìyá yọ́ ọmọ rẹ̀ sílẹ̀ nígbà tí ó fẹ́ lọ sọ́jà. La mère a évité que son enfant ne la voie lorsqu'elle est partie au marché.
• se débrouiller pour, s'arranger pour.
Ó ń yọ́ iṣẹ́ tirẹ̀ sílẹ̀ fún Adé. Elle se débrouillait pour laisser son travail à Adé.

yọjú, < yọ.ojú, vb. comp.
• jeter un coup d'œil.
Ó yọjú wò mí láti ẹnu-ọ̀nà. Il m'a jeté un coup d'œil de la porte. *Mo fẹ́ yọjú sí ohun tí wọ́n ń ṣe.* Je veux jeter un coup d'œil sur ce qu'ils font.

yọ̀lẹ / ya ọ̀lẹ, vb.+ obj. (cf. **yà** 1).
• être paresseux.

yọnu, < yọ.ẹnu, vb. comp.
• ennuyer, donner des ennuis, tracasser.
Ṣé mọ́tò yín kò yọnu ? Est-ce que votre voiture ne vous donne pas des ennuis ?

yọ́nú sí, < yọ́.inú sí, vb. comp. (cf. **yọ́** 1),
• ne plus être fâché contre qqn.; se réconcilier.
Ó ti yọ́nú sí ọ̀rẹ́ rẹ báyìí. Il n'est plus fâché contre son ami, maintenant. *Wọ́n ti yọ́nú sí ara wọn.* Ils se sont réconciliés.

yọ̀ǹda ~ yọ̀ọ̀da, < haus., vb.
• proposer, se proposer.
Ta ló yọ̀ǹda ara rẹ̀ láti gbálẹ̀ ? Qui va se proposer pour balayer ? *Mo yọ̀ǹda ara mi.* Je me propose.
• faire cadeau.
Mo yọ̀ǹda owó tó jẹ mí fún un. Je lui ai fait cadeau de l'argent qu'il me devait.

yọ̀ọ̀da, v. **yọ̀ǹda**.

yọrí, < yọ.orí, vb. comp.
• accomplir, achever.
A ti yọrí iṣẹ́ náà. On a achevé le travail.

yọrí sí, < yọ.orí sí, vb. comp.
• se présenter (une situation).
Báwo ni ọ̀rọ̀ nípa ìrìnàjò rẹ ṣe yọrí sí ? Comment se présente ton projet de voyage ?

yọwọ́yọsẹ̀, < yọ.ọwọ́.yọ.ẹsẹ̀, loc. vb.
• se retirer complètement de qqch.
Mo yọwọ́yọsẹ̀ nínú ọ̀rọ̀ náà. Je me suis retiré complètement de cette histoire.

yún, v. **hún**.

yunifásítì, < angl., n.
• université.

INDEX
FRANÇAIS-YORÙBÁ

Les entrées en français

Présentation des entrées

— Le verbe yorùbá correspond, en français, à un verbe pronominal.

Ex. : **adosser, s'–** : fẹ̀fìntì

Le tiret reprend le terme d'entrée.

— Le verbe yorùbá correspond, en français, à un verbe qui peut être pronominal ou non.

Ex. : **agrandir**, (s'–) : fẹ̀, ràn 2

La parenthèse indique que le verbe n'est pas un pronominal obligatoire.

— L'équivalence du terme français correspond, en yorùbá, à une sous-entrée. Dans ce cas-là, le terme sera précédé de v. (voir).

Ex. : **autrefois** : v. ayé

— L'équivalence du terme yorùbá existe bien en français, mais il existe en plus, un terme ou une expression sémantiquement liés au terme d'entrée. Dans ce cas, après l'équivalence, on indiquera les autres termes à consulter.

Ex. : **compliqué**, être – : díjú ; v. ta 2

— Le terme yorùbá correspond, en français, à une entrée comportant plusieurs termes (locution, verbe + nom, etc.).

• Soit, le terme figurant en entrée sera le plus marqué.

Ex. : **pousser** (commencer à –) : rú

• Soit, on aura une double entrée. Ainsi, "enfreindre une loi" ou "avoir mal à la tête" :

Ex. : **enfreindre une loi** : rúfin
loi, enfreindre une – : rúfin
mal de tête : ẹ̀fọ́rí
tête, mal de – : ẹ̀fọ́rí

A

à : ní 3
à part que : yàtọ̀ sí pé
abaisser : ré...sílẹ̀
abandonner : pa...tì
abattre (arbre) : gé
abattre, ne pas se laisser – : v. faraálẹ̀
abattre sur, s'– : ṣù bò
abeille : oyin
abîmé, être – : bàjẹ́
abîmer : bàjẹ́
ablution : àlùwàlá
abondance, en – : rẹpẹtẹ
abord, d'– : kọ́kọ́, ná 1
aboutir à : já sí
aboyer : gbó 1
abréger : gé...kúrú
abri : ahéré ; v. àtíbàbà
absolument : jálẹ̀
absorbé par, être – : wọra
absorber : fà...mu
abstenir, s'– : sẹ́ra
absurdité : ìranù, ìrégbè
accepter : gbà
accepter de grand cœur : tẹ́wọ́gbà
accident : ìjàǹbá
accidenté, être – : jáàmù
accompagner : bá...lọ
accomplir : yọrí
accomplir, s'– : ṣẹ, ṣẹlẹ̀
accomplissement : àṣeyọrí
accord : àdéhùn
accord, se mettre d'– : fẹnu kò
accoster : gúnlẹ̀
accoucher : bímọ
accrocher à, s'– : dìmọ́, dìrọ̀ mọ́, kọ́ 2, wàmọ́
accroître : pọ̀ sí i
accroupir, s'– : lóṣòó
accueillir : tẹ́wọ́gbà, tújú ká ; v. gbà...tọwọ́-tẹsẹ̀
accusation : ẹ̀sùn
accusé : ẹlẹ́jọ́
accuser : fẹ̀sùn kàn
acheter : rà 1
achèvement : àṣeyọrí
achever : yọrí
acide, être – : kan 1
acompte : owó-àsansílẹ̀
acquitter qqn : dá...sílẹ̀
acteur : eléré, òṣèré
action de grâces : ìdúpẹ́
actuel : v. òde
adieux, faire ses - : dágbére
additionner : rò...pọ̀
administration : ìṣàkóso
adosser, s'– : fẹ̀hìntì

adresse : àdírẹ́sì

adroit, être – : yáwọ́

adulte : àgbà

adulte, être – : dàgbà

adultère : àgbèrè

aéroport : ìdíkọ̀-òfuurufú

affaire : ẹjọ́, ọ̀rọ̀ 1

affaire, fin fond d'une – : òkodoro

affaires : òwò

affection : ìfẹ́

affronter : dojú kọ, kò....lójú

affronter, s'– : faga-gbága

affût, se mettre à l'– : lúgọ

afin de, afin que : láti, kí...baà lè

Africain : Adúláwọ̀

Afrique : Aáfíríkà

agacer : yọ...lẹ́nu

âge : ọjọ́-orí

âgée, personne – : àgbàlagbà

agenouiller, s'– : kúnlẹ̀

agglutiner, s'– : ṣù bò

agitation : ìjàngbọ̀n

agité, fait d'être – : ìpátá

agité, qui est – : oníjàngbọ̀n

agiter : mì 1

agouti : ọ̀yà

agrandir, (s'–) : fẹ̀, ràn 2

agréable, être – : dùn 1.

agripper à, s'– : dìmọ́, dìrọ̀ mọ́

aide : ìrànlọ́wọ́

aide communautaire : ọ̀wẹ̀

aide matérielle : ànawọ́sí

aider : bá 2, ràn...lọ́wọ́

aigre, être – : kan 1

aigrette blanche : lékèé-lékèé

aiguille : abẹ́rẹ́

aiguisé, être bien – : mú 3

aiguiser : lọ̀ 3, pọ́n 3

ailleurs : ibòmíràn ; v. ìdálẹ̀, ẹ̀hìn

ailleurs, mettre – : yẹ̀...kúrò

aimer : fẹ́ràn

aimer beaucoup (qqch) : kúndùn

aîné : ẹ̀gbọ́n ; v. àgbà

ainsi : àṣé, báyìí, bẹ́ẹ̀

ainsi, qu'il en soit – : àṣẹ

air : afẹ́fẹ́

air, prendre l'– : v. afẹ́fẹ́

airs, prendre des – : v. fáàrí

aisselle : abíyá

ajouter : fi sí i ; v. bù, dà...sí i

albinos : àfín

alcool : ọtí

alcool fort : ògógóró ; v. ọtí

alentours : agbègbè, ìtòsí

aligner (s'–) : tẹ̀léra, tò

aliment : oúnjẹ

allées et venues : ìrìnkèrindò

aller : lọ

aller à la selle : gbọnsẹ̀

aller avec qqn : bá...lọ

aller bien (qqch) : bá...mu, bá...lára mu, yẹ

aller chez : bẹ̀...wò

aller (d'un endroit à l'autre) : kiri

aller vers : kọrí sí

aller vite (véhicule) : sáré

aller voir qqn : tọ̀...lọ ; v. lẹ́sẹ̀

alliance, parenté par – : àna

allonger, s'– : dùbúlẹ̀, nara, rẹjú

allumer du feu : dáná, tanná

allumer (lumière, lampe) : tanná

allumette : ìṣáná

alors : bá 1, wá 1

amalgamer : papọ̀

amande (noix de palme) : èkùrọ́

amant(e) : àlè

ambassadeur : aṣojú-orílẹ̀-èdè

améliorer, s'– : sọjí

amen : àmí

amer, être – : korò

Amérique : Amẹ́ríkà

ami : ọ̀rẹ́

ami, être – : rẹ́ 3, ṣọ̀rẹ́

ami intime : kòríkòsùn

amidon : sítáàṣì

amitié : ọ̀rẹ́

amitié, se lier d'– : ṣọ̀rẹ́

amour : ìfẹ́

amour, faire l'– : lò pọ̀ ; v. sùn

amplifier, (s'–) : fẹjú, fẹ̀...lójú

ampoule électrique : gílóòbù

amuser : dá...lára yá

amuser, s'– : gbádùn

an : ọdún

analyser : yẹ̀...wò, wojú ilẹ̀

ananas : ọ̀pọ̀n-òyìnbó

ancêtre : egúngún

ancêtres, chant des – : iwì

ancien : àtọwọ́dọ́wọ́

ancien (qqn) : àgbàlagbà

ancien temps : àtijọ́

âne : kẹ́tẹ́kẹ́tẹ́

ange : áńgẹ́lì, màlékà

Anglais : gẹ̀ẹ́sì ; v. èdè

angle : igun

Angleterre : v. ilẹ̀

anguille : ẹja-òjíjí

animal : ẹranko, ẹran

animal d'élevage : ẹran ọ̀sìn

animal domestique : ẹran ọ̀sìn

animal sauvage : ẹranko-ìgbẹ́

anneau : òrùka

année : ọdún

année dernière : èṣín

anniversaire : ọjọ́-ìbí

annoncer : lọ̀ 1

annoncer publiquement : kéde, polongo

annuler : fagilé

ans, tous les – : v. ọdún

anse : ọwọ́

antériorité : ti 2

***antériorité + nég*.** : tîì 2

antidote : aporó, ẹ̀rọ̀

antilope cob : egbin

antilope *sp*. : àgbọ̀nrín, ìgalà

antre : ibùgbé

anus : fùrọ̀

anxiété : àìbalẹ̀ ọkàn

anxieux, être – : ká…lára

aoûtat *sp*. : kò-tó-nǹkan

apaisé, être – : túra ká

apaisement : ẹ̀rọ̀

apaiser : tù…lójú

apaiser, s'– : túra ká

apercevoir : kó fìrí

apercevoir, s'– : róye

aplatir : nà 1

apparaître : hàn 1, yọ

appareil : ẹ̀rọ

appareil photo : kámẹ́rà

apparence : ìrísí

appartenir à : ni 1

appât : ìjẹ

appeler : pè

appeler à la prière : pèrun

appeler qqn : ké sí

appellation personnelle : oríkì

applaudir : pàtẹ́wọ́

appliquer, s'– : fiyè sí, fojú sí, kọjú sí, sà 1

appliquer sur : ra 1

appliquer un gris–gris : sà 1

apporter (obj. pl.) : kó…wá

apporter (obj. sg.) : mú…wá, gbé…wá

apporter (aide matérielle) : nawọ́ sí 2

apprendre : kọ́ 1

apprendre par cœur : kọ́…sórí

apprendre (nouvelle) : gbọ́

apprenti : ọmọ-ẹ̀kọ́ṣẹ́, ọmọ-iṣẹ́

approcher, (s'–) : sún, súnmọ́

approprié, être –: bójú mu, tọ́ 1

appuyer : tẹ̀

appuyer la tête sur, s'– : forí tì

appuyer, s'– : gbójú lé

appuyer sur, (s'–) : tì 2, fi…tì

après : lẹ́hìn

après, juste – : tòuntẹnuẹ̀

après que : lẹ́hìn tí

après-demain : ọ̀tunla

après-midi : ọ̀sán, ìrọ̀lẹ́

Arabe : Lárúbáwá

arachide ; ẹ̀pà

arachide, huile d'– : v. òróró

araignée : aláǹtakùn

araignée, toile d'– : jàǹkárìwọ̀

arbre : igi

arbre à karité : ẹmi

arbre iroko : ìrókò

arbre *sp.* : ìgbá, ìròsùn

arc : ọrun

arc-en-ciel : òṣùmàrè

ardoise (pour écrire) : sílééti

arête de poisson : egungun

arête du nez : igimú

argent (métal) : fàdákà

argent (monnaie) : owó

argile : amọ̀

argument : iyàn

argumenter : lọ́yà

arithmétique : ìṣirò

armoire : kọ́bọ́ọ̀dù

arquées (jambes) : kẹtan

arracher : hú ; v. wọ́ 2

arracher (avec les mains) : tu 1

arracher (feuilles, fruits) : já

arracher, s'– : já

arrangement : ètò

arranger : tún...ṣe

arranger, s'– : túnra ṣe

arrêt (bus, train) : ibùsọ̀

arrêter de faire qqch : yé 1

arrêter, (s'–) : dá...dúró

arrêter, s'– (liquide) : dá 4

arrhes : owó-àsansílẹ̀

arrière, en – : ẹ̀hìn

arrivée : àbọ̀

arriver : bọ̀ 1, dé 1, gúnlẹ̀

arriver à : v. jàjà

arriver (à la fin de qqch) : dópin

arriver (à sa fin) : kásẹ̀ nílẹ̀

arriver (de qq part) : ti 3

arriver que : v. wulẹ̀

arriver tôt : v. yá 1

arrogance : ìgbéraga

arrogant, être – : gbéra ga

arroser : fọ́n, wọ́n 3

artère : iṣan

article, faire l'– : polówó

asperger : fọ́n, wọ́n 3

assassin : v. a–

assemblée : àjọ, ìgbìmọ̀

assembler : papọ̀

assembler, s'– : péjọ

asseoir, s'– : jókòó

assez, en avoir – : kà...láyà, pá... láyà, sú

assez, être – : tó

assez, juste – : san 2

assiette (cassable) : àwo

assiette (métal) : abọ́

assis confortablement, être – : fè̩

assis, être – : jókòó

assitance : ìnawó̩sí

association : e̩gbé̩

associer, s'– : darapò̩ mó̩

assurément : dájú dájú

asticot : ìdin

astuce : o̩gbó̩n

atelier : ilé-ìs̩é̩

atmosphère : òfuurufú ; v. afé̩fé̩

attacher : dè, so 2, so...pò̩

attacher (cheveux), s'– : kórun

attacher (foulard) : wé

atteindre : bà 2

atteindre la mesure : dójú ìwò̩n, tó

atteindre (destination) : gúnlè̩

atteindre (une limite) : mo̩ 1

attendre : dúró

attendre, faire – : dá...dúró

attendre (arrivée de qqn) : wò̩nà

attendre qqn : dúró dè

attendre qqn, qqch : retí 1

attention : àkíyèsí

attention à, faire – : fojú sí, fiyè sí, ko̩jú sí

attention, faire – : fè̩sò̩, ro̩ra, s̩ó̩ra

attention (soin) : è̩lè̩, è̩sò̩

atterrir : bà 2, gúnlè̩

attiser le feu : fín

attraper : mú 1

attraper au vol : hán

attrister : bá...nínú jé̩ ; v. bàjé̩

aube : àfè̩mó̩jú

aubergine *sp.* : ikàn

aucun : kankan, ò̩kan

audacieux, être – : dájú

augmenter : fi kún, pò̩ sí i

aujourd'hui : lónìí, òní

aujourd'hui, d'– : ìwòyí

aulacode : ò̩yà

aumône : sàká, sàráà

auparavant : àtè̩hìnwá, rí 2, té̩lè̩

auscultation : àyè̩wò

aussi : náà, pàápàá, pè̩lú, nípa báyìí, tún

aussi bien : bé̩è̩

aussi...que : v. tó

aussitôt : lé̩sè̩ kan náà, lé̩sè̩ke̩sè̩

aussitôt que : gbàrà tí, lé̩è̩kan tí, lé̩nu kan tí, lé̩sè̩ke̩sè̩ tí, wéré tí

autant : v. tó

autel : ojúbo̩

authentique : gidi, ojúlówó

autobus : v. mólùè̩

autorisation : às̩e̩

autoriser : fàṣẹ sí, gbà...láyè
autorité : àṣẹ
autorité, avoir de l'– : ká 3
autour de, se mettre – : yípo
autre (différent) : òmíràn
autre, qqn d'– : ẹlòmíràn
autrefois : v. àtijọ́
auvent : àtíbàbà
avaler : gbé...mì, mì 2
avaler de travers :
sá pá...lórí
avancer (continuer à –) : ǹṣó
avant : rí 2, tẹ́lẹ̀
avant, d'– : àtẹ̀hìnwá
avant de : kí...tó
avant-hier : ìjẹta
avant que : kí...tó
avantage : àǹfàní
avare : ahun
avare, être – : háwọ́
avarice : ahun
avec : pẹ̀lú
avec, faire – qqn : bá 2, pẹ̀lú
avec soi : dání, lọ́wọ́
avenir : v. ẹ̀hìn
avertir : kìlọ̀, ta lólobó
aveugle : afọ́jú
avidité : olójú-kòkòrò,
ọ̀kánjúà
avion : bàlúù ; ọkọ̀-òfuurufú
avis : ìmọ̀ràn
avis, donner son – :
v. fún...lábọ̀
avocat : agbẹjọ́rò, lọ́yà
avoir : ní 1
avoir (en nombre suffisant) :
kárí
avorter : ṣẹ́yún
avouer : jẹ́wọ́

B

babouin : ọ̀bọ
badine : pàsán
bagage : ẹrù
bagages, faire ses – : palẹ̀ mọ́
bagarre : ìjà
bagarrer, se – : jà
bagarreur : ìpátá
bague : òrùka
baguette : ọ̀pá
bâiller : yán
baisser (prix) : rọjú
baisser, se – : bẹ̀rẹ̀ 2
balafre : ọgbẹ́
balafre, faire une – : ṣá 2
balai : ìgbálẹ̀, ọwọ̀
balance : ìwọ̀n
balayer : gbá, gbálẹ̀
balle : bọ́ọ̀lù
balle (fusil) : ọta

ballon : bọ́ọ̀lù
bambou : ọparun
banane : ọ̀gẹ̀dẹ̀
banane, régime de – : ìtì-ọ̀gẹ̀dẹ̀
banane douce : ọ̀gẹ̀dẹ̀-páráǹtà, ọ̀gẹ̀dẹ̀-wẹ́wẹ́
banane plantain : ọ̀gẹ̀dẹ̀-àgbaagbà
bander les yeux : v. dì
bandit armé : ọlọ́ṣà
banque : báǹkì, ilé-ìfowó-pamọ́sí
baobab : osè
baptiser : sàmì
bar : ilé-ọtí
barbe : irungbọ̀n
barbier : bábà
baril : àgbá
barque : ọkọ̀-ojú-omi
barrer : fagilé
bas, le – : ìsàlẹ̀
bassine en métal : garawa
bataille : ìjà
bâtard : ọmọ-àlè
bateau : ọkọ̀-ojú-omi
bâton : igi, ọ̀pá ; v. orógùn
bâtonnet brosse à dents : pákò, orín
batterie (voiture) : bátìrì
battre : lù, nà 2
battre aux côtés de qqn, se – : gbèjà
battre avec qqch : dá 3
battre (qqch) : pò
battre, se – : jà
battre, se – pour : dù
bavard : aláròyé, ẹléjọ́
bavard, fait d'être – : àròyé
bavardage : àròyé
bavarder : tàkurọ̀sọ
bave : v. lala
baver : dà 3
beaucoup : púpọ̀
beaucoup, être – : pọ̀ 1
beaucoup trop : v. púpọ̀
beauté : arẹwà, ẹwà
bébé : ọmọ-ọwọ́
bégayer : kólòlò
bègue : akólòlò
beignet d'igname : ọ̀jọ̀jọ̀
beignet de haricots : àkàrà
bélier : àgbò
belle, fait d'être – : arẹwà
bénéfice : èrè
bénéfice, faire du – : jèrè
bénir : bùkún, súre
berceau : ìtẹ́
bercer : v. pasẹ̀
berner : tàn…jẹ
besace : àpò
besoin, avoir – : nílò
bête : òmùgọ̀, òpònú, ọ̀dẹ̀
bête, être – : gọ̀

bêtise : ìranù, ìrégbè, kántan-kàntan

béton : kannkéré

beurre de karité : òrí

Bible : Bíbélì

bibliothèque : ilé-ìkàwé

bicyclette : kẹ̀kẹ́

bidon : garawa

bien : dáadáa, déédé, ṣáà

bien, se passer – : tùbà-tùṣẹ

bien en place, être – : fìdí múlẹ̀

bien, être – : dára, sunwọ̀n

bien (le) : ire

bien que : bó tilẹ̀ jẹ́ pé

bien-être : v. àlàáfíà

biens de valeur : dúkìá

bientôt : láìpẹ́

bienvenue : v. àbọ̀

bière : bíà

bifurquer : yà 3

bile : òróǹro

billet : tíkẹ́ẹ̀tì

billet de vingt nairas : múrí

biner : ro 2

biscuit : bisikíìtì

bizarre : abàmì

blague : àwàdà

blaguer : ṣàwàdà

blâmer : bá...wí 1

blanc : funfun

blanchir le corps, se – : bóra

blanchir le visage, se – : bójú

blatte : aáyán

blessé, être – : fara pa, ṣèṣe

blesser qqn : pa...lára

blesser, se – : fara pa, ṣèṣe

blessure : èṣe

bleu : búlù

bloquer : dí, sé

bloquer qqn : ré...lẹ́pa, ta...lẹ́pa

bœuf : màlúù

bœuf, viande – : námà

bogue : pádi

boire : mu

bois : igi

bois, ramasser du – : ṣẹ́ 1

boisson chaude : tíì 1

boisson minérale : kóòkì ; ọtí-ẹlẹ́rìndòdò

boîte de conserve : agolo

boîte, en – : alágolo

boiter : tiro

bol (métal) : abọ́

bon à rien : alákọrí, olòṣì, olóṣì

bon temps : fàájì

bonbon : súùtì

bonheur : ayọ̀

bonjour : v. àárọ̀, ìrọlẹ́, ọsán

bonne heure, de – : ìdájí
bonne humeur : ọ̀yàyà ; v. ọlọ́yàyà
bonne santé : ìlera
bonne vue, avoir une – : ríran
bonsoir : v. alẹ́
bonté : oore
bord : ẹ̀bá, etí
bord de l'eau : ipadò
bosse : iké
bossu : abuké
bouc : òbúkọ
bouche : ẹnu
bouchée : v. òkèlè
boucher (n) : alápatà
boucher qqch : sé
bouchon : ìdérí
boucle d'oreille : yẹtí
boue : ẹrẹ̀, pọ̀tọ̀pọ́tọ̀
bouger : para dà, ṣísẹ̀, yẹra
bougie : àbẹ́là, káńdù
bougonner : ráhùn
bouillie : v. ẹ̀kọ
bouillie de maïs : ògì
bouillir (aliments) : bọ̀ 2, sè
bouillir (eau) : hó 1
bouilloire : kẹ́tù
bouillonner : sọ 1
boule, mettre en – : ṣù
boulettes, faire des – : ṣù
bourdonner : kùn
bourrelets de chair : v. awélọ́rùn
bourrer : kì 2
bout : igun, ìkangun, ìpẹ̀kun
bouteille : ìgò
boutique : ṣọ́ọ̀bù
bouton : bọ́tìnnì
boutons, avoir des – : ṣú 1
bouture (tubercule) : èèbù
bracelet : ẹ̀gbà 1
braise : ẹ̀rẹ̀-iná
branche : ẹ̀ka
bras : apá ; v. lẹ́sẹ̀
bras ouverts, à – : tọwọ́-tẹsẹ̀
brasero en métal : àdògán
brasser : rò 2
brasserie : v. ilé-iṣẹ́
brave : akin, akínkanjú, ògbójú
brave, être – : gbójú
bravo : káre
bravoure : ìgboyà
brède : ewébẹ̀, ẹ̀fọ́ ; v. ewédú, ewúro
bredouille, fait d'être – : òfo
bric-à-brac : wóróbo
bric-à-brac, marchande de – : oníwóróbó
brièvement : ṣókí
brillant, être – (qqn) : v. já
briller : dán

briller (soleil, lune) : ràn 1
brique : bíríkì, búlọ̀ọ̀kù
brise : afẹ́fẹ́, afẹ́rẹ́
briser, (se –) : fọ́
broderie : ọnà, ọ̀ṣọ́
brosse : búrọ́ọ̀ṣì
brosse à dents : v. pákò, orin
brosser les dents, se – : fọnu ; v. rùn 1
brouillard : kùrukùru
brousse : ìgbẹ́ 1, igbó
bruiner : fọ́n
bruit : ariwo ; v. ìró 1
bruit, faire du – : pariwo
bruit, faire un – : dún
brûler : jó 2, jò 1
brûler, faire – : jó 2, sun 2
brûler, (se –) : jóná
brume : kùrukùru
bûche : ìtì-igi
buffet : kọ́bọ́ọ̀dù
buffle : ẹfọ̀n
bulldozer : katakata
bureau : ibi-iṣẹ́, ọ́fíìsì
business : òwò
butte (pour tubercules) : ebè
buttes, faire des – : kọbè, kọlẹ̀

C

c'est : ni 2
c'est pouquoi : nítorí náà
cacao : kòkó
caché : bojú-bojú
cacher : pamọ́, fi...pamọ́
cacher la vue : dí...lójú
cacher, se – : ba, fara pamọ́, sá pamọ́
cachet : v. wóró
cadavre : òkú
cadeau : ẹ̀bùn, ọrẹ
cadeau, faire – : yọ̀ǹda
cadeau, faire un – : bùn
cadenas : àgádágodo
cadet : àbúrò
cafard, avoir le – : v. ro 1
cafard (insecte) : aáyán
café : kọfí
cage en vannerie : ààgò
calcul : ìṣirò
calculer : ṣírò
calebasse : igbá ; v. àdó, ìgbakọ
caleçon : pátá
calendrier : kàlẹ́ńdà
câliner : kẹ́ 2
calme : jẹ́jẹ́
calme, être – : tòrò ; v. ara

calmer : dá...lẹ́kun, tù, tù...lára
calmer qqn (fait de –) : ìpẹ̀
calmer, se – : fara balẹ̀, tura
calomnie : ìbàjẹ́
calomnier : bà...lórúkọ jẹ́, bàjẹ́
camarade : ẹgbẹ́
cambrioler : kó...lọ
cambriolage, faire un – : fọ́
caméléon : agẹmọ, alágẹmọ, ọ̀gà
caméra : kámẹ́rà
camion en bois : v. bọ́ọ̀lẹ̀-ká-jà
camion-remorque : ọkọ̀-eléjò
campagne, faire – : polongo
campus universitaire : ọgbà
canapé : àga-oníṫìmùtìmù
canard : pẹ́pẹ́yẹ
cancan : òfófó
cancaner (fig.) : ṣòfófó
cancanière : olófòófó
candidat : olùdíje
caniveau : gọ́tà
canne : ọ̀pá
canne à sucre : ìrèké
cantine : ilé-oúnjẹ
caoutchouc : rọ́bà
caoutchouteux, être – : yi
capitale : olú-ìlú
caporal : kọ́bùrù
capricieux, être – : yọ̀ 1
capsule : ìdérí
captivité : ìgbèkùn
car : nítorí, nítorí pé
caraco : v. bùbá
caractère : ìwà
carapace (tortue) : igbá-ìjàpá
carquois : apó
carrefour : ìkórita, oríta
carton : páálí
cas : ẹjọ́
cas désespéré : àròpin
caserne : báráàkì
casquette : fìlà
cassé, être – : bàjẹ́
casse, faire un – : fọ́
casser : bàjẹ́
casser (bois) : dá 3, kán 2, ṣẹ́ 1
casser (noix) : pa 2
casser (os) : fọ́
casser un membre, (se –) : dá 3, kán 2, ṣẹ́ 1
catégorie : v. ọ̀wọ́
cauchemar : v. àlá
cauri : owó-ẹyọ
cause : ìdí
cause de, à – : nítorí
cause de, être la – : fà
causer (bagarre, querelle) : dájà sílẹ̀
causer du souci : dà...láàmú

causer (faire que) : dá 6, mú 2
causes, remonter aux – : tọpa
cavité d'un arbre : igọ̀-igi
ce, ce...ci : yìí
ce, ce...là : yẹn
ce n'est pas : kọ́ 4 ; v. kì í
ceindre un tissu : ró 2
ceinture : bẹ́lítì
célèbre, qui est – : bọ̀rọ̀kìnní, olókìkí
célibataire : àpọ́n
celle de : ti 1
celle-ci : èyí
celle-là : ìyẹn
celles-ci : ìwọ̀nyí, wọ̀nyí
celles-là : ìwọ̀nyẹn, wọ̀nyẹn
celui de : ti 1
celui qui : oní–
celui–ci : èyí
celui–là : ìyẹn
cendre : eérú
cent : ọgọ́rùn-ún
centre : ààrin
céphalophe de Maxwell : ẹtu
cercueil : pósí
cérémonie : àríyá, ayẹyẹ
cérémonie, président de – : alága
cérémonie du nom : ìsọmọlórúkọ
certain, être – : dájú, dá...lójú
certainement : dájú dájú
certificat : ìwé-ẹ̀rí
cerveau : ọpọlọ
cesser : dẹ́kun, pa...tì
cetera, et – : v. bẹ́ẹ̀
cette : yẹn, yìí
ceux–ci : ìwọ̀nyí, wọ̀nyí
ceux–là : ìwọ̀nyẹn, wọ̀nyẹn
chacun : ẹnìkọ̀ọ̀kan, kálukú, ọ̀kọ̀ọ̀kan, kọ̀ọ̀kan, oníkálukú
chagrin : ẹ̀dùn–ọkàn
chaîne : ẹ̀wọ̀n, ṣẹkẹ́ṣẹkẹ̀
chaîne de divination : ọ̀pẹ̀lẹ̀
chaise : àga
chaise longue : àga-aláfẹ́hìntì
châle : v. ìborùn
chaleur : ooru ; v. yáná
chambre : yàrá
chambre à air : túúbù
champ : oko
champ de prière (musulman) : yídì
champignon : olú 2
chance : ire, oríire, aásìkí
chance (dans le commerce) : v. ajé
chanceux : v. olórí
changer : pààrọ̀, pa...dà
changer d'avis : yípinnu padà, yí ọkàn padà
changer de travail : pawọ́dà
changer, se – : para dà

chanson : orin
chant : orin
chant de lamentation : arò
chant des ancêtres : iwì
chant de chasseur : ìjálá
chant de louanges : v. rárà
chant, entonner un – : dárin
chanter : kọ 2, kọrin
chanter des satires : ṣẹ̀fẹ̀
chanter (poésie) : sun 1
chanteur : akọrin
chantonner : kùn 1
chaos : ìdàrúdàpọ̀, ìrúkèrúdò
chaparder : fẹ́wọ́, fọwọ́ rá
chapeau : fìlà
chapeau peul : àkẹtẹ̀
chapitre : orí
chapitre (d'Ifá) : odù ; ọmọ-odù
chaque : kọ̀ọ̀kan ; v ọjọọjọ́
charbon : èédú
charbon de bois : èédú
charge : ẹrù
chargement : ẹrù
charger sur la tête : gbé…rù
charpente : àjà
charpentier : gbẹ́nà-gbẹ́nà
charrette à bras : ọmọlañke
chasser : dẹ̀gbẹ́, ṣọdẹ
chasser (éloigner) : lé 1
chasseur : ọdẹ
chasseurs, chant des – : ìjálá
chassie : ipin
chat : ológbò
chatouiller : rìn 2
chaud : gbígbóná
chaud, avoir –: mú 1
chaud, être – : gbóná, mú 1
chauffer, se – : yáná
chauffer (soleil) : pọ́n 2
chauffeur : awakọ̀, dẹ́rẹ́bà
chaussettes : ìbọ̀sẹ̀
chausssure : bàtà
chauve : adánrí, apárí
chauve, être – : dánrí, pá, párí
chauve–souris : àdán
chef : olórí, olóyè, ọ̀gá
chef de famille : baálé
chef (qui possède un titre) : ìjòyè
chef d'une cité : baálẹ̀
chemin : ọ̀nà
chemise : ẹ̀wù
chèque : ṣẹ́ẹ̀kì, sọ̀wédowó
cher(e) : ọ̀wọ́n
cher, être – : wọ́n 2
chercher : wá 2
chercher à tâtons : fọwọ́ tanlẹ̀
cherté : ọ̀wọ́n
cheval : ẹṣin
cheveux : irun
cheveux, natter les – : barun, dirun

cheveu blanc : ewú

cheville : ọrùn-ẹsẹ̀

chèvre : ewúrẹ́

chez : ọ̀dọ̀

chien : ajá

chien enragé : ajá-dìgbòlugi

chiendent : v. ẹ̀kan

chienne : v. abo

chier : ṣu

chiffre : nọ́ńbà

chimpanzé : ìnàkí

chirurgicale, opération – : iṣẹ́-abẹ́

chœur : ègbè

choisir : yàn

choix : àṣàyàn

choléra : àrùn onígbá-méjì, kọ́lẹ́rà

chose : ohun

chose, quelque – : nǹkan

chose extraordinaire : èèmọ̀

chose inhabituelle : àrà

chouette : òwìwí

chrétien : onígbàgbọ́

cicatrice : àpá

cicatriser, (se –) : jẹbọ̀

ciel : ọ̀run, sánmọ̀

cigarette : sìgá

ciment : sìmẹ́ǹtì

cimenter : rẹ́ 2

cinéma : sinnimá

cinq : àrún, márùn-ún

cinquante : àádọ́ta

cinquième : karùn-ún

circoncire : kọlà

ciseau : sísọ̀ọ̀sì

citoyen : ará

citron : òroǹbó, ọsàn-wẹ́wẹ́

civette : akátá

civilisation : ìlàjú

clair : pupa

clair, être très – (intelligible) : wọ̀...létí

claire, être – (eau) : tòrò

clairement : gedegbe, gbañgba, kedere

claquer : dún

clef : kọ́kọ́rọ́

client : oníbààrà

cligner des yeux : ṣẹ́jú

climatisation : ọyẹ́

clin d'œil : ìṣẹ́jú

clin d'œil, faire un – : dínjú

clitoris : idọ

cloche : aago

clos, être – (sujet) : bùṣe

clôture : ọgbà

clôturer : ká...mọ́

clou : èṣó

clouer : kàn

club : ẹgbẹ́

coépouse : orogún

Coca-cola : kóòkì

coco, noix de – : àgbọn

cœur : ọkàn
cœur, par – : v. kọ́ 1
cogner, se – : kọ 4, fi...gbá, fi...sọ
coiffeur : bábà
coin : igun, kọ́nà, kọ̀rọ̀
coincé, être – : há
coincer, (se –) : há
cola, noix de – : obì, góórò
cola amère, noix de – : orógbó
colère : ìbínú
colère, être en – : bínú
colère, être très en – : barajẹ́
colère, mettre en – : bí...nínú
colin-maillard : bojú-bojú
collant : ìbọ̀sẹ̀
collection : àkójọpọ̀
coller, (se –) : lẹ̀ 2, lẹ̀pọ̀ ; v. gan
collier : ẹ̀gbà 1
colline : òkè
collision, entrer en – : kọlù
colporter : kiri
combat : ìjà
combattre : jà
combien : v iye
combien ? (nombre) : mélòó
combien ? (somme) : eélòó, èló
combiner : tagbọ́n
commandant : Balógun
commander : pàṣẹ
comme : bíi 1, gẹ́gẹ́ bíi
comme ça : báyìí
comme, faire – qqn : tẹ̀lé
commencement : ìbẹ̀rẹ̀
commencer : bẹ̀rẹ̀ 1
commencer (travail) : dáwọ́lé
comment ? : báwo
comment : bí...ti
commérage : àròká
commerçant(e) : oníṣòwò
commerce : òwò
commercer : ṣòwò
commère : aláròká
commettre un délit : dẹ́ṣẹ̀
commun, être – : gbòdekan, wọ́pọ̀
communauté : àwùjọ
compagnon : èkejì
comparer : fi...wé
compassion : àánú ; v. pẹ̀lẹ́
compatir : ṣàánú
compétition : ìdíje
compétition, être en – : díje
compétition, faire une – : díje, faga-gbága
complet, être – : pé 1
complètement : bámú-bámú, jálẹ̀, pátápátá, tẹnu-tẹnu
complice : èkejì
compliqué, être – : díjú ; v. ta 2

compliquer, se – : dójú rẹ̀
complot : ọ̀tẹ̀
comploter : ṣọ̀tẹ̀
comportement : ìwà
comporter, se – : hùwà
compréhension : v. òye
comprendre : gbọ́, yé 2
comprimé : v. wóró
compter : kà, ṣírò
compter sur : gbójú lé
concentrer sur, se – : fiyè sí, fojú sí, kọjú sí
concernant : nípa 2
concerné par, être – : jẹ...lógún
concerner : kàn
concertation : àpérò
concerter, se – : foríkorí ; gbìmọ̀ pọ̀
concession familiale : agboolé
concevoir : gbèrò
conciliateur : alárinà
conclusion : àyọrísí, òpin
conclusion, être la – : gbẹ̀hìn
concubin(e) : àlè
concurrent : olùdíje
conducteur : awakọ̀, dẹ́rẹ́bà
conduire : gùn 2, wà 2
conduire à : jású
conduire perfidement, se – : dalẹ̀
conduire (groupe) : darí
conduire, se – : hùwà
conduire (investigation) : fimú-fínlẹ̀
conduit, être – : gùn 2
conduite : ìwà
conférence : àpérò
confesser : jẹ́wọ́
confiance : ìgbọ́kànlé
confiance, faire – : gbẹ́kẹ̀lé, gbọ́kàn lé
confident : ọlọ́rọ̀ 2
confortable, fait d'être – : ìdẹ̀ra
confusion : ìdàrú
confusion, être dans la – : dàrú
congé, prendre – : dágbére
congelé, poisson – : òkú-Èkó
congénital : abinibí
congrégation religieuse : ìjọ
connaissance : ìmọ̀ ; v. òye, amòye
connaissance (une) : ojúlùmọ̀
connaissance, reprendre – : tají
connaître : mọ̀
connaître bien qqn: mojú
connaître (valeur de qqch.) : mọyì
connu, qui est – : gbajúmọ̀

consanguin : ìbátan
conscience : ẹ̀rí-ọkàn
conseil : àpérò, ìgbìmọ̀, ìmọ̀ràn
conseil, tenir un – : gbìmọ̀ pọ̀
conseiller : dá...nímọ̀ràn, gbà... níyànjú
conséquence : àyọrísí
conséquence, en – : nítorí náà, nípa báyìí
conserve, en – : alágolo
considération, prendre en – : kà...sí
considérer : kà...sí
consoler : rẹ̀ 2, rẹ̀...lẹ́kún
conspiration : ọ̀tẹ̀
conspirer : ṣọ̀tẹ̀
constipé, être – : v. kún
construire : kọ́ 3
construire une hutte : pàgọ́
constuire (murs d'une maison) : mọ 2
consulter, se – : pèrò, pète pèrò
contaminé, être – : ràn 2
contaminer : kó bá
conte : àlọ́-àpagbé
conte, raconter un – : pàlọ́
contenant : v. àpótí
contenant en plastique : ike
content, être – : dùn mọ́ ; v. inú
contenter : dùn mọ́
contradicteur : alátakò
contraire : òdì
contrarié par, être – : pá...láyà
contre, être – : mọ́ 3
contre terre, être – : mọ́lẹ̀ 2
contrecœur, à – : tìkọ̀
contrebande, faire de la – : fàyàwọ́
contrebandier : onífàyàwọ́
contredire : takò
contrefaçon : ayédèrú
contrevenant à la loi : arúfin
contribuer à : dá 5
convenir : jọjú, rọrùn, yẹ
convertir : sọ...di
convocation : ìwé-ìpè
convoiter : wọ̀...lójú
convoitise : ojú-kòkòrò
convulsion : gìrì
coopération : àjọṣe, ìbáṣepọ̀, ìfọwọ́sowọ́pọ̀
coordinateur : adarí
copie : ẹ̀dà
copier qqn : fara wé
copuler : gùn 2
coq : àkùkọ
coque : pádi
coquille d'escargot : ìkarauun, òkòtó

Coran : Kùránì
corde : okùn
corde (du tireur de vin de palme) : igbà
cordon ombilical : ìwọ́
corne : ìwo
corps : ara
corpulent, être – : sanra
corpus de textes sacrés : Ifá
correct, être – : bójú mu, tọ́ 1
corridor : ọ̀dẹ̀dẹ̀
corrompu, politicien – : ọ̀jẹ̀lú
cosse : pádi
costaud : gìrìpá
costaud, être – : sígbọnlẹ̀
côté : ẹ̀bá, ẹ̀gbẹ́, ìhà ; v. apá
côte : òkè
côté, autre – : v. òdì
côté, se mettre de – : yẹ̀bá
côté de, être à – : kángun
coton : òwú
cotylédon : awẹ́
cou : ọrùn
coucher, se – (soleil, poules) : wọ̀
coude : ìgúnpá, ìgbọ̀nwọ́
coudée : ìgúnpá
coudre : rán 1
couler : ṣàn, sun 1 ; v. ṣẹ́ 2
couleur : àwọ̀
coup de couteau (donner) : v. ṣá 2
coup de couteau (recevoir) : gbọgbẹ́
coup de fouet : ẹgba
coup de pied : ìpá
coup de pied (donner) : ta...nípàá
coup de poing : ẹ̀ṣẹ́ ; v. ìkó
coup de tête : ìgbò
coup, donner un – : gbá
coupable, être – : jẹ̀bi
coupable, déclarer – qqn : dá...lẹ́bi
coupant, être – : mú 3
coupe-coupe : àdá
couper : dá 3, gé
couper l'herbe : ṣánlẹ̀
couper la tête : bẹ́ 1
couper (ongle) : ré
couper (petits morceaux) : v. gé
couper qqch de haut : bẹ́ 1
couper ras : gé...mọ́lẹ̀
couper, se – : gbọgbẹ́
coupure : ọgbẹ́
cour arrière (d'une maison) : àgbàlá
courage : ìgboyà ; v. fara dà
courage, avoir du – : láyà
courage, donner du – : dá...lọ́kàn le

courage, montrer du – : mọ́kàn
courageux : ògbójú
courageux, être – : gbójú
courbé, être – : wọ́ 3
courge *sp*. : bàrà
courge, graine de – : ẹ̀gúsí
courge, huile de graines de – : v. òróró
courge, sauce aux graines de – : ẹ̀gúsí
courir : sáré
couronne : adé
couronner : v. dé 2
course : eré
course, envoyer faire une – : rán...níṣẹ́
court : kúkúrú
court de qqch, fait d'être à – : ọ̀dá
court, être – : kúrú
court, être trop – (vêtement) : fò 2
courtois, se montrer – : pọ́n...lé, yẹ́...sí
courtoisie : àpọ́nlé, àyẹ́sí
coussinet de tête : òṣùká
couteau : ọ̀bẹ, abẹ
coutelas : àdá
coutume : àṣà, orò
couturier : télọ̀
couver : sàba
couvercle : ìdérí, ọmọrí
couvrir : bò, borí, dé 2
couvrir, se – : bora
crabe : akàn, alákàn
cracher : tu 2, tutọ́
cracher qqch : pọ̀ 2
craie : ẹfun
crâne : agbárí
crapaud : ọ̀pọ̀lọ́
crasse : èérí, ìda
cravate : táì
crayon : gègé, lẹ́ẹ̀dì
Créateur : Ẹlẹ́dàá, Olódùmarè
création, dieu de la – : Ọbàtálá
créature : ẹ̀dá
crédit : àwìn
créditeur : olówó
créer : dá 1, dá...sílẹ̀
créer un espace circulaire : v. pagbo
crémaillère, pendaison de – : ìṣílé
crémaillère, pendre la – : ṣílé
crème : ìpara
crème, se mettre de la – : para
crème (noix de coco) : v. àdí
crête (coq) : ogbe
creuser : gbẹ́, wà 3
creux d'un arbre : igò-igi
crevette : edé
cri : igbe
crier : ké, kígbe ; v. gbójú mọ́

crime : ẹ̀ṣẹ̀
croche-pied : ẹ̀pa
croche-pied, faire un – : ré...lẹ́pa, ta...lẹ́pa
crochet : ìwọ̀
crocodile : ọ̀nì
croire : gbàgbọ́
croiser (les mains sur la tête) : káwọ́ lérí
croquer, (arête, os) : fọ́, wó
croûte (yeux) : ipin
croyance : ìgbàgbọ́
cruauté : ibi 2, ìkà
cruel, qui est – : ọ̀ṣìkà
cueillir (fruit) : ká 1
cueillir (piment) : re
cuillère : ṣíbí
cuillère (en calebasse) : ìgbakọ
cuir : awọ
cuire, faire – : sè
cuisine : ilé-ìdáná
cuisine, faire la – : dáná
cuisse : itan
cuit, être – : jinná
cuivre : idẹ
culot, avoir du – : gbójú
culpabilité : ẹ̀bi
culte, rendre un – : bọ
cultiver : roko
cultivateur : àgbẹ̀
cuve : v. ẹkù

D

d'abord : v. abord
d'accord, être – : gbà, fara mọ́
dais : àtíbàbà
damas : gínnì
danger : ewu
dans : nínú, sínú
danse : ijó
danser : jó 1
danseur : oníjó
débat : àríyànjiyàn
débattre : jiyàn
déborder : ṣẹ́ 2
debout, être – : dúró
debout, sation – : ìdúró
débris : pàǹtí
débrouiller pour, se – : v. jàjà
débroussailler : ṣánlẹ̀
début : ìbẹ̀rẹ̀
débutant : alákọ̀ọ́bẹ̀rẹ̀
décapiter : bẹ́ 1
décevoir : jákulẹ̀
déchiré, être – : fàya, ya
déchirer : fàya, ya
décider : pinnu
décider (plusieurs) : gbìmọ̀
déclamer : kéwì
déclaration : ìkéde

déclarer coupable : dá...lẹ́bi

décoction : àgbo, egbòogi

décolorer, se – : ṣá 1

décomposer, se – : jẹrà

déconcerter : rú...lójú

décoratif, motif – : bátànì

décoration : ọnà, ọ̀ṣọ́

décortiquer : pa 2

décortiquer (graines de courges) : ṣẹ́ 1

découper (viande) : kun

découragé, être – : rẹ̀wẹ̀sì

découragement : ìrẹ̀wẹ̀sì

découvert, à : gbañgba

découverte : àwárí

découvrir : ṣàwárí

décrire : júwe, ṣàpèjúwe

dedans : nínú

dédire, se – : yẹhùn

déesse de la fertilité : Ọ̀ṣun ; v. ọta

déesse de la rivière Ọbà : Ọbà

déesse (des rivières) : Yemọja

déesse du fleuve Niger : Ọya

défaire, se – : tú

défaut : àbàwọ́n, àbùkù

défaut de caractère : àléébù

déféquer : yàgbẹ́

déférence, traiter avec – : pọ́n...lé, yẹ́...sí

défricher : pagbó, palẹ̀, ṣán 2

défunt : olóògbé

dégarni, être – : pá, párí

dégonflé, être – (pneu) : dẹ̀ jò 2

dégonfler, se – : dẹ̀

dégourdir les jambes, se – : nasẹ̀

dégradant : v. ìwọ̀sí

dehors, le – : ìta, òde

dehors, mettre le nez – : najú

déjà : ṣá 3, ṣáà, ti 2

déjeuner (le) : oúnjẹ-ọ̀sán

déjeuner, petit – : oúnjẹ-àárọ̀

délibérément : mọ̀ọ́mọ̀

délibérer : pèrò, pète pèrò

délicat, fait de faire le – : ìrífa

délicieux, être – : dùn 1

délimiter : pààlà

délit : ẹ̀ṣẹ̀

délit, commettre un – : dẹ́ṣẹ̀

délit, prendre ne flagrant – : ká...mọ́ ; v. tẹ̀

demain : lọ́la, ọ̀la

demande : ìbèèrè

demander : bèèrè, bi, tọrọ

demander à qqn : v. bèèrè

demander instamment : bẹ̀, bẹ̀bẹ̀

demander qqch à qqn : bi...léèrè

démanger : hún

démarche (fig) : ìgbésẹ̀
démarrer : gbéra, ṣí
démarrer (voiture) : dáhùn
déménager : kó kúrò, kó lọ, ṣílé
demi : ààbọ̀, ìdajì
démolir : wó
démonter : tú...palẹ̀
dénoncer : fi...sùn
dénouer, (se –) : tú
dent : ehín
dentifrice : ọṣẹ-ìfọnu
dénuement : òṣì
dépasser : kọjá, ré kọjá
dépasser les limites (fig) : ré kọjá ; v. ààlà
dépecer : bó
dépêcher, se – : gbẹ́sẹ̀ nílẹ̀, ṣíra, yára
dépense : bùkátà, ìnáwó
dépenser : ná 2, náwó
dépensier, qui est – : àpà
déplacer : yọ...kúrò
déplacer, (se –) : yẹ̀, yẹ̀...kúrò, yẹra
déplaisant, être – : ta...lára
déposer, se – (saletés, particules) : tòrò
déprécier : tàbùkù, tẹ́ńbẹ́lú
dépression : ìrẹ̀wẹ̀sì
déprimé, être – : rẹ̀wẹ̀sì ; v. ọkàn
depuis : láti
depuis longtemps : tipẹ́
depuis peu : láìpẹ́
depuis que : v. láti
déraciner : hú
déranger qqn : dí...lọ́wọ́, yọ...lẹ́nu
dérider, se – : dárayá
dernier, être le – : gbẹ̀hìn, kẹ́hìn
dernier-né : àbíkẹ́hìn
dérober : fẹ́wọ́, fọwọ́ rá
dérouler : tẹ́
dérouter : rú...lójú
derrière : ẹ̀hìn
derrière la maison : v. ẹ̀hìnkùlé
dès que : gbàrà tí, lẹ́ẹ̀kan tí, lẹ́sẹ̀kẹsẹ̀ tí
désaccord : àríyànjiyàn
désagréable, être – : ta...lára
descendants : àtọmọdọ́mọ
descendre : sọ̀, sọ̀ kalẹ̀
descendre en roue libre : v. dà 3
description : àpèjúwe
désert : asálẹ̀
déshabiller, (se –) : bọ́ṣọ
désherber : ṣánlẹ̀
déshonneur : v. àbùkù
déshonorer, se – : tẹ́
désir : àníyàn, ìfẹ́

désirer : fẹ́ 1

désobéissant : v. ìpátá

désolé : dùn 2

désordre : ìdàrú

désordre, être en – : dàrú

desserrer : dẹ̀

dessin : àwòrán

dessiner : yà 2

dessoûler : v. wálẹ̀

dessous : abẹ́

dessous, (en –) : lábẹ́, sábẹ́

dessus, le – : orí

destinée : àyànmọ́, ìpín, kádàrá

détacher : tú…sílẹ̀

détacher une à une (feuilles) : tọ́ 3

détail : kúlẹ̀kúlẹ̀

déteindre : bó

détendre, se – : dẹ̀

détente : fàájì

détention, mettre en – : tì…mọ́lé

déterrer : wà 3

détestation : ìkórìíra

détester : kórìíra

détritus : ìdọ̀tí, pàǹtí

détruire : run 2

dette : gbèsè

dette, payer une – : v. singbà

dettes, avoir des – : jẹ…ní gbèsè

deux : èjì, méjì

deux cents : igba

deuxième : kejì

devant, juste – : ọ̀kánkán

devant, le – : iwájú

développer (pellicule) : fọ̀ 1

devenir : dà 1, di 1

devenir chef : joyè

devenir riche : là 2

devin : babaláwo

devinette : àlọ́-àpamọ̀

dévoilé, être – : tú

devoir : gbọdọ̀ ; v. láti

devoir qqch à qqn: jẹ

devoirs du fiancé : ìdána

diabète : àtọ̀gbẹ

diarrhée : v. ìgbẹ́ 2, yàgbẹ́

diesel : dísù

Dieu créateur : Olódùmarè, Ọlọ́run ; v. olú– 1

dieu de l'orage : Ṣàngó ; v. oṣé

dieu de la création : Ọbàtálá

dieu de la guerre : Ògún

dieu de la mer : Olókun

dieu de la sagesse et de la divination : Ifá ; v ọmọ, ọpọ́n

dieu de la variole : Ṣànpọ̀nná

Dieu des chrétiens : Olúwa

dieu des tambourinaires : Àyàn

dieu justicier : Orò

dieu messager : Èṣù

différence : ìyàtọ̀

différent de, être – : yàtọ̀ sí

difficile, être – : ṣòro

difficile, fait d'être – : ìríra

difficile, personne – : oníríìra

difficulté : aápọn, ìṣòro, ọ̀ràn

dignité : ọlá

diligence : aápọn, àníyàn

dilué, non – : ògidì

diluer : bù...là, là 1

dimanche : v. ọjọ́

diminuer : dín 2, dínkù, rọlẹ̀

diminuer de volume : súnkì

dinde : tòlótòló

dindon : tòlótòló

dîner (le) : oúnjẹ-alẹ́

diplôme : ìwé-ẹ̀rí, páálí

dire : ní 2, sọ 3, wí

dire le nom de qqn : dárúkọ

dire que : pé 2

directement : tààrà

directeur : ọ̀gá

direction : apá, ìhà

direction, prendre la – : forí lé, kọrí sí

diriger (groupe) : darí

discussion : ìfikùnlukun

discuter : fikùnlukùn, jíròrò, pèrò, pète pèrò

disgrâce : ẹ̀tẹ́

disparaître : parẹ́, parẹ́ mọ́, parun, pòórá, rá 1, rá mọ́...lójú

disparaître, faire – : parun

dispensaire : ilé-egbòogi, ilé-ìwòsàn

disperser, (se –) : tú, túká

disposer (marchandises) : pàtẹ

dispositions, prendre des – : ṣètò

disputer, se – : jà

distance, à – : òkèèrè

distinct, fait d'être – : ọ̀tọ̀

distinctement : kedere, ketekete

divertir : dá...lára yá

divination, chaîne de – : ọ̀pẹ̀lẹ̀

divination, dieu de la – : Ifá

divination, faire la – : dífá ; v. dìbò, ìbò

divination, plateau de – : ọpọ́n-Ifá

divination, poudre de – : ìyẹ̀rẹ̀-òsùn

divinité : òrìṣà ; v. agẹmọ, ẹbọra, Odùduwà

diviser : pín

diviser, se – : yà 3

division : ẹ̀yà

division administrative : ìpínlẹ̀

dix : ẹ̀wá, mẹ́wàá

dix-huit : méjìdínlógún

dix-neuf : mọ́kàndínlógún

dixième : kẹwàá

dix-sept : mẹ́tàdínlógún

docteur : dókítà

doigt : ìka

dollar : dọ́là

domestique : ọmọ-ọ̀dọ̀

dommage : v. ṣe

don : ẹ̀bùn

donner : fún 1

donner du mal, se – : rọ́jú

donner de la peine, se – : v. wulẹ̀

donner son avis : v. fún...lábọ̀

donner un coup : gbá

donner un ordre : pàṣẹ

dont : tí

dormir : sùn

dos : ẹ̀hìn

dot : v. owó-orí

dot, payer la – : dána

douane : ibodè

douanier : aṣọ́bodè

double d'une pers : ẹlẹ́dàá, orí

doubler (voiture) : v. yà 3

doucement : pẹ̀lẹ́pẹ̀lẹ́

doucement, faire – : rọra

douleur : ẹ̀dùn–ọkàn, ìrora ; v. oró

douleur, gémir de – : kérora

doute, sans aucun – : sẹ́ 3

douter : kọminú sí

doux, être – : dùn 1, rọ̀ 2

douzaine : dọ́sìnì

douze : méjìlá

dresser des plans : gbèrò

droit : ẹ̀tọ́

droit (adj) : tẹ́ẹ́rẹ́

droit, être – : gún 3, tọ́ 1

droit, mettre – : ró 3

droite : ọ̀tún

duper : tàn...jẹ

duperie : ìtànjẹ

dur, être – : le

duratif : v. máa

durcir : gan

durer : pẹ́

E

eau : omi

eau courante : omi-ẹ̀rọ

eau stagnante : omi-adágún

ébrécher : kán 2

écaille : ìpẹ́

écart (entre incisives) : èjí

écarté, être – : kẹ̀ 2

écarter, s'– : yẹ̀bá

échange : ààrọ̀, pàṣí-pààrọ̀
échanger : pààrọ̀
échapper des mains :
bọ́ lọ́wọ́
échapper (mot, nom) :
sá pá...lórí
échelle : àkàbà, àkàsọ̀
écho : gbohùngbohùn
échoppe : búkà
échouer : fèèlì, jákulẹ̀, kùnà
éclabousser : ta...lára
éclair : mànàmáná
éclairer : mọ́lẹ̀ 1
éclater : bẹ́ 2
éclater de rire : bú...sẹ́rìn-ín
éclater en sanglots :
bú...sẹ́kún
éclore : pamọ
école : ilé-ẹ̀kọ́, ilé-ìwé, sùkúù
école primaire : v. ilé-ìwé
école secondaire : girama ;
v. ilé-ìwé
écolier : v. ọmọ
économie : v. ọrọ̀
économiser : fi...pamọ́
écoper : ré
écorce : èèpo
écorcer : bó
écorcher, s'– : bó, fara bó
écraser : tẹ̀
écraser, moulin à – : ẹ̀rọ
écraser sur une meule : lọ̀ 3
écrevisse : edé
écrire : kọ 1, kọ̀wé
écrouler, s'– : wó
écume, faire de l'– : ru
écumer : ré
écureuil : ọ̀kẹ́rẹ́
écureuil fouisseur : ikún
écuyer : ẹlẹ́ṣin
eczéma : ifo
éducation : ẹ̀kọ́
effacer : parẹ́
effectivement : ńṣe ni
effeuiller : hàn 2
effondrer, s'– : wó
efforcer de, s'– : rọ́jú
effort : aáyan, ìyànjú
effort, faire un – : gbìyànjú
effrayer : dẹ́rùbà, já...láyà
égal : ọgbọọgba
égal, être – : dọ́gba
égal, être – (s'en ficher) : bìkítà
égal, fait d'être – (équivalent) :
ọgba
également : gedegbe
égayer : dá...lára yá
église : ṣọ́ọ̀ṣì
égoïsme : ìmọ-ti-ara-ẹni
égoïste, être – : mọ-ti-ara
égoutter : sẹ́ 2
égrainer : yín 2

élancer sur, s'– :
gbá kuuru mọ́
élargir : fẹ̀
élastique, être – (une pâte) : fà
élection : ìbò, ìdìbò
élection législative :
ìbò-aṣòfin
élection présidentielle :
ìbò-ààrẹ
électrique, fil – : wáyà
élégie nuptiale : ẹkún-ìyàwó
éléphant : erin ; v. àjànàkú
élevage, faire de l'– : sìn 1
élève : akẹ́kọ̀ọ́
élever, bien – : tọ́ 1
élever, s' – (fumée) : rú
elle : ó 1, òun
elles : àwọn, wọ́n 1, wọn
éloge, faire l'– : gbé...ga,
yìn 1
embêter : dà...láàmú,
yọ...lẹ́nu, wàhálà, fìtínà
embêter, fait d'– : fìtínà
embouteillage : sún-kẹrẹ-
gbà-kẹ̀rẹ̀
embrouillé, être – : díjú,
dojú rú
émeute : ìdàrúdàpọ̀, ìrúkèrúdò,
rògbòdìyàn
émietter : rún
emmêlé, être – : lọ́ 1
emmener : gbé...lọ, mú...lọ
empêcher : dá...lẹ́kun,
dí...lọ́wọ́
employé : òṣìṣẹ́
employé de bureau : akọ̀wé
employé(e) de maison :
ọmọ-ọ̀dọ̀
emporter (obj pl) : kó...lọ
emporter (qqch de léger) :
mú...lọ
emporter (qqch de lourd) :
gbé...lọ
empreinte : ipasẹ̀
emprunter : yá 2
en plus : sí i
en-cas (un) : ìpanu
enceinte, être – : lóyún
enceinte, femme – : aboyún
enceinte, mur d'– : odi 2
encerclement : àkámọ́
encercler : ká...mọ́, yípo
enchère : gbàǹjo
enclume : v. àpáta
encore : ṣáà, ṣì 2, túbọ̀
encore, pas – : v. kò 1
encourager : kín...lẹ́hìn
encre : ínkì
endormir, s'– : v. sùn
endroit : ibi 1
endroit clos : ọgbà
endroit, même – : ibìkan
endroit sombre : kọ̀rọ̀
enduire : rẹ́ 2

endurance : ìforítì

endurer : fara dà, forí tì

énergie : ipá

énergie à, mettre son – : sà, tẹpá mọ́

énergiquement : v. kọ̀

enfant : ọmọ

enfant, jeune – : èwe

enfants, avoir des – : bímọ

enfants (de même lignée maternelle) : ìyekan

enfants (de même lignée paternelle) : ọbàkan

enfants de même mère : ọmọ-ìyá

enfants de même père : ọmọ-bàbá

enfer : v. ọ̀run

enfermer : tì...mọ́lé

enfiler : bọ̀ 3, sín 1

enfin : kúkú, ṣá 3, ṣáà

enflé, être – : wú

enfoncer (clou) : kàn

enfoncer, (s' –) : kì...bọ̀, rì

enfreindre (interdit) : rú

enfreindre une loi : rúfin

enfuir, s'– : sá 1, sá lọ

enfumer : fín

engrais : ajílẹ̀

enivrer, s'– : mutí yó

enjamber : dá...kọjá, ré kọjá

enlever : kó...kúrò, kúrò, yọ...kúrò ; v. ré

enlever la peau : bó

ennemi : ọ̀tá

ennui : aápọn, èèmọ̀, ìdààmú, ọ̀ràn, wàhálà

ennuyer : dà...láàmú, yọnu

enquérir, s'–: bèèrè

enquêter : fimú-fínlẹ̀

enrouler : wé

enrouler, s'– : kákò

enseigner : kọ́ 1

ensemble : dìjọ, jọ 2, jùmọ̀

ensemble, être – : v. pọ̀ 1

ensemble, mettre – : papọ̀

ensemble de, un – : ọ̀wọ́

ensembles (constituer des –) : lé 2

ensommeillé, être – : v. dájú

ensuite : lẹ́hìn, bá 1, wá 1

entailler : ṣá 2

entendre : gbọ́

entente : ìrẹ́pọ̀

enterrer : sin

enterrer qqn : sìnkú

entêté : v. olórí

entêtement : agídí ; orí-kunkun

enthousiasme : aápọn, àníyàn

enthousiaste, être – : gbá kuuru mọ́

entier, fait d'être – : odidi

entonner un chant : dárin

entonnoir : àrọ
entortiller, s'– : lọ́ 1
entourer : yí...ká, yípo
entourer de ses bras : dìmọ́, wàmọ́
entourer, fait d'– : àyíká
entrailles : ìfun
entraver : dí...lọ́wọ́
entre : ààrin
entrée : ẹnu-ọ̀nà
entreprendre un travail : dáwọ́lé
entrer : wọ̀, bọ́ sí
entrer dans l'œil : wọ̀...lójí
énumération : òǹkà
enveloppe : àpòwé ; àpò-ìwé
envelopper (dans des feuilles) : pọ́n 1
envers : ọ̀dì
envers, fait de faire qqch. à l'– : ọ̀dọ̀ọ̀dì
envers, mettre à l'– : doríkodò
envie : ojú-kòkòrò
envie, avoir très – : dá...lọ́rùn
envie, faire très – : wọ̀...lójú
envie, ne pas avoir – : ro...lójú ; v. ro 1
envieux, qui est – : olójú-kòkòrò
envoler, s'– : fò lọ
envoyer : rán 2, ránṣẹ́
épais, être – : nípọn
épais, être – (cheveux, herbe, broussailles) : kún
épais, être – (liquide) : ki
épargner qqn : dá...sí
éparpiller : fọ́n
épaule : èjìká
épaule, hausser les – : v. èjìká
épée : idà
épervier : àṣá
épidémie : àjàkálẹ̀-àrùn
épilepsie : wárápá
épileptique : akúwárápá
épine : ẹ̀gún
épineux, être – : v. ta 2
épi de maïs : erín-àgbàdo
éplucher : bó
éplucher qqch de dur : bẹ 1
éplucher une orange : hó 2
épluchure : èèpo
éponge végétale : kànìn-kànìn
épouse : aya, ìyàwó
épouse, première – : ìyálé
épouse royale : ayaba ; v. olorì
épouser : fẹ́ 2
époux : ọkọ
épuiser : wó...lára
équilibrer qqch : rọ̀ 3
équipe sportive : ikọ̀
éradiquer : parun
erreur : àṣìṣe, èṣì

erreur, faire une – : ṣèèṣì, ṣì 1
éructer : gùfẹ̀
escalier : àtẹ̀gùn
escargot *sp* : ìgbín, ìpére ; v. coquille d'–
esclave : ẹrú
esclave royal : ẹmẹsẹ̀, ìlàrí
escroc : gbájúẹ̀, oníjìbìtì
escroquer : lù...ní jìbìtì, rẹ́...jẹ
escroquerie : jìbìtì
espace (entre deux buttes de terre) : ẹsẹ
espace circulaire : v. pagbo
espace ouvert : v. agbo 1, ọ̀dẹ̀dẹ̀
espèce : ọ̀wọ̀ọ̀wọ́
espion : amí
espoir : ìrètí
esprit : v. iwin, ọ̀rọ̀ 2
esprit de la terre : imọlẹ̀
esprits surnaturels : àǹjọ̀nnú
esquiver : yẹ̀
essai : ìyànjú
essayer : dán...wò, gbìyànjú, tiraka
essence : v. epo
essorer : fún 2
essuyer : nù 2
est (point cardinal) : ìlà-òòrùn
est-ce que ? : bí 2, ǹjẹ́, ṣé
estomac : ikùn
estrade : ìtàgé
estropié : arọ
et : àti 1, sì, bẹ́ẹ̀
établi solidement, être – : fìdí múlẹ̀
établir : dá...sílẹ̀
étagère : pẹpẹ
étal : ìsọ̀
étaler : tẹ́
étaler pour faire sécher : sá 2
étang : odò-adágún
état physique : ipò
etc. : v. bẹ́ẹ̀
éteindre (lumière) : paná
éteindre (feu) : paná
étendre : tẹ́
étendre le linge : sá 2
étendre les jambes : nasẹ̀
étendre partout, s'– : jákè-jádò
étendre, s'– (qqch) : tàn kálẹ̀, gbilẹ̀
étendre, s'– (qqn) : dùbúlẹ̀, nara, rẹjú
étendu, être – : fẹ̀
éternuer : sín 2
étirer (s'–) : nà 1, nara
étirer, s'– le cou : narùn
étirer, s'– les jambes : nasẹ̀
étoile : ìràwọ̀
étonnant, pas – : abájo

étonné, être – : yà...lẹ́nu

étonner, s'– : yà...lẹ́nu

étoupe : ajẹ̀

étrange : abàmì

étranger : àjèjì, àlejò

étranger (ville, pays) : v. ìlú

être : jẹ́ 2, ṣe, wà, yà 1

être contre : mọ́ 3

être fin : kúnná

être humain : ènìyàn

êtres humains : ọmọ-aráyé, ọmọ ènìyàn

être, ne pas – : sí 2

être où ? : dà 4

étreindre, (s'–) : dìmọ́, wàmọ́

étroit, être – : tóóró

étudiant : túlẹ̀

étudier : kàwé

eunuque : ìwẹ̀fà

euphémisme : àdàpè

Européen : Òyìnbó

eux : àwọn

évanouir, s'– : dákú

évanouir, s'– (fig) : pòórá

événement : ìṣẹ̀lẹ̀

événement inattendu : àjálù

éventail : abẹ̀bẹ̀

éviter : yẹ̀, yẹra

éviter d'être vu : yọ́...sílẹ̀

exactement : déédé, gérégé, gbáko, ní pàtó, rẹ́gí

exagération (en paroles): àsọdùn

exagération (en acte) : àṣejù

examen : àyẹ̀wò, ìdánwò

examen, faire passer un – : dán...wò

examiner : dán...wò, yẹ̀...wò

excepté : àfi, bí kò ṣe ; v. lẹ́hìn

excès : àṣejù

exciser : dábẹ́

excrément : ìgbẹ́ 2, imí

excuse : àwáwí

excuser, s'– : gáfárà, túúbá ; v. tọrọ

exemple : àpẹrẹ

exagérer : ṣàṣejù

exhumer : hú jáde

exister : bẹ 2, wà 1

expérience : ìrírí

explication : àlàyé

expliquer : ṣàlàyé, túmọ̀

exposer à la chaleur, (s'–) : yáná

exposer qqch : kalẹ̀

exprès : mọ̀ọ́mọ̀

extérieur, l'– : ìta, òde

extraordinaire (chose) : èèmọ̀

F

façade : ojúlé
face de, en – : ọ̀kánkán
face, faire – : dojú kọ, kọ̀...lójú
fâché, être – : bínú
fâché par qqch, être – : run...nínú
fâcher, ne plus être – : yọ́nú sí
fâcher, se – : bínú, run...nínú
facile, être – : dẹrùn, rọrùn
façon répétée, de – : léraléra
facture : ìwé-owó
fade, être – : tẹ́ lẹ́nu
faim : ebi
faire : ṣe
faire à la place de qqn : bá 2
faire avec qqn : bá 2, pẹ̀lú
faire comme qqn : tẹ̀lé
faire face : dojú kọ, kọ̀...lójú
faire jour : v. ilẹ̀, mọ́ 1
faire l'amour : lò pọ̀ ; v. sùn
faire mal à qqn : pani lára
faire mal (corps) : ro 1
faire mieux de : jẹ́ 3
faire nuit : v. ilẹ̀, ṣú 2
faire que : dá 6, mú 2
faire qqch seul : dá 7
faire référence à qqn : bá...wí 2
faire très mal (fig) : dá...lóró
faire trop, en – : ṣàṣejù
faire un tour : nasẹ̀ ; v. afẹ́fẹ́, ṣiré
fait, en – : àní, àṣé, ńṣe ni, tilẹ̀
faits et gestes : ìrìnsí
falloir : gbọdọ̀
familier de qqn, être – : mojú
famille : ẹbí
famille, membre d'une même – : v. ará
famine : ìyàn
faner : ṣá 1
fardeau : ẹrù
farine : ìyẹ̀fun
farine d'igname : èlùbọ́
farine grillée de manioc : gaàrí
fatigue : àárẹ̀ ; v. agara
fatigué de, être – : sú
fatigué, être – : rẹ̀ 1
faussse-couche, faire une – : v. ṣẹ́ 1
faute : èèṣì, ẹjọ́
faute, faire une – : ṣì 1
fauteuil : àga-aláfẹ̀hìntì
faux-monnayeur : ẹlẹ́dà
faux-témoin : ẹlẹ́rìí-èké
faveur de, être en – : ṣègbè

favorite : ààyò
favoritisme : ègbè
fêlé, être – : sán 2
fêler, se – : sán 2
félicitations : v. oríire
femelle : abo
femme : obìnrin
femme enceinte : aboyún
femme mariée : abiléko̩
femme musulmane : e̩lé̩hàá
femme qui a enfanté : abiyamo̩
femme stérile : àgàn
femmes, jeunes – : ò̩dó̩bìnrin
fendre : là 1
fendu, être – : pa 2
fenêtre : fèrèsé, wínńdò
fer : irin
fer à repasser : ááyó̩nù
fer, fil de – : wáyà
ferme : oko
ferme éloignée : oko-e̩gàn
ferme (proche de l'habitation) : oko-etílé
fermenter, faire – : bà 1
fermer à clef : tì 3
fermer, (se –) : padé
fermer (yeux) : dijú
fermer (yeux, oreille) : di 2
fermeture éclair : sìípù
fermier : àgbè̩
féroce, être – : rorò̩

fesse : v. awé̩
festin : àsè
fête : àríyá, aye̩ye̩, o̩dún
fête, faire – à qqn : tújú ká
fête, repas de – : àsè
fêter : wè̩
feu : iná
feu, éteindre le – : paná
feu, faire du – : v. tanná
feu, mettre sur le – : gbé...kaná
feuille : ewé
feuille, perdre ses – : wó̩wé
feuille comestible : ewébè̩, è̩fó̩ ; v. ewédú, ewúro
feuille de papier : bébà
feuilles, envelopper dans des – : pó̩n 1
feuilles, retirer d'un coup les – : wó̩wé
fiancé(e) : v. o̩ko̩, ìyàwó
fibre de raphia : ìko
fier, être – de qqn, qqch: yangàn
fièvre : ibà
fièvre, avoir de la – : gbó̩ná
figer, (se –) (sauce, huile) : sùn
fil : òwú
fil de fer : wáyà
fil électrique : wáyà
filet : àwò̩n

fille : ọmọbìnrin

fille, jeune – : omidan, ọmọge, ọlọ́mọge, sisí

film : fíìmù

fin : ìparí, òpin

fin, à la – : nígbẹ̀hìn

fin, être – : fẹ́lẹ́, kúnná

fin fond d'une affaire : òkodoro

fin fond de qqch : kókó

fin (spatial) : ìpẹ̀kun

final : àṣekágbá

finalement : nígbẹ̀hìn

fini, être – : bùṣe, parí, pin, tán

finir : parí

finir par : v. jàjà

fiole en calebasse : àdó

firmament : sánmọ̀

fissuré, être – : pa 2, sán 2

fixer : dá 2

flagrant délit, prendre en – : ká...mọ́ ; v. tẹ̀

flaque : omi-adágún

flatter : pọ́n 4

flèche : ọfà

fleur : òdòdó

fleur de l'âge : ọ̀sán-gangan

flexible, être – : lẹ̀ 1

flûte : fèrè

foie : ẹ̀dọ̀

fois : ẹ̀ẹ̀–

fois, cette – : lọ́tẹ̀ yìí

fois dernière, la – : àtẹ̀hìnwá

fois, une – : ẹ̀ẹ̀kan, lẹ́ẹ̀kan, ìgbà

foncé : dúdú

fonctionnaire : òṣìṣẹ́-ìjọba

fond : ìsàlẹ̀

fond, fin – d'une affaire : òkodoro ; v. kókó

fondation : ìpìlẹ̀

fonder : tẹ̀...dó, dá...sílẹ̀

fondre : yọ́ 1

fontanelle : àwùjẹ̀

foot-ball : bọ́ọ̀lù

force : agbára, ipá, okun

force, de – : tipá-tipá

forces maléfiques : ajogun

forêt : igbó, ìgbẹ́ 1

forge : àgbẹ̀dẹ, arọ̀ ; ilé-arọ̀

forger : rọ 1

forgeron : àgbẹ̀dẹ, alágbẹ̀dẹ

forgeron, pince de – : ẹ̀mú

forme, être en – : yá 1

fort : alágbára

force, avec – : kíkankíkan

fortification : odi 2

fosse : kòtò

fossé : kòtò

fou : aṣiwèrè, wèrè

fou, être – : ṣiwèrè ; v. orí

foudre, dieu de la – : Ṣàngó

fouet : v. ẹgba, ọrẹ́, pàsán

fouiller : tú

fouiller une maison : túlé
fouiner : v. àyọnusọ
fouineur : aláyọnusọ
foulard : síkáàfù
foulard de tête : gèlè
foule : èrò 2
fouler un membre, se – : rọ́ 1
fourmi : èèrà
fourmi *sp.* : ìkamùdù
fourmi volante : esunsun
fournir : pèsè
fourreau : àkọ̀
foyer : ààrò
fraction : ìdá
fracturer, (se –) : kán 2
fragment : ẹ̀kúfọ́
frais : tutù, tútù
frais (dépenses) : bùkátà
Français : Faransé ; v. èdè
France : v. orílẹ̀-èdè
frapper : gbá, lù, nà 2
frapper (porte) : kàn
frapper (tambour) : lù
fraude : wàyó
frein : bírékì
freiner : tẹ̀
fréquemment : léraléra
frère : v. àbúrò, ẹ̀gbọ́n
friand de, être – : kúndùn
frictionner : ra 1
frimer : v. fáàrí
frire : dín 1
froid : tútù
froid (le) : òtútù
froissé, être – : rún
froncer les sourcils : fajú ro, rojú kókó
fronde : rọ́bà
fronde de palmier : imọ̀
front : iwájú
frontière : ààlà
fronton de maison : ojúlé
frotter : ra 1
frotter (dos) : kín...lẹ́hìn
frotter (linge) : fọ̀
frotter (allumette) : ṣáná
fruit : èso
fruit, jus de – : omi
fruit, peau d'un – : èèpo
fruit, quartier d'un – : awẹ́
fruits, donner des – : so 1
fuir : sá 1
fuir (liquide) : jò 2
fuir qqn : sá fún
fumé, poisson – : ẹja-dúdú, ẹja-gbígbẹ
fumée : èéfín
fumer (tabac): mu
fumer (viande, poisson) : yan 1
funérailles : ìsìnkú, ìnáwó-òkú
furieux, être – : bínú

furoncle : oówo
fusil : ìbọn ; v. ìbọn-òyìnbó, ìbọn-ṣakabùlà
fusil, poudre à – : ẹ̀tù
fût en métal : dúrọ́mù, goro
futur : á, ó 2, yóò
futur : v. ẹ̀hìn

G

gagner (capital + profit) : pa 3
gai, qui est – : ọlọ́yàyà
gaîté : ọ̀yàyà
galéjade : èké
galéjer : ṣèké
galet : ọta
galet de Ṣàngó : ẹdùn-ààrá
gangster : ọ̀daràn
garant, se porter – : jẹ́rìí
garçon : ọmọkùnrin
garde, mettre en – : kìlọ̀
garder : ṣọ́
garder à vue : tì...mọ́lé
garder le silence : fẹnu mọ́nu, panu mọ́
garder pour soi : pa...mọ́ra
garder qqch pour qqn : fi...pamọ́
gare : ìdíkọ̀-ojú-irin, tésàn
gargote : búkà
gargouiller : kùn 1
gaspiller : ṣòfò
gâté, être – : bàjẹ́
gâteau : kéèkì
gâter : bàjẹ́
gauche : òsì ; v. àlàáfíà
gazouiller : hó 1
géant : òmìrán
gecko : ọmọ́ọ̀lé
geindre : gbin
gémir de douleur : kérora
gencive : èrìgì
gêne : ìnira
général (mil) : Balógun, ọ̀gágun
général en chef : Ààrẹ-ọ̀nà-kakaǹfò
génération : ìran 2
génération en génération, de – : àtìrandíran
généreux, être – : lawọ́
génitales, parties – : abẹ́
genou : orúnkún
genoux cagneux, qui a les – : amúkùún
gens : ènìyàn
gens, jeunes – : màjèsín
gentillesse : oore
gercé : v. bẹ́ 2
germer : hù, sọ 1
gésier : iwe

gestes, faits et – : ìrìnsí
gestion : ìṣàkóso
gibecière : v. àpò
gibier : ẹran-ìgbẹ́
gibier fumé : ẹran-ẹ̀gbẹ
gifler : fọ́...létí, gbá...létí
gîte : ibùgbé
glace : dígí
glaire : kẹ̀lẹ̀bẹ̀
glissant, être – : yọ̀ 2
glisser : yọ̀ 2 ; v. yẹ̀
glisser des mains : bọ́ lọ́wọ́
globe oculaire : ẹyinjú
gloire : ògo
glouton : ọ̀kánjúà
gloutonnerie : ọ̀kánjúà, wọ̀bìà
gluant, être – : yọ̀ 2
goître : gẹ̀gẹ̀-ọrùn
gombo : ilá
gomme : ìrésà
gonflé, être – : wú
gonfler (pneu) : fẹ́ 3
gorge : ọ̀fun, ọ̀nà-ọ̀fun
gorille : ìnàkí
goudron : ọ̀dà
goudronner : kùn 2
gourde en calebasse : agbè, kèrègbè
gourdin : kùmọ̀
goûter : tọ́...wò
goutte : ẹ̀kán
goutte à goutte, tomber – : kán 1
goutter : kán 1
gouvernement : ìjọba
gouvernement fédéral : ìjọba-àpapọ̀
gouverneur : gómìnà
goyave : gúáfà
grâce à : ọpẹ́lọpẹ́
grâcier : dáríjì
graduellement : kẹ̀rẹ̀-kẹ̀rẹ̀
grain de maïs grillé : gúgúrú
graine : ọmọ
graines de courge : ẹ̀gúsí
graines fermentées : v. irú 1
graisse : gírísì
graisse animale : ọ̀rá
grand : ńlá
grand de taille, être – : ga
grand, être – : tóbi
grand, être trop – : ṣò
grand nombre : ọ̀pọ̀, ọ̀pọ̀lọpọ̀
grand-mère : v. ìyá
grand-père : v. bàbá
gras : ọ̀rá
gratitude : ìmoore
gratter qqch : ha 1, wà 3
gratter, (se –) : họ, họra, hún
gratuité – : ọ̀fẹ́
grave (voix) : kẹ̀ 1
grêle : yìnyín

grenaille : ẹ̀tù

grenouille *sp*. : àkèré

grève : ìdaṣẹ́sílẹ̀

grève, faire – : daṣẹ́ sílẹ̀

griffe : èékánná

griller : sun 2 ; v. yan 1

griller (ampoule) : jó 2

grillon : ìrẹ̀

grimper : gùn 2

grippe, prendre en – : dójú lé, yàn...sójú

gris-gris : jùjú, oògùn

gris-gris, utiliser des – : pidán

grogner : kùn 1

grommeler : kùn 1

gronder : bá...wí 1

gronder sourdement : kù 2

gronder (tonnerre) : sán 1

gros, être – (qqch) : tóbi

gros, être – (qqn) : sanra

grossesse : oyún

grossir : sanra

groupe : agbo 2, ọ̀wọ́

groupe de gens : ikọ̀

groupe de maisons : agboolé

groupe de personnes : v. àwùjọ

grumeau : kókó

grumier : agbégi

guenille : àkísà

guêpe maçonne : agbọ́n

guéri, être – : sàn

guéri, être – (plaie) : jinná, san 3

guérir : sàn

guérir (plaie) : jinná

guérisseur : adáhunṣe, olóògùn, oníṣègùn

guerre : ogun

guerre, déclarer la – : ṣígun

guerre, dieu de la – : Ògún

guerrier : jagun–jagun, ológun

guide : atọ́nà

guider : tọ́ 1

guise de, en – : gẹ́gẹ́ bí

guitare : gìtá

H

habile, être – : yáwọ́

habiller, (s'–) : wọ̀, wọṣọ

habitant : ará

habiter : gbé 2

habitué, être – : mọ́...lára

habituel, être – : mọ́ra 2, mọ́...lára ; v. bárakú

habituellement : sábà ; v. máa ń

habituer à qqch, s'– :

bá...lára mu, mọ́...lára
hache : ààké
hacher menu : rẹ́ 1
haillon : àkísà
haine : ìkórìíra
haïr : kórìíra
haleter : v. mí
hameau : ìletò
hameçon : ìwọ̀
harceler : yọ...lẹ́nu
haricots cuits : ẹ̀wà ; v. mọ́ínmọ́ín
haricot : erèé
harmattan : ọyẹ́
hasard, par – : ṣàdédé
hasard, jeu de – : tẹ́tẹ́
hâte : ìkánjú, ìwàǹwára
Hausa : Awúsá
hausser les épaules : v. èjìká
haut, être – : ga
haut, le – : òkè
haut niveau, de – : àtàtà
héberger : gbà...sílé
héler : ké sí
hello : ẹǹlẹ́, pẹ̀lẹ́
hémorroïdes : jẹ̀dí-jẹ̀dí
hennir : yán
hépatite : àrùn pọ́jú-pọ̀ntọ̀
herbe : koríko
herboriste : adáhunṣe, olóògùn, onísẹ̀gùn
héréditaire : abinibí, àtìrandíran
héréditaire, maladie – : àrùn
héritage : ogún 2
hériter : jogún
hésiter : ṣiyè méjì
heure : aago, wákàtí
heure–ci, à cette – : nídàyìí, níwòyí
heureux, être – : dùn mọ́, yọ̀ 1 ; v. inú
heurter : kọ 4, kọlù
hibou : òwìwí
hier : àná, lánàá
hippopotame : erinmi
histoire : ìtàn, ọ̀rọ̀ 1
hocher : mì 1
hommage : ìbà
hommage, rendre – : júbà, ríbà
homme : ọkùnrin
homme, jeune – : ọ̀dọ́
homme d'affaires : onísòwò
homme de main : jàǹdùkú
honneur : ọlá
honneur rendu à qqn : ẹ̀yẹ
honte : ìtìjú, ẹ̀sín ; v. àbùkù
honte, avoir – : tijú ; v. ojú
hôpital : ilé-ìwòsàn
hoquet : èsúkè
hostile à, être – : lòdì sí
hôtel : ilé-ìtura

houe : ọkọ́
huile : epo, òróró
huile d'arachide : v. òróró
huile de graines de courge : v. òróró
huile de palme : v. epo
huile de voiture : v. epo
huile épaisse : v. ìkẹ̀tẹ́
huile (de l'amande de la noix de palme) : àdí
huile pour le corps : ìpara
huit : ẹ̀jọ, mẹ́jọ
huitième : kẹjọ
humain : v. ènìyàn, ọmọ-aráyé, ọmọ ènìyàn
humecter le linge : wọ́n 3
humeur, bonne – : ọ̀yàyà ; v. ọlọ́yàyà
humeur, être de mauvaise – : kanra
humeur, mauvaise – : ìkanra
humiliation : ẹ̀sín, ẹ̀tẹ́
humilier : ṣẹ̀sín, tẹ́
humilité : ìrẹ̀lẹ̀, ìtẹríba
hutte : àgọ́, ahéré
hutte, construire une – : pàgọ́
hypertension : ẹ̀jẹ̀-ríru
hypocrisie : àgàbàgebè
hypocrite : alágàbàgebè
hypothétique : bá 3

I

ici : ibí, ìhín
ictère : àrùn pọ́jú–pọ́ntọ̀
idée : èrò 1, òye ; v. ṣọ̀kan
idées noires, ressasser des – : doríkodò
identique : bákan
idiot : òmùgọ̀, òpònú
idiot, être – : gọ̀
igname : iṣu ; v. akọọsu, iṣukọ, èèbù, èsúrú, èlùbọ́
igname d'eau : ewùrà
igname, farine d'– : èlùbọ́
igname de Guinée : ìgángán
igname frite : dùǹdú
igname jaune : ọ̀ọ̀lọ̀
igname, pâte d'– : àmàlà, ọkà
igname pilée : iyán
igname, potée d'– : àsáró, ẹ̀bẹ
il : ó 1
il n'y a qu'à : v. ẹnu
ils : wọ́n 1, wọn
image : àwòrán
imam : lèmọ́mù, àlùfáà
imbécile : òmùgọ̀, òpònú, ọ̀dẹ̀
imitation : ayédèrú
imiter : sín...jẹ
immédiatement : lẹ́sẹ̀ kan náà, lẹ́sẹ̀kẹsẹ̀

immédiatement après : tòuntẹnuẹ̀

immémoriaux, de temps – : àtọdúnmọ̀dún

immense : ńlá

immeuble : pẹ̀tẹ́ẹ̀sì, ilé-alájà

impatience : agara

imperméable : v. ẹ̀wù

impertinence : àfojúdi

impertinent : ọ̀yájú

implorer : bẹ̀

importance, marcher avec – : yan 2

important : pàtàkì, ńlá

importuner : yọ…lẹ́nu

imposant, être – : sígbọnlẹ̀

impossible, être – : v. ṣe

impôt : owó-orí

impression, avoir l'– : fura

impressionné, être – : jọ…lójú

imprimer : tẹ̀

improviste, à l'– : láìròtẹ́lẹ̀

inattendu, événement – : àjálù

incantation : ọfọ̀

incantations, faire des – : pọfọ̀

incapable, être – : tì 1

incision : gbẹ́rẹ́

incliner, s'– : tẹ̀

incliner, s'– devant qqn : tẹríba

incommoder : yọ…lẹ́nu

inconfort : ìnira

inconnu : àjèjì

incurable, maladie – : àrùn kò gbóògùn

indication : olobó

indigence : òṣì

indigent : akúṣẹ̀ẹ́, olóṣì, òtòṣì

indigent, être – : tòṣì

indigo : aró

indigo, teindre à l'– : pa…láró

indigo, tissu – : àdìrẹ

indiquer : tọ́ka

indolence : àfara

inestimable : oníyebíye

infidèle, qui est – : alágbèrè

infidélité : àgbèrè

infirme : arọ

infirmière : nọ́ọ̀sì

infirmité : aláàbọ̀-ara

informer : dágbére

ingrédient : èròjà, ohun-èlò

ingressif : v. máa

inhabituelle, chose – : àrà

initié : awo

injure : èébú

injurier : bú 1

inné : àmútọ̀runwá

innocent, fait d'être – : àre

innocenté, être – : jàre

innocenter : dá…láre

innombrable : àìmọye, ogunlọ́gọ̀

inquiet, être – : kọ...lóminú, kọminú sí

inquiéter, s'– : kọ...lóminú, kọminú sí

inquiétude : ẹ̀rù, ominú

insecte : kòkòrò

insérer : bọ̀ 3

insignifiant : yẹpẹrẹ

insignifiants : pẹ́pẹ̀pẹ́

insister : tẹnu mọ́

insolence : àfojúdi, àrífín

insolent, être – : rí...fín, yájú

insolent : ọ̀yájú

instant, un – : ná 1

instituer : dá...sílẹ̀

instituteur : olùkọ́, tíṣà

institution (post-secondaire) : v. ilé-ìwé

instruction, avoir de l'– : kàwé

instrument : ohun-èlò

insultant : v. àbùkù, ẹ̀gbin, ìwọ̀sí

insulte : èébú ; v. rọ̀jọ̀

insulter : bú 1

intelligence : ọgbọ́n

intelligent, être – : gbọ́n

intelligent : ọlọ́gbọ́n

intelligible, être – : yé 2

intendant d'un roi : Ṣọ́balójú

intention : àníyàn, ète

intentionnellement : mọ̀ọ́mọ̀

intercéder : ṣìpẹ̀

interdit : èèwọ̀

intéresssant, faire l'– : ṣakọ

intérêt : èlé

intérêt à, avoir – : jẹ́ 3

intérieur : inú

intérieur, à l'– : nínú

intermédiaire : alárinà

interroger : bi, fọ̀rọ̀ wá...lẹ́nu

interviewer : fọ̀rọ̀ wá...lẹ́nu

intestin : ìfun

intrépide, être – : gbójú

intuition : v òye

inventer : pilẹ̀

investigation : ìwádìí

investigation secrète : ìfimúfínlẹ̀

invitation : ìwé-ìpè

invité : àlejò

iroko : ìrókò

irritabilité : ìkanra

irrité, être – : kanra

irrité, être – contre qqn : kanra mọ́

irriter : v. rùn 2

issue : àyọrísí

ivrogne : ọ̀mùtí

J

jadis : v. ayé, ìgbà

jalousie : ìlara, owú

jaloux, être – : jowú, ta...lára

jamais : láéláé

jambe : ẹsẹ̀

jambes arquées : kẹtan

jambe, étendre les – : nasẹ̀

jardin : ọgbà

jarre : àmù, ìkòkò

jaune : yẹ́lò

jaunisse : àrùn pọ́njú-pọ́ntọ̀

je : mo ; v. màá, mi, n

Jésus : Jésù

jeter : sọ 2

jeter à terre (se –) : gbé...ṣánlẹ̀

jeter (liquide) : dànù

jeter (solide): jù...nù

jeter sur, se – : gbá kuuru mọ́

jeter un coup d'œil : yọjú

jeu : eré

jeu (awele, dames, échecs, etc.) : ayò

jeu d'ayò, jouer au – : ta 2

jeu de colin-maillard : bojú-bojú

jeudi : v. ọjọ́

jeûne : ààwẹ̀

jeune : ọmọdé

jeune enfant : èwe

jeune fille : omidan, ọmọge, ọlọ́mọge, sisí

jeune homme : ọ̀dọ́

jeûner : gbààwẹ̀

jeunes femmes : ọ̀dọ́bìnrin

jeunes gens : màjèsín

jeunesse : èwe

jeux de hasard : tẹ́tẹ́

jeux de mots : àwàdà

joie : ayọ̀

joindre : papọ̀

joindre à, se – : darapọ̀ mọ́

joli, être – : dára

joue : ẹ̀rẹ̀kẹ́

jouer : ṣiré, ta 2

jouer au jeu d'ayò : ta 2

jouer (balle, ballon) : gbá

jouir de la vie : jayé

jour : ọjọ́, òòjọ́

jour, faire – : v. ilẹ̀, mọ́

jour, l'autre – : ọjọ́sí, ìjọ́sí ; v. òjòòjọ́

journal : ìwé-ìròhìn

jours, tous les – : ojoojúmọ́

jovialité : ọ̀yàyà

juge : adájọ́

juger : dájọ́

jumeau : ìbejì ; v. Idòwú, Kẹ́hìndé, Táíwò

jurer : búra, tọ́lẹ̀ lá
jury : ìgbìmọ̀
jus d'orange en bouteille : fáńtà
jus d'un fruit : omi
jusqu'à : dé 1, débi, títí, àfìgbà
juste : déédé
juste (péj.) : lásán
juste après : tòuntẹnuẹ̀
juste assez, être – : san 2
juste suffisant, être – : san 2
justicier, dieu – : Orò

K

kapokier : àràbà
karité, arbre à – : ẹmi
karité, beurre de – : òrí
kidnappeur d'enfant : gbọ́mọ-gbọ́mọ
kilomètre : ibùsọ̀, kílómítà

L

là, là-bas : ibẹ̀, ọ̀hún
labourer : roko
lac : odò-adágún
lâche : ojo
Lagos : Èkó
lagune : ọ̀sà
laid, être – : burẹ́wà
laisser abattre, ne pas se – : v. faraálẹ̀
laisser tomber : pa...tì
lait : mílíìkì
lait caillé : wàrà
lait maternel : omi-ọmú
lame : abẹ
lame de rasoir : bíléèdì, abẹ-fẹ́lẹ́
lamentation, chant de – : arò
lamenter, se –: dárò
lampe à huile : fìtílà
lance : ọ̀kọ̀
lance-pierres : rọ́bà
lancer : jù 1, sọ 2
lancer (flèche, lance) : ta 2
langage : èdè
langue : èdè
langue (organe) : ahán
langue étrangère, parler une – : gbédè, gbọ́
lanterne : àtùpà, láńtà
lapin : ehoro
laquelle ? : èwo
laquelle, n'importe – : èyíkéyìí, ohunkóhun, yòówù
large, être – : fẹ̀

largeur : ìbú

larme : ẹkún, omijé

larmes, sécher les – :
rẹ̀...lẹ́kún

latrines : làtín-ìn, ṣáláńgá

laver le visage, se – : bọ́jú

laver qqch : fọ̀ 1

laver qqn : wẹ̀

laver, se – : wẹ̀

leader : adarí

lécher : lá 1, fá...lá, pọ́n...lá ;
v. tọ́...lá

leçon : ẹ̀kọ́

léger, être – : fẹ́lẹ́, fúyẹ́

législative, élection – : ìbò-
aṣòfin

légumes-feuilles : ẹ̀fọ́,
ewébẹ̀ ; v. ewédú, ewúro

lent, être – : jáfara, ṣàfara

lentement pẹ̀lẹ́pẹ̀lẹ́

lentement, marcher – : yan 2

léopard : ẹkùn

lèpre : ẹ̀tẹ̀

lépreux : adẹ́tẹ̀

lequel ? : èwo

lequel, n'importe – : èyíkéyìí,
ohunkóhun, yòówù

lesquels ? : èwo

lessive : ọṣẹ-ìfọṣọ

lettre : ìwé, lẹ́tà

leur : wọn

leur, le – : tiwọn

lever le pied : gbẹ́sẹ̀

lever, se – : dìde

lèvre : ètè

lézard : aláǹgbá

liane : ìtàkùn

Libanais : Kọ̀ráà

libérer : tú...sílẹ̀

liberté : òmìnira

librairie : ilé-ìtàwé

libre, être – : v. dilẹ̀

lier d'amitié, se – : ṣọ̀rẹ́

lieu : ibi 1

lieu, avoir – : wáyé

lieu de, au – : dípò, kàkà kí

lièvre : ehoro

lignage : ìdílé ; v. ilé, orílẹ̀

ligne : ìlà

lignée maternelle : ìyekan

lignée paternelle : ọbàkan

limite : ààlà

linge, étendre le – : sá 2

lion : kìnnìún

liquide, être trop – : ṣàn

lire : kà 1, kàwé

lisser : fá

lit : bẹ́ẹ̀dì, ìbùsùn

livre : ìwé

livre sterling : pọ́nùn

loger : gbà...sílé

logiquement : lẹ́sẹẹsẹ

loi : òfin

loi, enfreindre une – : rúfin

loin, au – : òkèèrè
loin, être – : jìnnà
lointain : òkèèrè
long : tẹ́ẹ́rẹ́
long, être – : gùn 1 ; v. tóóró
longtemps : títí ; v. ìgbà
loquacité : ẹjọ́
lorsque : nígbà tí
louange, poème de – : oríkì ; v. rárà
louer (qqn) : yìn 1
louer (qqch) : háyà
lourd, être – : wúwo
lui : òun
luire : tàn 1
lumière : ìmọ́lẹ̀
lumière électrique : iná
lumière, éteindre la – : paná
lumineux, être – : mọ́lẹ̀ 1
lundi : mọ́ńdè ; v. ọjọ́
lune : òṣùpá
lunettes : awò, dígí
lunettes de soleil : gọ́gù
lutte traditionnelle : ìjàkadì
lutter pour qqch : tiraka

M

ma : mi
mâcher : rún
machette : àdá
machine : ẹ̀rọ
maçon : bíríkìlà, mọlé-mọlé
madame : mà 2
magasin : ṣọ́ọ̀bù, ilé-ìtajà
magie, faire des tours de – : pidán
magie, tour de – : idán
magnétoscope : fídíò
maigre, être – : rù 2
maigrir : rù 2 ; v. fọn 2
maillet : òòlù
main : ọwọ́
main, paume de la – : àtẹ́lẹwọ́
main en main, de – : àtọwọ́dọ́wọ́
main droite : v. ọwọ́
main gauche : v. ọwọ́
maintenant : báyìí, lọ́wọ́, nísisìnyí
maintenant, de – : àsìkò
mais : ṣùgbọ́n, àmọ́
maïs : àgbàdo
maïs, bouillie de – : ògì
maïs, diluer de la pâte de – : fọ́mu
maïs, épi de – : erín-àgbàdo
maïs, grain de – grillé : gúgúrú
maïs, pâte de – : ẹ̀kọ
maïs fermenté : ògì
maison : ilé

maison, le devant de la – : ojúde

maison à étages : pẹ̀tẹ́ẹ̀sì

maison, derrière la – : v. ẹ̀hìnkùlé

maison en terre : abà

maître : ọ̀gá

maître d'école : olùkọ́

mal à la tête, avoir – : v. fọ́

mal, avoir – : dùn 2, ro 1

mal, faire – (ventre) : run 1

mal de tête : ẹ̀fọ́rí

mal, faire – : dùn 2, ro 1

mal, faire du – à : pani lára

mal, faire très – (fig.) : dá.lóró

mal (le) : ibi 2

mal, se donner du – : rọ́jú

malade, être – : ṣàìsàn

malade, fait d'être – : àìsàn

malade, se rendre – : barajẹ́

maladie : àìsàn

maladie héréditaire : àrùn

maladie incurable : àrùn kò-gbóògùn

maladie infectieuse : àrùn

maladie vénérienne : àtọ̀sí

malafoutier : adẹ́mu

malchance : orí-burúkú

malchanceux : v. olórí

mâle : akọ

malédiction : ègún, èpè

maléfique (statuette) : ṣìgìdì

maléfiques, forces – : ajogun

malfaisant, qui est – : òṣìkà

malfaisante, personne – : aṣẹni

malfaiteur : jàgùdà, ọ̀daràn

malheureux, être – : v. inú

malhonnêteté : èrú

malléole : kókósẹ̀

mamelle : ọmú

manche (instrument) : èèkù

manche (vêtement) : v. apá

mandat : sọ̀wédowó

manger : jẹ

manger (qqch) : jẹun

manger (sans sauce) : ṣán 1

mangue : máńgòrò

mangue sauvage : òro

manières : èdè

manigancer : tagbọ́n

maniguette : ataare

manioc : ẹ̀gẹ́, gbágùúdá, pákí

manioc, farine de – : gaàrí

manioc, pâte de – : ẹ̀bà, fùfú, láfún

manque, être dans le – : pọ́n...lójú

manque extrême : ìpọ́njú

manque (qqch) : àìsí, ọ̀dá

manque (qqn) : àárò

manquer à qqn : ṣàárò

manquer à sa promesse : yẹ̀, yẹhùn

manquer (but, objectif) : tàsé

manquer qqn : tàsé

mante religieuse : alágẹmọ

maquereau : ẹja-aláràn-án

maquiller, se – les yeux : tọ̀jú 2

marchande de bric-à-brac : oníwóróbo

marchander : ná 2, nájà

marchandise : ọjà

marchandises, disposer des – : pàtẹ

marche : ìrìn

marché : ọjà

marcher : rìn 1

marcher avec importance : yan 2

marcher lentement : yan 2

marcher (sur la pointe des pieds) : tiro

mardi : v. ọjọ́

marécage : àbàtà 1

mari : ọkọ, baálé

mariage : ìgbéyàwó

mariage monogamique : arédè

mariée, femme – : abilékọ

marier, se – : fẹ́ 2, gbéyàwó

marijuana : igbó

marmite en terre : apẹ, ìkòkò, ìsaasùn ; v. agbada

marque : àmì

marque, faire une – : ṣàmì

marque vb. *(habituel)* : máa ń

marque vb. *(habituel négatif)*: kì í

marque d'hypothétique : ìbá

marquer : ṣàmì

marteau : òòlù

masques : v. egúngún, gẹ̀lẹ̀dẹ́

massue : kùmọ̀

maternelle, lignée - : ìyekan

matin : ààrọ̀, òwúrọ̀

matin, tôt le – : ìdájí

matins, tous les – : v. ààrọ̀

matraque : kóńdó

maudire : ṣépè , gégùn-ún

maugréer : kùn 1, ráhùn

mauvais : burúkú, búburú

mauvais coup : ète, wàyó

mauvais, être – : burú

mauvaise humeur : ìkanra

mauvaise humeur, être de – : kanra

mécanicien : mọ̀kálíkì

méchanceté : ìkà

méchant : burúkú, ìkà

méchant, être – : burú, rorò

méchant, qui est – : òṣìkà

mèche : òwú

médecin : dókítà

médiateur : alárinà

médicament : oògùn ; v. ìsọ̀yè
médicinale, plante – : v. àgúnmu
médicinale, potion – : egbòogi
meilleur : v. dùn 1
mélange : àdàpọ̀
mélanger : dàpọ̀, papọ̀, pò, là 1, rò...pọ̀
mêler qqn à qqch : kó bá
membre de qqch : ọmọ-ẹgbẹ́
membre (même classe d'âge) : ẹgbẹ́
membre (d'une même famille) : v. ará
même : alára, fúnra –, tilẹ̀ ; v. kan
même endroit, au – : ibìkan
même si : bó bá tilẹ̀
mémoire : iyè
menace : ìhàlẹ̀
menacer : halẹ̀, lérí 1
menacer (pluie) : ṣú 2
menacer qqn : halẹ̀ mọ́
mendiant : alágbe, onîbáárà
mendicité : agbe 1
mendier : ṣagbe ; v. tọrọ
mener à : jásí
menottes : páńpẹ́, ṣẹ́kẹ́ṣẹkẹ̀
mensonge : irọ́
mensonges, raconter des – : ṣèké
mensonges, raconter des – sur qqn : rojọ́ mọ́
menteur : òpùrọ́
mentionner le nom : dárúkọ
mentir : purọ́, ṣèké
menton : àgbọ̀n
menuisier : gbẹ́nà-gbẹ́nà
menus morceaux, en – : yẹ́lẹyẹ̀lẹ
mépris : ẹ̀gàn
mépriser : pẹ̀gàn, tẹ́ńbẹ́lú
mer : òkun
mer, dieu de la – : Olókun
Mercedès Benz : ọ̀bọ̀kún
merci : ṣeun ; v. ṣe
mercredi : v. ọjọ́
mère : ìyá , màmá, mọ́mì, mọ̀mọ́, abiyamọ
mérité, être – : tọ́ sí
mériter : tọ́ sí
message : v. ránṣẹ́
message, transmettre un – : jíṣẹ́
messager : òjíṣẹ́
messager, dieu – : Èṣù
messager royal : ẹmẹsẹ̀
mesure : ìwọ̀n, abọ́, kóńgò
mesure où, dans la – : bó ti jẹ́ pé, níwọ̀n ìgbà tí
mesurer : wọ̀n
mets de haricots : v. mọ́inmọ́in

métal : irin

métamorphoser, (se –) : sọ...di, pa...dà

méticuleusement : fínní-fínní

métier à tisser : òfì

mètre : ọ̀pá

mettre à l'affût, se – : lúgọ

mettre à la chaleur, se – : yá 3

mettre ailleurs : yẹ̀...kúrò

mettre autour de, se – : yípo

mettre (chaussures) : wọ̀

mettre contre : mọ́ 3

mettre d'accord, se – : fẹnu kò

mettre d'un récipient dans un autre : bù

mettre de côté : fi...pamọ́

mettre de côté, se – : yẹ̀bá

mettre de l'ordre : palẹ̀ mọ́

mettre de la crème sur le corps, se – : para

mettre droit : ró 3

mettre en boules : ṣù

mettre en garde : kìlọ̀

mettre en petits tas : lé 2

mettre en rang, se – : tò

mettre en route, se – : gbéra

mettre ensemble : papọ̀

mettre le nez dehors : najú

mettre par terre : kalẹ̀

mettre qqch à l'envers : doríkodò

mettre son énergie à : tẹpá mọ́

mettre son nez partout : v. àyọnusọ

mettre sur : fi...sí, lé 2

mettre sur la tête : v. dé 2

mettre sur le feu : gbé...kaná, kaná

mettre sur, se – : yí

mettre un signe : ṣàmì

mettre une pièce à : lẹ̀ 2

meule : ọlọ

meule, écraser sur une – : lọ̀ 3

meule dormante : ìyá-ọlọ

meurtrier : v. a–

miel : oyin

miel, rayon de – : afárá-oyin

mien(ne) : tèmi

miette : èérún

mieux de, faire – : jẹ́ 3

mieux que, être – : v. sàn

mil *sp.* : ọkà-bàbà

mile : ibùsọ̀

milieu : ààrin

mille : ẹgbẹ̀rún

mince : tẹ́ẹ́rẹ́, ọ̀pẹ́lẹ́ngẹ́

mini-bus : dáńfó

mini-jupe : má-fo-gọ́tà

minières, ressources – : v. àlùmọ́nì

ministre : kọmíṣọ́nà

minute : ìṣẹ́jú
miroir : dígí
mode : àṣà
modèle : bátànì
moderne, être – : lajú
modernité : ọ̀làjú
modestie : ìrẹ̀lẹ̀
moi : èmi
moins...que : v. tó
moins que, à – : àfi
mois : oṣù
mois, tous les – : v. oṣù
moisi, être – : bu
moisir : bu
moitié : ìdajì
mollesse : àfara
moment : àkókò, àsìkò, ìgbà
moment, au même – : nídayìí, níwòyí
moment où, au – : lẹ́ẹ̀kan tí
moment présent : ìwòyí , ìdàyí
moment présent, au – : nídayìí, níwòyí
moment, un – : ná 1
moment voulu, au – : nígbà tó ṣe
mon : mi
monde : ayé ; ilé-ayé
monde entier : àgbáyé
monnaie : ṣẹ́njì
monnaie, faire de la – : ṣẹ́ 1, ṣẹ́wó
monsieur : ọ̀gbẹ́ni, sà 2
montagne : òkè
montant (chiffre) : iye
monter : gùn 2
monter (fumée) : rú
monter (tente) : pàgọ́
montre : aago-ọwọ́
montrer : nawọ́ sí 1, tọ́ka
montrer (sollicitude) : ṣaájò
montrer (anxiété) : hílàhílo
montrer qqch à qqn : fi...hàn
montrer, se – : fara hàn
moquer, s'en – : bìkítà
moquer, se – : v. yẹ̀yẹ́
moquerie : yẹ̀yẹ́
morceau : ẹ̀kúfọ́
morceau de viande : ekìrí
morceaux (d'igname séchés) : èlùbọ́
morceaux, en – : wẹ́wẹ́
morceaux, en menus – : yẹ́lẹyẹ̀lẹ
mordre : bù...jẹ, gé...jẹ
mort, être – : ṣàìsí
mort (la) : ikú
mort (le) : òkú
mortier : odó
morve : ikun
mosquée : mọ́ṣálásí
mot : ọ̀rọ̀ 1

mot, en un – : lẹ́nu kan

mots, jeux de – : àwàdà

motif décoratif : bátànì

motifs différents, qui a des – : aláràbarà

moto : alùpùpù

moto-taxi : ọ̀kadà

mou, être – : dẹ̀

mouche : eṣinṣin

moucher, se – : fun

mouchoir : ańkásíìfù

moudre : lọ̀ 3

moue de mépris, faire une – : pòṣé

mouillé : tutù, tútù ; v. rin

mouiller, se – : rin

moulin à écraser : ẹ̀rọ

mourir : kú, gbésẹ̀

mourir (roi) : wàjà

mousser : hó, ru

moustache : irunmú

moustique : ẹ̀fọn, yànmù-yánmú

mouton : àgùtàn

moyen : ọ̀nà

multicolore : aláràbarà

multitude : ọ̀gọ̀ọ̀rọ̀

mur : ògiri

mur d'enceinte : odi 2

mûr, être – : gbó 2, pọ́n 2

mûr mentalement, être – : dàgbà

muscle : iṣan

musulman : mùsùlùmí, ìmọ̀le

musulmane, femme – : ẹlẹ́hàá

mystère : awo

mythe : ìtàn

N

natron : kánún

n'est–ce pas que ? : ṣebí, ńṣe ni

n'importe laquelle/lequel : èyíkéyìí, ohunkóhun, yòówù

n'importe où : ibikíbi

n'importe quand : ìgbàkúùgbà

n'importe qui : ẹnikẹ́ni

n'importe quoi : ohunkóhun, yòówù

nager : lúwẹ̀ẹ́

nain : aràrá

narine : ihò-imú

natif : ìbílẹ̀

nation : orílẹ̀-èdè

natte (vannerie) : ẹní

natter les cheveux : dirun, barun

ne, ne pas : kò 1, ò, má

ne...plus : kò...mọ́

néanmoins : síbẹ̀
négligent, être – : tura sílẹ̀
nerf : iṣan
nervosité : ìwàǹwára
nervure centrale de palme : ọ̀wá
nervure de foliole de palme : ọwọ̀
nettoyer les oreilles, se – : retí 2
neuf : titun
neuf (9) : ẹ̀sán, mẹ́sàn-án
neuvième : kẹsàn-án
nez : imú
nez, arête du – : igimú
ni : bẹ́ẹ̀
niche : kọ̀rọ̀
nid : ìtẹ́
nier : sẹ́ 1
Nigeria : Nàìjíríà
niveau, de haut – : àtàtà
Noël : Kérésìmesì
nœud (bois) : kókó
nœud, faire un – : ta kókó
noir : dúdú
noir comme du charbon : v. dúdú
noir (n) : Adúláwọ̀
noix de coco : àgbọn
noix de cola : obì, góórò
noix de cola amère : orógbó
noix de palme : ẹyìn
noix sacrées : ikin
noix *sp.* : awùsá
nom : orúkọ ; v. àbíkú, orúkọ-abísọ, orúkọ-àmọ́tọ̀runwá
nom, mentionner le – : dárúkọ
nombre : iye, nọ́ńbà
nombre, grand – : ọ̀pọ̀, ọ̀pọ̀lọpọ̀
nombre, petit – : ṣàṣà
nombreux, être – : pọ̀ 1
nombril : ìdodo
nommer : dárúkọ
non : rárá ; v. bẹ́ẹ̀
non-sens : kántan-kàntan
nord : àríwá
nos : wa
notre : wa
nôtre, le – : tiwa
nouer : v. ta 2
nouer un pagne : ró 2, sán 3
nourrir : bọ́ 1
nourriture : oúnjẹ
nous : a, àwa, wa
nouveau : tuntun
nouveau, à – : tún
nouveauté : ọ̀tun, àrà
nouvelle : ìròhìn
nouvelles, recevoir des – : gbúròó
nouvelles, donner les – : ròhìn
noyau : kóró

noyer, se – : rì
nuage : kùrukùru
nudité : ìhòòhò
nuée : agbo 2
nuit : òru
nuit, faire – : v. ilẹ̀, ṣú 2
nuit blanche : àìsùn ; v. sùn
nul : òdo
nulle part : ibikíbi
numéro : nọ́ńbà
nuptiale, élégie – : ẹkún-ìyàwó

O

obéissance : ìgbọ́ràn
obéissant, être – : gbọ́ràn
objet de bois sculpté : ère
obligatoire : dandan, túláàsì
obscurité : òkùnkùn
observation : àkíyèsí
observer : ṣàkíyèsí
obstination : agídí
obstiné : alágídí
occasion : àyè
occasion, cette – : lọ́tẹ̀ yìí
occasion, d'– : àlòkù
occasionnellement : ẹ̀ẹ̀kọ̀ọ̀kan, lẹ́ẹ̀kọ̀ọ̀kan
occiput : ìpàkọ́
occuper de, s'– : tọ́jú 1
océan : òkun
odeur : òórùn
œil : ojú
œil, clin d'– : ìṣẹ́jú
œil, entrer dans l'– : wọ̀...lójú
œil, jeter un coup d'– : yọjú
œil, faire un clin d'– : díńjú
œuf : ẹyin
offense : ẹ̀ṣẹ̀
offenser : ṣẹ̀ 1
offrande : ẹbọ
offrande, faire une – : rúbọ
offrir : bùn
oh ! : yéè
oignon : àlùbọ́sà
oindre, s'– : para
oiseau : ẹyẹ
oisif, être – : v. dilẹ̀
ombrage : bòòji
ombre humaine : òjìji
on : a, wọ́n
ongle : èékánná
onguent : oògùn
onze : mọ́kànlá
opération chirurgicale : iṣẹ́-abẹ
opinion : v. ṣọ̀kan
opportunité : àyè
opposant : alátakò
opposer à, s'– : lòdì sí, takò

opposition : àtakò
oppression : ìdálóró
or (métal) : góòlù, wúrà
orage, dieu de l'– : Ṣàngó
orange (fruit) : ọsàn
orange, éplucher une – : hó 2
orange, jus d'– : fáńtà
ordonner : ọ́dà, pàṣẹ
ordre, donner un – : pàṣẹ
ordre, en – : lẹ́sẹẹsẹ ; v. gún 3
ordures, tas d'– : ààtàn
oreille : etí
oreille, se nettoyer les – : retí 2
oreiller : ìrọ̀rí
organisation : àkóso ; v. àjọ
orgue : dùrù
orgueil : ìgbéraga
orgueilleux, être – : gbéra ga
originaire de, être – : sẹ̀ 2
originalité : àrà
origine : orírun, orísun
orteil : v. ìka
ortie : èsìsì
os : egungun
ostentation : fáàrí, oge
ôter : yọ...kúrò
ôter (chapeau) : ṣí
où ? : ibo, níbo
où, être – : dà 4
où, n'importe – : ibikíbi
ou bien : àbí
oublier : gbàgbé
ouest : ìwọ̀-òòrùn
oui : ẹn–ẹn, v. bẹ́ẹ̀
outre que : yàtọ̀ sí pé
ouvertement : gbañgba
ouvrier : lébìrà
ouvrir : ṣí
ouvrir la bouche : yanu

P

pacte : májẹ̀mú
pacte secret : ìmùlẹ̀
pacte secret, conclure un – : mulẹ̀
page : ojú-ìwé
pagne : ìró 2
pagne, nouer un – : ró 2, sán 3
pagne industriel : àǹkárá
pain : búrẹ́dì
paisible, être – : tùbà-tùṣẹ
paisible, fait d'être – : ìdẹ̀ra
paix, être en – : v. ọkàn, balẹ̀
palais royal : ààfin
palme, huile de – : v. epo, àdí
palme, noix de – : ẹyìn
palmier à huile : ọ̀pẹ
paludisme : ibà
pangolin : aaka
panier : agbọ̀n, apẹ̀rẹ̀

panne, être en – : dákú
pantalon : ṣòkòtò
paon : ọ̀kín
papa : dádì
papaye : ìbẹ́pẹ
papier : ìwé, bébà
papillon : labalábá
Pâques : v. ọdún
parader : yan 2
paradis : ọ̀run-rere
parages : ìtòsí
paralysie : ẹ̀gbà 2
parapluie : agbòòrùn, abùradà
parasite, plante – : àfòmọ́
parce que : v. nítorí
pardonner : dáríjì
pareil : bákan
pareil, fait d'être – : àǹkóò
parent : òbí
parenté : ẹbí, mọlẹ́bí
parenté par alliance : àna
parenthèse : àkámọ́
parents, être – : tan
parer, fait de bien se – : oge
paresse : ìmẹ́lẹ́, ọ̀lẹ
paresseux (n) : ọ̀lẹ
paresseux, être – : lẹ, yọ̀lẹ
paresseux, se sentir – : ṣọ̀lẹ
parfum : lọ́fíńdà
parlementaire : aṣòfin
parler : fọ̀ 2, sọ̀rọ̀
parler, savoir – : v. mọ̀
parler à qqn : bá...wí 2
parler de qqn : bá...wí 2
parler trop : rojọ́
parler (langue étrangère) : gbédè, gbọ́
parmi : ààrin, lára
parole : ọ̀rọ̀ 1
part : ipa
part, prendre – : nípa 1
part, quelque – : ibìkan
partager : pín
parti, prendre – : gbèjà, gbètì
parti, prendre le – : gbè 1, gbètì
participer : kópa, nípa 1, dá sí
particulièrement : ní pàtàkì
partie : ẹ̀yà
parties génitales : abẹ́
partir : lọ
partir (bus, train) : ṣí
partout : jákèjádò, káàkiri
partout, aller – : kiri
partout, mettre son nez – : v. àyọnusọ
partout, s'éntendre – : jákè-jádò
parvenir à : v. jàjà
pas du tout : páàpáà, rárá
pas encore : v. kò 1
pas étonnant ! : abájọ
passage : ọ̀dẹ̀dẹ̀ ; v. ẹnu-ọ̀nà

passager : èrò 2
passer : kọjá
passer bien, se – : tùbà-tùṣẹ
passer (couleur) : ṣá 1
passer dans une passoire : sẹ́ 2
passer devant : ṣaájú
passer un examen, faire – : dán...wò
passoire : asẹ́
pasteur : àlùfáà
patate douce : ànàmọ́, ọ̀dùnkún
pâte d'igname : àmàlà, ọkà
pâte de maïs cuite : ẹ̀kọ
pâte de manioc : ẹ̀bà, fùfú, láfún
paternelle, lignée – : ọbàkan
patience : sùúrù ; v. ẹ̀dọ̀
patience de qqn, épuiser la – : dá...lágara
patron : ọ̀gá
patron (couture) : bátànì
paume de la main : àtẹ́lẹwọ́
paupière : ìpéǹpéjú
pause, faire une – : v. dá...dúró
pauvre : aláìní, tálákà
pauvreté : àìní, ìṣẹ́
payer : san 1, sanwó
payer de retour : san 1
payer la dot : dána
payer pour : dá 5
payer une dette : v. singbà
pays : orílẹ̀-èdè
pays étranger : v. ìlú
peau : awọ
peau (fruit) : èèpo
peau de bœuf bouillie : pọ̀nmọ́
peau, enlever la – : bó
péché : ẹ̀ṣẹ̀
pêcher : pẹja
pécher : dẹ́ṣẹ̀
pêcheur : apẹja, pẹja-pẹja
peigne (bois) : ìlarun, ìyarun, òòyà
peigne (plastique) : kóòmù
peigner, (se –) : yà 3, yarun
peindre : kùn 2
peine : ẹ̀dùn-ọkàn
peine, se donner la – : v. wulẹ̀
peiner : tiraka
peinture : ọ̀dà
peinture (tableau) : àwòrán
pelle à poussière : ìkólẹ̀
pellicule : fíìmù
penché, être – : tẹ̀
pencher qqch : tẹ̀
pendaison de crémaillère : ìṣílé
pendre : rọ̀ 1
pendre la crémaillère : ṣílé

pendule : aago-ara-ògiri
pénis : okó
pensée : èrò 1, èròǹgbà, ọkàn
penser : rò 1, ronú
pension : owó-ìfẹ̀hìntì
pépin : kóró
percer : gún 2, lu
percer (dents) : hù
perdre : nù 1, pàdánù, sọnù, ṣòfò
perdre ses feuilles : wọ́wé
perdrix : àparò
perdu, être – : sọnù
père : bàbá, dádì
période : àkókò, àsìkò, ìgbà
périodique : àtìgbàdégbà
perle de verre : ìlẹ̀kẹ̀
perler (lait, rosée) : ṣẹ̀ 2
permettre : jẹ́ 1
perplexe, être – : dàrú
perroquet : ayékòótọ́, odídẹrẹ́
persévérance : aáyan
persévérer : forí tì, tẹra mọ́
personne : ènìyàn, ẹni
personne, chaque – : v. ẹni
personne (nég.) : ẹnikẹ́ni
personne à revenus modestes : mẹ̀kúnnù
personne âgée : àgbàlagbà
personne de qualité : ọmọlúwàbí
personne déjà mentionnée : olúwarẹ̀
personne en question (une 3ème) : onítọ̀hún
personne (malfaisante) : aṣẹni
personne qui possède : oní–
perte, souffrir une – : ṣòfò
perte de qqn de jeune : ọ̀fọ̀
perte de qqn, qqch : òfò
peser : wọ̀n
pet, faire un – : só
petit : kékeré
petit à petit : kẹ̀rẹ̀-kẹ̀rẹ̀
petit de taille, être – : kúrú
petit déjeuner : ouńjẹ-àárọ̀
petit, être – : kéré
petit nombre (ani.) : ṣàṣà
petit peuple : mẹ̀kúnnù
petit (taille) : kúkúrú
petits : kékèké, pẹ́pẹ̀pẹ́
pétrin, être dans le – : dáràn, gbé
pétrole : kẹrosínì
Peugeot : Pijó
Peul : Fúlàní
peuple, petit – : mẹ̀kúnnù
peur : ẹ̀rù
peur, avoir – : bẹ̀rù, fòyà
peur, faire – : dẹ́rùbà, bà...lẹ́rù, já...láyà
peureux : ojo
peut–être : bóyá

phacochère : túùkú
physique, état – : ipò
photographie : fọ́tò
phrase : gbólóhùn
piano : dùrù
picorer : ṣà
pickpocket : jàgùdà
pièce : yàrá
pièce, mettre une – à : lẹ̀ 2
pièce de tissu : v. ìborùn
pièces, en – : yẹ́lẹyẹ̀lẹ
pied : ẹsẹ̀
pied de qqch : ìdí
pieds, plante des – : àtẹ́lẹsẹ̀, ìtẹ̀lẹ̀
piège : tàkúté
piège, poser un – : dẹ, kẹ́ 1
piège, tomber dans un – : v. páńpẹ́
piéger qqn : dẹ
pierre : òkúta
pierre à écraser : ọmọ-ọlọ
pierre précieuse : v. òkúta
piétiner : tẹ̀
pieu : òpó
pigeon : ẹyẹlé
pile : ìlé
pile sèche : bátìrì
piler : gún 1
pilier : òpó
pilon : ọmọ-odó
piment : ata
piment rond : atarodo
pince de forgeron : ẹ̀mú
pincer : já…ní èékánná
pintade : awó, ẹtù
pioche : jígà
pipe : ìkòkò
piquer : gún 2, ta 2
piquer (fumée) : fín
piqûre (injection) : abẹ́rẹ́
pire, au – : burú tán
pirogue : ọkọ̀-ojú-omi
piste : ipa
pitié : àánú
pitié, avoir – : ṣàánú
pitié, faire – : v. ṣàánú
placard : kọ́bọ́ọ̀dù
place : àyè
place, faire à la – : bá 2
place, trouver de la – : ráyè
place de, à la – : dípò
place (rang) : ipò
placenta : ibi 3
plafond : àjà
plaie : egbò 2
plaignant : ẹlẹ́jọ́
plaindre, se – : ṣàròyé
plaire : wù
plaire énormément : dá…lọ́rùn
plaisanter : dápàárá, ṣàwàdà, ṣiré
plaisanterie : àpárá, àwàdà

plaisantin : èké
plaisir, faire – : dùn mọ́
plan : ète
plans, dresser des – : gbèrò
planche : pákó
plant : ohun-ọ̀gbìn
plantain frit : dòdò 1
plantain grillé : bọ̀ọ̀lì
plantain vert frit : ìpékeré
plantation : ohun-ọ̀gbìn
plante : ewéko
plante des pieds : àtẹ́lẹsẹ̀, ìtẹ̀lẹ̀
plante indigo : aró ; v. dáró
plante médicinale : v. àgúnmu
plante parasite : àfòmọ́
plante sauvage : ewéko-ìgbẹ́
planter : gbìn
plastique : ike
plat : pẹrẹsẹ
plat (pour la cuisine) : àwo
plat, être à – : jò 2
plat (en métal) : abọ́
plateau de divination : ọpọ́n-Ifá
plateau en bois : ọpọ́n
plateau en vannerie : àtẹ
plâtrer : rẹ́ 2
plein, être – : kún
plein, fait d'être – : ẹ̀kún
pleine nuit : ọ̀gànjọ́
pleine poignée : ẹ̀kúnwọ́
pleurer : sunkún
pleurer, faire – : pa...lẹ́kún
pleurnicher : rin
pleurs : ẹkún
plier : ká 2
plomb : òjé
plongé dans, être – : wọra
ployer : fì
pluie : òjò
pluies (dernières) : òjò-àrọ̀kúrò
pluies (premières) : òjò-àkọ́rọ̀
plume (d'oiseau) : ìyẹ́
plume (pour écrire) : kálàmù
plumer une volaille : tu 1
plus, encore – : túbọ̀
plus que : v. jù 2
plutôt que : kàkà kí
pneu : táyà
poche : àpò
poème de louange : oríkì ; v. rárà
poésie : ewì
poésie d'Ifá chantée : ìyẹ̀rẹ̀
poésie des ancêtres : iwì
poésie des chasseurs : ìjálá
poète : akéwì
poids, sans – : yẹpẹrẹ
poignardé, être – : gbọgbẹ́
poignet : ọrùn-ọwọ́
poil : irun

poinçon : ìlu
point que, au – : débi
pointe : ṣóńṣó
poison : májèlé ; v. oró
poisson : ẹja
poisson, sauce au – : v. ọbẹ̀
poisson congelé : òkú-Èkó
poisson fumé : ẹja-dúdú, ẹja-gbígbẹ
poitrine : àyà
poivre : ata
poivron rouge : tàtàsé
policier : ọlọ́pàá
politicien : olóṣèlú, òṣèlú
politicien corrompu : ọ̀jẹ̀lú
politique : ìṣèlú
pommade : gírísì
pomme d'Adam : gògóńgò
pompier : paná-paná
pondeuse, poule – : àgbébọ̀
pondre : yé 3
pont : afárá, gádà
populaire, qui est – : gbajúmọ̀
porc : ẹlẹ́dẹ̀
port : èbúté
porte : ìlẹ̀kùn
porte d'entrée : ojúlé
porte d'entrée (ville) : ibodè
porte-bébé : ọ̀já
porte-monnaie : àpamọ́wọ́
portée de, fait d'être à la – : àrọ́wọ́tó
porter (chapeau) : dé 2
porter garant, se – : jẹ́rìí
porter sur la tête : rù 1 ; v. pàǹtètè
porter sur le dos : pọ̀n
poser : fi...sí, lé 2
poser par terre : kalẹ̀, fi...sílẹ̀
poser, se – : bà 2
poser sur qqch : kà 2
poser un piège : dẹ, kẹ́ 1
poser (devinette) : pàlọ́
poser (question) : bèèrè
position : ipò
possède, qui – : oní–
possédé par une divinité, être – : gùn 2
possédé(e) (par une divinité) : ẹlẹ́gùn
posséder : ní 1
possesseur : olóhun
possesseur de : oní–
possession (culte) : ẹ̀gùn
possessions : dúkìá
possible, être – : v. ṣe
poste : ilé-ìfìwé-ránṣẹ́
poste de police : àgọ́-ọlọ́pàá, tésàn
postérieur : ìdí
pot à petit col : orù
pot-de-vin : rìbá ; owó-àbẹ̀tẹ́lẹ̀, owó-ẹ̀hìn

potée d'igname : àsáró, ẹ̀bẹ
poterie, tesson de – : àpáàdì
potion médicinale : egbòogi
pou : iná-orí
pouah : ṣíọ̀
pouce : àtàǹpàkò
poudre à fusil : ẹ̀tù
poudre de divination : ìyẹ̀rẹ̀-òsùn
poudre de riz : àtíkè
poudrer, se – : kùn 2
pouf (siège) : tìmù-tìmù
poule pondeuse : àgbébọ̀
poumon : ẹ̀dọ̀-fúrú
pour : láti ; v. fún 1
pour que : v. kí...baà lè
pour sûr : sẹ́ 3
pourquoi : v. kí 3
pourri, être – : jẹrà, rà 2
pourrir : jẹrà, rà 2
poursuivre : lépa
pourtant : síbẹ̀
pourvoir : pèsè
pousse-pousse : ọmọlañke
pousser : sún, tì ; v. gbin
pousser (commencer à –) : rú
pousser (plantes) : dàgbà
pousser, se – : sún, yẹ̀bá, yẹra
poussière : eruku
poussin : òròmọdìẹ
pouvoir : lè
pouvoir (le) : àṣẹ
pouvoir, ne pas – : tì 1
pratiquer la divination : dífá
pré : pápá
précaution : ẹ̀sọ̀
précaution, faire avec – : fẹ̀lẹ̀, fẹ̀sọ̀
précédemment : àtẹ̀hìnwá
prêche : ìwàásù
prêcher : wàásù
précieux : iyebíye, ojúlówó
précipitation : ìwàǹwára
précipiter, se – : rọ́ 2
précisément : ní pàtó
prédire : ríran 2
préface : ọ̀rọ̀-àkọ́sọ, ọ̀rọ̀-ìṣaájú
préférable, être – : sàn
préférée : ọmọlójú
premier, en / le – : kọ́kọ́, kọ́ 5
premier, le – : èkìíní, kìíní
premier-né : àkọ́bí
première (des épouses royales) : olorì
première épouse : ìyálé
prendre : gbà
prendre (obj. pl.) : kó
prendre (obj. sg.) : gbé 1, mú 1
prendre (une collation) : panu
prendre (une photo) : yà 2

prendre (pour le feu) : jò 1, ràn 2
prendre du temps de qqn : gbé…rù
prendre soin de qqn : ṣaájò
prendre congé : dágbére
prendre des airs : v. fáàrí
prendre des dispositions : ṣètò
prendre du bon temps : gbádùn
prendre en grippe : dójú lé, yàn…sọjú
prendre l'air : v. afẹ́fẹ́
prendre la direction de : forí lé, kọrí sí
prendre le parti : gbè 1, gbètì
prendre par terre : he, ṣà
prendre part : nípa 1
prendre parti : gbèjà, gbètì
prendre sa retraite : fẹ̀hìntì
prendre sa source : sun 1
prendre ses jambes à son cou : họ 2
prendre soin : tọ́jú 1
prendre sur le fait : ká…mọ́ ; v. tẹ̀
préparatifs : ètò
préparatifs, faire des – : ṣètò
préparer à manger : dáná
préparer (pâte de manioc) : tẹ̀bà
préparer, se – : múra
préparer un coup : pète
préparer une sauce : sebẹ̀
près, être – : gbè 1
présence : v. ọ̀dọ̀
présent (cadeau) : ẹ̀bùn, ọrẹ
présent, moment – : ìwòyí, ìdàyí, nídayìí, níwòyí
préservatif : rọ́bà, fèrè
président : ààrẹ
président de cérémonie : alága
présidentielle, élection – : ìbò-ààrẹ
presque : fẹ́rẹ̀
pressé, être – : kánjú, kán…lójú
pressé par qqch, être – : ká…lára
presser : tẹ̀
presser le pas : gbẹ́sẹ̀ nílẹ̀
presser qqn : v. kánjú
prêt, être – : gbáradì, yá 1
prétendre : ṣojú ayé
prêter : yá 2
prêter attention : kọbiara
prêter serment : búra
prétexte : àwáwí
prêtre : àlùfáà

prêtre catholique : páàdì
prêtre d'Ifá : babaláwo
prêtre d'une divinité : abọrẹ̀
preuve : ẹ̀rí
prévenir : dágbére
prévenir, sans – : láìròtẹ́lẹ̀
prier : gbàdúrà
prier (musulman) : kírun
prier qqn de faire qqch : bẹ̀
prière : ẹ̀bẹ̀
prière (à Dieu) : àdúrà
prière musulmane : ìrun
primaire, école – : v. ilé-ìwé
prince : v. Àrẹ̀mọ
principalement : ní pàtàkì
prison : ẹ̀wọ̀n
prisonnier : ẹlẹ́wọ̀n
privation de qqn : àárò
privé, en – : níkọ̀kọ̀
prix : v. iye
problème : aápọn, ọ̀ràn
proche de qqch, être – : gbè 1, súnmọ́
proclamation : ìkéde
proclamer : kéde, lọ̀ 1
produire, se – : wáyé ; v. wulẹ̀
professeur : olùkọ́, tíṣà ; v. ọ̀jọ̀gbọ́n
profit : èrè ; v. ajé
profit, faire du – : jèrè
profiter de la position de qqn : jọlá
profiter de la vie : jayé
profiter de sa position dans la société : jọlá
profond, être – : jìn, jinlẹ̀
profondeur (fig) : ìjìnlẹ̀
progéniture : àtọmọdọ́mọ
programme : ètò
progrès : ìlọsíwájú
projectile : òkò
projet : ète
promener, aller se – : v. ṣiré
promesse : àdéhùn, ìlérí
promesse, manquer à sa – : yẹ̀, yẹhùn
promettre : ṣèlérí
promotion : ìgbéga
promouvoir : gbé...ga
promulger une loi : ṣòfin
propager, se – : gbilẹ̀
prophète : wòlíì
prophétiser : ríran 2
propitiation : ẹ̀rọ̀
proposer : dábàá
proposer, (se –) : yọ̀ǹda
proposition : àbá
propre, être – : mọ́ 1
propre, qui est très – : afínjú
propreté : ìmọ́tótó
propriétaire : olówó, olóhun

prosternation : ìdọ̀bálẹ̀
prosterner, se – : dọ̀bálẹ̀ ; v. foríbalẹ̀
prostituée : aṣẹ́wó
protection : ààbò
protéger : dáàbò bò
protubérance : kókó
prouver : jẹ́rìí
proverbe : òwe
proverbe, dire un – : pòwe
provoquer : v. tọ́ 2
proximité : ẹ̀bá, ìtòsí ; v. ọ̀dọ̀
proximité, fait d'être à – : àrọ́wọ́tó
pubère, être – : bàlágà
publicité, faire de la – : polówó
puiser : pọn
puiser de l'eau : pọnmi
puisque : bó ti jẹ́ pé, níwọ̀n ìgbà tí
puits : kànga
punaise : ìdun
puni, être – : jìyà
punir : fìyà jẹ, jẹ...níyà
punition : ìyà
pus : ètútú
python : èjòlá, òjòlá, erè

Q

qu'en est–il de ? : ńkọ́
qu'il en soit ainsi : àṣẹ
quand : nígbà tí, tí...bá
quand, n'importe – : ìgbàkúùgbà
quand même : kúkú
quantité (grande) : ọ̀pọ̀lọpọ̀
quantité (petite) : ìwọ̀nba, ìba
quarante : ogójì
quartier : àdúgbò, agbègbè
quartier d'un fruit : awẹ́
quatorze : mẹ́rìnlá
quatre : ẹ̀rin, mẹ́rin
quatre cent : irínwó
quatre-vingt : ọgọ́rin
quatre-vingt-dix : àádọ́rùn-ún
quatrième : kẹrin
que : tí
que (complétif) : pé 2
quel ? : wo
quelqu'un d'autre : ẹlòmíràn
quelqu'un : v. ẹni
quelque chose : nǹkan
quelque part : ibìkan
quel que soit : bó ti wù, yòówù
quelques : kọ̀ọ̀kan, mélòókan

quelques-uns : kọ̀ọ̀kan, mélòókan
querelle : ìjà
quereller, se – : jà
question : ìbèèrè
queue : ìrù ; v. ìrùkẹ̀
qui : tí
qui, n'importe – : ẹnikẹ́ni
qui ? : ta 1
qui est–ce ? : v. ta 1
qui possède : abi–, oní–
quiconque : ẹnikẹ́ni
quinze : mẹ́ẹ̀ẹ́dógún
quitter : kúrò
quitter le travail : ṣíwọ́
quoi ? : kí 3
quoi, à – ? : báwo
quoi, n'importe – : ohunkóhun
quoi que : ìyówù
quoi que ce soit : bó ti wù

R

rabaisser qqn : rẹ̀...sílẹ̀
raboter : fá
raccompagner : sìn 3
raccourci : àbùjá
raccourcir : gé...kúrú
raccourcir au lavage : fò 2
race : ẹ̀yà
racine : egbò 1, egbòogi
racine (apparente) : gbòǹgbò
raconter : jábọ̀, ròhìn, rò 1 ; v. rọ́ 3
raconter des mensonges : ṣèké
raconter des mensonges sur qqn : rojọ́ mọ́
raconter (histoire vraie) : pìtàn, sọ̀tàn
raconter un conte : pàlọ́
radio : rédíò, ẹ̀rọ-asọ̀rọ̀mágbèsì
radiographie : fọ́tò
rafraîchir le corps, se – : ṣanra
raide, être – : v. gan
railler : ṣẹ̀fẹ̀
raillerie : ẹ̀fẹ̀, ẹlẹ́yà
raison : ìdí
raison de, en – : nítorí
raisonner juste : v. làákàyè
rajouter : sí i
ralentir : dínkù
ramasser du bois : ṣẹ́ 1
ramasser : he, ṣà
ramollir, (se –) : dẹ̀
ramper : rá 2
rancune : odì
rancune, garder – : yàn...lódì
rang : ipò

rang, se mettre en – : tò
rangé, être – : tẹ̀léra
ranger : palẹ̀ mọ́
raphia, fibre de – : ìko
rapide, être – : yára, yáwọ́
rapidement : kíá, wéré
rappeler qqch à qqn : rán...létí
rappeler, se – : fọkàn sí, níran, rántí
rapporter : fi...sùn, rojọ́ ; v. rọ́ 3
rapporter de l'argent : pé 1
rapprocher, (se –) : sún, súnmọ́
rare, être – : wọ́n 2
rarement : ẹ̀ẹ̀kọ̀ọ̀kan, lẹ́ẹ̀kọ̀ọ̀kan
rareté : ọ̀wọ́n
raser : fá
rasoir, lame de – : bíléèdì, abẹ-félẹ́
rassasié, être – : yó
rassemblement : àpéjọ
rassembler : pè...jọ
rassembler, se – : péjọ
rat géant *sp.* : òkété
rat *sp.* : ẹmọ́
rauque (voix) : kẹ̀ 1
rayon (stand) : ìsọ̀
rayon de miel : afárá-oyin
réaliser, se – : ṣẹ, ṣẹlẹ̀
rebondir : tọ
récemment : ìjelòó
réception : àríyá
recevoir : gbà
recevoir des nouvelles : gbúròó
réchaud à pétrole : sítóòfù
réchauffer de la nourriture : gbé...kaná
réchauffer, se – : yá 3, yáná
recherche : ìwádìí
récipient en plastique : ike
réciter (poésie) : kéwì
réclusion : ẹ̀há
récolte : ìkórè, irè-oko
récolter : kórè
récompense : ẹ̀san
réconcilier, se – : yọ́nú sí
réconforter : tù...nínú
reconnaissance : ìmoore
reconnaissant, être – : moore
reconnaitre qqn : dá...mọ̀
recouvert par qqch, être – : v. yí
recouvrer ses esprits : v. wálẹ̀
recouvrir : bò, borí ; v. rẹ́ 2
recouvrir complètement : bò...mọ́lẹ̀
recroqueviller, se – : kákò
reçu : rìsíìtì
recueillir l'eau : gbè 2

recueillir (vin de palme) : dẹ́mu
recul : ìfàṣẹ́hìn
redoubler d'efforts : múra sí
redresser qqch : ró 3, nàró
réduire à la cuisson : ra 2, súnkì
réduire, (se –) : dínkù
référence, faire – à qqn : bá...wí 2
réfléchir : v. bojú wẹ̀hìn, wòye
réflexion, demander – : gbèrò
refrain : ègbè
réfrigérateur : fìrífìjì ; ẹ̀rọ-amómitutù
réfugier, se – : ba tì
refuser : kọ̀, takú
refuser catégoriquement : fàáké kọ́rí, fárígá, yarí ; v. kọ̀
regarder : wò
regarder dans tous les sens : v. wò
regarder derrière : bojú wẹ̀hìn
regarder en arrière : bojú wẹ̀hìn
regarder un spectacle : wòran
régime de bananes : ìtì-ọ̀gẹ̀dẹ̀
régime de noix de palme : odi-ẹyìn
région : ìpínlẹ̀
règle : rúlà
réglé, être – : lójú, yanjú
régler, se – : lójú, yanjú
règles (menstrues) : nǹkan-oṣù
régression : ìfàsẹ́hìn
regret : àbámọ̀
regretter : jẹ̀ka, kábàámọ̀, géka jẹ
régulier : àtìgbàdégbà
régulièrement : déédé
reins (bas du dos) : ìbàdí
rein (organe) : kíndìnrín
reine : olorì
rejeter : takò
réjouir, se – : yọ̀ 1, yọ̀...mọ́
relâcher : tú...sílẹ̀, dá...sílẹ̀
relater : jábọ̀
relations sexuelles, avoir des – : dó, lò pọ̀, sùn
religion : ẹ̀sìn
religion chrétienne : ìgbàgbọ́
remarquer : róye, ṣàkíyèsí
remarquer, faire – : tọ́ka
remède : oògùn
remerciement : ọpẹ́, ìdúpẹ́
remercier : dúpẹ́
remettre de qqch, se – : dárayá

remise (maison) : ahéré

remonter aux causes : tọpa

remonter (une montre) : v. fún 2

rempart : odi 2

remplacement, en – : dípò

remplacer : rọ́pò

remuer : rò 2

renâcler : ráhùn

rencontrer : bá 1, kò 2, kojú, pàdé

rendez-vous : ìpàdé

rendre : dá...padà, padà

rendre chez, se – : tọ̀...lọ

rendre hommage : júbà, ríbà

rendre malade, se – : barajẹ́

rendre un verdict : dájọ́

rendre visite : bẹ̀...wò ; v. lẹ́sẹ̀

renifler : fimú-fínlẹ̀, gbóòórùn

renommé, qui est – : bọ̀rọ̀kìnní, olókìkí

rénover : ṣe...lọ̀tun

renseignement : olobó

rentrer le linge : ká 2

renverser qqn : kọlù, ṣánlẹ̀

renverser, (se –) : dànù

répandre, se – : gbilẹ̀, ràn 2, tàn 3, tàn kálẹ̀

répandu, être – : gbòdekan, wọ́pọ̀

réparer : tún...ṣe

répartir : pín

repas de fête : àsè

repasser : lọ̀ 3

repasser, fer à – : ááyọ́nù

répétée, de façon – : léraléra

répéter (qqch à qqn) : fi...sùn

répéter (spectacle) : gbáradì

replier : kákò

répondre : dáhùn, dá...lóhùn, fèsì, fọhùn, jẹ́ 4

réponse : èsì

repos : ìsinmi

reposer, se – : sinmi

reprendre connaissance : tají

représentant : aṣojú

réprimander : bá...wí 1

répudier : v. kọ̀

réputation : òkìkí ; v orúkọ

résidence : ibùgbé

résidu : v. ihá

résonner : dún

résoudre : yanjú

respect : ọlá

respect donné à qqn : ọ̀wọ̀

respect que qqn inspire : iyì

respectable, fait d'être – : iyì

respecté, être – : gbayì

respecter : bọ̀wọ̀, tẹríba

respecter un interdit : v. wọ̀

respiration : èémí
respirer : mí
resplendir : dán
responsabilité : ojúṣe
responsable : adarí, olórí
responsable d'une tontine : alájọ
ressasser des idées noires : doríkodò
ressembler : jọ 1
ressembler à : dàbí
ressembler, se – : jọra
ressources : àlùmọ́nì
ressources minières : v. àlùmọ́nì
restaurant : ilé-oúnjẹ
restaurant bon marché : búkà
reste : ìyókù, yòókù
rester : dúró
rester chez qqn : v. dé 1
rester (qqch) : kù 1, ṣẹ́kù
rester quelque part : fara mọ́
rester tranquille : fara balẹ̀
résultat : àyọrísí, ìgbẹ̀hìn
résultat d'examen : èsì
résulter : gbẹ̀hìn
résurrection : àjíǹde
retard, être en – : pẹ́
retarder : dá…dúró
retirer d'un coup (les feuilles de leur tige) : wọ́wé
retirer, se – de qqch : yọwọ́-yọsẹ̀
retour : v. à–
retourner : padà
retourner la terre : v. kọ 3
rétracter, se – : yẹhùn
retraite : owó-ìfẹ̀hìntì
retraite, prendre sa – : fẹ̀hìntì
rétrécir au lavage : fò 2
rétrécir en largeur : fún 2
retrouver : rí 1
réunion : ìpàdé
réussir : borí, yege ; v bọ́ sí i
réussite : àṣeyege
rêve : àlá
réveil : aago-orí-tábìlì
réveiller brusquement, se – : tají
réveiller, se – : jí 2
revenir : padà
revenir à : jásí
rêver : lá 2, lálàá
révérer un dieu : bọ, sìn 2
revitaliser, être – : sọjí
revoir, au – : dàbọ̀
rhombe : orò
rhume : kàtá
riche, qui est – : ọlọ́rọ̀ 1, olówó

richesse (argent) : ọlà
richesse (en biens) : ọrọ̀
richesses d'un pays : àlùmọ́nì
ridiculiser : ṣẹ̀fẹ̀
rien : nǹkankan
rincer : ṣàn
rire : rẹ́rìn-ín
rire aux éclats : v. rẹ́rìn-ín
rire de qqn : rín`
rire, éclater de – : bú…sẹ́rìn-ín
rire, faire – : pa…lẹ́rìn-ín
rire (n) : ẹ̀rín
rite : orò
rivière : odò
riz : ìrẹsì, ráìsì
roc : àpáta
rocher : àpáta
roi : ọba ; v. olú
rôle : ipa
rompre, (se –) : já
ronchonner : ráhùn
rond : roboto
ronfler : hanrun
rosée : ìrì
rot : ìfẹ̀
roue : táyà
roue libre, descendre en – : v. dà 3
rouge, être – : pọ́n 2
rouge, être bien – (sauce) : rẹ̀ dòdò
rouge vif, être – : rẹ̀ dòdò
rougeurs, avoir des – : ṣú 1
rougir au feu, faire – : sun 2
roulade, faire une – : tàkìtì
rouler : yí
rouspéter : ráhùn
route : ọ̀nà
route, se mettre en – : gbéra
royaumes yorùbá : v. Èkìtì, Ifẹ̀, Ìjẹ̀bú, Ìjẹ̀ṣà, Kétu, Òǹdó, Ọ̀wọ̀, Ọ̀yọ́, Ṣábẹ̀ẹ́
rue : títì ; v. òpópónà
ruer, se – : rọ́ 2
rugir : bú 2
ruine : ahoro
ruiner qqn : run 2
ruse : àrékérekè, ọgbọ́n-ẹ̀wẹ́
rusé : ọlọ́gbọ́n-ẹ̀wẹ́

S

s'il te plaît : jọ̀wọ́, dákun
sa : rẹ̀ 3
sable : iyanrìn
sac : àpò
sac en plastique : ọ̀rá
sacrifice : ẹbọ
sacrifice propitiatoire : ètùtù

sacrifier : rúbọ
sage, être – : gbọ́n
sage (pers.): ọlọ́gbọ́n, ọ̀mọ̀ràn
sagement : jẹ́jẹ́
sagesse : ọgbọ́n
sagesse, dieu de la – : Ifá
saigner : ṣẹ̀jẹ̀
saillir : yọ
saison : àkókò, àsìkò, ìgbà, sáà
saison, être passé de – : kóra
salaire : owó-oṣù
sale : ọ̀bùn
sale, être – : dọ̀tí
saleté : ìdọ̀tí
salir : dọ̀tí
salissures : ẹ̀gbin
salive : itọ́
salle de bains : balùwẹ̀, ilé-ìwẹ̀
salle de classe : kílá̀àsì
salon : pálọ̀
saluer : kí 1 ; v. pẹ̀lẹ́
saluer qqn par son *oríkì* : kì 1
salut ! : pẹ̀lẹ́
salutation : ìkíni
samedi : v. ọjọ́
sandale : sálúbàtà
sang : ẹ̀jẹ̀
sanglots, éclater en – : bú...sẹ́kún
sans : láìsí
sans que : láìjẹ́ pé
sans aucun doute : sẹ́ 3
sans poids : yẹpẹrẹ
sans substance : yẹpẹrẹ
santé : v. àlàáfíà, ìlera
sarcler : ro 2, roko
satire : ẹ̀fẹ̀
satires (chanter de –) : ṣẹ̀fẹ̀
satisfaire : tẹ́...lọ́rùn
satisfaisant, être – : dójú ìwọ̀n
satisfait, être – : dùn mọ́
sauce : ọbẹ̀
sauce, préparer une – : sebẹ̀
sauce à la viande : v. ọbẹ̀
sauce au poisson : v. ọbẹ̀
sauce aux graines de courge : ẹ̀gúsí
sauce sans sel : ọbẹ̀-àtẹ́
sauf : àfi
sauf que : v. jù 2
saut périlleux, faire un – : tàkìtì
sauter : fò 1
sauter par terre : bẹ́ 2
sauterelle : tata
sauver : gbà...là, gbà...sílẹ̀
sauveur : olùgbàlà
savane : ọ̀dàn
savoir (n.) : ìmọ̀
savoir (vb.) : mọ̀

savon : ọṣẹ

savon tradtionnel : ọṣẹ-dúdú

scarification : ilà

scarifications, avoir des – : kọ 1, kọlà

scène : ìtàgé

scie : sọ́ọ̀

science : sáyẹ́ǹsì

scorpion : àkeekèé

sculpté, objet – : ère

sculpter : gbẹ́

sculpteur sur bois : gbẹ́nà-gbẹ́nà

sculpture : ọnà

seau en métal : garawa

sec, être – : gbẹ

sécher : gbẹ

sécher, étaler pour faire – : sá 2

sécher les larmes : rẹ̀...lẹ́kún

second : èkejì

secondaire, école – : girama ; v. ilé-ìwé

secouer : gbọ̀n, jì

secours, au – : ìbòòsí ; v. gbà

secret : àṣírí, awo ; v. odù

secret, en – : níkọ̀kọ̀

secret, fait d'être – : bojú-bojú

secrétaire : akọ̀wé

sein : ọmú, ọyàn

seize : mẹ́rìndínlógún

sel : iyọ̀

sélection : àṣàyàn

selle, aller à la – : gbọnsẹ̀

selon : gẹ́gẹ́ bí

semaine : ọ̀sẹ̀

semaines, toutes les – : v. ọ̀sẹ̀

semblable : bákan

semblant, faire – : ṣojú ayé

sembler que : ó dàbí ẹni pé

semer à la volée : v. fọ́n

semestre : sáà

sens (signification) : ìtumọ̀

sentiment : v. ṣọ̀kan

sentir : gbóòórùn

sentir bien, se – : dá 4

sentir bon : v. ta 2

sentir mauvais : rùn 2

sentir mieux, se – : gbádùn, mọ́kun ; v. ara, wálẹ̀

séparé, fait d'être – : ọ̀tọ̀

séparément : ọ̀tọ̀ọ̀tọ̀

séparer : là 1, yà 3, yanjú

séparer, se – : pínyà

sept : èje, méje

septième : keje

séquence, en – : lẹ́ṣẹẹṣẹ

sergent : sájẹ́ǹtì

serment : ẹ̀jẹ́

serment, faire un – : jẹ́jẹ̀ẹ́

sermon : ìwàásù

sermon, faire un – : wàásù

serpent : ejò

serpent *sp.* : ọká
serré, être – : fún 2
serrer : fún 2
serrer la main : bọ̀...lọ́wọ́
servante : ọmọ-ọ̀dọ̀
serviette de toilette : táwẹ̀nù
seul(e) : nìkan
seul, faire qqch. – : dá 7
seulement : lásán, nìkan, péré
sève : oje, omije
sexe : v. abẹ́
shilling : ṣílè
si : bí...bá, tí...bá
si ? : bóyá
si ce n'est : bí kò ṣe
sida : àrùn kò-gbóògùn
siège : ìjókòó
sien(ne) – : tirẹ̀
sifflement : ìfé
siffler : súfèé
sifflet : fèrè
signaler : tọ́ka
signe, mettre un – : ṣàmì
signe de la main, faire un – : juwọ́
signe des yeux, faire un – : ṣojú sí
signe distinctif : àmì
signer : fọwọ́ sí
signifier que : jẹ́ pé
silencieux, être – : dákẹ́
silure : ọ̀bọ̀kún
similaire : àǹkóò
sincère : àtàtà
sincèrement : tinú-tinú
sincérité : òdodo
singe *sp.* : ẹdun, ìjímèrè
sinon : bí kò ṣe
sinon que : yàtọ̀ sí pé ; v. jù 2
Sire : kábíyèsí
six : ẹ̀fà, mẹ́fà
sixième : kẹfà
slip : pátá
sociable, qui est très – : akéròjọ
société : v. àwùjọ
socquette : ìbọ̀sẹ̀
sœur : v. àbúrò, ẹ̀gbọ́n
soi, avec – : dání, lọ́wọ́
soie : sílíkì
soif : òǹgbẹ
soigneusement : fínní-fínní
soigneux, qui est peu – : àpà
soin (faire avec) : ẹ̀lẹ̀, ẹ̀sọ̀, fẹ̀lẹ̀
soin (prendre) : aájò, ìtọ́jú
soin, prendre – : tọ́jú 1
soin, prendre – de qqn : ṣaájò
soir : alẹ́
soirs, tous les – : v. alẹ́
soit...soit : yálà...tàbí
soixante : ọgọ́ta
soixante–dix : àádọ́rin
sol : ilẹ̀
soldat : jagun-jagun, sójà,

ológuṇ, ọmọ-ogun
soleil : oòrùn
sollicitude : aájò
solution, trouver une – : lójú
sombre, être – : ṣú
sommeil : oorun
sommeil, avoir – : kùn 3 ; v. dá lójú
sommeiller : tòògbé
somnoler : tòògbé
son (bruit) : ìró 1
son (pron) : rẹ̀ 3
sonner : dún, ró 1
sorcier : oṣó
sorcière : àjẹ́ ; v. gbẹyẹ
sorte : oríṣi
sorte, une – de : irú 2
sortir : jáde
sottise : ìranù, ìrégbè
souche d'arbre : kùkùté
souci : ìdààmú, wàhálà, làálàá
soudain, fait d'être – : òjijì
soudainement : lójijì, ṣàdédé
soudaineté : òjijì
souffle vital : ẹ̀mí
souffler : fẹ́ 3
souffler (flûte, trompette) : fọn 1, fun
soufflet : ẹwìrì
souffrance : ìrora, ìyà
souffrance, supporter sa – : rọ́jú
souffrir : jìyà
souffrir, faire – : fìyà jẹ, jẹ...níyà
souffrir terriblement : jẹ̀rora
souffrir une perte : ṣòfò
souhaitable, être – : yẹ
souiller : yí
soûler, se – : mutí yó
soupçonner : fura
soupirer : v. mí
souple, être – : rọ̀ 2
source : orírun, orísun
sourcils, froncer les – : fajú ro, rojú kókó
sourd : adití
sourd–muet : odi 1
sourire : v. rẹ́rìn-ín
souris : eku, èkúté
souris *sp.* : ẹ̀lírí
sournois : alábòsí
sournoiserie : àbòsí
sous : lábẹ́, sábẹ́
soustraire : yọ...kúrò
soutenir la tête : rọrí
soutenir qqn : gbè 1, kín...lẹ́hìn, ṣègbè
soutien : aláfẹ̀hìntì, alátìlẹ́hìn, ègbè
souvenir, se – : níran, rántí
souvent : v. ìgbà
spacieux, être – : kẹnú

spectacle : ìran
sport : eré-ìdárayá
sportive, équipe – : ikọ̀
stagner : rogún, dá rogún
stand : ìsọ̀
station (taxi, bus) : ìdíkọ̀
station debout : ìdúró
station-service : ilé-epo
statuette maléfique : ṣìgìdì
stérile, être – : yàgàn
stérile, femme – : àgàn
striduler : han
strophe : ẹsẹ
stupide : ọ̀dẹ̀
stupide, être – : gọ̀
stylo : kálàmù
stylo à bille : bírò, gègé
subrepticement, faire qqch – : yọ́ 2
succéder : rọ́pò
succès : àṣeyege, oríire
succès, être un – : tùbà-tùṣẹ, bọ́ sí i
succursale : ẹ̀ka
sucer un fruit : mu
sucre : ṣúgà
sucré, être – : dùn 1
sucré, qui est – : adùn
sud : gúúsù
sueur : òógùn
suffire : jọjú, ká 3, kájú, tó
suffisant, être – : tó ; ká 3
suffisant, être juste – : san 2
suggérer : dábàá
suggestion : àbá
suinter : rin
suivre : lé, tẹ̀lé, tọ̀ 2
suivre (qqch) : tọpa
suivre, se – : tẹ̀léra
sujet : ọ̀rọ̀ 1
sujet de, au – : nípa 2
supérieur : àgbà
superviser : bójútó
supplication : ẹ̀bẹ̀
supplier : bẹ̀, bẹ̀bẹ̀
support (fig) : aláfẹ̀hìntì, alátìlẹ́hìn
supporter : fara dà
supporter sa souffrance : rọ́jú
supporter silencieusement : pa...mọ́ra
sur : lórí, lérí 2, sórí
sûr, être – : dájú, dá...lójú
sur (vertical) : lára
surdité : odi 1
sûrement : dájú-dájú
surlendemain, le – : ọ̀tunla
surnaturels, esprits – : àǹjọ̀nnú
surnom : àlàjẹ́
surpasser : jù 2
surplus : èlé
surprendre : yà...lẹ́nu

surprendre (qqn en train de faire qqch) : ká...mọ́
surpris, être – : jọ...lójú
surpris, être désagréablement – : pá...láyà
sursauter : v. ta 2
surveiller : kíyèsí, ṣọ́
survivre : yè
susciter (bagarre, querelle) : dájà sílẹ̀
suspecter : fura
suspendre : kọ́ 2
suspendre, se – : rọ̀ 1
svelte : ọ̀pẹ́lẹ́ńgẹ́
s. v. p. : v. jọ̀wọ́, dákun
sympathie : aájò ; v. pẹ̀lẹ́

T

ta : rẹ 2
table : tábìlì, tébù
tableau : àwòrán
tableau noir : bọ́ọ̀dù
tabou : èèwọ̀
tabouret : àpótí
tache : àbàwọ́n
taillader : ṣá 2
taille, être grand de – : ga
taille, être petit de – : kúrú
tailler : gbẹ́
tailleur : télọ̀
taire, se – : dákẹ́, panu mọ́ ; v. dá...dúró
talon : gìgísẹ̀
tambour : ìlù ; v. bàtá, gbẹ̀du, ìgbìn
tambour d'aisselle : dùndún, gángan
tambourinaire : onílù, àyàn
tambourinaire, dieu des – : Àyàn
tamis : ajọ̀
tamiser : jọ̀
tamiser très fin : kù 3
tape : àbàrá
taper à la machine : tẹ̀
taper (soleil) : pọ́n 2
tapir, se – : lúgọ
tapis : kápẹ́ẹ̀tì
taquinerie : yẹ̀yẹ́
tarder : pẹ́
taro : kókò
tas : ìlé
tas d'ordures : ààtàn
tasse : ife, kọ́ọ̀bù
tasser : kì 2, súnkì
taxe : owó-ibodè
taxi : ọkọ̀, takisí ; v. Ọ̀kadà
te : ẹ, ọ
tee-shirt : ẹ̀wù
tégument : èèpo

teigne : làpálàpá
teindre : rẹ 1
teindre à l'indigo : pa...láró
teint clair, avoir le – : mọ́ra 2
télégramme : wáyà
téléphone : fóònù
téléphoner : fóònù
télévision : tẹlifísàn ; ẹ̀rọ-amóhùnmáwòrán
tellement : v. tó
témoignage : ẹ̀rí
témoigner : jẹ́rìí
témoin : ẹlẹ́rìí
tempête : ìjì
temple : ilé-Ọlọ́run, ilé-ìsìn
temps : àkókò, àsìkò, ìgbà
temps, à – : lásìkò
temps (atmosphérique) : ojú-ọjọ́
temps, avoir du – : rójú ráyè
temps, être – : yá 1
temps, prendre du bon – : gbádùn
temps anciens : v. ayé
temps en temps, de – : v. ìgbà
temps présent : ìsisìnyí
temps très anciens : àtọdúnmọ́dún
ténacité : agídí, akitiyan
tendre : nà 1, ta 2
tendre, être – : rọ̀ 2
tendre le cou : nàgà
ténèbres : òkùnkùn
tenir : mú 1
tenir à cœur : jẹ...lógún
tenir compte : kà...sí
tenir conseil : gbìmọ̀ pọ̀
tenir fermement : dì...mú
tenir, se – la tête dans les mains : fọwọ́lẹ́rán
tenir pour : kà...sí
tenir, se – : wáyé
tentative (pour raisonner qqn) : àrọwà
tente : àgọ́
tenter de calmer : ṣìpẹ̀
tenter de convaincre : pàrọwà
tenter de raisonner qqn : pàrọwà
terminer, (se –) : dópin, parí, pin
terminer, se – : kásẹ̀ nílẹ̀
terminus : ìdíkọ̀
termite : ikán
termitière : ọ̀gán
terrain de jeu : pápá
terrasse : ojúde
terrasser qqn : dá...mọ́lẹ̀
terre : erùpẹ̀, ilẹ̀, ìyẹ̀pẹ̀
terre, esprits de la – : imọlẹ̀
terre, (se jeter à –) : gbé...ṣánlẹ̀

terre (monde) : ayé, ilé-ayé
terre non cultivée : ẹgàn
terre non fertile : asálẹ̀
terre, par – : lulẹ̀, sílẹ̀
terreau : ìlẹ̀dú
tesson : ẹ̀kúfọ́
tesson de poterie : àpáàdì
Testament (Bible) : Májẹ̀mú
tester : dán...wò
testicule : kóròpọ̀n
tête : orí ; v. àtàrí
tête, mal de – : ẹ̀fọ́rí
tête, mettre sur la – : v. dé 2
tête à l'envers, avoir la – : doríkodò
textes sacrés : v. Ifá
thé : tíì 1
théâtre (pièce) : eré-orí-ìtàgé
tibia : ojúgun
ticket : tíkẹ́ẹ̀tì
tien(ne) : tìrẹ
timbale en verre : tọ́ńbìlà
timbre-poste : sítáǹbù
timide, être – : tijú
timidité : ìtìjú
tinter : ró 1
tirage au sort : ìbò
tirer : fà
tirer (fusil) : yìn 2, yìnbọn
tirer le vin de palme : dẹ́mu
tirer (pour les cheveux) : kan 1
tirer qqch de lourd : wọ́ 1
tirer un trait : v. rúlà
tireur de vin de palme : adẹ́mu
tisser : hun
tisser, métier à – : òfì
tissu : aṣọ ; v. àǹkárá, ìró 2, ìborùn
tissu à carreaux : sáfẹ́ẹ̀tì
tissu blanc : aṣọ àlà
tissu indigo : àdìrẹ
titre : oyè ; v. Aláàfin, Ọ̀ọ̀ni
titre universitaire : oyè
toi : ìwọ
toile d'araignée : jàǹkáriwọ̀
toilettes : ilé-ìyàgbẹ́
toit : òrùlé
tôle ondulée : páànù
tomate : tòmátì
tombe : bojì
tomber : bọ́ 2, jábọ́, rẹ̀...sílẹ̀
tomber (ani) : ṣubú
tomber dans un piège : v. páńpẹ́
tomber (nuit) : ṣú 2
tomber, laisser – : pa...tì
tomber par terre : jábọ́ lulẹ̀
tomber sur : ṣù bò
ton : rẹ 2
tonneau : àgbá
tonneau, faire un – : tàkìtì
tonnerre : àrá
tontine : àjọ, èsúsú

tontine, responsable d'une – : aláj̣ọ
torche : ògùsọ̀
tordre : lọ́ 1
tordre le linge : fún 2
tordre un membre, se – : rọ́ 1
tordu, être – : wọ́ 3
tornade : ìjì
torrent : àgbàrá
tortionnaire : adánilóró
tortue : ahun, alábahun, ìjàpá
torturer : dá...lóró
tout à coup : lójijì
tôt : tètè
tôt le matin : ìdájí
tôt ou tard : v. pẹ́
totalement : pátápátá ; v kọ̀
totalité : gbogbo, odidi
toucher : bà 2, kàn
toucher le sol : balẹ̀
toucher qqn : tọ́ 2
toujours : ṣì 2
toupie : òkòtó
tour de magie : idán
tour, faire un – : nasẹ̀ ; v. afẹ́fẹ́, ṣiré
touraco bleu : agbe 2
tourmenté par, être – : pọ́n...lójú
tourner : yà 3, yí
tourner autour (qqch, qqn) : pòòyì
tourner, faire – : pòòyì
tourner le dos à qqn : yàn...lódì
tourner sur le feu : rò 2
tourner vers, (se –) : kọ...sí, kọjú sí
tournoyer, faire – : fì
tourterelle : àdàbà
tous deux : méjèèjì
tous les ans : v. ọdún
tous les jours : lójoojúmọ́, ojoojúmọ́
tous les mois : v. oṣù
tousser : wúkọ́
tout : gbogbo
tout de suite : nísisìnyí, lẹ́sẹ̀kẹsẹ̀, wéré
tout droit : tààrà
tout juste : ṣẹ̀ṣẹ̀
toutes façons, de – : kúkú
toutes sortes de choses : oríṣiríṣi
toux : ikọ́
tracas : ìdààmú
tracasser : dà...láàmú, yọnu
trace : ipa
trachée artère : ọ̀nà-ọ̀fun, ọ̀fun
tracteur : katakata
tradition : ìbílẹ̀
traduire : túmọ̀

trahir : dà 2, dalẹ̀

train : rélùwéè, ọkọ̀ ojú-irin

train de, en – : lọ́wọ́

traîner : jáfara, lọ́ra, ṣàfara

traîner en route : wòran

traîner pour faire qqch, fait de – : àfara

trait : ìlà

trajet régulier : v. ná 2

tranchant : v. ẹnu

tranquille, être – : v. balẹ̀

tranquille, fait d'être – : ìdẹ̀ra

tranquille, rester – : fara balẹ̀

tranquillement : jẹ́jẹ́

tranquillisé, être – : túra ká

transformer : sọ...di, pa...dà

transmettre un message : jíṣẹ́

transpiration : òógùn

transpirer : làágùn

transplanter : lọ́ 2

transport public : ọkọ̀-akérò

transvaser : bù

travail : iṣẹ́

travail collectif : àáró, ọ̀wẹ̀

travail, être en – (femme) : rọbí

travail, entreprendre un – : dáwọ́lé

travailler : ṣiṣẹ́

travailleur : òṣìṣẹ́

travers, fait de faire qqch. de – : òdòòdì

traverser : ré kọjá

traverser (rue, route) : sọdá

trébucher : kọsẹ̀

treize : mẹ́tàlá

trembler : gbọ̀n

trempé, être – : v. òjò

tremper, faire – : rẹ 1

trente : ọgbọ̀n

très : púpọ̀

tresser : hun

tribunal : ilé-ẹjọ́, kóòtù

tricherie : èrú, òjóró

tricheur : oníjìbìtì

trimestre : sáà

tripes : ṣàkì

triplés : ìbẹta

triste, être – : banújẹ́, doríkodò ; v inú

troc : ààrọ̀, pàṣí-pààrọ̀

trois : ẹ̀ta, mẹ́ta

troisième : kẹta

tromper : tàn 2, tàn...jẹ

tromper de chemin, se – : ṣìnà

tromper, se – : ṣèṣì, ṣì 1

tromperie : èrú, ìtànjẹ, wàyó

trompette royale : kàkàkí

trône : ìtẹ́

trop : jù 2 ; v. púpọ̀

trop, en faire – : ṣàṣejù

trou : ihò, kòtò

trou de souris : isà

trou, faire un – : lu

trouble, rendre – : dàrú

troubler : rú...lójú

troubler, se – (qqch) : rú

troupeau : agbo 2

trouver : rí 1, ṣàwárí

trouver, ne pas se – : sí 2

trouver qqn : bá 1

trouver que : rí i pé

trouver que, se – : v. wulẹ̀

trouver, se – : wà 1

trouver une solution : lójú

tu : o 1, wàá

tube néon : gílóòbù

tuer : pa 1

tunique : ẹ̀wù

tunique masculine : dàńṣíkí

turban : láwàní

tyran : adánilóró

U

ulcère cutané : egbò 2

un : ení, kan 2, ọ̀kan

un après l'autre, l'– : ọ̀kọ̀ọ̀kan

unir : so...pọ̀

unité : ẹyọ 1, ìṣọ̀kan

unité monétaire du Nigeria : kọ́bọ̀, náírà

universitaire : akadá

universitaire, campus – : ọgbà

université : yunifásítì

un tel : lágbájá

urgent : pàjáwìrì

urine : ìtọ̀

uriner : tọ̀ 1

usé, être – : gbó 2

user de : lò

usine : ilé-iṣẹ́

ustensile de cuisine : páànù

utile, être – : wúlò

utiliser : lò

utiliser des gris–gris : pidán

V

vacances : ọludé

vacant, être – : dilẹ̀

vaccin : abẹ́rẹ́-àjẹsára

vache : màlúù

vagin : òbò

vain : asán, tì 1
vaincre : borí
valeur : iyì, rírì
valeur, de – : iyebíye, oníyebíye
valeureux : akin, akínkanjú, akọni, ògbójú
valoir mieux : v. sàn
vanner : fẹ́ 3
vanter, se – : fọ́nnu, lérí 1
vapeur : ooru
variété : irú 2
variole, dieu de la – : Ṣànpọ̀nná
vaste, être – : gbòòrò
vautour : igúnnugún
véhicule : ọkọ̀
veiller sur : tọ́jú 1
veine (corps) : iṣan
vélo : kẹ̀kẹ́
velours : aṣọ àrán
vendeur : alátẹ, oníbààrà ; v. ìyá, ọmọ
vendre : tà
vendredi : v. ọjọ́
vénérienne, maladie – : àtọ̀sí
vengeance : ẹ̀san
venger, se – : gbẹ̀san
venin : oró
venir : wá 1
venir de : ti 3
venir vers qqn : tọ̀...wá
vent fort : atẹ́gùn
vent léger : afẹ́fẹ́
ventilateur : fáànù
ventre : inú
ver : aràn
ver de Guinée : sòbìà
ver de terre : ekòló
ver intestinal : ejò-inú
ver luisant : tanná-tanná
véranda : fàrẹ́ndà
verdict, rendre un – : dájọ́
véritable : àtàtà, gidi
véritable, qui est – : ojúlówó
vérité : òdodo, òtítọ́, òkodoro
vérité, en – : àní, nítòótọ́
vermoulure : v. ìyẹ̀rẹ̀-òsùn
vernis : ọ̀dà
verre : gíláàsì
verre (à boire) : ife, kọ́ọ̀bù
verser : bù, dà 3, rọ 2
verset d'Ifá : ẹsẹ
vertige : òòyì
vertiges, avoir des – : v. pòòyì
vésicule : òróǹro
vêtement : aṣọ
vêtement masculin : v. agbádá
vêtements d'occasion : bọ́síkọ́nà, bọ́síkọ̀rọ̀
vêtements (dont on revêt les morts) : agọ̀

vêtements (faits d'un même tissu) : aṣọ-àǹkóò
veuve : opó
viande : ẹran
viande, morceau de – : ekìrí
viande, sauce à la – : v. ọbẹ̀
viande de bœuf : námà
viande pimentée : súyà
victoire : ìṣẹ́gun
victorieux, être – : ṣẹ́gun
vide (n) : òfo
vide, fait d'être – : òfìfo
vie : ìgbésí-ayé
vie, en – : ààyè
vie éternelle : ìyè
vieil âge : ogbó
vieillard : arúgbó
vieux, être – : gbó 2
vigueur, avec – : kíkankíkan
village : abúlé ; v. abà
ville : ìlú
vin de palme : ẹmu
vin de palme, tirer le – : dẹ́mu
vin de palme, tireur de – : adẹ́mu
vin de raphia : ọ̀gọ̀rọ̀
vingt : ogún 1
virginité : ìbáálé
visage : ojú
viser (avec un fusil) : yìnbọn
visible, être – : hàn 1
vision : ìran 1
visite, rendre – : bẹ̀...wò ; v. lẹ́sẹ̀
visiteur : àlejò
visqueux, être – : ki
visser : dè
vite : gírí, kíá, tètè, wéré
vitre : gílááàsì
vivant : lááyè
vivant, fait d'être – : ààyè
vivre : gbé 2
vœu : ẹ̀jẹ́
voilà que : ńṣe ni
voile devant les yeux, avoir un – : ṣú 2
voile des musulmanes : ẹ̀há
voir : rí 1
voir, bien – : ríran 1
voir, se – : hàn 1, yọ
voisin : aládùúgbò
voiture : mọ́tò, ọkọ̀ ; v. Pijó, ìjàpá, ìgalà
voiture à deux portes : sọ̀-kí-n-sọ̀
voiture d'occasion : Tòkunbọ̀
voiture particulière : ọkọ̀-ayọ́kẹ́lẹ́ ; v. kabú–kabú
voix : ohùn
vol : olè
voler (dérober) : jalè, jí 1, jí...gbé

voler (oiseau) : fò 1

voleur : olè

Volkswagen "coccinelle" : ìjàpá

volonté : ìfẹ́

volonté, mauvaise – : tìkọ̀

volontiers : fínnú-fíndọ̀, dáadáa

volubilité : ẹjọ́

vomir (animal) : pọ̀ 2

vomir (humain) : bì

vomissement : èébì

vos : yín 1

voter : dìbò

votre : yín 1

vôtre, le – : tiyín

vôtres, les – : tiyín

vouloir : fẹ́ 1

vous : ẹ, ẹ̀yin, yín 1

voyage : àjò, ìrìnàjò

voyou : jàǹdùkú

vrai : àtàtà, gidi

vrai, être – : tọ́ 1

vrai, pour de – : nítòótọ́

vraiment : àṣé, gbáà, ha 2, mà 1, nítòótọ́ , pátápátá, ṣá 3, tẹnu-tẹnu

vue : ìran 1

vue, avoir une bonne – : ríran

W – Y – Z

W.- C. : ilé-ìyàgbẹ́

yard : ọ̀pá

yeux, cligner de – : ṣẹ́jú

Yorùbá : Yorùbá

zébu : màlúù

zéro : òdo

Achevé d'imprimer en août 2009
sur les presses de la Nouvelle Imprimerie Laballery 58500 Clamecy
Dépôt légal : août 2009 N° d'impression : 907200

Imprimé en France

La Nouvelle Imprimerie Laballery est titulaire de la marque Imprim'Vert®